漢學研究叢書·文史新視界叢刊

王鳴盛《尚書後案》研究

A Research on Wang Ming-sheng's
Shangshu hou'an

王　利　著

by WANG Li

本書係中國博士後科學基金面上資助項目「王鳴盛《尚書後案》研究」（2018M643270）、中山大學高校基本科研業務費青年教師培育項目「鄭玄《尚書注》整理研究」（19wkpy02）之部分研究成果特此致謝

如蝶振翼

——《文史新視界叢刊》總序一

　　近年赴中國大陸學術界闖盪的臺灣文科博士日益增多，這當中主要包括兩類人才。一類是在臺灣學界本就聲名卓著、學術影響鉅大的資深學者，他們被大陸名校高薪禮聘去任教，繼續傳揚他們的學術。另一類則是剛拿到博士文憑，企盼進入學術職場，大展長才，無奈生不逢時，在高校發展面臨瓶頸，人力資源飽和的情況下，雖學得一身的文武藝，卻不知貨與何家、貨向何處！他們多數只能當個流浪教授，奔波各校兼課，猶如衢州撞府的江湖詩人；有的則委身屈就研究助理，以此謀食糊口，跡近沉淪下僚的風塵俗吏。然而年復一年，何時了得？於心志之消磨，術業之荒廢，莫此為甚！劉芝慶與邱偉雲不甘於此，於是毅然遠走大陸，分別在湖北經濟學院和山東大學闖出他們的藍海坦途。如劉、邱二君者，尚所在多有，似有逐漸蔚為風潮的趨勢，日益引發文教界的關注。

　　然而無論資深或新進學者西進大陸任教，他們的選擇與際遇，整體說來雖是臺灣學術界的損失，但這種學術人才的流動，卻很難用一般經濟或商業的法則來衡量得失。因為其所牽動的不僅是人才的輸入輸出、知識產值的出超入超、學術板塊的挪移轉動，更重要的意義是藉由人才的移動，所帶來學術思想的刺激與影響。晚清名儒王闓運應邀至四川尊經書院講學，帶動蜀學興起，因而有所謂「湘學入蜀」的佳話。至於一九四九年後大陸遷臺學者，對戰後臺灣學術的形塑，其

影響之深遠鉅大，今日仍在持續作用。當然用此二例比方現今學人赴大陸學界發展，或有誇大之嫌。然而學術的刺激與影響固然肇因於知識觀念的傳播，但這一切不就常發生於因人才的移動而展開的學者間之互動的基礎上？由此產生的學術創新和知識研發，以及伴隨而來在文化社會等現實層面上的實質效益，更是難以預期和估算的。

劉芝慶和邱偉雲去大陸任教後，接觸了許多同輩的年輕世代學者，這些學人大體上就屬於剛取得博士資格，擔任博士後或講師；或者早幾年畢業，已升上副教授的這個群體。以實際的年齡來說，大約是在三十五歲至四十五歲之間的青壯世代學人。此輩學人皆是在這十來年間成長茁壯起來的，這正是中國大陸經濟起飛，國力日益壯大，因而有能力投入大量科研經費的黃金年代。他們有幸在這相對優越的環境下深造，自然對他們學問的養成，帶來許多正面助益。因而無論是視野的開闊、資料的使用、方法的講求、論題的選取，甚至整體的研究水平，都到了令人不敢不正視的地步。但受限於資歷與其他種種現實因素，他們的學術成果的能見度，畢竟還是不如資深有名望的學者，這使得學界，特別是臺灣學界，對他們的論著相對陌生。於其而言，固然是遺憾；而就整體人文學界來說，無法全面去正視和有效地利用這些新世代的研究成果，這對學術的持續前進發展，更是造成不利的影響。

因而當劉芝慶和邱偉雲跟我提及，是否有可能在臺灣系統地出版這輩學人的著作，我深感這是刻不容緩且意義重大之舉。於是便將此構想和萬卷樓圖書公司的梁錦興總經理與張晏瑞副總編輯商議，獲得他們的大力支持，更決定將範圍擴大至臺灣、香港與澳門，計畫編輯一套包含兩岸四地人文領域青壯輩學者的系列叢書，幾經研議，最後正式定名為《文史新視界叢刊》。關於叢刊的名稱、收書範圍、標準等問題，劉、邱二人所撰的〈總序二〉已有交代，讀者可以參看，茲

不重複。但關於叢刊得名之由，此處可再稍做補充。

其實在劉、邱二君的原始構想中，是取用「新世界」之名的，我將其改為同音的「新視界」。二者雖不具備聲義同源的語言學關係，但還是可以尋覓出某種意義上的關聯。蓋因視界就是看待世界的方式，用某種視界來觀看，就會看到與此視界相應或符合此視界的景物。採用不同以往的觀看方式，往往就能看到前人看不到的嶄新世界。從這個意義來說，所謂新視界即新世界也，有新視界才能看到新世界，而新世界之發現亦常賴新視界之觀看。王國維曾說：「凡一代有一代之文學。」若將其所說的時代改為世代，將文學擴大為學術，則亦可說凡一世代皆有一世代之學術。雖不必然是後起的新世代之學術優或劣於之前的世代，但其不同則是極為明顯的。其中的關鍵，就在於彼此觀看視域的差異。因而青壯輩人文學者用新的方法和視域來研究，必然也能得到新的成果和觀點，由此而開拓新的學術世界，這是可以期待的。

綜上所述，本叢刊策畫編輯的主要目的有二：第一，是展現青壯世代人文學術研究的新風貌和新動能；第二，則是匯集兩岸四地青壯學者的最新研究成果，從中達到相互觀摩、借鑑的效果。最終的目標，還是希冀能對學術的發展與走向，提供正向積極的助力。本叢刊之出版，在當代學術演進的洪流中，或許只不過如蝴蝶之翼般輕薄，微不足道。但哪怕是一隻輕盈小巧的蝴蝶，在偶然一瞬間搧動其薄翅輕翼，都有可能捲動起意想不到的風潮。期待本叢刊能扮演蝴蝶之翼的功能，藉由拍翅振翼之舉，或能鼓動思潮的生發與知識的創新，從而發揮學術上的蝴蝶效益。

西元二〇一七年九月十二日
車行健謹識於政治大學

總序二

　　《文史新視界叢刊》，正式全名為《文史新視界：兩岸四地青壯學者叢刊》。本叢刊全名中的「文史」為領域之殊，「兩岸四地」為地域之分，「青壯學者」為年齡之別，叢書名中之所以出現這些分類名目，並非要進行「區辨」，而是立意於「跨越」。本叢刊希望能集合青壯輩學友們的研究，不執於領域、地域、年齡之疆界，採取多元容受的視野，進而能聚合開啓出文史哲研究的新視界。

　　為求能兼容不同的聲音，本叢刊在編委群部分特別酌量邀請了不同領域、地區的學者擔任，主要以兩岸四地青壯年學者來主其事、行其議。以符合學術規範與品質為最高原則，徵求兩岸四地稿件，並委由萬卷樓圖書公司出版。系列叢書不採傳統分類，形式上可為專著，亦可為論文集；內容上，或人物評傳，或史事分析，或義理探究，可文、可史、可哲、可跨學科。當然，世界極大，然一切僅與自己有關，文史哲領域門類甚多，流派亦各有不同。故研究者關注於此而非彼，自然是伴隨著才性、環境、師承等等因素。叢刊精擇秀異之作，綜攝萬法之流，即冀盼能令四海學友皆能於叢刊之中尋獲同道知音，或是觸發新思，或是進行對話，若能達此效用，則不負本叢刊成立之宗旨與關懷。

　　至於出版原則，基本上是以「青壯學者」為主，大約是在三十五歲至四十五歲之間。此間學者，正值盛年，走過三十而立，來到四十不惑，人人各具獨特學術觀點與師承學脈，也是最具創發力之時刻。若能為青壯學者們提供一個自由與公正的場域，著書立說，抒發學術

胸臆，作為他們「立」與「不惑」之礎石，成為諸位學友之舞臺，當是本叢刊最殷切之期盼。而叢書出版要求無他，僅以學術品質為斷，杜絕一切門戶與階級之見，摒棄人情與功利之考量，學術水準與規範，乃重中之重的唯一標準。

而本叢刊取名為「新視界」，自有展望未來、開啟視野之義，然吾輩亦深知，學術日新月異，「異」遠比「新」多。其實，在前人研究之上，或重開論述，或另闢新說，就這層意義來講，「異」與「新」的差別著實不大。類似的題目，不同的說法，這種「異」，無疑需要吸收前人研究成果。然領域的開創，典範的轉移，這種「新」，又何嘗不需眾多的學術積累呢？以故《文史新視界叢刊》的目標，便是希望著重發掘及積累這些「異」與「新」的觀點，藉由更多元豐厚的新視界，朝向更為開闊無垠的新世界前進。

最末，在數位時代下，吾輩皆已身處速度社會中，過去百年方有一變者，如今卻是瞬息萬變。在此之際，今日之新極可能即為明日之舊，以故唯有不斷追新，效法「天行健，君子以自強不息」之精神，方不為速度社會所淘汰。當然，除了追新之外，亦要維護優良傳統，如此方能溫故知新、繼往開來。而本叢刊正自我期許能成為我們這一時代文史哲學界經典傳承之轉軸，將這一代青壯學者的創新之說承上啟下的傳衍流布，冀能令現在與未來的同道學友知我此代之思潮，即為「新視界叢刊」成立之終極關懷所在。

劉芝慶、邱偉雲　序

推薦序

　　《尚書》是中國最早的一部歷史文獻，漢代被尊奉為儒家「五經」之一。西漢盛行今文，《尚書》有歐陽氏學、大夏侯氏學、小夏侯氏學今文三家，皆立於學官為博士。東漢章帝降意儒術，特好《古文尚書》，詔賈逵入講白虎觀，《古文尚書》遂行於世。東漢末，馬融、鄭玄注出而《古文尚書》之學大行。東晉之初，梅賾獻偽《古文尚書》，託名孔安國所傳，隨即立為學官。至唐孔穎達受詔撰定《五經正義》，棄鄭注而取偽孔，兩漢《尚書》之學反而不受重視，湮沒無聞。宋元明三代，從吳棫、朱熹開始疑辨偽古文，後經吳澄、梅鷟等人張皇而孔《傳》欲墜。清代經學昌盛，超邁前代。由清初閻若璩、惠棟力辨孔本、孔《傳》之偽始，歷乾嘉時期王鳴盛、江聲蒐輯馬、鄭舊注，段玉裁、孫星衍辨析古今，王念孫、王引之父子考訂經義，至清末俞樾、孫詒讓繼踵二王，王先謙則參匯眾說，集其大成。近三百年間，清人《尚書》論著刊刻行世者不下二百種。梁啟超《論中國學術思想變遷之大勢》謂：「本朝二百年之學術，實取前此二千年之學術，倒影而繼演之，如剝春筍，愈剝而愈近裏，如啖甘蔗，愈啖而愈有味。」[1]考清代《尚書》學的發展趨勢，亦如梁氏所言越推越古。清初盡去晉唐偽孔，乾嘉時期以東漢馬、鄭古文為宗，嘉道以來則推崇西漢今文，以迄清季，當中王鳴盛的《尚書後案》可謂最為關鍵的轉捩點。

---

[1] 梁啟超：《論中國學術思想變遷之大勢》（上海市：上海古籍出版社，2001年），頁133。

　　王鳴盛，字鳳喈，一字禮堂，號西莊，生於康熙六十一年
（1722），卒於嘉慶二年（1798），是清代經史名家。其《十七史商
榷》與錢大昕《廿二史考異》、趙翼《廿二史劄記》齊名，王氏亦以
其史家的身份與史學的成就而早為學界所肯定。而其《尚書後案》一
以鄭學為宗，搜羅鄭注，疏解鄭義，由「辨孔之偽」轉入「識鄭之
真」的新領域，啟導了有清一代闡發漢人經說的《尚書》學傳統。在
清人建構自身《尚書》之學的歷程中，王鳴盛的《尚書後案》有著承
前啟後的學術貢獻。據王氏自序，《尚書後案》草創於乾隆十年
（1745）二十四歲時，至乾隆四十四年（1779）五十八歲時脫稿，前
後綿歷達三十餘年，見證了王氏《尚書》之學發軔、積學、成家的過
程。乾隆五十七年（1792）仲冬，臧庸致書王鳴盛云：「讀《尚書後
案》，初駭其博辨，心怦怦然有動，後反復推考，始識其精確，心焉愛
之。知研究經學，必以漢儒為宗，漢儒之中，尤必折中於鄭氏。」[2]
可見王鳴盛的《尚書後案》不但以博辨精確而見譽於同時代的學者，
更以復鄭學之古為後學構建了有別於前代的《尚書》研究範式。因
此，要董理有清一代《尚書》學史的脈絡，王鳴盛及其《尚書後案》
極為關鍵。然而在當前清代學術史的研究裏，王鳴盛的經學實績遠不
如其史學般受到學者重視，這不但反映了當前學界有關王氏之學研究
的片面與不足，更與王氏在《蛾術篇》中「《尚書》古文是予專門之
業」、「予《尚書》儒也」的夫子自道有明顯的落差。萬卷樓「漢學研
究叢書」現在出版王利的《王鳴盛《尚書後案》研究》，正好從深度
與廣度兩方面，呈現了當前王鳴盛《尚書》之學最新的研究成果，彌
補了民國以來在重史學輕經學的時代氛圍下，王氏之學得不到全面考
察與評價的局限。

2　〔清〕臧庸：《拜經堂文集》，民國十九年（1930）宗舜年據葉名澧寫本石印，卷三，
　　〈上王鳳喈光祿書〉。

　　王利祖籍山東濟寧，博學篤志，好古敏求，於清代學術史與清代
《尚書》學史尤為究心。王君2011年畢業於武漢大學國學試驗班，同
年以優異成績負笈香江，入讀中文大學研究院中國語言及文學學部，
2013年以《王鳴盛《尚書》學述論》取得哲學碩士學位，同年留校深
造，師從何志華教授，2016年以《鄭玄《尚書注》輯考》取得哲學博
士學位。此書係王君在其碩士論文基礎上修改而成的重要成果。全書
共分七章，從細密有致的文獻回顧入手，指出學界研究一方面偏重王
鳴盛的史學成就，一方面在經學領域局限於其辨偽方面，以至未能彰
顯王氏《尚書》之學的全貌。王君於是從文獻考證與學術史論兩個層
面，於王氏《尚書後案》一書詳加析述，特別從其對鄭玄《尚書注》
的輯佚與疏解方面，舉證王氏經學實績，並其經學論著體例，以見王
氏經學研究亦卓然成家。王君又從王鳴盛採集運用他人學術成果、與
戴震、焦循等時人交往論辯等方面考其交遊論學，以窺其治經特色，
進而從清代輯佚學、清代鄭氏學、清代《尚書》學，歸結其在清代經
學史上的成就與地位。書末附「《尚書後案》兩種整理本點校舉誤」。
總覽全書，其學術特點與價值主要體現在以下三個方面：

第一，論題原創。前人論王鳴盛之學術成就，大抵偏重其史學，且以
　　　《十七史商榷》為主要研究對象。即使關涉王氏經學，亦多以
　　　為《尚書後案》之價值僅在輯佚辨偽，失諸偏頗。王君在前人
　　　基礎上，別出新裁，爬梳材料，考覈異同，從經學史的角度系
　　　統考察了王鳴盛《尚書》學的特色，並藉此提出經學研究當為
　　　今後學界重新理解王氏之學的關鍵，實有開拓、深化王鳴盛學
　　　術研究領域之功。
第二，方法得宜。王君此書採用傳統文獻研究方法，藉目錄、版本、
　　　校勘、辨偽、輯佚、考證等方法，總結王鳴盛輯佚鄭玄《尚書

注》之得失，判斷王鳴盛對《尚書》經義之是非，所論言必有
據，剖析精微。王君充分掌握了當前《尚書》學史和清代學術
的研究成果，同時能夠細讀原典，特別是對於清人如惠棟、戴
震、焦循諸氏的學術論著熟諳於胸，故能旁徵博引，左右逢
源。又本書每切入一個論題，必先有細緻的研究回顧，方法適
切，用力亦深，符合現代學術規範。

第三，論點獨到。王君好學覃思，用力極勤，每每對研究資料竭澤而
漁，故能讀書得間。此書雖以王鳴盛《尚書後案》為研究範
圍，實亦王君淹貫其治學所得。例如第五章「王鳴盛引清人之
說考辨」分明引、暗引二類，以考見何者為王鳴盛之獨見，何
者為其暗引他說，如此王氏《尚書》學之得失才能得到準確總
結。不過明引易知，暗引難尋，而王君於王鳴盛暗引胡渭、閻
若璩、沈彤、惠士奇、惠棟、江聲、戴震七家之文皆能一一尋
繹，且證據確鑿，令人嘆服。又例如第六章「王鳴盛學術交往
管窺」，借王氏與時人的學術交往考察王氏《尚書》學的根
據、理念、以及流傳。惟王君不落俗套，捨惠棟、江聲等與王
鳴盛關係密切的吳派學者不論，改以與王鳴盛交往不多但學術
取向迥異的戴震、焦循二氏入手。王君獨闢蹊徑，從學術宗旨
的不同解釋王氏因為尊奉鄭玄而詆誣戴氏，又以本證、旁證推
斷戴震〈與王內翰鳳喈書〉並非偽託，為戴王「光被四表」公
案增添一個學術史的考察與解釋。王君又發現焦循雖然反對王
氏墨守漢人家法卻在《禹貢鄭注釋》、《尚書補疏》中屢引《尚
書後案》，可見焦氏《尚書》之學頗受王鳴盛的影響。凡此種
種皆王君博觀群籍，細心求證而得。因此書中所論，往往能發
前人所未發，且饒富興味，引人入勝，此非勤學善讀者不能為
之。

　　王君洞幽燭微，言多有據，條分縷析，迭有新見，是以此書原稿獲四位校內外專家評審一致予以「優」等成績。又全書體大思精，勝義紛陳，推論謹嚴，去取有度，實遠超碩士論文之水平。可以說此書是王君精擘王鳴盛《尚書》之學累載所得的碩果，是當前《尚書》學乃至清代學術研究難得的佳作，值得向讀者極力推薦。

香港中文大學中國語言及文學系

張錦少序

摘要

　　近代以來對王鳴盛（1722-1798）其人其學的研究，可供反思者有二：第一，王鳴盛的學術史地位主要由其史學成就奠定，而由其自我認知與乾嘉時代的學界反饋來看，王鳴盛在清代主要是以《尚書》學著稱於世；第二，在不多的經學研究中，王鳴盛又因「信古而愚」被歸入「吳派」惠棟麾下，成為「皖派」戴學的反面而飽受批判。因此，《尚書》學應當是重新理解王鳴盛之學的關鍵。

　　《尚書後案》是王鳴盛的經學代表作，其主旨在於「發揮鄭氏康成一家之學」。「鄭氏學」是王氏《尚書》學的核心，「鄭氏家法」也貫穿於王氏治學之始終。因此，初階以分析考證《尚書後案》之文本與探究王鳴盛之交遊為目標，進階以重審王鳴盛及「吳派」在清代學術史之地位為目標。

　　具體從兩個層面論述：一、文獻考證，分析王鳴盛處理鄭玄注的原則、方法、得失等，可分輯佚與疏解兩部分；二、學術史論，考察王鳴盛與不同學人之交往，先辨析其暗用他人之說，再論述其與戴震、焦循等人的學術關係，希冀揭示其學之緣起、變化、影響等。

　　研究方法以「辨章學術，考鏡源流」為宗旨，將文獻學考證與學術史梳理、文本分析與歷史考索相結合，通過逐條考辨與個案比較研究，闡明王鳴盛作為獨立學人之特性，以及「吳」、「皖」兩派之間的共性與差異。

　　王鳴盛的《尚書》學研究集清初以來之大成，上承閻若璩、惠棟

辨偽之業，由輯佚入手，獨尊「鄭學」，輯存馬、王佚注，輔以偽
孔，又不廢今文、朱子學，在清代《尚書》學史上具有承上啟下的轉
折地位。

　　通過對《尚書後案》的研究，足以拓展輯佚與文獻學、「鄭學」與
《尚書》學的研究深度與廣度，同時反思近百年清代學術史的研究範
式、理路。梁啟超基於「啟蒙」立場，過分貶低「吳派」，學者影從而
不知其弊，今後研究仍當重回章太炎以「系統」論「成學」的正途。

目次

第一章
緒論

第一節　研究目的

　　章太炎、梁啟超諸位近代大師對清代學術的反思，直接影響此後清代學術史研究的走向，時至今日，依然占據不可替代的地位。章太炎在〈清儒〉一文中提出吳、皖兩派之分，其對兩派的劃分及其學術特質的總結，開啟了之後清學史研究的無數法門。章太炎云：「其成學箸系統者，自乾隆朝始。一自吳，一自皖南。吳始惠棟，其學好博而尊聞；皖南始戴震，綜形名，任裁斷。此其所異也。」[1]他對兩派的態度直接影響了之後的梁啟超。梁氏在一九二〇年出版的《清代學術概論》中對惠、戴兩派做了更為詳細的評論、比較：「惠派治學方法，吾得以八字蔽之，曰：『凡古必真，凡漢皆好。』」又引王引之〈與焦理堂先生書〉說：「惠定宇先生考古雖勤，而識不高，心不細，見異於今者則從之，大都不論是非。」[2]而對戴學的評價，則是：「戴學所以異於惠學者，惠僅淹博，而戴則識斷且精審也。」[3]之於戴震，則云：「故苟無戴震，則清學能否卓然自樹立，蓋未可知也。」[4]可見章太炎以「系統」論「成學」，而梁啟超則作出明確的高

1　章太炎著，徐復注：《訄書詳注》（上海市：上海古籍出版社，2000年），頁139。
2　梁啟超著，朱維錚導讀：《清代學術概論》（上海市：上海古籍出版社，1998年），頁31。
3　梁啟超著，朱維錚導讀：《清代學術概論》，頁37。
4　梁啟超著，朱維錚導讀：《清代學術概論》，頁34。

下價值判斷。

惠、戴治學方法及其學術成就固然有差異，然而經過章、梁「轉移一時之風氣，而示來者以規則」大師鉅子之手，[5]於此一旦論定，後世則莫不景然響應。林慶彰主編之《乾嘉學術研究論著目錄1900-1993》收錄有關惠棟、江聲、余蕭客、江藩的研究論著分別為十六筆、二筆、一筆、二十筆，而收錄戴、段、二王的研究論著則為三六一筆、一九六筆、一五二筆。二者比較，判然分明。而且當代已有學者「從『研究戴東原』轉而為『研究那些研究戴東原的學者』」。[6]可見，百餘年的「戴學」研究已蔚為大宗，更遑論尚有為數眾多的戴門後學，乃至由其開出的「揚州學派」。近年清代學術研究越來越豐富，「乾嘉學派」的討論漸趨深入，也藉此帶來反思的機會。本書正在此背景下進入「吳派」第二代學者王鳴盛的《尚書》學研究。

在當今清代學術史研究中，王鳴盛主要以史學家的身分被廣為認知。在一般所謂乾嘉考據學領域，則作為「吳派」後學，附於惠棟之後。王鳴盛以《十七史商榷》名於後世，固然無可厚非，但其著兼四部，並非僅僅《商榷》一書。反而在乾嘉之世，以《尚書後案》、《尚書》學家著稱學林。

陳澧《東塾讀書記・尚書》云：「江、王、段、孫四家之書善矣。既有四家之書，何可刪合為一書。」[7]江聲《尚書集注音疏》、王鳴盛《尚書後案》、段玉裁《古文尚書撰異》、孫星衍《尚書今古文注

5 陳寅恪：〈王靜安先生遺書序〉，載氏著：《金明館叢稿二編》（北京市：生活・讀書・新知三聯書店，2001年），頁247。

6 鄭吉雄：〈評丘為君《戴震學的形成》〉，《臺灣東亞文明研究學刊》第2卷第1期（2005年6月），頁200。丘為君：《戴震學的形成：知識論述在近代中國的誕生》（臺北市：聯經出版事業公司，2004年）。

7 〔清〕陳澧：《東塾讀書記》，《續修四庫全書》子部第1160冊影清光緒刻本（上海市：上海古籍出版社，1995年），卷5，頁556。

疏》，便是清人自己所定的乾嘉《尚書》四大家。王國維為其弟子楊
筠如《尚書覈詁》所作〈序〉中，依次述及清代《尚書》名家，云：

> 至近世，閻、惠二氏始證明孔本及《傳》之偽，王氏、江氏復
> 蒐輯馬、鄭之說，段氏、孫氏又博之以歐陽、夏侯氏之說，而
> 高郵王氏父子，涵泳經文，求其義例，所得尤多。德清、瑞
> 安，並宗其學，惜尚未有薈萃而畫一之如孔、蔡二《傳》者。
> 惟長沙王氏雖有成書，然網羅眾說，無所折衷，亦頗以繁博為
> 病。[8]

閻若璩、惠棟乃乾嘉諸儒公認的學術楷模，王鳴盛、江聲、段玉裁、
孫星衍各成其學，王念孫、王引之父子更別有發明，俞樾、孫詒讓繼
起於清季，至王先謙則歸入總結。大致可見王鳴盛《尚書後案》於清
人心中的《尚書》學史的地位。

　　然而近代以來，經學式微，史學轉興，且受「吳派」身分影響，
學界於王鳴盛之經學關注較少。本書志在分析其《尚書》學主要內容，
總結其得失，剖析其特色，藉以反觀王鳴盛於清代學術史中的地位。

8　楊筠如著，黃懷信標校：《尚書覈詁》（西安市：陝西人民出版社，2005年），頁1-2。

第二節　研究綜述

民國以來，海內外有關王鳴盛及其相關研究，主要集中在史學方面，[9]而且在通論類的論著中也多以史學為其中心。[10]以下僅就與本研究密切相關者，略作概覽。

一　《尚書後案》的整理與研究

迄今為止，《尚書後案》共有三部整理本：一、顧寶田、劉連朋點校，收入《儒藏》精華編第十八冊，北京大學出版社，二〇〇九年；二、張其昀等點校，收入陳文和主編《嘉定王鳴盛全集》，北京中華書局，二〇一〇年；三、顧寶田、劉連朋點校，單行，北京大學出版社，二〇一二年。三種之中，《全集》本錯誤較多，整理品質頗不理想。顧、劉兩種點校本中，後出單行本流傳較廣，品質較《全集》本為優，然而錯誤也不少，甚至在其校勘記中也多見。[11]

9　據筆者粗略統計，一九一二至二〇一一年間，相關單篇論文（含專書章節）一四四篇，學位論文五篇（其中三篇已經出版），專書二部，合計共一五〇餘種。分類而言：（1）通論類十六種，大致為介紹王氏之學術與生平之作；（2）經學類九種，所論不一；（3）小學類六種，集中於王氏之文字學研究；（4）文獻學類三十八種，除《續修四庫全書總目提要》之十種書目提要外（實為十一種，其中一種為稿本之整理本，二者內容無別），基本為目錄、校勘、輯佚等方面研究；（5）史學類八十三種，包括《十七史商榷》之評介，以及考據、地理、職官、史評、歷史編纂、史學方法、史學思想等各方面內容。二〇一二年及其之後的研究，並未全面搜集，因此不能提供更為精確的統計數字。

10　如施建雄在闡述其研究的旨趣和方法時，開頭便說「彙集了王鳴盛的考史成果並樹立他在學術界地位的是《十七史商榷》這部名著，因此本論述的重點就是對《十七史商榷》的考證成就予以總結」。詳見氏著：《王鳴盛學術研究》（北京市：中國社會科學出版社，2009年），頁18。

11　詳見本書附錄〈《尚書後案》兩種整理本點校舉誤〉。

　　整理本問世前，《尚書後案》的直接研究比較罕見，除一些書目提要外，大都是些簡要附帶介紹。比如來新夏認為此書的主要成就在於輯佚，王鳴盛自我估計較高並以此取得漢學學派中的重要學術地位，正說明乾嘉漢學的弱點所在——往往把一些技能性的工作視為學問的極致。[12]直至施建雄《王鳴盛學術研究》才有專門探討，施著中有兩章論述王氏的《尚書》學研究：上章主要是論述王鳴盛辨晚出《古文尚書》及孔《傳》之偽，今、古文《尚書》篇章及傳承之考辨；下章則分析王氏《尚書》二十九篇研究的再深入，經今、古文之辨析及對今文家說的採納，歷史考據法的運用與經文考辨的新發展。[13]其關注重點在辨偽、今古文、歷史考據法上，意欲以「超越考據局限去認識」王鳴盛的學術，顯示出新時代新的研究態度。

　　整理本問世後，學者關注逐漸增多，大都是某一專題的研究。比如尚秀蘭專考其訓詁，分析其內容與方法，總結其特色與不足；[14]閻耀棕和洪博昇研究其〈洪範〉學，前者肯定其為漢學中的先驅，後者發現王鳴盛將之前引用宋明儒的地方全部隱去不言出處。[15]

　　文獻的整理還存在不少問題，但對促進王氏經學研究仍有積極意義。施建雄的研究最為厚重，但其重心卻偏離王鳴盛以「鄭學」為宗的本意。

---

12 來新夏：〈王鳴盛學術述評〉，載來新夏：《三學集》（北京市：中華書局，2002年），頁229-235。原載於《南開史學》1982年第2期。

13 施建雄：《王鳴盛學術研究》，頁272-387。

14 尚秀蘭：《王鳴盛《尚書後案》訓詁研究》，揚州市：揚州大學碩士論文，2016年。

15 閻耀棕：〈漢學興起下的王鳴盛〈洪範〉學研究〉，《興大人文學報》第59期（2017年9月），頁95-122；洪博昇：〈王鳴盛《尚書》學思維之轉變——以《西莊始存稿·洪範後案》與《尚書後案·洪範》為觀察中心〉，《古籍整理研究學刊》第2期（2018年3月），頁75-78。

二　王鳴盛的經學研究

在通論王鳴盛學術或其史學成就時，有些會涉及經學方面。比如王樹民對比其經史之學，認為王氏經學受家法影響，功力雖深，但成果有限。[16]黃順益總結其學術主張與治學風格，其論有五：一、尊信漢儒家法、師法，二、由古文字入手以治經，三、重視史學，四、重視辨偽、校勘與目錄，五、鄙棄宋學。[17]蔣秋華介紹其治經方法，指出五點：一讀注疏、二尊家法、三通小學、四精校書、五重目錄。[18]張惠貞認為王氏尊經求古，以漢儒為宗，其治經之法，一反宋明人之主觀臆斷，而特重小學的治經工作，強調文字的重要性。[19]

這類研究足以瞭解王鳴盛經學之大概，但整體風格接近，而且有些過於籠統，甚至偏頗，比如「鄙棄宋學」，其實王氏多有肯定朱子處，其所鄙棄者乃是「空執義理」之學。

三　清代學術史上的王鳴盛

陳鴻森在文獻考證方面，成就顯著，不僅輯存大量王鳴盛遺文，[20]

---

16 王樹民：〈王鳴盛的經史之學〉，《河北師範大學學報》（哲學社會科學版）第3期（1998年），頁57-63。

17 黃順益：〈王鳴盛學術述論〉，載氏著：《惠棟、戴震與乾嘉學術研究》（高雄市：中山大學中國文學系博士論文，1999年），頁179-185。

18 蔣秋華：〈求古？求是？──王鳴盛的治經方法〉，載鍾彩鈞、楊晉龍主編：《明清文學與思想中之主體意識與社會──學術思想篇》（臺北市：中研院中國文哲所，2004年），頁371-397。

19 張惠貞：〈王鳴盛經學思想探析〉，《成大宗教與文化學報》第12期（2009年6月），頁1-10。

20 陳鴻森：〈王鳴盛西莊遺文輯存〉（上、中、下），《大陸雜誌》第99卷第5期（1999年），頁35-40、第99卷第6期（1999年），頁31-48、第100卷第1期（2000年），頁10-

考查其著述流傳，而且重修〈王鳴盛年譜〉，[21]鉤稽其學行事蹟，洵為西莊之功臣。艾爾曼吸收日本、臺灣學者成果，認為王氏《後案》「是清代漢學從東漢經學向西漢經學轉變的重要標誌」，[22]此說頗具慧識，但缺乏具體論證支持。

王鳴盛與戴震的交往成為研究焦點之一，如近藤光男、岑溢成、林文華、井上亘、陳鴻森、陳志峰諸家，側重面各有不同。[23]可見王、戴交往材料雖不多，但極具學術史意義。

其他學者主要在對比研究上。洪博昇對比江聲與王鳴盛的《尚書》學，著重兩家成書過程、詮釋原則、辨偽是非等方面；[24]曹美秀

18；〈錢大昕、王鳴盛、阮元三家遺文續輯〉，《經學研究論叢》第11輯（臺北市：臺灣學生書局，2003年），頁285-315；〈錢大昕、王鳴盛、阮元三家遺文拾補〉，《中國文哲研究通訊》第17卷第4期（2007年12月），頁155-185；〈王鳴盛西莊遺文續補〉，《書目季刊》第43卷第4期（2010年3月），頁17-46；〈王鳴盛西莊遺文拾遺〉，《書目季刊》第45卷第1期（2011年6月），頁101-126；〈王鳴盛西莊遺文輯存謄稿〉，《古籍整理研究學刊》第1期（2014年1月），頁1-13。合共輯錄遺文一百八十餘篇。

21 陳鴻森：〈王鳴盛年譜〉，《中研院歷史語言研究所集刊》第82本第4分（2011年12月），頁679-754、第83本第1分（2012年3月），頁121-184。

22 〔美〕艾爾曼著，趙剛譯：《從理學到樸學》（南京市：江蘇人民出版社，1995年），頁144。

23 〔日〕近藤光男：〈戴震の經學〉，載氏著：《清朝考證學の研究》（東京都：研文出版，1987年），頁327-351；岑溢成：《詩補傳與戴震解經方法》（臺北市：文津出版社，1992年），頁155-167；林文華：《戴震經學之研究》（臺北市：政治大學中文系博士論文，2005年），頁79-83；井上亘：〈「疑古」與「信古」──基於戴震〈與王內翰鳳喈書〉〉，載《《古史辨》第一冊出版八十周年國際學術檢討會論文集》（濟南市：山東大學文史哲研究院，2006年），頁240-246；陳鴻森：〈考據的虛與實〉，《經學研究集刊》第2期（2006年10月），頁125-139；陳志峰：〈論王鳴盛、戴震解〈堯典〉「光被四表」及相關問題〉，《中國文學研究》第30期（2010年6月），頁181-214。

24 洪博昇：〈江聲、王鳴盛之輯佚思維及其輯《尚書》鄭《注》之若干重要問題〉，《臺大中文學報》（2014年6月），頁186；《江聲與王鳴盛《尚書》學之比較研究》，臺北市：世新大學博士論文，2015年。

就〈堯典〉一篇，對比蔡沈與王鳴盛的聖人觀；[25]陳威睿對比江聲、王鳴盛、孫星衍三家輯校〈太誓〉的共識、要點及其細部差異。[26]這些都是對王氏經學研究的極好展開。

總體而言：

第一，對王鳴盛經學、《尚書》學的研究，尚在起步階段。百餘年雖有一定積累，但重要成果大都是近十年才產生。主要一方面被其史學成就所掩蓋，另一方面受「吳派」墨守、泥古一類負面評價的影響。

第二，從地域上看，臺灣學者的研究在數量及品質上皆占據中心地位。臺灣學者的研究既廣且深，能從不同角度闡發王鳴盛《尚書》學的特色。相比而言，來新夏之說足以代表近七十年中國大陸學界對王氏經學的整體看法，究其原因，仍是對「吳派」成見太深導致。

第三，整理本的出版是研究的新契機。近些年隨著清史研究拓展以及《儒藏》之纂修，學界逐漸關注王氏《尚書後案》。尤其是整理本問世後，使得學者更為便捷地研讀搜集材料，也更為直觀地瞭解王氏之學，逐漸擺脫泛泛而論的積習。

第三節　研究內容

本書以王鳴盛及其經學著作《尚書後案》為研究對象，從文獻學與學術史兩個層面，在輯佚與疏解鄭玄《尚書注》、採集運用他人學術成果、與時人交往論辯等方面深入探討，進而從清代《尚書》學史乃

---

25 曹美秀：〈漢、宋學者的聖人觀——以蔡沈與王鳴盛對《尚書·堯典》的詮釋為例〉，《臺大文史哲學報》第82期（2015年5月），頁1-41。

26 陳威睿：〈論江聲、王鳴盛、孫星衍三家輯校〈太誓〉的共識、要點及其細部差異〉，《當代儒學研究》第21期（2016年12月），頁123-166。

至清代學術史上，討論其成就、地位，並試圖重新理解其治學特色。

　　除去王氏其人其學簡介及結語外，本書核心論述共四章，可分成兩大部分：

　　一、文獻考證。王鳴盛《尚書後案》圍繞鄭玄注，其文本結構主要分為輯佚與疏解兩層。因此，先考察其輯佚鄭注之得失，後分析其疏解鄭注之方法，即本書第三、四兩章。

　　二、學術史論。王鳴盛此書寫作歷時極長，勢必會在成書期間與其他學者交流討論；而刊行後，流傳也甚廣，同樣會對其他學者產生直接或間接影響。限於材料，諸多細節無法一一展現，而根據王氏具體情況，至少可分兩條脈絡探索：第一，其書所引前人及同代學者的材料及觀點；第二，其與某些關鍵學者的學術交往。因此，本書第五章考辨王鳴盛引清人之說，第六章管窺其與「皖派」戴震、「揚州學派」焦循的交往。

　　近代以來，歷史中的「王鳴盛」與學術史研究中的「王鳴盛」之間形成較大落差，而至今日，學界研究一方面偏重其史學成就，一方面在經學領域局限於辨偽方面，以至於王鳴盛之《尚書》學未能彰顯全貌。在治學理念上，又將王氏歸入「吳派」惠學麾下，以「信古而愚」籠統概括其學，成為「皖派」戴學的反面而飽受批判。本書則述其《尚書》鄭氏學，以見其治經之法；又考其交遊論學，以窺其心志；並論其特色，以求知其所以然。希望藉此可以展現出王鳴盛經學之獨特性。

第二章

王鳴盛之生平、學術與時代

　　有關王鳴盛之生平與學術，前人多有論述，[1]更有陳鴻森〈王鳴盛年譜〉集大成之作，不過考慮本書之結構組織，仍據前賢時彥之成果，略述其要。

第一節　生平與學術

一　生平傳略

　　王鳴盛字鳳喈，一字禮堂，號西莊，晚年更號西沚。清江蘇太倉州嘉定縣（今上海市嘉定區）人。生於康熙六十一年壬寅五月二十一日（1722年7月4日），卒於嘉慶二年丁巳十二月二日（1798年1月18日），享年七十六歲。幼奇慧，四、五歲時，日識數十百字，丹徒令馮詠以神童目之。十二歲，習四書，才氣浩瀚，已有名家風度。十六歲應童子試，縣令黃建中見其方垂髫，大加賞愛。十七歲，補嘉定縣

1　張惠貞：《王鳴盛《十七史商榷》研究》，高雄市：高雄師範大學博士論文，1997
　　年；後收入潘美月、杜潔祥主編：《古典文化研究輯刊》初編第22-23冊，臺北市：
　　花木蘭文化事業公司，2005年。陳怡如：《王鳴盛及其文字學說之研究》，桃園市：
　　中央大學碩士論文，2004年。劉玲：《王鳴盛及其《十七史商榷》》，合肥市：安徽
　　大學博士論文，2007年；徐州市：中國礦業大學出版社，2008年。施建雄：《王鳴
　　盛學術研究》，北京市：北京師範大學博士論文，2005年；北京市：中國社會科學
　　出版社，2009年。

學諸生（秀才），學使歲科試，屢占第一。二十三歲，鄉試中副榜，才名籍甚，江蘇巡撫陳大受招入紫陽書院肄業，院長歸安吳大綬、常熟王峻皆賞其才。乾隆十二年（1747），二十六歲，偕錢大昕應江寧鄉試，以五經中式。乾隆十九年（1754），三十三歲，舉進士第二名及第（榜眼），授翰林院編修，公卿爭以禮致之，刑部尚書秦蕙田延之修《五禮通考》，掌院學士蔣溥亦重其學，邀為上客。乾隆二十三年（1758），三十七歲，擢升為侍讀學士，擔任日講起居注官。次年，奉命充福建鄉試正考官，隨又調任內閣學士兼禮部侍郎。未幾，因任福建鄉試主考官時，於途中置妾，被御史揭發，遂降二級，左遷為光祿寺卿。乾隆二十七年（1762），四十一歲，平定回部覃恩，誥封三代，賜貂皮、大緞等物。乾隆二十八年（1763），四十二歲，因母喪辭官回鄉。除喪後，以父年高，自身又多病，不再做官，遂不赴補。

王鳴盛自三十三歲為翰林院編修，至四十二歲去官返鄉，為官十年。自四十二歲起，定居蘇州，不再進入官場，專心著述。蓋里居蘇州三十餘年，日以經史詩文自娛，撰述自期。於此間，先後完成經、史、子、集諸四部大作，可謂自束髮至垂白，未嘗一日輟書。至六十八歲，兩目失明，唯右目僅辨三光，閱兩載，得吳興醫鍼之而目疾始痊，方能再著書如常。

以四十二歲休官為界，王鳴盛一生大致可分成前後兩個時期。前期主要是舉業與仕官二事。自童年入塾讀書開始，至乾隆十九年中進士，為舉業期，此後為仕官期。王鳴盛早年家境窘困，十一歲應童子試，無複襦，朱太淑人一夕手成之，手皆龜裂皸瘃，血濡縷縷，然晨起提甕汲，不言憊也。此後至仕官，多方奔勞，館客以養家。二十一歲，娶婦寶山候選州同知幹女李氏。次年，妹順嫆許字錢大昕為配。二十五歲，長女生，用陶詩之意，名之為慰無。二十七歲入都，寓憫

忠寺街。三月，會試，不第，即返吳門，〈杉亭詩集序〉云：「予曩於戊辰歲一試禮部，不第，即掉頭歸去，往返數千里，未嘗交一人。」[2]是年七月，長男嗣韋生。二十八、九歲館於蘇州桃花塢蔣奕蘭家，課其二子業晉、業鼎。蔣氏家有交翠堂，富藏書，儲前人名跡數百冊，石刻之精善完好者尤夥。王鳴盛數邀錢大昕諸友同往觀之。二十九歲暮，辭家赴鄂，一年後方自楚返歸。三十二歲，館蘇州織造府署，復北上入都。仕官後，生活稍為安裕。然三十四時，子女五人相繼痘殤，至為慘痛，王鳴盛有百韻長詩代哭，音極哀切。此後，任福建鄉試主考官，歸途於路置妾，亦緣於此也。

　　自乾隆二十八年癸未（1763）奔母喪起，直至去世，為之歸田期，也是王鳴盛一生中成就最大的時期。除了卜居蘇州，嘗主講震澤書院，並以詩文著述自娛。其〈六十寫懷〉詩云：「故山翠色真堪愛，一臥文園十九年。」[3]其閒適可知。〈七十寫懷〉又云：「書守一師家法在，史參眾本校讐頻」，「舊學研覃經史編，從今子集別成科」。[4]足見其著述之心志。

二　學術著述

　　王鳴盛曾為錢大昕《潛研堂金石文跋尾》作序稱「予才固不逮竹汀遠甚」，[5]但仍自比明朝王世貞有四部著述：

2　陳鴻森輯：〈王鳴盛西莊遺文續補〉，頁28。

3　〔清〕王鳴盛：《西沚居士集》，《清代詩文集彙編》第350冊影清道光三年（1823）自怡山房刊本（上海市：上海古籍出版社，2010年），卷19，頁863。

4　〔清〕王鳴盛：《西沚居士集》，卷19，頁865。

5　〔清〕錢大昕：《潛研堂金石文跋尾》（南京市：江蘇古籍出版社，1997年），序頁2。

> 我于經有《尚書後案》，于史有《十七史商榷》，于子有《蛾術編》，于集有詩文，以敵弇州《四部》，其庶幾乎？[6]

自負之意，溢於言表。然所言亦是實情，《尚書後案》、《十七史商榷》、《蛾術編》是其三部學術代表作，詩文集又有若干種。王鳴盛曾言：「百年三萬六千日，千年僅三十六萬日，由孔子而來至於今，僅七十餘萬日，以此觀之，一日可虛度邪！靜時當沈思息慮，以養其心；動時當勤學礪行，以進其德。若逐塵勞溷過一日，偷安惰空擲一日，皆深為可惜。」（卷81，頁74-75）所言未必一一盡實，然其勤苦治學之精神尤可顯現。其為孫星衍《問字堂集》所作序云：

> 予作《尚書後案》，以明漢儒家法，又為《十七史商榷》，亦謬為四方君子所許可。獨《蛾術》一編久而未就，繼以雙瞽，自分已成廢疾。幸七十後瞽目復開，方且賈餘勇以竟殘課。[7]

可謂至老彌堅，遂有經、史、子、集四部著作。

　　具體著述，陳鴻森〈王鳴盛年譜〉末附「著述考略」言之已詳，其中已刊行者十八種，未刊行者十種。其主要著述，經部有《尚書後案》三十卷附《尚書後辨》不分卷、《周禮軍賦說》四卷[8]，史部有

6　〔清〕王鳴盛：《蛾術編》，《續修四庫全書》子部第1150冊影清道光二十一年（1841）世楷堂本，目錄頁24。

7　〔清〕孫星衍撰，駢宇騫點校：《問字堂集》（北京市：中華書局，1996年），頁4。

8　乾隆十九年（1754），王鳴盛中進士，授翰林院編修。刑部尚書秦蕙田主持修纂《五禮通考》，屬其分修軍禮部分，遂成《周禮軍賦說》。此書先納入《西莊始存稿》初刻本（卷21至23），後單刻別行，析中卷為兩卷，遂總為四卷。有頤志堂家刻本（《續修四庫全書》經部第80冊影印本）、嘉慶三年秦鑑校刊本、《皇清經解》本。整理本有二〇一〇年中華書局《嘉定王鳴盛全集》本（第3冊，孫顯軍點校）。

《十七史商榷》一百卷[9]，子部有《蛾術編》九十五卷[10]，集部有《西莊始存稿》四十卷[11]、《西沚居士集》二十四卷[12]等。二○一○年，中

9　據本序，此書作於王鳴盛四十二歲歸田後，歷經二紀有餘，至乾隆五十一年（1786）方成。此書版本甚多，主要有乾隆五十二年洞涇草堂原刊本（《續修四庫全書》史部第452冊影印本）、光緒六年太原王氏刻本（北京大學藏）、光緒十九年《廣雅叢書》本、光緒二十三年點石齋石印本、民國初年上海文瑞樓石印本等。整理本主要有一九三七年上海商務印書館《叢書集成初編》排印本（1959年重印）、二○○五年上海書店黃曙輝點校本（2013年上海古籍出版社改為豎排重印）、二○○八年鳳凰出版社陳文和等點校本、二○一○年中華書局《嘉定王鳴盛全集》本（第4-6冊，王永平、張連生、孫顯軍、陳文和點校）。如無說明，本書所據為二○○五年上海書店整理本。為免繁瑣，多隨文標注。

10　《蛾術編》王鳴盛生前未有定稿。陶澍〈蛾術編原序〉中稱「先生自謂積三十年之功始克就」，王氏卒於嘉慶二年（1797），可知此編草創可推至一七六七年左右。約在乾隆廿八年（1763）歸田後不久，與《十七史商榷》大致同步進行。此書原有一百卷（錢大昕〈墓志銘〉），稿本僅存九十五卷，道光間沈梣惠謀刻之，延迮鶴壽校訂。迮氏於原書多加評語駁之，復以〈說刻〉所載歷代金石文，已見王昶《金石萃編》；〈說系〉備列先世舊聞，宜入王氏家譜，故削去此二門，存八十二卷，即道光二十一年世楷堂活字本（《續修四庫全書》子部第1150-1151冊影印本）。此外，中國國家圖書館尚存海寧楊文蓀述鄭齋鈔本九十五卷。整理本有一九五八年商務印書館排印本、二○一○年中華書局《嘉定王鳴盛全集》本（第7-9冊，張連生、孫顯軍、陳文和點校）、二○一二年上海書店顧美華標校本，皆據世楷堂八十二卷本整理。如無說明，本書所據為《續修四庫全書》影印本。為免繁瑣，多隨文標注。

11　此書前後有兩本。乾隆三十年初刻本，題為四十卷，實刻三十九卷，卷四十傳十六首及卷附長短句四十七首，皆未刻。此本除歷年詩文外，卷十九、二十為〈洪範後案〉，卷二十一至二十三為〈周禮軍賦說〉，《續修四庫全書》集部第一四三四冊影印即此本。乾隆三十四年重新編定，刪去前述經說五卷及應制、服闋後之作，合為三十卷，前十四卷為詩，共九百二十七首，後十六卷為文，共二百十八篇，稱為後定本。整理本則有二○一○年中華書局《嘉定王鳴盛全集》本（第10冊，陳文和點校），據後定本三十卷整理。如無說明，本書所據為《續修四庫全書》影印本。為免繁瑣，多隨文標注。

12　此集為王鳴盛晚年手定，分體編次，共詩一千二百五十二首，較《始存稿》僅增三百二十五首。生前未及付刻，道光三年（1823）李士榮據手稿刻之，有自怡山房刊本（《清代詩文集彙編》第350冊影印本）。整理本則有二○一○年中華書局《嘉定王鳴盛全集》本（第11冊，陳文和點校）。

華書局出版由陳文和主編之《嘉定王鳴盛全集》，基本將以上幾種著
作皆收錄其中。

第二節　《尚書後案》與清代《尚書》學

一　《尚書後案》的宗旨與內容

《尚書後案》是王鳴盛的經學代表作，其夫子自道云「《尚書》
古文是予專門之業」、[13]「予《尚書》儒也」。[14] 據王氏自序，此書草
創於乾隆十年（1745）二十四歲時，經歷三十餘年，至乾隆四十四年
（1779）五十八歲，全書始成，翌年刊刻。脫稿後，曾就正於惠棟親
傳弟子江聲。其著述宗旨，於自序中已表露無疑，云：

> 《尚書後案》何為作也？所以發揮鄭氏康成一家之學也。……
> 予徧觀群書，搜羅鄭注，惜已殘闕，聊取馬、王、傳、疏益
> 之，又作案以釋鄭義；馬、王、傳、疏與鄭異者，條析其非，
> 折中于鄭氏。名曰「後案」者，言最後所存之案也。至二十五
> 篇則別為《後辨》附焉。[15]

王鳴盛於《蛾術編》中又特意強調「余說經以先師漢鄭氏為宗」，[16]專
作〈鄭康成〉兩卷，以表彰其人其學。足見其經學宗主為鄭玄，而成
就也主要體現在《尚書》鄭氏學研究上。

13　《十七史商榷》，卷22〈漢書十六·三蒼以下諸家〉，頁161。

14　《蛾術編》，卷2〈說錄二·采集群書引用古學〉，頁53。

15　〔清〕王鳴盛著：《尚書後案》，《續修四庫全書》經部第45冊影清乾隆庚子
　　（1780）禮堂藏版，頁1。如無說明，本書所據即此本。為免繁瑣，多隨文標注。

16　《蛾術編》，卷58〈說人八·鄭康成〉，頁560。

　　王鳴盛以鄭玄注為中心，故先搜集鄭注，又自作按語疏解鄭義；因鄭注殘缺，又取馬融注、王肅注、偽孔傳、孔疏以輔益之，而折中歸宗於鄭氏；至於偽書二十五篇，則單獨作《尚書後辨》，附在書末。

　　可見王鳴盛此書的主要內容，一是輯佚鄭注（兼及馬、王注），二是疏釋鄭義，輔以辨析偽孔。王鳴盛自述：「予采集群書中《尚書》鄭康成注，又譔《後案》，以疏解之。」[17]則更加說明在王鳴盛的學術設想中，先輯佚再疏解的治學順序：鄭注於宋時散亡，則首當輯錄其文，查其存佚，考其真偽，使學者有本可依；次則疏通經注，辨析文理，解其曲折，明其缺略，如此則《尚書》鄭氏一家之學可復現矣。

　　《尚書後案》共分三十卷，卷首有〈尚書後案采取鄭馬王注書目〉一篇，分經史子集四部，收錄著作一三一部，乃其輯佚所採書目。正文部分以篇為卷，序獨立成卷，置於末尾：

> 虞夏書：卷一堯典、卷二皋陶謨、卷三禹貢、卷四甘誓[18]
> 商書：卷五湯誓、卷六盤庚（上、中、下）、卷七高宗肜日、卷八西伯戡黎、卷九微子
> 周書：卷十太誓、卷十一牧誓、卷十二洪範、卷十三金縢、卷十四大誥、卷十五康誥、卷十六酒誥、卷十七梓材、卷十八召誥、卷十九洛誥、卷二十多士、卷二十一無逸、卷二十二君奭、卷二十三多方、卷二十四立政、卷二十五顧命（含康王之誥）、卷二十六費誓、卷二十七呂刑、卷二十八文侯之命、卷二十九秦誓

17　《蛾術編》，卷4〈說錄四·鄭康成所據地理志伏無忌作〉，頁73。
18　王鳴盛於目錄標示〈甘誓〉屬〈虞夏書〉，而在正文則變為〈夏書〉。鄭玄以虞、夏同科，無〈夏書〉之題，此處當是失誤。

卷三十序（虞夏書序、商書序、周書序、鄭康成贊、馬融序、
王肅序）

書末附《尚書後辨》不分卷，主要分兩部分，第一部分辨相關文獻十
九篇：

一、辨孔安國序；二、辨孔穎達序；三、又辨卷首疏；四、辨
陸德明釋文；五、史記儒林傳；六、漢書藝文志；七、劉歆
傳；八、儒林傳；九、後漢書杜林傳；十、賈逵傳；十一、鄭
玄傳；十二、馬融傳；十三、儒林傳；十四、許慎說文自序；
十五、慎子沖上書；十六、三國志王朗傳；十七、隋書經籍
志；十八、舊唐書經籍志；十九、新唐書藝文志

第二部分則是分篇辨偽書：

虞書：舜典、大禹謨
夏書：五子之歌、允征
商書：仲虺之誥、湯誥、伊訓、太甲上、太甲中、太甲下、咸
有一德、說命上、說命中、說命下
周書：太誓上、太誓中、太誓下、武成、旅獒、微子之命、蔡
仲之命、周官、君陳、畢命、君牙、冏命

從《尚書後案》整體佈局可見，王鳴盛意欲以鄭學為根基重新建
構《尚書》學，其核心為：一、鄭注佚文之輯錄與整理；二、鄭義之
疏證與解釋；三、輔以馬融注、王肅注、偽孔傳，以及孔穎達疏，以
補鄭注殘缺之失；四、對於真實存在於歷史中的偽書，從學術史上辨

析其偽造之跡，又挖掘每條材料之偽造源頭。

　　此書有乾隆四十五年王氏禮堂刊本（《續修四庫全書》影印本）、《皇清經解》本，又有光緒十三年大同書局石印本。《西莊始存稿》初刻四十卷本，卷十九、二十為〈洪範後案〉，應是先成之初稿。

二　王鳴盛與清代《尚書》學

　　一九二七年，王國維為楊筠如《尚書覈詁》撰〈序〉，略述《尚書》學史，言至清代云：

> 至近世，閻、惠二氏始證明孔本及《傳》之偽，王氏、江氏復蒐輯馬、鄭之說，段氏、孫氏又博之以歐陽、夏侯氏之說，而高郵王氏父子，涵泳經文，求其義例，所得尤多，德清、瑞安並宗其學，惜尚未有薈萃而畫一之如孔、蔡二《傳》者。惟長沙王氏雖有成書，然網羅眾說，無所折衷，亦頗以繁博為病。

楊筠如〈自序〉亦仿其師，云：

> 遜清樸學昌明，大師輩出，段若膺、陳樸園訂其異同，江艮庭、王西莊、孫淵如、簡竹居集其訓詁，而高郵王氏父子、德清俞氏、瑞安孫氏，抽繹諸經，尤多創獲。吾湘善化皮氏、長沙王氏，網羅異說，亦稱功臣。但既駢枝後出，為新注所未收，而又膠柱陳言，即大師亦難免焉。[19]

---

19 兩〈序〉並見楊筠如著，黃懷信標校《尚書覈詁》。

兩人基本將清代《尚書》學脈絡梳理清楚：前期重在證孔本及孔傳之偽，以閻若璩、惠棟為代表；中期重在輯佚訓詁，江聲、王鳴盛搜輯馬鄭注，段玉裁分析今古文，孫星衍廣之以三科五家，王念孫、引之父子致力考訂經義；後期則分數端，俞樾、孫詒讓上承王氏父子，陳喬樅、皮錫瑞輯佚並辨析今文師說之異同，簡朝亮、王先謙則集諸家說而無所折衷。

清初以來，古文《尚書》、孔安國傳之偽已為學界逐漸接受，但鄭玄《古文尚書》之真偽仍在懷疑之列。惠棟作《古文尚書考》力證鄭氏不偽，又用王應麟之法，採集鄭玄等漢儒舊注，作《尚書古義》。王鳴盛繼踵惠棟，一以鄭氏為宗，重為補綴，兼及馬融、王肅之說，引徵群籍，「自謂存古之功，與惠氏《周易述》相埒」，[20]亦非虛詞。乾嘉之際從事《尚書》鄭注輯佚者十數家，王鳴盛不無倡始張大之功。而且逐條疏證鄭注，材料密實，論述詳盡，更是前無古人，後來段玉裁、孫星衍、焦循諸家皆有取資焉。其《尚書》學另一功績當是辨偽古文《尚書》與孔安國傳。王氏在閻若璩、惠棟諸前人基礎上，進一步系統化，在書末所附《尚書後辨》中可見，從典籍記載，到經文卷數、篇目、體例、修辭，乃至史事、制度諸層次予以考證，應是閻氏以來，清代《尚書》辨偽學之集大成者。

王鳴盛所處的學術環境，是閻若璩、胡渭、惠棟等大師已經大致解決了偽孔本的問題，而又發掘出新的研究方向——漢魏經師之古注古義。這一領域，王鳴盛之前的清代學者都沒有完成，只是做了部分、零碎的啟發性研究，比如胡渭的《禹貢錐指》、惠棟的《九經古義》。如果辨偽孔本屬於「破」之層面，則挖掘古注古義則屬於

---

20 〔清〕錢大昕：〈西沚先生墓志銘〉，載呂友仁點校：《潛研堂集》（上海市：上海古籍出版社，1989年），《文集》卷48，頁840。

「立」之層面。與王鳴盛同時的幾位學者，如江聲、戴震等，面對的學術情況是一樣的，而所選擇的方面也是一樣的，都是在前人基礎上對《尚書》進行重新疏釋。從某種程度而言，清世至王鳴盛《尚書後案》方有自己獨立之《尚書》學。

王鳴盛在《蛾術編‧說錄四‧尚書古今文》條云：

> 孔壁真書，兩漢雖班班具在，而不立博士。馬、鄭諸儒，但注古、今文同有之三十四篇，而增多二十四篇未及為注。是以延至魏、晉之際，其學又微。皇甫謐名重晉初，見此學之將絕也，遂別為改作，且代安國為《傳》，即今本也。其意以有安國《傳》，則馬、鄭必為所壓伏耳。……自宋至明，攻詆鄭學者徧天下，**故辨孔之偽者猶有之，而識鄭之真者則無之**。（卷4，頁68-69）

此段文字大致可見王鳴盛作《尚書後案》之用心。王鳴盛認為皇甫謐偽作孔安國傳，為隋唐學者採信，而馬、鄭之真古文反目為偽。此後鄭學式微，鄭注乃至亡佚。

自宋吳棫、朱熹以來，辨古文之偽者代不乏人，至閻若璩、惠棟而偽古文案遂成定讞。振鄭學而後起，宗古文之真者，則無其人。正如王鳴盛所言「彼既為真，則此自為偽」，[21]這便是王鳴盛宗鄭氏之本心。這一思路在清代《尚書》學史中實具轉折意義，即由宋明以來的辨偽古文、偽孔傳，轉向重視馬、鄭之真古文，開啟清人自己的《尚書》學復古與重建。

---

21 《蛾術編》，卷4〈說錄四‧尚書古今文〉，頁68。

第三章
王鳴盛輯佚鄭玄注研究

第一節　鄭玄《尚書注》之流傳、散亡與輯佚

一　鄭注之流傳與散亡

　　鄭玄注《古文尚書》,《後漢書》本傳、〈儒林傳〉均有記載,〈儒林傳〉並言:「扶風杜林傳《古文尚書》,林同郡賈逵為之作訓,馬融作傳,鄭玄注解,由是《古文尚書》遂顯於世。」[1]《經典釋文・序錄》引同,[2] 以為鄭玄所注為杜林漆書本。[3]《尚書》「虞書」大題疏云,鄭玄師祖孔(安國)學,承膠東庸生、劉歆等之後,「所注皆同賈逵、馬融之學,題曰《古文尚書》,篇與夏侯等同,而經字多異。」[4] 是鄭注經文篇目與大小夏侯、歐陽今文三家同,而兼採今古文,經字多與之異,注文則本自衛宏、賈逵、馬融諸古文家。

1　詳見〔南朝宋〕范曄著,〔唐〕李賢注:《後漢書》(北京市:中華書局,1965年),卷35,頁1207-1212;卷79上,頁2566。

2　〔唐〕陸德明:《經典釋文》(上海市:上海古籍出版社,1985年,影宋刻宋元遞修本),頁31。

3　前人於此說多無異議,王鳴盛亦宗之。今人程元敏考證賈、馬、鄭訓解所本,並非為杜林所傳漆書本《古文尚書》,而是孔壁本,且鄭氏本當是轉寫本。詳見氏著:《尚書學史》(臺北市:五南圖書,2008年),頁742-743、791。

4　舊題〔漢〕孔安國傳,〔唐〕孔穎達正義,〔清〕阮元校刻:《尚書正義》(臺北市:藝文印書館,1960年,影清嘉慶二十年〔1815〕南昌府學刊本),卷2,頁18。又見黃懷信整理本(上海市:上海古籍出版社,2007年),卷2,頁30。若無特別說明,本文所用皆為阮刻本,後文隨文標注卷頁。

　　鄭玄〈自序〉云：「遭黨錮之事，逃難注《禮》。黨錮事解，注《古文尚書》、《毛詩》、《論語》。為袁譚所逼，來至元城，乃注《周易》。」[5]「黨錮事解」在漢靈帝中平元年（西元184年），可知鄭注《古文尚書》在此之後，共成九卷。[6]漢末魏初，鄭學極盛，弟子門生遍天下。[7]皮錫瑞謂之經學「小統一時代」。[8]王粲有難《尚書》鄭注事，其說不傳；[9]而田瓊、韓益為之正，作《尚書釋問》四卷。[10]

　　隨後，王肅之學興起，與鄭學爭衡。《魏書》本傳載云：

5　〔唐〕劉子玄（知幾）：〈孝經老子注易傳議〉，載〔宋〕李昉等編：《文苑英華》（北京市：中華書局，1966年，影宋、明刻本），卷766，頁4033上。又見〔宋〕王溥：《唐會要》（北京市：中華書局，1955年，據武英殿聚珍版排印），卷77之〈論經義〉，頁1406。

6　《釋文・序錄》、《隋書・經籍志》均載鄭氏《尚書注》九卷，《舊唐書・經籍志》、《新唐書・藝文志》並載《古文尚書》鄭康成注九卷。

7　鄭氏弟子傳述情況，可參考王利器：《鄭康成年譜》（濟南市：齊魯書社，1983年），頁269-311；張舜徽：〈鄭學傳述考〉，載氏著：《鄭學叢著》（濟南市：齊魯書社，1984年），頁159-193；程元敏：〈鄭玄之《尚書》學〉，載氏著：《尚書學史》，拾肆「漢《尚書》學（乙之下）」，頁800-812。

8　〔清〕皮錫瑞著，周予同注釋：《經學歷史》（北京市：中華書局，1959年），五〈經學中衰時代〉，頁151。

9　顏之推曾言：「俗間儒士，不涉羣書，經緯之外，義疏而已。吾初入鄴，與博陵崔文彥交遊，嘗說《王粲集》中難鄭玄《尚書》事。崔轉為諸儒道之，始將發口，懸見排蹙，云：『文集只有詩賦銘誄，豈當論經書事乎？且先儒之中，未聞有王粲也。』崔笑而退，竟不以粲集示之。」見王利器：《顏氏家訓集解（增補本）》（北京市：中華書局，1996年），卷8〈勉學第八〉，頁183-184。唐元行沖亦有提及：「王粲曰：『世稱伊、雒以東，淮、漢以北，康成一人而已。咸言先儒多闕，鄭氏道備。』粲竊嗟怪，因求所學，得《尚書注》，退思其意，意皆盡矣，所疑猶未諭焉，凡有二篇。」見〔宋〕歐陽脩、宋祁：《新唐書》（北京市：中華書局，1975年），卷200〈儒林傳〉，頁5692-5693。

10　新舊《唐志》所載同：鄭玄注，王粲問，田瓊、韓益正。見〔後晉〕劉昫等：《舊唐書》（北京市：中華書局，1975年），卷46〈經籍志〉，頁1970、《新唐書》，卷57〈藝文志〉，頁1427。

初，肅善賈、馬之學，而不好鄭氏，采會同異，為《尚書》、
《詩》、《論語》、《三禮》、《左氏》解，及撰定父朗所作《易
傳》，皆列於學官。其所論駁朝廷典制、郊祀、宗廟、喪紀、
輕重，凡百餘篇。[11]

其學專事駁鄭，「或以今文說駁鄭之古文，或以古文說駁鄭之今
文」。[12]甘露元年（西元256年），高貴鄉公幸太學，命講《尚書》，帝
問以「曰若稽古」之鄭、王是非，博士庾峻對以賈、馬、肅同而非
鄭，帝又以孔子之言申鄭義，庾峻則以「奉遵師說，未喻大義」為折
中。[13]可見曹魏末年，鄭、王兩家可能已並立學官，鄭學獨尊地位受
到嚴重挑戰。至晉朝建立，王肅憑藉其外戚權勢，全面壓倒鄭學，王
氏所注諸經皆立學官，置博士。

　　永嘉喪亂，眾家之書竝滅亡。《尚書》歐陽、大小夏侯三家今文
師說竝亡。[14]東晉中興，王學衰微，鄭學復興。晉元帝建武元年（西
元317年），立太學；大興二年（西元319年），置博士，《尚書》鄭
氏、《古文尚書》孔氏各一人。[15]而至此，《古文尚書》偽孔案又起。

　　甘露元年，高貴鄉公只問鄭、王異同，庾峻又以賈、馬與肅同，
始終未提孔安國傳，且今傳孔傳「曰若稽古」為「順考古道」，正與

11　〔西晉〕陳壽著，〔南朝宋〕裴松之注：《三國志》（北京市：中華書局，1959年），
　　卷13〈魏書‧王朗傳〉，頁419。

12　〔清〕皮錫瑞著，周予同注釋：《經學歷史》，頁155。

13　詳見《三國志》，卷4〈魏書‧三少帝紀〉，頁136-137。

14　詳見〔唐〕魏徵等：《隋書》（北京市：中華書局，1973年），卷32〈經籍志〉之
　　《尚書》小序，頁915；〔唐〕陸德明：《經典釋文》，〈序錄〉，頁32。王國維〈漢魏
　　博士考〉認為在曹魏時，西漢今文諸家便已廢置，「不待永嘉之亂而其亡可決矣」。
　　詳見氏著：《觀堂集林》（北京市：中華書局，1959年），卷4，頁191。

15　〔唐〕房玄齡等：《晉書》（北京市：中華書局，1974年），卷75〈荀崧傳〉，頁
　　1976。

賈、馬、王同。可能魏時《尚書》孔傳非但不立學官，而且早已亡佚。據《經典釋文·序錄》所載，「（晉）元帝時豫章內史枚賾奏上孔傳《古文尚書》，亡〈舜典〉一篇，購不能得，乃取王肅注〈堯典〉從『眘徽五典』以下，分為〈舜典〉篇以續之，學徒遂盛」，齊明帝建武時，吳興姚方興偽造孔傳〈舜典〉一篇，云於大航頭買得，為梁武帝博士非議，遂不行用，「近唯崇古文，馬、鄭、王注遂廢。今以孔氏為正，其〈舜典〉一篇，仍用王肅本。」（頁31-32）[16]略可知《尚書》孔傳「重現」之背景及流傳情況。自閻若璩《尚書古文疏證》以來，一般認為梅賾所上之《古文尚書》及孔安國傳皆是偽作，所敘梅賾以前《古文尚書》傳授系統亦屬偽託。而梅氏偽《古文》之出現，成為《尚書》學史中重大轉折點。

　　東晉亡後，政權出現南、北分裂，經學亦有南學、北學之不同。東晉時鄭注與偽孔並立，南朝沿襲之，《隋書·經籍志》之《尚書》小序云：

> 梁、陳所講，有孔、鄭二家，齊代唯傳鄭義。至隋，孔、鄭並行，而鄭氏甚微。自餘所存，無復師說。又有《尚書逸篇》，出於齊、梁之間，考其篇目，似孔壁中書之殘缺者，故附《尚書》之末。

大致可推知，宋、齊、梁、陳四朝，孔、鄭尚能並行，而偽孔占優；北朝則通行鄭學。《北史·儒林傳》言南、北經學差異時云：

---

16 又可參《尚書》「虞書」大題疏、《尚書正義》卷3〈舜典〉，《隋書·經籍志》。今人論述可參考劉起釪：《尚書學史》（北京市：中華書局，1989年），頁171-183。而「梅賾」之名，《尚書正義》作「梅賾」，《釋文·序錄》作「枚頤」，《釋文》正文作「梅頤」。

> 大抵南北所為章句，好尚互有不同。江左，《周易》則王輔
> 嗣，《尚書》則孔安國，《左傳》則杜元凱。河洛，《左傳》則
> 服子慎，《尚書》、《周易》則鄭康成。《詩》則並主於毛公，
> 《禮》則同遵於鄭氏。南人約簡，得其英華；北學深蕪，窮其
> 枝葉。考其終始，要其會歸，其立身成名，殊方同致矣。[17]

言「好尚」，固知非決然之詞。至於北朝鄭學之具體傳授，則所載不
多，《北齊書・儒林傳》云：

> 凡是經學諸生，多出自魏末大儒徐遵明門下。……齊時儒士，
> 罕傳《尚書》之業，徐遵明兼通之。遵明受業於屯留王總，傳
> 授浮陽李周仁及渤海張文敬及李鉉、權會，並鄭康成所注，非
> 古文也。下里諸生，略不見孔氏注解。武平末，河間劉光伯、
> 信都劉士元始得費甝《義疏》，乃留意焉。[18]

魏末大儒徐遵明通《尚書》，其所傳授皆是鄭學，非偽古文。直到北
齊末，劉炫（光伯）、劉焯（士元）才從費甝《尚書義疏》中得知
《古文尚書》偽孔傳。

　　隋以北朝政權統一南朝，經學則南學統一北學。亦如前文所引，
《尚書》尊用偽孔，而「鄭氏甚微」。陸德明《經典釋文》中《尚書
音義》二卷，即以偽孔《古文尚書》為本。至孔穎達編纂《五經正
義》時，正式選用《古文尚書》偽孔傳，成為官方定本一直流傳至
今，鄭學就此式微。

　　《舊唐書・經籍志》、《新唐書・藝文志》尚載鄭玄《古文尚書

---

17 〔唐〕李延壽：《北史》（北京市：中華書局，1974年），卷81，頁2709。
18 〔唐〕李百藥：《北齊書》（北京市：中華書局，1972年），卷44，頁583。

注》九卷,《宋史·藝文志》則未著錄,則《尚書》鄭注可能在兩宋間徹底亡佚。

二 鄭注之輯佚

　　輯佚,一般是指一種文獻整理活動,將散見於現存文獻中之散佚文獻逐一摘錄出來,按一定方法加工編輯成文(篇、冊),使散佚文獻得以復現、流傳。研究輯佚的理論、歷史、方法、原則和其他相關問題的學科,稱為輯佚學。而通過輯佚所得到的文獻,稱為輯本或輯佚本。[19]

　　至於輯佚之起源,學者因標準不一而眾說紛紜。不過,大都認同輯佚成法到王應麟時方基本形成。[20]而至清代,輯佚才成為學者專門之業,並取得巨大成就。[21]王應麟輯有鄭玄《周易注》一卷,附刻《玉海》後。坊間又傳聞,王應麟輯有鄭玄《尚書注》十卷,明代亡佚,清人復為之輯佚。[22]茲列清人重要輯本及其版本如下:

---

19 以上觀點,參見張舜徽:《中國文獻學》(武漢市:華中師範大學出版社,2004年),頁149;孫欽善:《中國古文獻學》(北京市:北京大學出版社,2006年),頁198;曹書杰:《中國古籍輯佚學論稿》(長春市:東北師範大學出版社,1998年),頁86;董洪利主編:《古典文獻學基礎》(北京市:北京大學出版社,2008年),頁342。

20 詳見曹書杰:《中國古籍輯佚學論稿》第三章〈輯佚的起源問題〉,頁67-88。

21 可參考皮錫瑞:《經學歷史》之〈經學復盛時代〉,頁330;梁啟超著,朱維錚導讀:《清代學術概論》,頁61;梁啟超著,夏曉虹、陸胤校:《中國近三百年學術史(新校本)》(北京市:商務印書館,2011年),頁313-323。

22 清人多懷疑此書為惠棟偽託,非應麟自輯。王鳴盛云:「古學已亡,後人從羣書中所引,采集成編,此法始于宋王應麟《周易鄭康成注》及《詩考》。昔吾友惠徵士棟仿而行之,采鄭氏《尚書注》,嫁名於王以為重。」(《蛾術編》,卷2,頁52)此處關涉較廣,筆者尚有獨立專文考辨,本書姑擱置不論。

一、江聲（1721-1799）著：《尚書集注音疏》十二卷，近市居
刻本、《皇清經解》本。[23]

二、王鳴盛（1722-1798）著：《尚書後案》三十卷，禮堂刻
本、《皇清經解》本。

三、余蕭客（1732-1778）輯：《古經解鉤沉》，《四庫全書》
本。[24]

四、李調元（1735-1802）證訛：《鄭氏古文尚書》十卷，《函
海》本。[25]

五、孔廣林（1745-？）輯：《尚書注》十卷，《通德遺書所見
錄》本。[26]

六、孔廣林增訂，張海鵬（1755-1816）校梓：《尚書鄭氏注》
十卷，《學津討原》本。[27]

七、袁鈞（1752-1806）輯：《尚書注》九卷，《鄭氏佚書》
本。[28]

---

23 本文所據為《續修四庫全書》經部第44冊影清乾隆五十八年（1793）近市居刻本。
24 本文所據為《四庫全書》第194冊景文淵閣本（臺北市：臺灣商務印書館，1983年）。
25 古風主編：《經學輯佚文獻彙編》（簡稱「《彙編》」）第7冊（北京市：國家圖書館出版社，2010年），據清乾隆李調元寫刻本《函海》第三函影印。
26 古風主編：《彙編》第7冊。編者言，據清光緒十八年（1892）山東書局刻本《通德遺書所見錄》影印。考諸目錄，山東書局刻《通德遺書所見錄》皆在光緒十六年（1890），並無光緒十八年刊本，編者或因嘉慶十八年（1813）跋刊本而致誤也。
27 古風主編：《彙編》第7冊，編者言：「本文輯自清光緒間定州王氏刻本《鄭學彙函》，又見《學津討原》第二集、《叢書集成初編·史地類》。」然而實際所據即是清嘉慶十年（1805）照曠閣刻《學津討原》本，《鄭學彙函》與《學津討原》版式全不相同，且《彙編》影印版心已屬「照曠閣」，當無疑。
28 古風主編：《彙編》第7冊。編者言，據清光緒四年（1878）浙江書局刻本《鄭氏佚書》影印。考浙江書局《鄭氏佚書》並無光緒四年刻本，當是光緒十四年（1888）之誤。

八、孫星衍（1753-1818）補集：《古文尚書馬鄭注》十卷，
《岱南閣叢書》本。簡稱「孫集本」。[29]

九、孫星衍著：《尚書今古文注疏》三十卷，《平津館叢書》
本、《皇清經解》本。簡稱「孫疏本」。[30]

十、焦循（1763-1820）著：《禹貢鄭注釋》二卷，《焦氏叢
書》本。[31]

十一、黃奭（1809-1853）輯：《尚書古文注》不分卷，《黃氏
逸書考‧通德堂經解》本。[32]

十二、曹元弼（1867-1953）撰：《古文尚書鄭氏注箋釋》四十
二卷，復旦大學圖書館藏稿本。[33]

本書以王鳴盛為中心，其他諸家並未全部納入研究，故暫且以學
者時代先後順序排列。其中，焦循僅限〈禹貢〉單篇，而考辨精審，
足稱典範；曹元弼書雖成於一九五二年，然而志趣、宗旨與清儒無
異，[34]故皆列入備考。

余、李、孔、袁、黃五家專事輯佚，為純粹之輯佚家，及張本、

---

29 古風主編：《彙編》第8冊，據清乾隆嘉慶間孫氏刻本《岱南閣叢書》影印。

30 本文所據為陳抗、盛冬玲點校本（北京市：中華書局，1986年），其以清嘉慶二十
年（1815）冶城山館本為底本（後收入《平津館叢書》第七集，故又稱《平津館叢
書》本），參校《皇清經解》本。

31 本文所據為《續修四庫全書》經部第55冊影清道光戊子（1828）半九書塾刻《焦氏
叢書》本。

32 古風主編：《彙編》第7冊，據1934年朱長圻補刻本《黃氏逸書考‧通德堂經解》影
印。

33 本文所據為《續修四庫全書》經部第53-54冊影印本。

34 王欣夫：〈吳縣曹先生行狀〉，《蘇州史志資料選輯1999年刊》（蘇州市：蘇州史志資
料選輯編輯部，1999年），頁67；沈文倬：〈曹元弼《古文尚書鄭氏注箋釋》〉，《文
獻》第3期（1980年），頁226-229。

孫集本，共七種；而江、王、孫、焦、曹五家不限於輯佚，並為之注釋、疏證，共五種。從清代《尚書》學史來看，王鳴盛對《尚書》鄭注之輯佚雖然受到惠棟啟發及江聲幫助，但仍有其獨立之價值。

　　經粗略統計，《尚書後案》輯鄭注佚文約五四七條。[35]分篇而言：卷一〈堯典〉八十條、卷二〈皋陶謨〉四十三條、卷三〈禹貢〉一〇五條、卷四〈甘誓〉五條、卷五〈湯誓〉四條、卷六〈盤庚〉（上中下）十七條、卷七〈高宗肜日〉二條、卷八〈西伯戡黎〉二條、卷九〈微子〉八條、卷十〈太誓〉七條、卷十一〈牧誓〉十一條、卷十二〈洪範〉四十三條、卷十三〈金縢〉二十一條、卷十四〈大誥〉九條、卷十五〈康誥〉九條、卷十六〈酒誥〉八條、卷十七〈梓材〉四條、卷十八〈召誥〉十二條、卷十九〈洛誥〉十六條、卷二十〈多士〉三條、卷二十一〈無逸〉十三條、卷二十二〈君奭〉十二條、卷二十三〈多方〉五條、卷二十四〈立政〉二條、卷二十五〈顧命〉（含〈康王之誥〉）三十條、卷二十六〈費誓〉八條、卷二十七〈呂刑〉十三條、卷二十八〈文侯之命〉三條、卷二十九〈秦誓〉二條、卷三十〈序〉五十條。

第二節　王鳴盛輯佚之法

　　關於輯佚之法，根據前人總結，[36]及王鳴盛《尚書後案》之特殊情況，本節試分以下六點詳述之：一曰廣蒐博取，二曰注重版本，三曰考辨真偽，四曰覈校異同，五曰推斷歸屬，六曰編排次第。

---

35 王鳴盛以經文為標準，每條經文下，立一「鄭曰」之目，一條內大都包含多條佚注，此處統計則僅是王鳴盛整合後的鄭注佚文條數。

36 參考曹書杰：《中國古籍輯佚學論稿》，頁295；陳惠美：《清代輯佚學》（臺北市：中國文化大學中國文學系博士論文，2004年），摘要。

另外，關於例證之取捨，由於同一條佚文可能包含多種問題，如「考辨真偽」中可能出現異文校勘，而「推斷歸屬」中也有可能摻入真偽考辨，所以本節分析其主要問題，並注明其他要點，以達到互見效果。

一　廣蒐博取

劉咸炘〈輯佚書糾繆〉言清人輯書有「漏、濫、誤、陋」之弊，[37]又可據此歸總為「漏」與「誤」兩類。輯本質量的好壞在於「不漏」、「不誤」，即「全」與「真」。

為保「全面」，需盡可能擴大蒐輯範圍。學者總結輯佚「基本圖書文獻」主要有類書、史書、總集、地志、古注、字書、雜鈔、金石、書目、同類書等十種。[38]王鳴盛在〈尚書後案采取鄭馬王注書目〉中共收錄經史子集著作一三一部，詳見下表：

表一　〈尚書後案采取鄭馬王注書目〉

經	尚書疏，孔穎達等	書傳，蘇軾	拙齋尚書全解，林之奇
	書禆傳，吳棫	增修東萊書說，時瀾	尚書說，黃度
	書古文訓，薛季宣	書集傳，蔡沈	尚書詳解，陳經
	書集傳或問，陳大猷	初學尚書詳解，胡士行	尚書表注，金履祥
	書纂言，吳澄	尚書集傳纂疏，陳櫟	書集傳輯錄纂注，董鼎
	讀書叢說，許謙	尚書纂傳，王天與	尚書通攷，黃鎮成
	書蔡傳旁通，陳師凱	尚書句解，朱祖義	書傳會選，劉三吾等

---

37 劉咸炘：《劉咸炘論目錄學》（上海市：上海科學技術文獻出版社，2008年），頁141-145。

38 詳見曹書杰：《中國古籍輯佚學論稿》，頁322-342。

禹貢論，程大昌	禹貢山川地理圖，程大昌	禹貢指南，毛晃
禹貢集解，傅寅	周書王會解補注，王應麟	尚書大傳，伏勝，采太誓
尚書大傳注，鄭康成，采太誓	周易輯聞，趙汝楳	毛詩疏，孔穎達等
毛詩集解，李樗、黃櫄	詩地理攷，王應麟	逸齋詩補傳，宋人失名
周禮疏，賈公彥	周禮訂義，王與之	儀禮疏，賈公彥
禮記疏，孔穎達等	禮記集說，衛湜	三禮圖，聶崇義
春秋左傳疏，孔穎達等	春秋公羊傳疏，徐彥	春秋穀梁傳疏，楊士勛
論語義疏，皇侃	論語疏，邢昺	論語通證，張存中
爾雅疏，邢昺	孟子注，趙岐，采太誓	孟子音義，孫奭
孟子疏，邵武士人	七經小傳，劉敞	六經奧論，鄭樵
六經正誤，毛居正	七經天文編，王應麟	經說，熊朋來
七經孟子攷文，山井鼎	攷文補遺，物觀等	說文解字，許慎，采太誓
白虎通德論，班固，采太誓	經典釋文，陸德明	群經音辨，賈昌朝
集韻，丁度	類篇，司馬光	六書故，戴侗
史	史記，采太誓	史記集解，裴駰	史記索隱，司馬貞
史記正義，張守節	漢書，采太誓	漢書注，顏師古
漢藝文志攷證，王應麟	後漢書	後漢書注，李賢
司馬彪續漢書注，劉昭	兩漢刊誤補遺，吳仁傑	三國志，陳壽
三國志注，裴松之	晉書	宋書，沈約
隋書	舊唐書，劉昫等	新唐書，歐陽修等
宋史，脫脫等	路史發揮，羅泌	路史餘論，羅泌
路史後紀注，羅苹	路史國名紀注，羅苹	漢紀，荀悅
通鑒外紀，劉恕	通鑒地理通釋，王應麟	通鑒前編，金履祥

	通鑒音注，胡三省	綱目集覽，王幼學	史通，劉知幾
	漢制攷，王應麟	通典，杜佑	唐律疏義釋文，王元亮
	禮書，陳祥道	通志，鄭樵	水經注，酈道元
	元和郡縣志，李吉甫	太平寰宇記，樂史	齊乘，于欽
子	北堂書鈔，虞世南	藝文類聚，歐陽詢	初學記，徐堅
	太平御覽，李昉等	冊府元龜，王欽若等	事文類聚，祝穆
	山堂群書考索，章如愚	玉海，王應麟	小學紺珠，王應麟
	文獻通考，馬端臨[39]	竹譜，戴凱之	聞見記，封演
	兼明書，丘光庭	聖賢群輔錄，陶潛	宋景文公筆記，宋祁[40]
	廣川書跋，董逌	隸釋，洪适[41]	容齋隨筆，洪邁
	野客叢書，王楙	讀書雜抄，魏了翁	西山讀書記乙集，真德秀
	困學紀聞，王應麟	學齋佔畢，史繩祖	羅氏識遺，羅璧
集	離騷艸木疏，吳仁傑	文選注，李善	古文苑注，章樵
	文苑英華，宋白等	唐柳先生集注釋，童宗說	

　　十種「基本圖書文獻」皆有涉及，且大致按照四部分類法排列。
統計詳見下表：

39　《文獻通考》，《四庫全書總目》置於史部三十七政書類一「通制之屬」。
40　《宋景文公筆記》，《四庫全書總目》置於集部五別集類五「雜說之屬」。
41　《隸釋》，《四庫全書總目》置於史部四十二目錄類二「金石之屬」。

表二 《尚書後案》采輯書目之分類統計

	兩漢	魏晉南北朝	隋唐五代	宋	元	明	日本[42]	總計及百分比
經	5/7.9	1/1.6	9/14.3	34/54	11/17.5	1/1.9	2/3.2	63/100
史	3/7.3	7/17.1	10/24.4	14/34.1	7/17.1	-/-	-/-	41/100
子	-/-	2/9.5	5/23.8	14/66.7	-/-	-/-	-/-	21/100
集	-/-	-/-	1/16.7	5/83.3	-/-	-/-	-/-	6/100
總計	8/6.1	10/7.6	25/19.1	67/51.1	18/13.7	1/0.8	2/1.5	131/100

由此可知：第一、就四部而言，經部六十三種，史部四十一種，子部二十一種，集部六種；第二、就朝代而言，宋、元人著作占絕大部分，明人僅一種，本朝清人則未列；[43]第三、就學者而言，引王應麟著作九種，為最多。據此大約可窺知王鳴盛治《尚書》鄭氏學有以下三點特色。

（一）以博為首重

歷來皆批評惠棟之學好博而不精，此論約始於《四庫全書總目》，惠氏《左傳補注》提要評價曰：「蓋其長在博，其短亦在於嗜博。其長在古，其短亦在於泥古也。」[44]近代以來，章太炎〈清儒〉

---

42 日本有《七經孟子考文》及《考文補遺》兩種，山井鼎輯，荻生觀等補遺，姑且置於此處。山井鼎（1690-1728）字君彝，號崑崙，紀州（今和歌山縣）人，江戶時期師事荻生徂徠。山井沒後，荻生徂徠之弟荻生觀（1670-1754）奉將軍德川吉宗之命，取幕府所藏舊籍校訂《考文》，撰為《補遺》，享保十六年（即雍正九年，1731）刊行於世，後流入中國，採入《四庫全書》內。王鳴盛《蛾術編》卷2有〈七經孟子考文補遺〉一條。

43 王鳴盛並非未引用清人著作，而是在此「采輯書目」中並未列出。詳見後文。

44 〔清〕永瑢等：《四庫全書總目》（北京市：中華書局，1965年，影浙江杭州本），卷29，頁242。

以「好博而尊聞」為惠學特色，[45]梁啟超則說：「惠派治學方法，吾得以八字蔽之，曰：『凡古必真，凡漢皆好。』」[46]尊戴貶惠逐漸成為學界主流。一般以為，王鳴盛學出惠氏，故其「貴博不貴精」之學術理念，蓋由沾染惠氏而來。

《十七史商榷・十國春秋》條云：

> 亡友惠定宇、戴東原每與予極論學之貴精，不貴博，予深韙其言。由今觀之，博亦大難事，特不可與蘭艾同收、玉石混采者道耳。……予所著述，不特注所出，并鑿指第幾卷、某篇某條，且必目睹原書，佚者不列，惜不得起兩先生一質之。（卷98，頁923）

惠棟、戴震皆以「學之貴精不貴博」規勸過王氏，而王氏不予認同，待兩先生謝世後，王氏學問有所精進，而於求「博」之義更有心得，故發此言。戴氏之學，本即務求精審，其論故相宜也。[47]而惠氏反以「學之貴精不貴博」引導後學，可見前人於惠學理路之論定，或有補充餘地。

王鳴盛承襲惠氏，而在其「貴博」一脈上更勝惠氏。[48]不過對於其「貴博不貴精」之理解，尚有申說之必要。其〈五禮通考序〉云：

---

45 章太炎著，徐復注：《訄書詳注》，頁139。

46 梁啟超著，朱維錚導讀：《清代學術概論》，頁31。

47 戴震嘗云：「學貴精不貴博，吾之學不務博也。」見〔清〕段玉裁：《戴東原先生年譜》，載趙玉新點校：《戴震文集》（北京市：中華書局，1980年），頁248。又〈與是仲明論學書〉論經學有三難：淹博難，識斷難，精審難，並批評鄭樵、楊慎「著書滿家，淹博有之，精審未也。」（《戴震文集》，頁141）此類言論甚多，從略。

48 王氏晚年作〈為學病在好博〉一文，收入《蛾術編》中，彼意針對聖賢之書、仁義之理以外之「邪說異端」，與此處論學「貴博」之意不同，詳見：《蛾術編》，卷81，頁72-74。

「李琰之嘗論崔光博而不精，劉芳精而不博，學之欲兼精、博也難哉！要以鈔緝薈萃，備下學之攷稽，博為首重矣。」[49]王氏治學確以博為首重，不過前人取此一點，卻忽略「要以鈔緝薈萃，備下學之攷稽」之前提。恰如後來焦循〈與劉端臨教諭書〉中所論：「循謂經學之道，亦因乎時。……蓋古學未興，道在存其學；古學大興，道在求其通。」[50]而「古學未興」與「古學大興」也是相對而言，明代之於清代可謂「未興」，而王鳴盛時代之於焦循時代也可謂「未興」，無不「因乎時」。

（二）法效王應麟

惠棟仿行王應麟，清人輯佚之學自此始。今人多引章學誠為說，其《校讎通義・補鄭》云：

> 昔王應麟以《易》學獨傳王弼，《尚書》止存《偽孔傳》，乃採鄭玄《易注》、《書注》之見於群書者為鄭氏《周易》、鄭氏《尚書注》；又以四家之《詩》獨《毛傳》不亡，乃採三家《詩》說之見於群書者為《三家詩考》。[51]

而王鳴盛亦有申發，其《蛾術編・采集群書引用古學》條云：

> 古學已亡，後人從群書中所引，采集成編，此法始于宋王應麟

---

49 〔清〕王鳴盛：《西莊始存稿》，卷24，頁318。

50 〔清〕焦循著，劉建臻點校：《雕菰集》，卷13，載劉建臻編：《焦循詩文集》（揚州市：廣陵書社，2009年），頁247-248。

51 〔清〕章學誠著，王重民通解：《校讎通義通解》（上海市：上海古籍出版社，1987年），頁33-34。

《周易鄭康成注》及《詩考》。（卷2，頁52）

且王鳴盛《蛾術編》同樣是效法《困學紀聞》而作。錢大昕〈西沚先生墓志銘〉云：「又撰《蛾術編》百卷，……蓋仿王深寧、顧亭林之意，而援引尤博瞻焉。」[52]江藩亦本之云：「又有《蛾術編》一百卷，……其書辨博詳明，與洪容齋、王深寧不相上下。」[53]沈楙惪於《蛾術編》校刻後曾識之云：「西莊先生著書富有，同時後進稱其遠儕伯厚，近匹弇州。」（頁24）三說比對之人雖有出入，然王應麟卻始終是其學術標的。

其實王氏效法深寧之意，不必等到晚年作《蛾術編》時，於早歲所作《尚書後案》中便已顯現。其於文獻學上諸多深見卓識，可能與深寧之啟發不無關係。[54]

（三）於宋學之轉變

學者多論王鳴盛為「吳派」，宗漢學，棄宋學。[55]而《尚書後案》大量引用宋人之書，[56]可見王鳴盛早年並不排斥宋學。不過後來卻對宋學、宋人屢加譏評。如《十七史商榷・宣武帥李董劉韓事》條云：「心麤膽大，而自以為是，蔑棄前人，落筆便謬，宋人往往如此。」

---

52 〔清〕錢大昕撰，呂友仁點校：《潛研堂集》，《文集》卷48，頁840。

53 〔清〕江藩著，鍾哲整理：《國朝漢學師承記》（北京市：中華書局，1983年），頁40。

54 王鳴盛也曾批評王應麟「如王氏，未敢許其有學識」。見《十七史商榷》，卷3，頁22。

55 如孫欽善：《中國古文獻學史》（北京市：中華書局，1994年），頁938。

56 洪博昇對比《西莊始存稿》中的〈洪範後案〉與《尚書後案・洪範》篇，發現王鳴盛早年草稿引用宋明人書，但在定稿中卻故意忽略而不言出處。見氏〈王鳴盛《尚書》學思維之轉變——以《西莊始存稿・洪範後案》與《尚書後案・洪範》為觀察中心〉。

（卷73，頁639）〈臧玠殺崔瓘〉條評《新唐書》云：「識暗心粗，膽大手滑，宋人通病。」（卷88，頁793）《蛾術編·可與適道與唐棣之華為一章》條云：「漢學相承斷不可易，宋人臆說，豈足為據？」（卷81，頁76）如此種種，無需枚舉。

後來王鳴盛追述早年治學，曾於《蛾術編·采集群書引用古學》條云：

> 昔吾友惠徵士棟仿而行之，采鄭氏《尚書注》，嫁名于王以為重。予為補綴，并補馬融、王肅二家入之《後案》，并取一切雜書益之。然逐條下但采其最在前之書名注于下，以明所出，如此已足。若宋元人書，亦為羅列，徒以炫博，予甚悔之，而書已行世，不及刪改。（卷2，頁52）

可見，王鳴盛為學旨趣前後稍有轉變，大約早期學問未定，宋人著作亦不煩採入，中晚年以後，宗主已明，家法益深，認為早年羅列宋明人書只是炫耀廣博，而後不能刪改，甚為後悔。

二　注重版本

版本之優劣於輯佚質量影響甚重，王鳴盛在目錄、校勘方面有較深的認識，所以雖未專門標出所據諸書版本，但在關鍵之處，仍作特別說明。以《史記》三家注與《經典釋文》為例，起初傳、注、音等與正文本各自單行，由於書籍體式衍變，後人便逐漸合正文與傳、注為一本，便形成單行本與合刊本之別。

（一）《史記》三家注單行本與合刻本

例一

放齊曰：「允子朱啟明。」帝曰：「吁！囂訟，可乎？」（卷一〈堯典〉，頁10）[57]

【案曰】《史記正義》單行本已亡，今從震澤王氏刻采入，卷數已非原第，故不書。

今案：《史記》三家注最初皆各自單行，與《史記》卷數並不相同。《隋書・經籍志》、《舊唐書・經籍志》、《新唐書・藝文志》皆著錄裴駰《集解》八十卷，《新唐書・藝文志》著錄司馬貞《索隱》、張守節《正義》各為三十卷。宋人始將三家注文散入《史記》正文之下，成為統一的一百三十卷本。[58]

王鳴盛此處強調《史記正義》單行本與合刻本，限於體例，未能詳說。其後於《十七史商榷・索隱正義皆單行》條云：

《索隱》三十卷，張守節《正義》三十卷，見《唐志》，皆別自單行，不與正文相附，今本皆散入。明監版及震澤王氏、莆田柯氏刻並同。惟常熟毛晉既專刻《集解》外，又別得北宋刻《索隱》單行本而重翻刻之，是小司馬本來面目。自識云：「倘有問張守節《正義》者，有王震澤行本在。」震澤本亦非唐本三十卷之舊，亦是將司馬氏、張氏注散入裴本中者，但必

---

57 以下例證出自《尚書後案》者，包括經文、「鄭曰」、「案曰」諸內容，僅於經文後標明篇卷頁碼。

58 《史記》及其三家注版本系統非常複雜，此處僅能約略言之，可參考張玉春：《史記版本研究》（北京市：商務印書館，2001年）。

出自宋人，故毛氏云然。張氏三十卷本，今不可得而見矣。
（卷1，頁2）

所謂「震澤王氏」本，乃明嘉靖四至六年（1525-1527）震澤王延喆刊本，為三家合刻本。據傅增湘考證，其所據底本為宋黃善夫本，但有殘佚。與清武英殿本對校，尚有可補正者，「是不失為善本也」。[59]王鳴盛所云，大致無誤，《後案》徵引《史記正義》皆不書卷數，而《史記索隱》之卷數，當用毛晉汲古閣翻宋本。

（二）《釋文》單行本與注疏本

《經典釋文》版本可分為全書合刻本、注疏本、單行本三類。[60]王氏《後案》主要分別「單行本」與注疏本，而王氏所稱「單行本」卻是今全書合刻本，而非單書單行本。[61]

1 注疏本脫，據單行本補入者

例二

則惟汝眾自作弗靖，非予有咎。（卷六〈盤庚〉，頁113）

【馬曰】靖，安也。

【案曰】此條出《釋文》原本，注疏無。天與，官元大德間時，《釋文》未入注疏，從原本采入。又日本山井鼎作《七經孟子考文》，物觀等又作《補遺》，此條在「補脫門」。

---

59 傅增湘：《藏園圖書經眼錄》（北京市：中華書局，1983年），卷3，頁173-174。

60 萬獻初：《《經典釋文》音切類目研究》（北京市：商務印書館，2004年），頁7。

61 關於單書單行本，可參考虞萬里：〈《經典釋文》單刊單行考略〉，載氏著：《榆枋齋學術論集》（南京市：江蘇古籍出版社，2001年），頁732-759。

今案：馬融「靖，安也」此條，注疏本無，王鳴盛據單行本採入。其所據《釋文》當是通志堂本，[62]而注疏本（即《尚書注疏》）當為毛氏汲古閣本。

不過他說「天與，官元大德間時，《釋文》未入注疏」，認為在元代大德年間，《釋文》未散入注疏。至《蛾術編》仍持此觀點，〈說錄二・經典釋文〉條云：

> 而予別藏惠棟手挍，用淳化宋板本挍毛板《禮記正義》，每頁板心有刻書人姓名者，云：宋板無《釋文》。則知宋板本無《釋文》，其後書坊傳刻漸趨完備，至明始概行附入，然猶或有或無，或全或刪。（卷2，頁49）

認為《釋文》至明代方才附入注疏。而岳珂（1183-1243？）評興國于氏本，云：「又于本音義不列於本文下，率隔數葉始一聚見，不便尋索。」而所列二十三本中有「建本有音釋注疏」。[63]岳氏〈音釋〉篇又云：

> 唐石本、晉銅版本、舊新監本、蜀諸本與他善本止刊古注，若音釋則自為一書，難檢尋而易差誤。**建本、蜀中本則附音於注文之下，甚便繕閱。**[64]

---

62 《蛾術編・經典釋文》條云：「愚謂《經典釋文》本自為一部，首尾完具，自五代及宋分析每經，各為一部，逐漸挍刻，其後復以散入注疏，而古人真面目不復見。幸而文淵閣全書三十卷復出，葉林宗影寫之，納蘭成德刻入《通志堂經解》，近盧學士文弨又重挍刻。」見《蛾術編》，卷2，頁48。

63 〔宋〕岳珂：《相臺書塾刊正九經三傳沿革例》（清《知不足齋叢書》本，第十三集），〈書本〉，頁2下至頁3上。

64 〔宋〕岳珂：《相臺書塾刊正九經三傳沿革例》，頁7下。

則將《釋文》附入經注之下當在南宋之時，王氏於此不免昧於傳注源流。[65]

而注疏本缺略，王氏據單行本補入者尚多，無需枚舉。如卷十六〈酒誥〉：「自洗，腆致用酒。」《釋文》曰：「洗，先典反。腆，他典反。」馬曰：「洗，盡也。」案曰：「洗、腆二字音，并馬注此一條，注疏所采《釋文》俱漏去，從足本第六卷補。」（頁184）又如卷二十一〈無逸〉：「民無或胥譸張為幻。」《釋文》曰：「譸，馬本作輈。」案曰：「譸，馬本作輈，注疏所采《釋文》漏去，今從單行全本補入。」（頁217）

2 注疏本誤，據單行本改正者

注疏本因體例變動，將音義散入經注下，出現訛誤機率較大，王氏於此辨正頗多。如卷十五〈康誥〉：「今民將在祇遹乃文考，紹聞衣德言。」馬曰：「遹，述也。」案曰：「注疏所采《經典釋文》此一條，誤作『紹，述也』，今從專刻足本《釋文》第四卷改正。」（頁177）注疏本或因下文「紹聞衣德言」之「紹」而誤。又如卷二十二〈君奭〉：「我亦不敢知曰其終出于不祥。」馬曰：「崇，充也。」案曰：「注疏所采《釋文》作『受也』。作『受』則無義，今从單行本改正。」（頁219）

3 據疏文正《釋文》者

注疏本與單行本同，而疏文與《釋文》不合時，王氏就疏文改正

---

65 錢大昕引山井鼎言，並云：「北宋時《正義》未嘗合于經注，即南渡初尚有單行本，不盡合刻矣。紹興初所刻注疏，初未附入陸氏《釋文》，則今所傳附釋音之注疏，大約光、寧以後刊本耳。」見氏著，楊勇軍整理：《十駕齋養新錄》（上海市：上海書店，2011年），卷3〈注疏舊本〉，頁54。

《釋文》。如卷十九〈洛誥〉:「戊辰,王在新邑烝祭。歲,文王騂牛
一,武王騂牛一。王命作冊。逸祝冊,惟告周公其後。」《釋文》
曰:「王在新邑。孔、馬絕句,鄭讀『王在新邑烝』。」疏曰:「鄭以
『烝祭』上屬。」案曰:「據疏則鄭以『王在新邑烝祭』為句,《釋
文》脫『祭』字,單行本及割入注疏本並同。」(頁206)此說是。

三　考辨真偽

鄭注散佚於群籍之中,有引用者之誤記,也有版刻者之譌混,因
此辨別真偽是整理研究的重要工作。王鳴盛已清楚認識到版本帶來的
譌混情況,如《十七史商榷》有〈鄭注非康成〉一條云:

> 〈項羽本紀〉:「懷王都盱台。」裴駰引鄭玄曰:「音煦怡。」
> 案康成不注《史》、《漢》,此所引鄭注當是鄭德《漢書注》,而
> 《漢書·羽傳》此下亦無鄭德注,不知裴何據。常熟毛氏〈索
> 隱跋〉謂宋刻「鄭德」誤作「鄭玄」,則此亦宋人妄改。(卷2,頁
> 13)

其所見《史記集解》將「音煦怡」視為鄭玄注,王鳴盛知鄭玄無《史
記》、《漢書》注,而當是鄭德之《漢書注》,後見毛晉〈索隱跋〉而
知是宋人妄改。今見武英殿本《史記》即作「鄭玄曰音煦怡」,[66]而錢
大昕《十駕齋養新錄》反而誤信之。[67]

66　《史記》,《續四部叢刊》影武英殿本,卷7,頁4下。

67　〔清〕錢大昕著,楊勇軍整理:《十駕齋養新錄》,卷11〈盱眙〉,頁213。

（一）據鄭玄內在體例以考

例三

> 四曰星辰。（卷十二〈洪範〉，頁147）
>
> 【鄭曰】星，五星也。《尚書疏》○《史記・宋微子世家》集解○
>
> 【案曰】此非鄭注。
>
> 【馬曰】星，二十八宿；辰，日月之所會也。《史記・宋微子世家》集解
>
> 【案曰】鄭以星為五星，雖見本疏及《史記》注，但〈堯典〉疏云「鄭康成此注以星辰為一」，則〈洪範〉不應異解。《周禮》十八卷〈大宗伯〉疏謂鄭于〈堯典〉、〈洪範〉皆星辰合釋，則賈公彥所見本，鄭與馬同，亦以星為二十八宿，不指五緯，疏及《史記》注皆不足據。

今案：關於「星」的解釋，鄭注出現兩種異文：一是星辰為一，指二十八宿，出自〈堯典〉孔疏及《周禮》賈疏；二是以星為五星，出自〈洪範〉孔疏及《史記集解》。王鳴盛認為後者非鄭注，其理由有二：一是《尚書》孔疏內部不應異解，也就是鄭玄解釋不應前後相異；二是馬融注以星辰為一，賈公彥所見鄭注與馬注同。

（二）據古書體例以考

例四

> 厥民夷，鳥獸毛毨。（卷一〈堯典〉，頁8）
>
> 【釋文曰】毨，先典反。
>
> 【案曰】〈司裘注〉：「中秋，鳥獸毨毨。」《釋文》云：毨音

毛，非也。毦當為髦字之誤也。鄭氏《尚書》「中秋，鳥獸髦
毦；中冬，鳥獸毨髦」，涉下而誤也。

【傳曰】夷，平也。老壯在田，與夏平也。**毨，理也，毛更生**
整理。

今案：王鳴盛此處鄭注未收。而余本、李本、孫集本、袁本、孫
疏本、黃本皆輯鄭注作「毨，理也，毛更生整理」，出《周禮·天
官·司裘》疏。孔、張本只注「見〈司裘注〉」，不書注文，意與王氏
同。[68]

〈司裘〉：「中秋獻良裘，王乃行羽物。」鄭注：「良，善也。中
秋鳥獸毨毛，因其良時而用之。」賈疏：

> 云「中秋鳥獸毨毨」者，此是《尚書·堯典》文。案彼注：
> 「毨，理也，毛更生整理。」引之者證仲秋有良裘意，故鄭云
> 「因其良時而用之也」。[69]

此引「彼注」與偽孔傳別無二致。賈疏引鄭氏《三禮注》多逕稱「彼
注」，李、孫諸家便以為「彼注」便是鄭注。而《史記·五帝本紀》
集解引孔安國曰：「毨，理也。毛更生整理。」（卷1，頁19）裴駰親
見鄭注，不當有誤。

---

68 余本見卷3，頁412，簡作3/412；李本見卷1，頁四，總頁342，簡作1/4/342。黃本不
分卷，頁五，總頁477，記作5/477。後同此例。袁本見1/4/532，孫集本見1/4/12，
孫疏本見1/21，孔本見1/2/449，張本見1/4/397。

69 〔漢〕鄭玄注，〔唐〕賈公彥疏，〔清〕阮元校刻：《周禮注疏》（臺北市：藝文印書
館，1960年，影清嘉慶二十年〔1815〕南昌府學刊本），卷7，頁107。後文隨文標
注卷頁。

　　考賈疏引《尚書》偽孔傳，多直言「注」。[70]如〈地官·封人〉：
「凡封國，設其社稷之壇，封其四疆。」賈疏：

> 云「設其社稷之壇」者，案〈禹貢〉徐州貢五色土，孔注云：
> 「王者封五色土為社，建諸侯則各割其方色土與之，使立社。
> 燾以黃土，苴以白茅，茅取其潔，黃取王者覆四方。」是封乎
> 諸侯立社稷之法也。（卷12，頁187）

所引為今〈禹貢〉偽孔傳原文，即稱「孔注」。又如〈地官·司救〉：
「司救，掌萬民之衺惡過失，而誅讓之，以禮防禁而救之。」鄭注：
「過失，亦由衺惡酗酖好訟，若抽拔兵器，誤以行傷害人麗於罪
者。」賈疏：「云酗酖者，孔注《尚書》曰：『以酒為凶曰酗。』」（卷
14，頁214）此注即是〈無逸〉偽孔傳「以酒為凶謂之酗」，則明言
「孔注《尚書》」。又如〈夏官·司勳〉：「凡有功者，銘書於王之大
常，祭於大烝，司勳詔之。」鄭注：「詔，謂告其神以辭也。盤庚告
其卿大夫曰『茲予大享于先王，爾祖其從與享之』是也。」賈疏：
「按彼《書注》以大享為烝嘗者，此舉冬祭物成者眾而言，其嘗時亦
祭之也。」（卷30，頁455）此注出〈盤庚上〉偽孔傳「大享，烝嘗
也」，則直以「書注」稱之。
　　可見，賈疏所引「彼注：毨，理也，毛更生整理」則為偽孔傳信
矣。《尚書疏》並未言及本條偽孔之所出，至於是否與馬、鄭相同，
亦不得而知。但就典籍所載，歸入偽孔傳當為穩妥。

---

70 詳見拙作〈《周禮疏》引《尚書注》非皆鄭玄注考——兼論清人輯佚之誤〉，《經學
　文獻研究集刊》第23輯（上海市：上海書店出版社，2020年6月），頁135-153。

（三）據古人引書習慣以考

例五

> 曰咎徵：曰狂，恒雨若。（卷十二〈洪範〉，頁156-157）
>
> 【鄭曰】狂，倨慢也。恒，常也。若，順也。五事不得，則咎氣順之。

　　今案：《詩・小雅・正月》：「正月繁霜，我心憂傷。」鄭箋：「夏之四月，建巳之月，純陽用事而霜多，急恒寒若之異，傷害萬物，故心為之憂傷。」《正義》曰：

> 「急，恒寒若」，〈洪範〉「咎徵」文也。彼注云：「急，促也。若，順也。五事不得，則咎氣而順之。」**言由君急促太酷，致常寒之氣來順之**，故多霜也。[71]

王與袁、孔、張、黃、孫諸本皆將「五事不得，則咎氣而順之」置於「曰咎徵」下。據《毛詩正義》，此句當是「急，恒寒若」之注，而諸家皆據鄭注之意，改隸屬於「曰咎徵」之下。袁、黃、孫集、孫疏本則又將「言由君急促太酷，致常寒之氣來順之」置於「曰急恒寒若」下，王、孔、張本此句未收。[72]

71　〔漢〕毛亨傳，〔漢〕鄭玄箋，〔唐〕孔穎達正義，〔清〕阮元校刻：《毛詩正義》（臺北市：藝文印書館，1960年，影清嘉慶二十年〔1815〕南昌府學刊本），卷12之1，頁397。後文隨文標注卷頁。「咎氣而順之」，阮氏無校記。沈廷芳《十三經注疏正字》云：「氣下疑脫來字，或而即來字誤。」見《四庫全書》經部第192冊景印文淵閣本，卷15，頁192。「常寒之氣」，阮元《校勘記》：「閩本、明監本、毛本『常』誤『恒』。」

72　袁本見6/6-7/565，孔本見4/5/462，張本見4/10/424，黃本見70-71/510，孫集本

　　孔疏引用他注之後，好以「言……」形式解釋其意，若疏忽考
察，便誤為是所引注文本身。王氏未收「言由君急促太酷，致恒寒之
氣來順之」，此處則明孔疏引書之習慣。詳細考證見下文「真偽失
考」之例。

（四）真偽難辨者則存疑

例六

　　　帝曰：夔，命汝典樂，教冑子。（卷一〈堯典〉，頁25）
　　　【鄭曰】冑子，國子也。
　　　【案曰】《釋文》、《初學記》並作王注，蓋王同于鄭者。《御
　　　覽》下添「古者司樂以教國子」八字，所據乃明萬曆元季倪炳
　　　刻，非善本。要非孔傳，故姑附此。

　　今案：「冑子，國子也」，裴駰《史記集解》以為鄭注，而《釋
文》、《初學記》則作王注，以所據書年代先後而言，則裴駰（南朝
宋）先於陸德明、徐堅（唐）；而鄭又早於王，則王鳴盛所言「王同
于鄭」亦無可厚非。

　　王鳴盛所據《太平御覽》為萬曆元年（1573）倪炳刻本，此本為
明代《御覽》第一版，其非善本，大致可知。[73]而今據中華書局影宋
本，其「古者司樂以教國子」八字同，可知原本或即如此矣。[74]王鳴
盛以為此八字非鄭、王注（若是，則裴、陸、徐當有一引者），又非

　　6/7/42，孫疏本見12/314-315。孫兩本「咎氣來順之」作「咎氣而順之」，孫疏本
　　「恒寒之氣來順之」作「恒寒之氣來應之」。

73 詳見周生傑：《太平御覽研究》（成都市：巴蜀書社，2008年），頁124-126。

74 〔宋〕李昉等撰：《太平御覽》（北京市：中華書局，1960年1版，1995年5刷），頁
　　2544。具體採用版本可參見書末張元濟〈跋〉。

孔傳（偽孔傳俱載於《正義》），故錄此存疑，可謂有識。李、張、孫集、孫疏本與王同，孔、袁、黃本收錄之，則失考矣。[75]

四　叢校異同

根據佚文差異大小，曹書杰總結有六種處理方法：異同並存法、刪重校異法、從善綴合法、異者存異法、疑者存疑法、殘缺增補法。[76]

其中異同並存法，指諸書所見同一條佚文，無論同異一併照錄。在具體操作中，與異者存異、疑者存疑有近似之處，王鳴盛《尚書後案》並非純為輯佚文，或限於體例，所以他對異文的處理並不特別細緻。根據王氏具體情況，以下著重從刪重校異、從善綴合、殘缺增補三種論述。

（一）刪重校異

所謂刪重校異法，即互見佚文的內容基本相同，只是個別文字、語句略有差異，輯佚者一般選擇最先徵引者或保存佚文比較完善者為底本，其餘重見諸家皆不錄存，但將文字、語句之異者以校注方法保存於輯本之中。[77]王鳴盛《尚書後案》不以輯佚為最終事，異文一般都不著錄，而僅擷取最為完善者。

例七

分命和仲，宅西，曰昧谷。（卷一〈堯典〉，頁7）

---

75 李本見1/14/347，張本見1/13/401，孫集本見1/14/17，孫疏見1/96，孔本見1/6/451，袁本見1/15/537，黃本見16/383。

76 參見曹書杰：《中國古籍輯佚學論稿》，頁368-373。

77 曹書杰：《中國古籍輯佚學論稿》，頁368-369。

【鄭曰】西者，隴西之西，今人謂之兌山。

今案：本條所據為《史記・五帝本紀》集解引「鄭玄曰」。[78]而《後漢書・郡國志五》漢陽條云：「西故屬隴西。有嶓冢山，西漢水。」劉昭注引鄭玄曰：「西在隴西〔之〕西，今謂之（人）〔八〕充山。」[79]與裴氏所引不合。

惠棟《後漢書補注》云：

> 注「西在隴西之西」：諸本脫「之」字。「今謂之八充山」：「八充山」一作「兌山」，見裴駰《史記注》，北宋本作「人充山」，誤。[80]

可見今人基本採用惠氏的校改意見。而王鳴盛《十七史商榷・郡國雜辨證》條云：

> 「西」，注引鄭康成《尚書注》：「西在隴西西，今謂之八充山。」「八充山」當作「兌山」，傳寫誤分一字以為二，又於從口、從儿之上誤加宀，詳《後案》。（卷33，頁233）

則從字形上分析「兌」譌變為「八充」之可能。其義或出自惠棟，但

78　〔漢〕司馬遷著，〔南朝宋〕裴駰集解，〔唐〕司馬貞索隱，〔唐〕張守節正義：《史記》（北京市：中華書局，1959年），卷1，頁19。

79　〔晉〕司馬彪撰，〔南朝梁〕劉昭注補：《後漢書志》，載〔南朝宋〕范曄：《後漢書》，第23，頁3518。校勘記引王先謙《後漢書集解》（北京市：中華書局，1984年，影1915年虛受堂刊本），頁3542。

80　〔清〕惠棟：《後漢書補注》，《續修四庫全書》史部第270冊影清嘉慶九年（1804）馮集梧德裕堂刻本，卷23〈郡國五〉，頁644。王先謙亦引惠氏說，見氏著：《後漢書集解》，頁1284上。

惠棟未及「八充山」、「兌山」之是非，王鳴盛之說可作為一種解釋。

例八

> 禋于六宗。（卷一〈堯典〉，頁15）
>
> 【鄭曰】禋，煙也。取其氣達升報于陽也。六宗言禋，與祭天同名，則**六者皆天神**，謂星、辰、司中、司命、**風伯**、雨師**也**。星謂五緯也。辰謂日月所會十二次也。司中、司命，文昌第五、第四星也。風師，箕也。雨師，畢也。

今案：「禋煙」至「陽也」，出《通典》。[81]「六宗」至「畢也」，大致出《尚書正義》（卷3，頁37）。其中有異者為三處：「六者皆天神」，《正義》作「六者皆是天之神祇」；「風伯」，《正義》作「風師」；「雨師也」，《正義》無「也」字。

王鳴盛所改皆有本可循。《詩・大雅・生民》「生民如何？克禋克祀，以弗無子」，《正義》云：「則鄭以禋者唯祭天之名，故《書》稱『禋于六宗』，鄭皆以為天神。」（卷17之1，頁588）王氏據此改作「六者皆天神」。《史記・五帝本紀》集解及正義（卷1，頁25）、《禮記・月令》「天子乃祈來年于天宗」正義所引，[82]皆作「風師」。《後漢書志・祭祀志》劉昭注引鄭玄作「風伯」（第八，頁3185）。《史記集解》、〈月令〉疏、劉昭注「雨師」後皆有「也」字。

諸處大意相同，實無必要修改，而且後文作「風師，箕也」，前

81　詳見〔唐〕杜佑著，王文錦等點校：《通典》（北京市：中華書局，1988年），卷44之〈禋六宗〉，頁1233。

82　〔漢〕鄭玄注，〔唐〕孔穎達正義，〔清〕阮元校刻：《禮記正義》（臺北市：藝文印書館，1960年，影清嘉慶二十年〔1815〕南昌府學刊本），卷17，頁343。後文隨文標注卷頁。

文改作「風伯」亦不相合。王鳴盛云：「鄭既正釋禋之義，故即據〈大宗伯〉文以實六宗之名也。」而〈大宗伯〉作「司中、司命、飌師、雨師」，亦非「風伯」。王氏之所改，或為存異也。

　　以上兩例大約可見，對於同一條佚文，文字上出現異文時，王鳴盛會先作考證以確定最優版本；而字句大致相同，不影響文意下，王鳴盛也會據他本稍作改動，以保存異文。以下總結王鳴盛不同的取捨情況，以分析其輯佚背後的準則。

1 以所據年代先者為準

例九

> 禹曰：吁！咸若時，惟帝其難之。知人則哲，能官人；安民則惠，黎民懷之。能哲而惠，何憂乎驩兜，何遷乎有苗，何畏乎巧言令色孔壬？（卷二〈皋陶謨〉，頁28）
> 【鄭曰】禹為父隱，故言不及鯀也。

　　今案：《史記・夏本紀》集解引鄭玄曰：「禹為父隱，故言不及鯀。」（頁77）〈皋陶謨〉疏則引馬融曰：「禹為父隱，故不言鯀也。」（頁60）馬、鄭同，鄭出自馬亦未可知。王鳴盛注云：「《尚書疏》作馬注。《史記・夏本紀》集解作鄭注。」就典籍年代先後順序而言，裴駰《集解》在前，孔穎達《正義》在後，故以裴注為準。

2 以引文詳備者為準

例十

> 江、漢朝宗于海。（卷三〈禹貢〉，頁65）
> 【鄭曰】江水、漢水，其流遄疾。又合為一，共赴海也，猶諸

矦之同心尊天子而朝事之。荊楚之域，國有道則後服，國無道
則先彊。故記其水之義，以著人臣之禮。

今案：此條見《尚書·禹貢》疏（卷6，頁83），而與此相近者尚
有兩處。《詩·小雅·沔水》「沔彼流水，朝宗于海」，《正義》引鄭注
云：「以著人臣之禮，見江漢吳楚有道後服，無道先強，故以著義。」
（卷11之1，頁376）又見〈小雅·四月〉「盡瘁以仕，寧莫我有」，
《正義》引鄭注云：「荊楚之域，國無道則先強，有道則後服也。」
（卷13之1，頁443）大意相同情況下，《毛詩疏》所引兩條皆不如
《尚書疏》詳備，故取用後者，而於小注中標明出處「毛詩十一之一
卷小雅沔水疏〇又十三之一卷小雅四月疏」。

3　以同類書所引者為準

例十一

導岍及岐，至于荊山，逾于河。（卷三〈禹貢〉，頁80）
【鄭曰】四列：導岍為陰列，西傾為次陰列，**嶓冢為次陽列，**
岷山為正陽列。〈地理志〉：岍在右扶風。

今案：「〈地理志〉：岍在右扶風」，見《史記·夏本紀》集解（卷
2，頁68），此處無異議。而「四列」卻有兩說，〈禹貢〉疏引云：「鄭
玄以為四列：導岍為[83]陰列，西傾為次陰列，嶓冢為次陽列，岷山為正
陽列。」（卷6，頁226）而《史記·夏本紀》索隱云：「鄭玄分四列，
汧為陰列，西傾次陰列，嶓冢為陽列，岷山次陽列。」（卷2，頁67）

---

83 黃懷信校勘記引沈廷芳《十三經正字》云：「『為』下脫『正』字」。見氏整理：《尚
書正義》，頁253。阮氏刻本無「正」字，詳見《尚書正義》，卷6，頁87。

其中嶓冢，《尚書疏》以為次陽列，《史記索隱》以為陽列；岷山，《尚書疏》以為陽列，《史記索隱》以為次陽列。王鳴盛取《尚書疏》而不取《史記索隱》，蓋《尚書疏》以性質而言較《索隱》為近也。[84]

（二）從善綴合

所謂從善綴合法，即互見佚文各家徵引均有脫漏、刪節，但可根據上下文義將幾家保存的佚文綴合為一。[85]王鳴盛以存鄭注、釋鄭義為宗旨，若非涉及內在涵義，一般不錄異文，而將重要的重見異文糅合為一條，以方便說解疏證。

例十二

> 帝曰：咨！四岳！（卷一〈堯典〉，頁10）
>
> 【鄭曰】四岳，四時之官，主<u>方岳之事</u>。始義、和之時，<u>堯既分陰陽為四時，命義仲、和仲、義叔、和叔等為之官，又主方岳之事，是為四岳</u>，謂之四伯。義、和子死，分四岳為八伯，<u>皆王官。</u>其八伯惟驩兜、共工、放齊、<u>鯀</u>四人而已，其餘四人，無文可知。

> 分命義仲。（卷一〈堯典〉，頁6）
>
> 【鄭曰】官名，蓋春為秩宗，夏為司馬，秋為士，冬為共工，通稷與司徒，是六官之名見也。仲叔，亦義、和之子。<u>堯既分陰陽為四時，又命四子為之官，又主方岳之事，是為四岳</u>。掌

---

84 南宋人陳藻有策問〈三條四列兩戒〉一篇，將鄭玄四列與馬融三條對比，云「其正陰列則其北條也，其次陰列則其中條也，以嶓冢貫之大別為次陽列，以岷山貫之數淺原為正陽列」，亦用《尚書正義》而非《史記索隱》。詳見氏著：《樂軒集》，《四庫全書》第1152冊景印文淵閣本，卷7，頁95-96。

85 參見曹書杰：《中國古籍輯佚學論稿》，頁369。

四時者，字曰仲叔，則掌天地者，其曰伯乎？

今案：此處有兩條，因相關故合而論之。今將佚文之原始出處羅列如下：

〈堯典〉又云：「帝曰：疇咨若時登庸」，鄭注云：「堯末時，羲、和之子皆死，庶績多闕而官廢。當此之時，驩兜共工更相薦舉。」下又云：「帝曰：四岳，湯湯洪水，有能俾乂」，鄭云：「四岳，四時之官，**主四岳之事**。始羲、和之時，**主四岳者**，謂之四伯。至其死，分岳事，**置八伯，皆王官**。其八伯，**唯驩兜**、共工、放齊、骹四人而已，其餘四人，無文可知。」（〈周禮正義序〉，頁5-6）

〈堯典〉注云：「堯之末年，庶績多闕，**羲、和之子則死矣，於時分四岳置八伯**。四岳，四時之官，**主方嶽之事**。」（《詩‧大雅‧崧高》疏，卷18之3，頁670）

鄭玄曰：「四岳，四時官，**主方岳之事**。」（《史記‧五帝本紀》集解，卷1，頁20）

堯既分陰陽為四時，命羲仲、和仲、羲叔、和叔等為之官，又主方岳之事，是為四岳。（《集聖賢群輔錄》）[86]

上一條主要依據賈公彥〈周禮正義序〉，但也有不同。賈〈序〉「主四岳之事」，王鳴盛改作「主方岳之事」，與《詩‧大雅‧崧高》

---

[86] 〔東晉〕陶潛：《箋注陶淵明集》（《四部叢刊》景元翻宋本），卷9〈集聖賢群輔錄上〉，頁2下。

疏、《史記・五帝本紀》集解相合；賈〈序〉「唯驩兜」、「骹」，王鳴盛作「惟驩兜」、「鯀」，兩字同，或所據版本稍異所致。

「堯既分陰陽為四時，命羲仲、和仲、羲叔、和叔等為之官，又主方岳之事，是為四岳」，賈〈序〉無，乃據《集聖賢群輔錄》補入；又據《毛詩疏》將賈〈序〉「主四岳者，謂之四伯。至其死，分岳事，置八伯，皆王官」改作「（是為四岳）謂之四伯。羲、和子死，分四岳為八伯，皆王官」。

諸家輯本皆將《群輔錄》所引置於「分命羲仲」下，王鳴盛亦然，則此條兩屬。[87]余蕭客此條引《群輔錄》，而「分命羲仲」下不錄（3/412）。

例十三

修五禮，五玉，三帛，二生，一死贄，如五器。（卷一〈堯典〉，頁17）

【鄭曰】五禮，公、侯、伯、子、男朝聘之禮矣。五玉，**即瑞節**。執之曰瑞，陳列曰玉也。三帛，所以薦玉也。受瑞玉者，以帛薦之。帛必三者，高陽<u>氏</u>之後用赤繒，高辛氏之後用黑繒，其餘諸侯皆用白繒，周禮改之為繅也。二生一死贄者，羔、<u>雁</u>，生也，卿、大夫所執；雉，死，士所執也。**贄之言至，所以自致也**。如者，以物相授與之，言授贄之器有五，卿、大夫、上士、中士、下士也。器各異飾，飾未聞所用也。周禮改之，飾羔雁，飾雉，執之而已，皆去器。

今案：此段佚文由三部分構成，又有異文。第一部分出自《公羊

傳‧隱公八年》疏：

> 鄭注：「五禮，公、侯、伯、子、男朝聘之禮矣。五玉，瑞
> 節。執之曰瑞，陳列曰玉也。三帛，所以薦玉也。受瑞玉者，
> 以帛薦之。帛必三者，高陽之後用赤繒，高辛氏之後用黑繒，
> 其餘諸侯皆用白繒，周禮改之為繅也。二生一死贄者，羔、
> 鴈，生也，卿大夫所執；雉，死，士所執也。」[88]

對校可見，第一，「五禮，公、侯、伯、子、男朝聘之禮矣」，《周
禮‧春官‧序官》疏引「故鄭云：五禮，公侯伯子男之禮」，無
「朝」、「聘」、「矣」三字，王鳴盛從《公羊疏》。第二，《史記集解》
作「鄭玄曰：即五瑞也。執之曰瑞，陳列曰玉。」（卷1，頁26），王
鳴盛從之，作「即瑞節」，多一「即」字，「執之曰瑞，陳列曰玉」，
又見《尚書正義》（卷3，頁39）。第三，「三帛」至「白繒」，《史記集
解》所引「帛」上無「三」字，「玉也」下無「受瑞玉者以帛薦之
帛」九字，兩「之後」無「之」字，王鳴盛不從；不過《公羊注疏》
無「氏」字，王鳴盛又據《史記集解》作「高陽氏」（卷1，頁27）。
第四，「高陽」至「白繒」，又見《禮記‧曲禮》疏（卷4，頁71）、
〈檀弓〉疏（卷6，頁114），而〈曲禮〉疏「其餘」下無「諸侯皆」
三字，〈檀弓〉疏無「皆」字；「高辛氏之後用黑繒」，又見《詩‧大
雅‧生民》疏（卷17之1，頁596）。第五，「二生」至「生也」，〈邶
風‧匏有苦葉〉孔疏引此作「注云：謂羔、鴈也」（卷2之2，頁89）。
　　第二部分出自《史記‧五帝本紀》正義：

　　贄，執也。鄭玄云：「贄之言至，所以自致也。」（卷1，頁
　　27）

《尚書・舜典》疏引此作「贄之言至，所執以自至也」（卷3，頁
39）。王鳴盛選用《史記正義》。

　　第三部分即「如者」至末尾，同樣出自《公羊傳・隱公八年》疏
（卷3，頁39）無異文，故用之。

（三）殘缺增補

　　所謂殘缺增補法，即對首尾殘缺、不成句子、中間有明顯脫字之
佚文，根據其他現存資料或上下文義，增加一定文字、語句，使之語
義相通，意思連貫。[89]

　　與純輯本體例不同，因連貫文意需要，在不改變注文原意情況
下，王鳴盛廣泛使用這種方法。如〈康誥〉一文，鄭注殘留不多，大
部分是《正義》所引隻言片語，王鳴盛於輯錄時便增加相應之經文，
以補足文意，彌縫體例。而純輯本多逕於經文下出注，不復照顧全
文。如：

　　「王若曰：孟侯，朕其弟，小子封。」《尚書正義》云：「鄭以總
告諸侯，依《略說》以太子十八為孟侯而呼成王。」（卷14，頁201）
《後案》補作：「王若曰，總告諸侯。依《略說》太子十八為孟侯，
呼成王也。」（卷15，頁175）

　　「別求聞由古先哲王，用康保民。弘于天，若德裕，乃身不廢，
在王命。」《尚書正義》云：「古先哲王，鄭云『虞夏也』。孔亦當
然。」（卷14，頁202）《後案》作：「古先哲王，虞夏也。」（頁177）

---

89 參見曹書杰：《中國古籍輯佚學論稿》，頁372。

王氏當本自江聲，後為孫疏本採用。其他諸本因體例不同，皆直錄「虞夏也」三字。[90]

「王曰：嗚呼，小子封！恫瘝乃身，敬哉！」《尚書正義》引鄭玄云：「刑罰及己為痛病。」（卷14，頁202）《後案》補作「恫瘝乃身，刑罰及己為痛病。」（頁177）江、黃、孫疏本諸本皆無「恫瘝乃身」四字。[91]

「汝亦罔不克敬典，乃由裕民，惟文王之敬忌。乃裕民，曰：我惟有及。則予一人以懌。」《尚書正義》云：「文王所『敬忌』，即敬德忌刑。鄭云：『祇祇威威是也。』」（卷14，頁205）《後案》補作：「敬忌，祇祇威威是也。」（頁181）與江、袁、孫疏本同，他本無。[92]

類似之例又如：

例十四

> 帝曰：咨，汝二十有二人。（卷一〈堯典〉，頁26）
> 【鄭曰】十二牧、禹、垂、益、伯夷、夔、龍、殳斨、伯與、朱虎、熊羆二十二人，皆月正元日，格于文祖所敕命。

今案：《史記集解》引鄭玄曰：「皆格于文祖時所敕命也。」（卷1，頁24）《尚書正義》云：

> 鄭玄云：「自『咨，十有二牧』至『帝曰龍』，皆月正元日格於文祖所敕命也。」案經「格於文祖」之後方始「詢於四岳」，

---

90 江本見6/38/523，孫疏本見15/361，孔本見5/4/465，張本見5/8/429，袁本見7/8/570，孫集見7/8/47，黃本見83/516。

91 江本見6/38/523，黃本見83/516，孫疏本見15/362。

92 江本見6/49/529，袁本見7/8/570，孫疏本見15/369，孔本見5/4/465，張本見5/8/429，孫集見7/10/48，黃本見83/516。

「咨十二川牧」，未必一日之內即得行此諸事。傳既不說，或歷日命授乃總敘之，未必即是元日之事也。鄭以為「二十二人數殳斨、伯與、朱虎、熊羆，不數四岳」。彼四人者，直被讓而已，不言居官，何故敕使敬之也？岳、牧俱是帝所咨詢，何以敕牧不敕岳也？必非經旨，故孔說不然。（卷3，頁47）

可知，鄭注當為：「自『咨，十有二牧』至『帝曰龍』，皆月正元日格於文祖所敕命也。」王鳴盛詳列二十二人之名，乃孔疏引申鄭義。

五　推斷歸屬

推斷佚文歸屬分為兩類：一是已知為鄭注，而不知何書何文之注者；二是後人誤斷為鄭注，而實非者。根據具體情況可分為三種：

（一）古書引文明確注明出處者，依所注出處歸屬

此條為輯佚基本法則之一，《尚書》鄭注很大部分直接依據古書引文確定歸屬，最為簡明。此點較易理解，無需贅言。不過，後人於輯佚過程中，為追求完備，不免出現濫收情況，即古書引文已明確注明出處，後人反而他屬。下文舉此反例，以說明該情況雖簡明，仍易致誤。

例十五

象以典刑。（卷一〈堯典〉，頁19）

【鄭曰】正刑五，加之流宥、鞭、扑、贖刑，此之謂九刑。

流宥五刑

【馬曰】流，放；宥，寬也。三宥也（筆者案：《史記集解》

無此三字。），一曰幼少，二曰老耄，三曰惷愚。五刑，墨、
劓、荆、宮、大辟。

今案：袁、孔、張、黃本，將「五刑，墨、劓、荆、宮、大辟」
一句視為「象以典刑」或「流宥五刑」之鄭注；孫疏本分屬馬、鄭；
孫集本與王同，歸於「流宥五刑」之馬注。[93]《史記集解》分別於
「流宥五刑」（頁24）、「五刑有服」（頁39）兩處引為「馬融曰：五
刑，墨、劓、荆、宮、大辟。」袁本等定為鄭注，云出自《小學紺
珠‧治道》。

《小學紺珠》卷八〈治道類〉「五刑」條「墨、劓、荆、宮、大
辟」，注有「《書‧舜典》注」等。[94]因《史記集解》已明確記載為馬
融注，此處「《書‧舜典》注」完全可理解為王應麟所指即是馬融注。
袁、孔、黃諸家為求全而摻入鄭注。或鑒於此，孫疏本則兩屬之，並
以《周禮‧秋官‧司刑》鄭注引《書傳》為據，錄彼鄭注云：

> 《周禮‧司刑》注引《書傳》云：決關梁、踰城郭而略盜者，
> 其刑髕。男女不以義處者，其刑宮。觸易君命、革輿服制度、
> 姦軌、盜攘傷人者，其刑劓。非事而事之、出入不以道義而誦
> 不詳之辭者，其刑墨。降畔寇賊、劫略奪攘撟虔者，其刑死。
> （頁54）

此則非鄭注，當為《尚書大傳》之言。即是鄭注，其條目則應為
「墨、劓、宮、刖、殺」（從《周禮‧司刑》，王應麟亦錄之），或

---

93 袁本見1/11/535，孔本見1/5/450，張本見1/10/400，黃本見12/481，孫集本見
1/10/15，孫疏本見1/153。

94 〔宋〕王應麟：《小學紺珠》，《四庫全書》第948冊景印文淵閣本，卷8，頁561。

「髕、宮、劓、墨、死」（從《書傳》），而非「墨、劓、荆、宮、大辟」。五者惟髕、刖、荆不同，餘則無別。[95]鄭玄云「正刑五」，尊同馬注亦極有可能。但就文獻來看，王鳴盛將之歸入「流宥五刑」馬注則更為妥當。

（二）古書引文誤注出處者，考辨以定歸屬

古書引文雖注明出處，但與實際情況不合者，則另考辨其歸屬。

例十六

咨十有二牧，曰：食哉，惟時！柔遠能邇，惇德允元，而難任人，蠻夷率服。（卷一〈堯典〉，頁21）

【鄭曰】能，恣也。

【案曰】《詩疏》引此誤作〈無逸注〉。

今案：鄭注來源如下：

鄭注《尚書》云：「能，恣也。」（《經典釋文・毛詩下》，卷7，頁370）

---

95 考《說文》骨部：「髕，厀耑也。」段玉裁《注》云：「臏者，髕之俗。去厀頭骨也。周改髕作刖，其字借作刖，斷足也，漢之斬趾是也。髕者瘸不能行，刖者尚可著踊而行。踊者，刖足者之屨。……是則刖輕於髕也。……刖惟見於〈呂刑〉，他經傳無言刖、言剕者。蓋剕者，髕之一名，故《周禮》說周制作刖，〈呂刑〉說夏制，則今文尚書作臏，古文尚書作剕，實一事也。周改髕為刖，即改剕為刖也。許釋剕為刖，非。鄭云臯陶改髕為剕，亦非也。髕作剕，如〈禹貢〉蠙作玭，〈商書〉紂作受，音轉字異，非有他也。」見氏著：《說文解字注》（上海市：上海古籍出版社，1981年，影段氏經韻樓原刻本），頁165。段氏辨析甚詳，則夏制作髕（臏）、作剕，周制改作刖（剕），且刖輕於髕也。馬融注同〈呂刑〉，用夏制作「剕」，鄭玄《周禮注》引《尚書大傳》作「髕」，與之相合。

《尚書・無逸》云：「柔遠能邇。」注以能為恣，則此云佝者
與恣同，謂順適其意也。（《詩・大雅・民勞》疏，卷17之4，
頁631）

《毛詩疏》引「柔遠能邇」，以為出自〈無逸〉，又引「注以能為
恣」，而《釋文》明確以鄭注作「能，恣也」，故錄之為鄭注，而當歸
入〈堯典〉（具體即今偽古文〈舜典〉篇）。《毛詩正義》阮氏《校勘
記》云：「閩本、明監本、毛本同。案浦鏜云：『〈舜典〉誤〈無
逸〉。』是也。」與王鳴盛同。

例十七

天聰明，自我民聰明。（卷二〈皋陶謨〉，頁30）
【鄭曰】天之所謂聰明有德者，由民也。言天所善惡，與民同。
【案曰】此疏誤以此為鄭〈大誓注〉。

今案：《詩・大雅・烝民》：「天監有周，昭假於下。保茲天子，
生仲山甫。」鄭箋引《書》曰：「天聰明，自我民聰明。」《正義》云：

引《書》曰者，〈泰誓〉文也。彼注云：「天之所謂聰明有德
者，由民也。」言天所善惡，與民同。引之者，証天從民意
也。（卷18之3，頁675）

鄭箋「引《書》曰」，與今〈皋陶謨〉經文同。而《正義》以為〈泰
誓〉文，故王鳴盛以為孔疏誤，而將此經文及鄭注皆歸入〈皋陶謨〉。
諸家輯本於此無異議，孫星衍於補集本時尚且如此，其後於注疏
本則轉而認同孔疏，其云：

《詩・烝民》注，鄭引《書》曰：「天聰明，自我民聰明。」
本疏云：「『引《書》曰』者，〈泰誓〉文也。彼注云：『天之所
謂聰明有德者，由民也。言天所善惡，與民同。』」此蓋今文
〈泰誓〉注也。《漢書・李尋傳》云「《書》曰『天聰明』，蓋
言紫宮極樞，通位帝紀」云云。〈孔光傳〉云：「日有蝕之，變
見三朝之會。上天聰明，苟無其事，變不虛生。」則古說不謂
聰明為有德者。鄭有注，王氏鳴盛以為此經之注，反言疏誤，
非也。今〈泰誓〉缺佚矣。（頁87）

孫氏以為孔疏所引不誤，即是〈泰誓〉文。而今〈泰誓〉缺佚，實則
無可覆驗。即如其所引《漢書》兩例，得證「古說不謂聰明為有德
者」，僅說鄭注是非，而無關乎經文歸屬。（其他問題見下文「真偽失
考」例。）

（三）引文出處不明確者，據相關知識考定

古人引書較為隨意，並非處處點明來源，如此則需多方以考定其
出處。

如據他書徵引以考者，前文「刪重校異」之「禋于六宗」例，
《史記正義》言：「星，五緯星也。辰，日月所會十二次也。司中、
司命，文昌第五、第四星也。風師，箕星也。雨師，畢星也。」不云
出自何人。若非以《尚書疏》、《後漢書注》等徵引為對照，則誤以為
張守節之說，實則為鄭注。至於是否為張守節暗引而不作說明，亦或
是傳鈔訛脫鄭氏之名，尚待稽考。

據古人引書習慣以考者，如〈堯典〉：「命汝作納言，夙夜出納朕
命，惟允。」《後案》據虞世南《北堂書鈔》錄鄭注，原文：「《尚
書》云：『龍作納言，出入帝命。』注曰：『納言，如今尚書，管主喉

舌也。』」[96]並案曰:「此稱為《尚書注》,孔無之。此書引孔皆稱傳,
獨此稱注,疑必鄭注。」(頁26)此則據《北堂書鈔》引書通例,以
判定佚文歸屬。

六　編排次第

(一)依經文次序編排

　　諸多典籍引用鄭注時都會以相應經文為序,尤其是《尚書正
義》、《史記集解》,基本按照經文順序直接引用鄭注,所以依循已有
經文排序,最為直接而可靠。

例十八

> 太保乃以庶邦冢君,出取幣,乃復入。(卷十八〈召誥〉,頁
> 196)
> 【鄭曰】所賜之幣,蓋璋以皮,及寶玉、太弓,此時所賜。

> 錫周公,曰:拜手稽首,旅王若公。誥告庶殷,越自乃御事。
> 【鄭曰】召公見眾殷之民大作,周公德隆功成,有反政之期,
> 而欲顯之,因大戒天下,故與諸矦出取幣,使戒成王立于位,
> 以其命賜周公。

　　今案:兩條鄭注分別出自《尚書正義》之相應疏文(卷15,頁

---

96 〔唐〕虞世南編撰,〔清〕孔廣陶校注:《北堂書鈔》(清光緒十四年〔1888〕孔氏
　　三十三萬卷堂刻本),卷59,頁1下。孔刻本晚出,王氏當年所見應是明代陳禹謨校
　　注本,陳刻本刪改頗多,此條為:「《尚書》注曰:納言,如今尚書,管主喉舌
　　也。」經文雖刪,鄭注尚未失實。

220），王鳴盛即按孔疏所引順序編排注文，而袁、孔、張、黃本卻恰好相反，將第一條佚文置於第二條後。[97]

（二）依注文體例編次

因佚文零碎，有時雖知注文明確出處，但其先後順序卻難以與經文盡合，如此則按照注文意思予以調整。

例十九

導弱水。（卷三〈禹貢〉，頁84）

【鄭曰】〈地理志〉：弱水出張掖。凡言導者，發源于上，未成流。凡言自者，亦發源于上，未成流。**此經自弱水已下，言「過」、言「會」者，皆是水名；言「至于」者，或山或澤，皆非水名。**

至于合黎。（頁85）

【鄭曰】**合黎，山名。**《地說》云：合黎山在酒泉會水縣東北。

餘波入于流沙。（頁85）

【鄭曰】〈地理志〉：流沙在居延西北，名居延澤。《地記》曰：弱水西流，入合黎山腹，餘波入于流沙，通于南海。

又東至于澧。（頁95）

【鄭曰】**澧，陵名也。**大阜曰陵。今長沙郡有醴陵縣，其以陵名為縣乎。

---

97 袁本見8/2/572，孔本見6/1/466，張本見6/2/431，黃本見86/518。張本又將「召公」誤為「召誥」。

今案：以上鄭注主要出自《尚書正義》，輔以《史記》三家注（頁70-71）。〈禹貢〉「導弱水，至于合黎」疏引：

> 鄭玄云：「凡言『導』者，發源於上，未成流。凡言『自』者，亦發源於上，未成流。」（卷6，頁88）

〈禹貢〉「又東至于澧」疏云：

> 鄭玄以此經自「導弱水」已下，言「過」、言「會」者，皆是水名；言「至于」者，或山或澤，皆非水名。故以合黎為山名，澧為陵名。鄭玄云：今長沙郡有澧陵縣，其以陵名為縣乎？（卷6，頁90）

「此經自『導弱水』已下，言『過』、言『會』者，皆是水名；言『至于』者，或山或澤，皆非水名」，此注本為「又東至于澧」疏所引，王氏並未依據經文順序定為此文之注，而是根據鄭注之意旨，置作「導弱水」之注。且「合黎為山名，澧為陵名」，處理方式與此同，並散入相應經文之下。而孫疏本仍按照《尚書正義》所引，取為「又東至于澧」注，反而不如王氏之會通（3/186、196）。

第三節　王鳴盛輯佚之失

清人輯佚自惠棟始，江聲、王鳴盛、余蕭客諸學者皆是惠學一脈。是時輯佚尚未專門化，與孔廣林、袁鈞、黃奭等後學相比，自然不可等量齊觀。就清學史而言，王鳴盛輯錄《尚書》鄭注頗早，且流傳甚廣，成為後來專門輯佚家之重要資鑒。不過「前修未密，後出轉

精」，以今日學術重新審視，其輯佚難免出現各種缺失，本節姑分以下五點詳述之：一曰蒐輯失略，二曰真偽失考，三曰文字失校，四曰修改失實，五曰體例失審。[98]

一　蒐輯失略

輯佚本務求全備，而個人眼見未周，漏輯勢所難免。

例二十

> 日中星鳥，以殷仲春。（卷一〈堯典〉，頁6）
> 【鄭曰】日中者，日見之漏，與不見者齊也。星鳥，鶉火之方。殷，中也。春秋，言溫涼也。

今案：《尚書・堯典》疏云：

> 馬融、鄭玄以為「星鳥、星火，謂正在南方。春分之昏七星中，仲夏之昏心星中，秋分之昏虛星中，冬至之昏昴星中，皆舉正中之星，不為一方盡見」，此其與孔異也。至於「舉仲月以統一時」，亦與孔同。（卷2，頁24）

孔疏蓋以「星鳥」至「盡見」與「舉仲月以統一時」為馬、鄭注，孫集本、黃本即收錄為鄭注，王氏漏輯。

---

98 參考曹書杰：《中國古籍輯佚學論稿》，頁209-212；陳惠美：《清代輯佚學》，摘要。

例二十一

惇敘九族，庶明勵翼，邇可遠，在茲。（卷二〈皋陶謨〉，頁
28）

【鄭曰】敘，次序也。庶，眾也。勵，作也。序九族而親之，
以眾賢明作輔翼之臣。此政由近可以及遠也。

今案：《三國志・蜀先主傳》注引鄭玄曰：「庶，眾也。勵，作
也。敘，次序也。序九族而親之，以眾明作羽翼之臣也。」（卷32，
頁887）《尚書正義》引鄭云：「勵，作也。以眾賢明作輔翼之臣。」
（卷4，頁60）《史記・夏本紀》集解引鄭玄曰：「次序九族而親之，
以眾賢明作羽翼之臣，此政由近可以及遠也。」（卷2，頁78）王氏以
經文先後編次，他本則以所引佚文次序排列，如袁本作：

惇，厚也。庶，眾也。勵，作也。敘，次序也。次序九族而親
之，以眾明作羽翼之臣。此政由近可以及遠也。（2/1/539）

除編次不同外，較王鳴盛多「惇，厚也」三字，此注見《後漢書・班
固傳》注：

《尚書》曰：「惇敘九族。」又曰：「九族既睦，辯章百姓。」
鄭玄云：「辯，別也。章，明也。惇，厚也。睦，親也。」（卷
40下，頁1382）

王鳴盛漏輯。

例二十二

> 卒乃復。五月，南巡守，至于南岳，如岱禮。八月，西巡守，
> 至于西岳，如初。十有一月，朔巡守，至于北岳，如西禮。
> （卷一〈堯典〉，頁17）
> 【鄭曰】卒，已也。復，歸也。巡守禮畢，乃反歸矣。每歸，
> 用特牛告于文祖矣。五月不言初者，以其文相近。八月、十一
> 月言初者，文相遠故也。

今案：此條出自隱公八年《公羊注疏》（卷3，頁39）。又《尚書
正義》云：

> 鄭玄以為「每岳禮畢而歸，仲月乃復更去」。若如鄭言，當於
> 東巡之下即言歸格，後以如初包之，何當北巡之後始言歸乎？
> （卷3，頁40）

「每岳禮畢而歸，仲月乃復更去」，《後案》引此《尚書疏》，卻未將
此十二字視作為鄭注，張、黃本有。另外「南岳，衡山」四字，見
《周禮·春官·大司樂》疏，張、黃本亦有。[99]王鳴盛漏輯。

二　真偽失考

輯佚者力求廣博之時，經常會因求「全」而失「真」，王氏亦難
免於此。清人多將真偽失考視為輯佚最大弊病，焦循曾於〈禹貢鄭注

99　張本見1/9/399，黃本見11/480。

釋自序〉中痛批之。[100]輯佚乃文獻之「考古」，其是非真偽於後續研究關係甚重。

（一）本非鄭注而採錄者

例二十三

> 天聰明，自我民聰明。（卷二〈皋陶謨〉，頁30）
> 【鄭曰】天之所謂聰明有德者，由民也。言天所善惡，與民同。
> 【案曰】此疏誤以此為鄭〈大誓注〉。

　　今案：本條已見前文第二節第五「推斷歸屬」之例，彼處於鄭注未作具體分析，今補足如下。

　　《詩·大雅·烝民》：「天監有周，昭假於下。保茲天子，生仲山甫。」鄭箋：

> 監，視；假，至也。**天視周王之政教，其光明乃至于下**，謂及眾民也。天安愛此天子宣王，故生樊侯仲山甫，使佐之。**言天亦好是懿德也**。《書》曰：天聰明，自我民聰明。

《正義》云：

> 引《書》曰者，〈泰誓〉文也。彼注云：天之所謂聰明有德者，由民也。**言天所善惡，與民同**。引之者，証天從民意也。
> （卷18之3，頁675）

---

100 詳見《雕菰集》，卷16，《焦循詩文集》，頁298。

不知孔疏「言天所善惡，與民同」八字是否為鄭注。余本、孫集本、
與王氏同，皆採錄之。[101]張、袁本則未收。孫疏本此條無鄭注。[102]

　　直接從《毛詩正義》「引⋯⋯者，⋯⋯文也。注云：⋯⋯。
言⋯⋯」之疏證體例來看，難以斷定「言」之內容屬於《正義》推衍
之義，還是屬於原注文。類似情況者如：

例二十四

　　　　曰咎徵：曰狂，恒雨若。（卷十二〈洪範〉，頁156-157）
　　　　【鄭曰】狂，倨慢也。恒，常也。若，順也。**五事不得，則咎**
　　　　氣順之。

　　本條已見前文第二節第三「考辨真偽」之例。彼處略言孔疏引用
體例，今當證實。

　　〈小雅・正月〉：「正月繁霜，我心憂傷。」鄭箋：「夏之四月，
建巳之月，純陽用事而霜多，急恒寒若之異，傷害萬物，故心為之憂
傷。」《正義》曰：

　　　　「急，恒寒若」，〈洪範〉「咎徵」文也。彼注云：「急，促也。
　　　　若，順也。**五事不得，則咎氣而順之。**」言由君急促太酷，致
　　　　常寒之氣來順之，故多霜也。（卷12之1，頁397）

此同為《尚書》鄭注，而「言由君急促太酷，致常寒之氣來順之」，

101 余本見3/420，孫集本見2/3/19，黃本見20/485。

102 張本見2/16/414，袁本見2/3/540，孫疏本見2/87。按：張本此版頁內容與上下不相
　　銜接。考此頁本當是卷1頁16，而非卷2頁16，兩頁位置誤換。《鄭學彙函》本於張
　　氏《學津討原》，版式已變，而此處倒訛仍未改正，見其卷1頁13下至14下與卷2頁
　　14上至15上。

王氏則未收。

又如〈大雅・泂酌〉：「泂酌彼行潦，挹彼注茲，可以餴饎。」鄭箋：「《春秋傳》曰：人不易物，唯德繄物。」《正義》云：

> 引《春秋傳》者，僖五年《左傳》文也。服虔注云：繄，發聲也。言黍稷牲玉，不易無德，薦之則不見饗。有德，則言饗。言物為有德用也。（卷17之3，頁622）

「服虔注云」同樣不知當止於何處，而余蕭客取「繄發」至「用也」全以為服注（17/613），洪亮吉《春秋左傳詁》則自「繄發」至「言饗」。[103]

今試以孔疏上下內容疏通之。〈烝民〉詩云：「天生烝民，有物有則。民之秉彝，好是懿德。」《正義》云：

> 人之情性，共稟於天，天不差忒，則人亦有常，故民所執持有常道，莫不好美德之人。下句言天見民意，好此美德，故天亦愛此天子之事。此言好美德之人，謂好之以為君也。若然，物以同聲相應，人以同志相親。聖明之君，乃愛賢臣。無道之世，惡人得寵。古先帝代莫不盡然。君既如此，則民亦如之，惡人當愛惡君矣。（卷18之3，頁674）

「下句」即是指「天監有周，昭假於下。保茲天子，生仲山甫」，可知這兩句經文只言「懿德」、「美德」之事，「惡人當愛惡君」應是孔氏推衍經義而舉其反面。

---

103 〔清〕洪亮吉撰，李解民點校：《春秋左傳詁》（北京市：中華書局，1987年），卷7，頁280。

　　且鄭箋云：「天視周王之政教，其光明乃至于下，謂及眾民也。」而《正義》則云：「民之所好如是，天亦從民所好，故天乃監視有周之王政教善惡。見此周王，其政教之光明，乃行而施至於下民矣。」孔疏言「善惡」，與鄭本義「光明」之旨不盡相同。鄭箋「言天亦好是懿德也」，隨後便引《書》曰「天聰明，自我民聰明」，可見此句引文當證「好是懿德」之義。而孔疏引彼注云「天之所謂聰明有德者，由民也」，也正與此合。

　　綜上所述，《詩經》、鄭箋、及鄭所引之《書經》，僅言「德」、「善」的一面，而未及「善惡」之對立。且〈烝民〉詩之旨趣也只在於「善」，《毛詩序》云：「〈烝民〉，尹吉甫美宣王也。任賢使能，周室中興焉。」「善惡」並舉乃是孔疏推衍之義，「言天所善惡，與民同」，若作為孔疏，則正與其義相合；若作為《書注》，則與《詩》旨、鄭義皆不合。則王、孫、黃諸家皆誤。

　　至於〈正月〉疏「五事不得，則咎氣而順之」一句，偽孔、《正義》皆不言「咎氣」。成公元年《公羊傳》何休《解詁》引《尚書》曰「舒恒燠若」，徐彥疏云：

　　　　〈洪範〉文。舒，遲也。恒，常也。若，順也。言人君舉事太舒，則有常燠之咎氣來順之是也。（卷17，頁214）

「舒遲」至「順也」，諸家皆視為鄭注，實可與「五事不得，則咎氣而順之」互相參證。又〈洪範〉「曰王省惟歲」至「家用不寧」，孔疏引鄭云：

　　　　所以承休徵、咎徵言之者，休、咎五事，得失之應，其所致尚微，故大陳君臣之象，成皇極之事。其道得，則其美應如此；

其道失，則敗德如彼，非徒風、雨、寒、燠而已。（卷12，頁178）

「五事不得，則咎氣而順之」與之合，應為鄭注無疑。

而「言由君急促太酷，致常寒之氣來順之」一句，〈洪範〉「曰急，恒寒若」，偽孔傳：「君行急，則常寒順之」，孔疏：「曰君行急躁，則常寒順之」。則此句當是孔穎達發揮偽孔傳之義，《毛詩疏》正與《尚書疏》合。且「言由君急促太酷，致常寒之氣來順之，故多霜也」，語氣連貫，照應經文，則非鄭注益明也。

例二十五

又東為滄浪之水。（卷三〈禹貢〉，頁92）

【鄭曰】滄浪之水，今謂之夏水，即漢之別流也。來同，故世變名焉。《地說》曰：水出荊山東南流為滄浪之水。是近楚都。故漁父歌曰：滄浪之水清兮，可以濯我纓；滄浪之水濁兮，可以濯我足。是此水也。

今案：《史記·夏本紀》索隱云：

馬融、鄭玄皆以滄浪為夏水，即漢河之別流也。《漁父歌》曰「滄浪之水清兮，可以濯吾纓」，是此水也。（卷2，頁72）

《水經注·沔水中》云：

《地說》曰：水出荊山東南流為滄浪之水。是近楚都。故漁父歌曰：滄浪之水清兮，可以濯我纓；滄浪之水濁兮，可以濯我

足。余按《尚書・禹貢》言：導漾水東流為漢，又東為滄浪之水，不言過而言為者，明非他水決入也，蓋漢沔水，自下有滄浪通稱耳。[104]

《水經注・夏水》云：

鄭玄注《尚書》滄浪之水，言今謂之夏水，來同，故世變名焉。[105]劉澄之著《永初山川記》云：「夏水，古文以為滄浪，漁父所歌也。」因此言之，水應由沔。今按夏水是江流沔，非沔入夏。假使沔注夏，其勢西南，非《尚書》又東之文，余亦以為非也。[106]（卷32，頁2710-2711）

焦循認為「《地說》曰」為酈道元引《地說》之文，非鄭注。而《史記索隱》首句約馬、鄭之義，即《水經注》「滄浪今謂之夏水」，「漢河之

---

104 《地說》：「水出荊山東南流為滄浪之水」，《水經注疏》云：「朱南訛作西，趙據胡渭校改，全、戴改同。守敬按：《史記・夏本紀・正義》引《地記》文，作南，以鄭康成注《尚書》，屢引《地說》證之，《地記》當依此作《地說》。考《山海〔中山〕經》漳水出荊山。《漢志》漳水東入陽水，注沔。《地說》所指滄浪，蓋即漳水乎？《續漢志》臨沮劉《注》引《南都賦・注》，漢水至荊山，東別流為滄浪之水，與此說同。又《史記・索隱》馬融、鄭玄皆以滄浪為夏水，即漢河之別流也。與《地說》不同而同。」詳見〔北魏〕酈道元注，〔清〕楊守敬、熊會貞疏，段熙仲點校，陳橋驛復校：《水經注疏》（南京市：江蘇古籍出版社，1989年），卷28，頁2351-2352。本文所引《水經注》若無特別說明，皆出自此書。

105 《水經注疏》熊會貞按：「《史記・夏本紀・索隱》，馬融、鄭玄皆以滄浪為夏水，即漢河之別流也。酈氏引鄭《注》不備，反復尋繹，莫得其罅際。及觀《索隱》所采知鄭有以為別流之差。《書》偽孔《傳》解滄浪云，別流在荊州。《續漢志》臨沮《注》引《南都賦・注》曰，漢至荊山，東別流，為滄浪之水。皆沿其說。劉澄之當亦然，故酈氏謂水應由沔而駁之，滄浪詳〈沔水篇〉。」

106 熊會貞按：「此段皆酈氏駁語。王鳴盛謂至『非《尚書》又東之文』，皆劉澄之說，失之。」

別流」乃司馬貞申說之文。故焦氏認為此句鄭注只有「今謂之夏水。來同，故世變名焉」一句。[107]雖不能確定《史記索隱》所引是否全為馬、鄭注，但可以確定的是《地說》之文絕非鄭注，而為酈氏所引。

另外，王氏此條出處注為《水經注》二十九卷〈沔水注〉，當本朱謀㙔《水經注箋》，誤，應為卷二十八「沔水中」。[108]

(二) 理當存疑而定為鄭注者

例二十六

沱、潛既道。（卷三〈禹貢〉，頁72）

【鄭曰】二水亦謂自江、漢出者。〈地理志〉：在今蜀郡郫縣汶江及漢中安陽皆有沱水、潛水，其尾入江、漢耳，首不于此出。江原有潺江，首出江，南至犍為武陽，又入江，豈沱之類與？潛蓋漢西出嶓冢，東南至巴郡江州入江，行二千七百六十里。漢別為潛，其穴本小，水積成澤，流與漢合。大禹自廣漢疏通，即為西漢水也。故曰「沱、潛既道」。

今案：「漢別為潛」至末尾，出自《水經注・潛水》，云：

鄭玄曰漢別為潛，其穴本小，水積成澤，流與漢合，大禹自導漢疏通，[109]即為西漢水也。故《書》曰：沱潛既道。[110]

---

107 詳見《禹貢鄭注釋》，頁240-241。

108 見《水經注疏》，卷28，頁2345。

109 《水經注疏》云：「朱導作通，戴、趙改。守敬按：明抄本、黃本作廣漢，王鳴盛從之，疑。」

110 《水經注疏》，卷29，頁2460。

焦循以為《水經注》只引「鄭玄曰」，不言〈禹貢注〉，且末云「故
《書》曰『沱、潛既道』」，據此懷疑酈氏所引非《書注》，或有譌
誤，而未可定，故錄之而存疑（頁225）。王氏與江本同（卷3，頁
423）。王鳴盛每引他說，多復核實，而「故《書》曰」仍脫一「書」
字，這樣放在《書》注中便不會有異議，或許王氏已有所懷疑。

其餘注文出自〈禹貢〉疏（卷6，頁84），其中「江沱」改作「汶
江」、「江源」改作「江原」，與江聲同，誤。

（三）既為鄭注而非《書》注者

例二十七

　　壺口，治梁及岐。（卷三〈禹貢〉，頁45）
　　【鄭曰】〈地理志〉：壺口山在河東北，屈縣之東南。梁山在左
　　馮翊夏陽，岐山在右扶風美陽西北，**梁山西南**。于此言治梁及
　　岐者，蓋治水從下起，以裹水害易也。

　　今案：「岐山在梁山西南」，《詩・大雅・緜》正義明確引作「鄭
於《書傳》注」（卷16之2，頁546），而《史記・周本紀》正義引同為
鄭注，卻未明出處（卷4，頁114）。王氏求全，誤作《尚書注》。不
過，其晚年在《蛾術編・冀州梁岐非呂梁狐岐》條中引鄭注時，已刪
去此注（卷40，頁382）。

（四）因襲前人之誤而未改者

例二十八

　　歲二月，東巡守，至于岱宗，柴；望秩于山川。肆覲東后。
　　（卷一〈堯典〉，頁16）

【鄭曰】歲二月者，正歲建卯之月也。巡守者，行視所守也。
岱宗者，東嶽名也。<u>柴，燎也</u>。望秩于山川者，徧以尊卑祭
之。五嶽視三公，四瀆視諸矦，其餘小者，或視卿、大夫，或
視伯、子、男矣。秩，次也。東后，東方之諸矦也。

今案：此條基本出自隱公八年《公羊注疏》（卷3，頁39），唯獨
「柴者，考績燎也」作「紫，燎也」。此處王鳴盛當本於《史記集
解》，其引鄭玄曰：「建卯之月也。紫祭東嶽者，考績。<u>紫，燎也。</u>」
（卷1，頁25）而《儀禮・覲禮》疏云：「案祀典：『歲二月，東巡
守，至於岱宗，柴。』注為：『<u>考績燔燎，柴。</u>』」[111]與《公羊注疏》
所引相近。

王氏從《史記集解》作「紫，燎也」之意，或本出自閻若璩，其
《尚書古文疏證》第一百六條有引裴駰《集解》者，云：「柴，鄭本
作『紫』，注曰『紫，燎也』。」[112]諸本多據《儀禮疏》校改，認為
《公羊注疏》脫一「燔」字。[113]王鳴盛好引百詩《疏證》而不名，受
其影響亦有可能。

三　文字失校

因版本、異文，以及主觀疏忽等因素，同一條佚文出現失校情況

111　〔漢〕鄭玄注，〔唐〕賈公彥疏，〔清〕阮元校刻：《儀禮注疏》（臺北市：藝文印
　　書館，1960年，影清嘉慶二十年〔1815〕南昌府學刊本），卷27，頁331。後文隨
　　文標注卷頁。「祀典」，阮元《校勘記》：「按段玉裁校本作『堯典』。」
112　〔清〕閻若璩撰，黃懷信、呂翊欣校點：《尚書古文疏證》（上海市：上海古籍出
　　版社，2010年），卷7，頁564。
113　袁本見1/9/534，孔本見1/4/450，張本見1/8/399，黃本見10/480，孫集本見1/8/14，
　　孫疏本見1/42。孫星衍皆從《公羊注疏》。

較為普遍。如下面一條例證，便同時出現文字脫、衍、倒、譌，以及誤入、修改失實諸種問題。

例二十九

> 既修太原，至于岳陽。（卷三〈禹貢〉，頁46）
> 【鄭曰】岳陽，<u>太</u>岳之南。<u>于</u>〈地理志〉<u>太</u>原，今<u>以</u>為郡名。<u>岳</u>，<u>太</u>岳，在河東<u>故虒縣</u>東，名霍太山。

> 覃懷底績，至于衡漳。
> 【鄭曰】覃懷為縣名，屬河內。〈地理志〉云：漳水<u>出</u>上黨<u>沾</u>縣大<u>黽</u>谷東北，至安平阜城入河。<u>行千六百八十里</u>。衡漳者，漳水橫流<u>入河</u>。

今案：兩條鄭注基本出自以下文獻：

> 〈禹貢〉云：「既修太原至于岳陽」，鄭注云：「岳陽縣太岳之南，於〈地理志〉，太原今以為郡名。太岳在河東故縣虒東，名霍太山。」河東、太原皆晉境所及，故云太原，太岳之野。（《詩‧唐譜》疏，卷6之1，頁215）

> 〈禹貢〉：「既脩大原，至于岳陽，覃懷底績，至于衡漳」，注云：「岳陽，大原之南漳水橫流入河。〈地理志〉大原今為郡名。大岳在河東縣虒東，名霍大山。覃懷為縣名，屬河內。漳水出上黨沾大黽谷，東北至安平阜城入河，行千六百八十里。」始是長子，即上黨也。汾陽、歸德皆郡名。（《周禮‧夏官‧職方氏》疏，卷33，頁500）

鄭玄曰：「懷縣屬河內。」（《史記‧夏本紀》集解，卷2，頁53）

鄭注〈禹貢〉云：「衡漳者，漳水潢流。〈地理志〉云，漳水在上黨沾縣大黽谷，東北至安平阜城入河。」以漳水自上黨而過鄴城之北，南距紂都百餘里耳，故知踰之。（《詩‧邶鄘衛譜》疏，卷2之1，頁72）

鄭玄亦云：「橫漳，漳水橫流。」王肅云：「衡、漳，二水名。」（《尚書‧禹貢》疏，卷6，頁78）

　　對校可見，上條基本以〈唐譜〉疏所引為次，而參合〈職方氏〉疏。王鳴盛於「岳陽」下脫一「縣」字，與〈職方氏〉疏同；「郡名」下之「岳」字，兩本皆無，乃為衍字；「在河東故巂縣東」，乃〈唐譜〉疏「縣巂」之倒乙，較〈職方氏〉疏添一「故」字，皆不從兩本，而自行修改。

　　下條佚文問題尤多：「〈地理志〉云」據〈邶鄘衛譜〉疏補足；「漳水出上黨沾縣」，「出」字從〈職方氏〉疏而不從〈邶鄘衛譜〉疏，[114]「縣」字則據〈邶鄘衛譜〉疏補入；「行千六百八十里」，乃〈職方氏〉孔疏文，非〈禹貢〉鄭注，由〈邶鄘衛譜〉疏所引可證；「衡漳者，漳水橫流入河」，乃據兩本各自補入「衡漳者」與「入河」，且此句位置，兩本皆在「漳水出上黨」句前，王氏乃據經文重新編次。

　　以下姑分脫、衍、倒、譌四種情況，稍作分析。

---

114 阮元《校勘記》：「閩本、明監本、毛本『沾』誤『沽』。案盧文弨云『在當作出』。是也。」詳見《毛詩正義》，卷2之1，頁72。是亦作「出」也。

（一）脫文

例三十

宵中，星虛，以殷仲秋。（卷一〈堯典〉，頁8）

【鄭曰】夜中者，日不見之漏與見者齊。虛，玄武中宿也。

今案：「虛，玄武中宿也」，出《詩・豳風・七月》孔疏，云：「虛，玄武中虛宿也。」（卷8之1，頁280）王鳴盛脫一「虛」字可知，張、袁、孫諸本皆不脫。[115]

例三十一

微子若曰：父師、少師（卷九〈微子〉，頁123）

【鄭曰】微子與紂同母，當生微子，母猶未正，及生紂時，已得正為妻。故微子大而庶，紂小而嫡也。父師者，三公也。**時箕子為之**。少師者，太師之佐，孤卿也。**時比干為之**。微與箕俱在圻內。箕子、比干，紂之諸父。

今案：「時比干為之」及其之前，出自皇侃《論語義疏》。「箕子、比干，紂之諸父」，出自何晏《論語集解》引馬融注。[116]「微與箕俱在圻內」，出《尚書・微子》疏，云：「微國在圻內，先儒相傳為然。鄭玄以為微與箕俱在圻內。」（卷10，頁145）《禮記・王制》疏引鄭玄答張逸問云「微子、箕子實是畿內采地之爵，非畿外治民之君，故云子也」（卷11，頁213）。

115　張本見1/397，袁本見1/532，孫疏本見1/20。

116　〔魏〕何晏集解，〔梁〕皇侃義疏：《論語義疏》（清《知不足齋叢書》本，第七集），卷9〈微子第十八〉，頁21上至22上。

《論文·微子》:「微子去之,箕子為之奴,比干諫而死。」皇侃《義疏》云:「『箕子為之奴』者,⋯⋯鄭注《尚書》曰:『父師者,三公也。**時箕子為之奴。**』」又云:「『比干諫而死』者,⋯⋯鄭注《尚書》云:『少師者,大師之佐,孤卿也。時比干為之死也。』」可知王氏「時箕子為之」、「時比干為之」,乃「時箕子為之奴」、「時比干為之死也」之斷章。

而「箕子、比干,紂之諸父」,本是馬融注。《尚書·微子》疏云:「鄭玄、王肅皆以箕子為紂之諸父,服虔、杜預以為紂之庶兄。」(卷10,頁146)又見《左傳·僖公十五年》疏[117]、《論語·微子第十八》疏[118]、《孟子·梁惠王下》疏[119]。而《史記·宋世家》索隱云:「馬融、王肅以箕子為紂之諸父。服虔、杜預以為紂之庶兄。」(卷38,頁1610)可知「箕子為紂之諸父」,馬、鄭、王同。而鄭注「比干,紂之諸父」則不見載。

(二)衍文

例三十二

> 至于五日,有火自上復于下,至于王屋;流之為鵰,其色赤,
> 其聲魄。五至,以穀俱來。武王喜,諸大夫皆喜。周公曰:茂

---

117 〔西晉〕杜預集解,〔唐〕孔穎達正義,〔清〕阮元校刻:《春秋左傳正義》(臺北市:藝文印書館,1960年,影清嘉慶二十年〔1815〕南昌府學刊本),卷14,頁235。後文隨文標注卷頁。

118 〔魏〕何晏集解,〔宋〕邢昺疏,〔清〕阮元校刻:《論語注疏》(臺北市:藝文印書館,1960年,影清嘉慶二十年〔1815〕南昌府學刊本),卷18,頁164。後文隨文標注卷頁。

119 〔漢〕趙岐章句,舊題〔宋〕孫奭疏,〔清〕阮元校刻:《孟子注疏》(臺北市:藝文印書館,1960年,影清嘉慶二十年〔1815〕南昌府學刊本),卷2下,頁44。後文隨文標注卷頁。

哉茂哉！天之見此，以勸之也。恐恃之。（卷十〈太誓〉，頁129）

【鄭曰】五日，燎後日數。王屋，**王在**之舍上。流，猶變也。鵰，當為鴉。鴉，烏也。燎後五日而有火為烏，天報武王以此瑞。《書說》曰：「烏有孝名。」武王卒**父大業**，故烏瑞臻。赤，周之正。穀，記后稷之德。又《禮說》曰：「武王赤烏穀芒，應周尚赤用兵。」王命曰：為牟天意。若曰須**假**紂五年，乃可誅之。武王即位，此時已三季矣。穀，蓋牟麥也。《詩》曰：詒我來牟。

今案：經文「至于」至「俱來」及鄭注，皆出自《詩·周頌·思文》疏（卷19之2，頁721）。「王在之舍上」之「王」乃「所」字之誤。「武王卒父大業」衍一「大」字，轉與《史記·周本紀》集解同，《史記索隱》作「武王能終父業」（卷4，頁121）。「若曰須假紂五年」之「假」字，阮刻本作「暇」，無校勘記。而明嘉靖中（1522-1566）福建刊本、明崇禎十二年（1639）毛氏汲古閣本、清同治十年（1871）廣東書局重刊武英殿本皆作「假」。

（三）倒文

例三十三

夔曰：於！予擊石拊石，百獸率舞。（卷二〈皋陶謨〉，頁42）

【鄭曰】夔語舜云：磬有大小，予擊大石磬，拊小石磬，則感百獸相率而舞。言**聲音**之道與政通焉。

今案：李、孔、孫集、孫疏本皆作「音聲之道」，黃本與王同作

「聲音之道」，袁、張二本未收此句。[120]

　　哀公十四年《公羊傳》「有王者則至」，何休《解詁》引《尚書》曰：「簫韶九成，鳳皇來儀。擊石拊石，百獸率舞。」徐彥疏云：

> 〈咎繇謨〉之文也，……鄭氏又云「……擊石拊石，百獸率舞者，石，磬也；百獸，服不氏所養者。謂**音聲**之道與政通焉」。（卷28，頁356）

可知「音聲之道」，王、黃二本皆倒乙為「聲音之道」。

　　然而《禮記・樂記》即作「聲音之道，與政通矣」（卷37，頁663），《史記・樂書》（卷24，頁1181）、《說苑・修文》[121]、《國語・周語下》韋昭注與之同。[122]王鳴盛或許據此而誤。

　　其他分析詳見下文第三節第五「體例失審」例。

（四）譌文

例三十四

> 惟辟作福，惟辟作威，惟辟玉食。（卷十二〈洪範〉，頁152）
> 【鄭曰】此凡君抑臣之言也。作福，專爵賞也。作威，專刑罰也。玉食，備**珍異**也。

---

120 李本見2/11/354，孔本見1/12/454，孫集本見2/9/22，孫疏本見2/132；黃本見29/489；袁本見2/10/543，張本見1/23/406。

121 詳見〔漢〕劉向撰，向宗魯校證：《說苑校證》（北京市：中華書局，1987年），卷19，頁507。

122 徐元誥撰，王樹民、沈長雲點校：《國語集解》（北京市：中華書局，2002年），第3，頁112。案：此點由潘銘基老師指點、啟發，謹此致謝。

今案：此條鄭注王鳴盛自注出自「《公羊傳》十七卷成元年疏、《史記集解‧宋微子世家》」，不過《公羊注疏》（卷17，頁214）、《史記集解》（卷38，頁1616）皆作「備珍美」，據此可認為王氏作「珍異」乃是訛誤。又「專爵賞」，《公羊注疏》作「專慶賞」，此為異文，王氏當標明。

江、余、李、孔、張、黃、孫諸本皆作「珍美」，袁本作「珍異」，並考證云：「《公羊疏》『爵』作『慶』，『異』作『美』，無三『也』字。」孫集本僅於「爵」字下注云「《公羊疏》作『慶』」，而於「珍美」則無說明，且孫疏本已將「爵」改為「慶」字，但仍作「珍美」不變。[123]惠棟《後漢書補注》作「珍美」，亦作「慶」字。[124]

據袁氏所注，則其所見《公羊注疏》本作「珍異」。考阮刻本，此條無校勘記，核諸明嘉靖中（1522-1566）福建刊本、明崇禎十二年（1639）毛氏汲古閣本、清同治十年（1871）廣東書局重刊武英殿本亦無作「珍異」者。袁鈞《鄭氏佚書》乃其曾孫烺委族弟堯年校補寫定，事在光緒年間，所見資料當比乾嘉時豐富，不知是否有此作「珍異」本《公羊注疏》存在，或別有所據，姑存疑待考。

不過，王鳴盛於本條末云：「《漢書注》引韋昭說同也。」此當出自《經典釋文》，〈尚書音譯下‧洪範第六〉「玉食」：

> 張晏注《漢書》云：「玉食，珍食也。韋昭云：諸侯備珍異之食。」[125]

---

123 江本見5/495，余本見5/443，李本見6/4/372，孔本見4/4/462，張本見4/7/422，黃本見67/508，孫集本見6/5/41，孫疏本見12/308-309，袁本見6/4/564。

124 詳參〔清〕惠棟：《後漢書補注》，卷13〈楊震傳〉，頁578。

125 〔唐〕陸德明：《經典釋文》，卷4，頁178。

則王鳴盛改「備珍美」作「備珍異」當據此。[126]

例三十五

> 周公初基，作新大邑于東國洛，四方民大和會。（卷十五〈康
> 誥〉，頁174）
> 【鄭曰】此時未作新邑。基，謂謀也。岐鎬之域，處五岳之
> 外，周公謂其于政不均，故東行于洛邑，合諸矦謀，作天子之
> 居。四方民聞之，同心來會，樂即功作，効其力焉。是時周公
> 居攝四季，隆平已至。

今案：本條出自《周禮·地官·大司徒》疏（卷10，頁155），
「周公謂其于政不均」原作「周公為其於政不均」，「謂」字當是
「為」字之譌。〈春官·大司樂〉疏可證，作「周公為其於正不均」
（卷22，頁345），而「正」與「政」同。

四　修改失實

王鳴盛雖每條佚文皆注明出處，但其好事修改，又多不作說明，
轉而臆斷之處屢見不鮮。

（一）臆改

例三十六

> 大陸既作。（卷三〈禹貢〉，頁48）

---

126 案：此條受潘銘基老師指點，謹此致謝。

【鄭曰】大陸，澤名，在鉅鹿北。《爾雅・釋地》十藪，晉有大陸。

今案：兩條佚文，其中前一條「大陸，澤名，在鉅鹿北」，當出自《太平寰宇記・河北道八邢州》，云：「〈禹貢〉曰：大陸既作。鄭玄云：大陸，澤名，在鉅鹿北。」[127] 文本與《漢書・地理志》顏師古注相合，其云：

> 恒、衛，二水名。恒水出恒山，衛水在靈壽。**大陸，澤名，在鉅鹿北**。言恒、衛之水各從故道，大陸之澤已可耕作也。[128]

顏注或有所本。《左傳・定公元年》「而田於大陸焚焉」，杜預注：「〈禹貢〉大陸在鉅鹿北。」（卷54，頁941）亦相合。

此條尚見其他文獻：

> 鄭玄曰：「〈地理志〉恒水出恒山，衛水在靈壽，大陸澤在鉅鹿。」（《史記・夏本紀》集解，卷2，「大陸既為」，頁52）

> 《漢書・地理志》鉅鹿郡有鉅鹿縣，大陸澤在其北，〈禹貢〉注云「在鉅鹿」。《鄭志》答張逸云：鉅鹿，今名廣河澤。（《詩・周頌・般》疏，卷19之4，頁755）

---

127 〔宋〕樂史撰，王文楚等點校：《太平寰宇記》（北京市：中華書局，2007年），卷59，頁1211。

128 〔漢〕班固著，〔唐〕顏師古注：《漢書》（北京市：中華書局，1962年），卷28上，頁1525。

大陸澤，鄭玄云：在鉅鹿北。(《通典・州郡八・古冀州上》，
卷178，頁4691)

大陸澤在鉅鹿北，並非鄭玄個人獨見。具體內容相同的情況下，應當
更注重佚文形式。據《史記集解》，鄭玄引《漢書・地理志》文當
為：「鉅鹿，〈禹貢〉大陸澤在北。」(頁1575)「大陸，澤名，在鉅鹿
北」，雖與「大陸澤在鉅鹿北」意思近似，然《史記集解》、《毛詩
疏》無論在時代還是性質上都比《太平寰宇記》更為優先，王鳴盛無
疑捨近求遠。

　　「《爾雅・釋地》十藪，晉有大陸」，當出自《周禮・地官・大司
徒》疏：「〈禹貢〉云『大陸既作』，注：『大陸地者，《爾雅・釋地》
八藪，晉有大陸。』」(卷10，頁149) 王氏所引，「大陸地者」脫略，
而且將「八藪」改作「十藪」。今《爾雅・釋地》確有「十藪」：「魯
有大野，晉有大陸，秦有楊陓，宋有孟諸，楚有雲夢，吳、越之間有
具區，齊有海隅，燕有昭余祁，鄭有圃田，周有焦護。」[129]王氏當據
此改〈大司徒〉疏。

例三十七

嵎夷皮服。(卷三〈禹貢〉，頁49)
【鄭曰】嵎夷，東方之民，賦食海物者也。

129　〔晉〕郭璞注，〔宋〕邢昺疏，〔清〕阮元校刻：《爾雅注疏》(臺北市：藝文印書
　　館影清嘉慶二十年 (1815) 南昌府學刊本，1960年)，卷7，頁110-111。經文「十
　　藪」，阮元《校勘記》云：「《釋文》、唐石經、單疏本、雪牕本同。《周禮・澤虞》
　　注云《爾雅》有八藪』，賈公彥說，九州州各一藪，周、秦同在雍州；又除畿內
　　不數，故八。按今本作十，係淺人依數增加。」(頁111)《周禮・澤虞》之鄭注、
　　賈疏，見《周禮注疏》，卷9〈地官・司徒〉，頁144。

今案：「海物」，《尚書正義》引鄭玄云：

鳥夷，東方之民，搏食鳥獸者也。（卷6，頁79）

《史記集解》引鄭玄曰：

鳥夷，東（北）〔方〕之民（賦）〔搏〕食鳥獸者。（卷2，頁54）

兩處皆作「鳥獸」。〈禹貢〉青州「海物惟錯」，《史記・夏本紀》集解引鄭注：「海物，海魚也。魚種類尤雜。」（頁56）可知海物即海魚之類，而此處既言「皮服」，當非魚類，不知王鳴盛為何將「鳥獸」改作「海物」。

（二）濫補

例三十八

四罪而天下咸服。（卷一〈堯典〉，頁20-21）
【鄭曰】舜不刑此四人者，以為堯臣，不忍刑之。《左傳》：帝鴻氏不才子謂之渾敦，少皞氏不才子謂之窮奇，顓頊氏不才子謂之檮杌，縉雲氏不才子謂之饕餮。**驩兜為渾敦，共工為窮奇，鯀為檮杌，三苗為饕餮**。禹治水既畢，乃流四凶。**舜先舉禹，而後誅鯀。**

今案：「舜不」至「刑之」，見《尚書正義》（卷3，頁45）。「左傳」至「三苗為饕餮」，乃引申《尚書正義》之意，其云：

惟三苗之行，〈堯典〉無文。鄭玄具引《左傳》之文，乃云：

「命驩兜，舉共工。」則驩兜為渾敦也，共工為窮奇也，鯀為檮杌也，而三苗為饕餮亦可知。（卷3，頁42）

「鄭玄具引《左傳》之文」，蓋鄭所引詳見《左傳‧文公十八年》：

> 昔帝鴻氏有不才子，掩義隱賊，好行凶德，醜類惡物，頑囂不友，是與比周，天下之民謂之渾敦。少暤氏有不才子，毀信廢忠，崇飾惡言，靖譖庸回，服讒蒐慝，以誣盛德，天下之民謂之窮奇。顓頊〔氏〕有不才子，不可教訓，不知話言，告之則頑，舍之則囂，傲很明德，以亂天常，天下之民謂之檮杌。此三族也，世濟其凶，增其惡名，以至于堯，堯不能去。縉雲氏有不才子，貪于飲食，冒于貨賄，侵欲崇侈，不可盈厭，聚斂積實，不知紀極，不分孤寡，不恤窮匱，天下之民以比三凶，謂之饕餮。舜臣堯，賓于四門，流四凶族，渾敦、窮奇、檮杌、饕餮，投諸四裔，以禦螭魅。是以堯崩而天下如一，同心戴舜，以為天子，以其舉十六相，去四凶也。（卷20，頁354-355）

王鳴盛撮其旨意以補之：「帝鴻氏不才子謂之渾敦，少暤氏不才子謂之窮奇，顓頊氏不才子謂之檮杌，縉雲氏不才子謂之饕餮」，可也。不過「驩兜為渾敦，共工為窮奇，鯀為檮杌，三苗為饕餮」，卻是孔疏之文，與杜預注云渾敦「謂驩兜」，窮奇「謂共工」，檮杌「謂鯀」，相合。而「命驩兜，舉共工」為鄭注，卻未輯錄。這是王鳴盛疏失之處。

「禹治」至「誅鯀」，見《左傳‧襄公二十一年》疏及《尚書‧舜典》疏。《左傳正義》云：

僖三十三年《傳》曰：「舜之罪也殛鯀，其舉也興禹。」〈洪範〉云鯀則殛死，禹乃嗣興，皆言誅鯀乃舉禹，[130]而鄭玄注《尚書》以為「禹治水既畢，乃流四凶」。**言其先舉禹，而後誅鯀**。既違經傳之文，且復於理不當。故王肅難云……（卷34，頁592）

〈舜典〉疏云：「而鄭玄以為『禹治水事畢，乃流四凶』。故王肅難鄭言……」（卷3，頁42）二者相互照應。「既畢」，《尚書疏》作「事畢」。「言其先舉禹，而後誅鯀」，雖是鄭義，卻非鄭注，應是《左傳疏》引申之義，《尚書疏》亦只引「禹治水事畢，乃流四凶」兩句而已，王鳴盛增補失實。

五　體例失審

王鳴盛《尚書後案》雖然未明列凡例，不過前後尚稱一貫。然而《後案》以疏通鄭注為首要目的，在體例上與此後專門輯佚書相比，仍存在不盡人意之處。

（一）多條佚文混合，不明各自出處

一句經文可能會存在多條注文，而這些注文散佚於多種典籍之中。王鳴盛將同句經文之多條注文依次排列，而於注文之後方才統一列出佚文出處。雖詳明卷第，但仍難以釐清每條佚文之起訖及其具體出處。後世專門輯佚書，如孔、袁、孫、黃諸家，皆逐條注明出處，是為嚴謹。

以下僅舉〈堯典〉首條為例。

---

130 阮元《校勘記》：「閩本、監本、毛本『乃』作『而』。」

例三十九

日若稽古帝堯，日放勳。

【鄭曰】稽，同；古，天也。言堯能順天而行之，與之同功。《尚書疏》○《後漢書》六十三卷〈李固傳〉李賢注○《三國·魏志》四卷〈高貴鄉公紀〉。【馬曰】堯順考古道。放勳，堯名。《釋文》○〈魏志·高貴鄉公紀〉。【傳曰】若，順；稽，考也。能順考古道而行之者帝堯。勳，功，言堯放上世之功化。

今案：將本處佚文原出處羅列如下：

鄭玄信緯，訓稽為同，訓古為天；言能順天而行之，與之同功。（《尚書·堯典》疏，卷2，頁20）

稽，同也。古，天也。言能同天而行者帝堯。（《後漢書·李固傳》李賢注，卷63，頁2084）

稽古同天，言堯同于天也。（《三國志·魏志·高貴鄉公紀》，卷4，頁136）[131]

可見，王鳴盛依託《尚書疏》，又參合李賢注和《三國志》而成。雖然詳列出處卷第，卻很難從中得知《尚書疏》引文為何，《後漢書》

---

131 《史記·三王世家》：「朕承祖考，維稽古，建爾國家。」《索隱》：「諸先生解云：維者，度也。稽者，當也。言當順古道也。魏高貴鄉公云：稽，同也。古，天也。謂堯能同天。」蓋以《魏志》之言誤屬高貴鄉公。見《史記》，卷60，頁2112。

李賢注、〈高貴鄉公紀〉引文又如何。王鳴盛追求疏解鄭義，而忽略佚文原材料之重要性。

（二）佚文原始出處與後人再引混為一談

王鳴盛並未將佚文原始出處與後人再引分別開來，而是將兩者統統混入「出處」之中，其排列先後亦無序可循。其〈尚書後案采取鄭馬王注書目〉中宋、元人著作之所以占據大部分，與此體例有很大關係。

如以前文「刪重校異」中所舉「禋于六宗」為例。

例四十

禋于六宗。（卷一〈堯典〉，頁15）

【鄭曰】禋，煙也。取其氣達升報于陽也。六宗言禋，與祭天同名，則六者皆天神，謂星、辰、司中、司命、風伯、雨師也。星謂五緯也。辰謂日月所會十二次也。司中、司命，文昌第五、第四星也。風師，箕也。雨師，畢也。

今案：將王鳴盛所列鄭注之詳細出處單獨摘出，並編號如下：

一、《尚書疏》；二、林之奇《尚書全解》二卷；三、黃度《尚書說》一卷；四、胡士行《尚書詳解》一卷；五、《詩》十七之一卷〈大雅・生民〉疏；六、《周禮》十八卷〈春官・大宗伯〉疏；七、《禮記》十七卷〈月令〉疏；八、司馬彪《續漢書・祭祀志》劉昭注；九、杜佑《通典》四十四卷〈吉禮篇〉；十、李昉等《太平御覽》五百二十八卷〈禮儀部〉；十一、王應麟《玉海》一百二卷〈郊祀部・群祀門〉；十二、《小

學紺珠》一卷；十三、又九卷；十四、章俊卿《群書攷索》二
十五卷；十五、馬端臨《文獻通考》八十一卷；十六、羅泌
《路史餘論》五卷

共即十六條。其實彼條佚文基本出自《尚書疏》與《通典》兩種文
獻，再加上《詩·生民》疏、《周禮·大宗伯》疏、《禮記·月令》
疏、《續漢書·祭祀志》劉昭注四種異文，其他十種皆是宋人著作，
徒增炫飾而已。王氏晚年對此做法頗有反省，如前文所引其〈采集群
書引用古學〉云：「然逐條下但采其最在前之書名注于下，以明所
出，如此已足。若宋元人書，亦為羅列，徒以炫博，予甚悔之，而書
已行世，不及刪改。」（卷2，頁52）此點同樣反映出其治學務求廣
博，然過猶不及，反增累贅。

（三）自亂體例，前後不合

以上兩條，尚與《後案》本書之疏證性質有關，但王鳴盛仍有自
亂體例、疏於精審之處。

例四十一

夔曰：於！予擊石拊石，百獸率舞。（卷一〈堯典〉，頁26）
【鄭曰】石，磬也。百獸，服不氏所養者也。率舞，言音和
也。謂音聲之道與政通焉。《春秋公羊疏》二十八卷〈哀十四年〉
疏○《史記·五帝本紀》集解○羅苹《路史後紀注》十二卷。

夔曰：於！予擊石拊石，百獸率舞。（卷二〈皋陶謨〉，頁42）
【鄭曰】夔語舜云：磬有大小，予擊大石磬，拊小石磬，則感
百獸相率而舞。言聲音之道與政通焉。《周禮·大司樂》疏○哀

十四年《公羊傳》疏○王應麟《玉海》一百九卷〈音樂部·樂器門〉。

今案：此條經文兩見於〈堯典〉與〈皋陶謨〉。王鳴盛除「音聲之道與政通焉」一句外，其餘所輯並不相同。

《公羊傳·哀公十四年》「有王者則至」，何休《解詁》引《尚書》曰：「簫韶九成，鳳皇來儀。擊石拊石，百獸率舞。」徐彥疏云：

> 〈咎繇謨〉之文也，……鄭氏又云「……擊石拊石，百獸率舞者，石，磬也。百獸，服不氏所養者。謂音聲之道與政通焉」。（卷28，頁356）

何休所引為〈皋陶謨〉文，則徐彥疏所引鄭注亦當歸入〈皋陶謨〉篇。王鳴盛則僅將「石，磬也。百獸，服不氏所養者」收入〈堯典〉篇，於〈皋陶謨〉篇則未列。

《史記·五帝本紀》引：「夔曰：於！予擊石拊石，百獸率舞。」據《史記》所載，此為〈堯典〉文。《集解》引鄭玄曰：

> 百獸，服不氏所養者也。率舞，言音和也。（卷1，頁42）

「百獸，服不氏所養者也」，與徐彥疏所引〈堯典〉鄭注恰好相同。此句經文兩屬〈堯典〉與〈皋陶謨〉，且徐彥與裴駰所引注文恰好也兩屬之，如此則亦應兩屬方稱完備。

《周禮·春官·大司樂》鄭注：「《虞書》云：夔曰：戛擊鳴球……，《簫韶》九成，鳳皇來儀。夔又曰：於，予擊石拊石，百獸率舞，庶尹允諧。」則所引為〈皋陶謨〉文。賈疏：

《虞書》者，案古文在〈舜典〉，是舜祭宗廟之禮。案彼鄭
注：……云「夔又曰：於，予擊石拊石，百獸率舞」者，此於
下文別而言之，故云「又曰」。**夔語舜云：「磬有大小，予擊大
石磬，拊小石磬，則感百獸相率而舞。」**云「庶尹允諧」者，
庶，眾也。尹，正也。允，信也。言樂之所感，使眾正之官，
信得其諧和。（卷22，頁339）

賈公彥以為鄭玄所引《虞書》在孔傳本〈舜典〉，實際當是孔傳本
〈益稷〉，即今文之〈皋陶謨〉。

根據已知材料，此條經文之鄭注，〈堯典〉當取《史記·五帝本
紀》集解，作：「百獸，服不氏所養者也。率舞，言音和也。」〈皋陶
謨〉有兩則，一是《公羊傳·哀公十四年》徐疏：「石，磬也。百
獸，服不氏所養者。謂音聲之道與政通焉」，二是《周禮·春官·大
司樂》賈疏：「夔語舜云：磬有大小，予擊大石磬，拊小石磬，則感
百獸相率而舞。」王鳴盛於〈堯典〉篇多取《公羊傳》徐彥疏所引
「石，磬也。……謂音聲之道與政通焉」，於〈皋陶謨〉篇又少錄徐
彥疏所引「石，磬也。百獸，服不氏所養者」，則前後有失周密。

第四節　小結

以上分別從輯佚之方法與輯佚之缺失兩方面，論述王鳴盛在輯佚
《尚書》鄭注方面的得與失。受客觀條件限制，以及主觀能力等因
素，有得則必有失：雖盡力搜輯，但也有眼目未及之處；雖注重辨偽
校勘，但也有失考失校之例。如此種種，可推而得之。

《尚書後案》寫作歷時三十五年（1745-1779），王鳴盛對其成書
過程並沒有太多記載，但從同時代學者的輯佚活動可以大致瞭解王鳴

盛所處的學術環境。在《尚書後案》刊行前，王鳴盛可能參考的輯本
有三種：一是坊間王應麟輯本，二是余蕭客《古經解鉤沉》，三是江
聲《尚書集注》。[132]

　　坊間本較為神秘，其性質如何，尚待細考，不過已被余蕭客《尚
書》古注部分直接吸收。據余氏自述，大約在乾隆二十三年戊寅
（1758）九月，余蕭客始從事《鉤沉》輯佚工作；二十四年己卯
（1759）九月，大致搜集完成《周易》、《尚書》古注，同年十月作
〈前序〉。乾隆二十七年壬午（1762），全書二十九卷繕畢，又一卷為
〈序錄〉；同年，三十卷付梓。[133]王鳴盛有〈古經解鉤沉序〉一篇，
今收入《西莊始存稿》。而乾隆三十四年（1769），戴震也為余氏作
〈古經解鉤沈序〉謂：「吾友朱君文游以其友仲林之《古經解鉤沈》
若干卷，千里馳寄。前有天台齊宗伯、太倉王光祿二序，既為之導其
意，嘉其存古之功。」[134]可知王鳴盛成書前確曾見過余蕭客《古經解
鉤沉》。不過王鳴盛雖為之作序，但對余氏此書頗多不滿，其於〈采
集群書引用古學〉中反覆批評：

> 予既笑余蕭客之陋，又深悔己之未能免于陋，舉此一條為例，
> 戒集古者勿蹈此。……近人余蕭客遂據傳摭入《古經解鉤
> 沈》。書此以為好古而不知所擇者戒。……近日余蕭客輯漢人

132　筆者有專文〈鄭玄《尚書注》清代輯本成書考辨〉，此處僅涉及王鳴盛部分，故從略。

133　〔清〕余蕭客：《古經解鉤沉》，卷1上，頁35。江藩曾聞之余氏曰：「《鉤沉》一
　　書，漢、晉、唐三代經注之亡者，本欲盡采，因乾隆壬午四月得虛損症，危若朝
　　露，急欲成書，乃取舊稿錄成付梓，至今歉然。」見漆永祥箋釋《漢學師承記箋
　　釋》（上海市：上海古籍出版社，2006年），頁234。陳鴻森據此認為余氏《鉤沉》
　　初版於乾隆壬午。詳見氏著：〈余蕭客編年事輯〉，《中國經學》第10輯（桂林市：
　　廣西師範大學出版社，2012年），頁65-95。

134　〔清〕戴震著，趙玉新點校：《戴震文集》，卷10，頁145。

經注之亡者為《鉤沈》，有本係後人語妄攗入者，有本是漢注
反割棄者。書不可亂讀，必有識方可以有學，無識者觀書雖
多，仍不足以言學。（卷2，頁52-54）

矜氣好罵，這正是王鳴盛治學性格的短板。

　　江聲撰著《尚書集注音疏》的過程，詳細記錄在其兩篇自述中，
乾隆三十二年（1767）夏《尚書集注》十二卷成，主要取馬、鄭注及
《尚書大傳》、《五經異義》等，王肅注與偽孔傳「謹擇其不謬于經
者，間亦取焉」；乾隆三十八年（1773）五月，《尚書集注音疏》十二
卷成。不過，江氏無力刊刻，至乾隆五十八年（1793）方刻成全書，
期間又有修補，成《尚書補誼》及《尚書續補誼》。[135]王鳴盛與江聲
的學術關係較為特殊，兩人大體路數一致，而且又同時治理《尚書》
古注，王鳴盛曾「延聲至家，商訂疑義」，[136]並於自序中特別指出
「就正于有道江聲」。「就正」的具體細節，王、江二人都沒有提及，
但從王鳴盛的態度來看，應當是極為重視，曾說「江之學甚精，予多
從之」，[137]可見兩人當有深切交流。

　　洪博昇分析江、王詮釋鄭《注》說多符同，詳舉五例，認為「二
人在詮釋上，無論引證、行文順序及用字遣詞皆幾同，若非有共同商
討，甚至參考彼此著作的情形，實難以如此近似」。但並不認定為某
方剽竊，因為二人著述年代交錯，王鳴盛雖言「就正于有道江聲」，
但《集注音疏》刊刻晚於《後案》，也有可能是江氏取王氏之見。總
之二書是江、王共同商討之成果，「就目前所呈現的證據下，以及兩

---

135 〔清〕江聲：《尚書集注音疏》，卷末，頁689-690。

136 〔清〕孫星衍：〈江聲傳〉，《平津館文稿》（1924年上海博古齋景印清乾嘉間蘭陵
　　　孫氏刊本），卷下，頁36下。

137 《十七史商榷》，卷22，頁157。

人的交往情形、學術討論關係，認為兩人在《尚書》研究、成書經過，誠為緊密，無法孤立而觀。」[138]

從以上分析，王鳴盛輯佚鄭玄、馬融、王肅注，其方法雖受到惠棟的影響，其實踐也接受江聲的幫助，但總體而言是一個相對獨立而自主的學術工作。對《尚書》一經而言，其貢獻有四：一、搜古注之散亡，補史料之不足；二、正文獻之訛誤，明古學之淵流；三、辨古書之真偽，總前人之功業；四、彰《書》學之正途，昭來者以法則。

學者總結清人輯佚有七點不足：失略、失考、失校、失實、失詳、失序、失論。[139]實際上這些失誤極為常見，王鳴盛也在所難免，但其最大問題在於體例安排上，也就是將不同典籍所引鄭注糅合為一條，雖列明出處，但難以判斷每條佚文為何，其具體出處為何。此種處理方法雖便於閱讀，避免支離之感，但無法準確覆核原文，因此也是不嚴謹的。

---

138 洪博昇：〈江聲、王鳴盛之輯佚思維及其輯《尚書》鄭《注》之若干重要問題〉，《臺大中文學報》第45期（2014年6月），頁181-232。

139 曹書杰：《中國古籍輯佚學論稿》，頁209-212。

第四章

王鳴盛疏解鄭玄注研究

　　與單純的輯佚家不同，王鳴盛之《尚書》學不僅僅停留在輯佚層面，他的學術理想在於「發揮鄭氏康成一家之學」，而「發揮」之事便集中體現在對鄭注的疏證與鄭意的解釋上。

　　由於《尚書後案》以篇為卷，而每篇所存鄭注或多或少，因此王鳴盛所作疏解也有長有短。《尚書後案》收錄鄭注五四七條，依次為：〈禹貢〉一〇五條、〈堯典〉八十條、〈序〉五十條、〈皋陶謨〉四十三條、〈洪範〉四十三條、〈顧命〉（含〈康王之誥〉）三十條、〈金縢〉二十一條、〈盤庚〉十七條、〈洛誥〉十六條、〈無逸〉十三條、〈呂刑〉十三條、〈召誥〉十二條、〈君奭〉十二條、〈牧誓〉十一條、〈大誥〉九條、〈康誥〉九條、〈微子〉八條、〈酒誥〉八條、〈費誓〉八條、〈太誓〉七條、〈甘誓〉五條、〈多方〉五條、〈湯誓〉四條、〈梓材〉四條、〈多士〉三條、〈文侯之命〉三條、〈高宗肜日〉二條、〈西伯戡黎〉二條、〈立政〉二條、〈秦誓〉二條。可見篇卷之間差距較大，除〈序〉外，現存鄭注集中在〈堯典〉、〈皋陶謨〉、〈禹貢〉前三篇，以及〈洪範〉、〈顧命〉等幾篇中。

　　總結王鳴盛之疏解，可分為兩種，一種為普遍情況，如徵引典籍、名物訓詁、闕疑存異等，這類方法普遍存在於各個篇卷之中；另一種為特殊情況，即根據具體經注內容作特別疏解，如〈禹貢〉集中於山川地理方面、〈顧命〉集中於禮制方面，而〈堯典〉、〈洪範〉則在天文五行、卜筮災異方面較多。本章重點分析普通情況，而特殊層面則選取最為集中的地理方面。

第一節　群書古訓

　　王鳴盛雖以解釋鄭注為主，但如有必要，仍先辨別經字之是非原委，而於馬、王諸注，亦時加疏證。至於其「後案」，首要法則在於找尋文獻依據，印證鄭注，集中於先秦漢魏典籍；其次是疏通串講鄭意，乃至輾轉發明，曲折論證；最後是反駁異見，以馬注、王注、偽孔傳、孔疏諸說為主，亦或疏證之，不置可否。鄭注闕者，其體例詳見本章「闕疑」釋例。而徵引書證乃是王鳴盛疏解鄭注第一方法。

　　此試詳舉卷十一〈牧誓〉「王朝至于商郊牧野，乃誓」條，以見其例。

例一

　　經文大字頂格，經文後雙行小字引《釋文》，並加案語：

> 王朝至于商郊牧野，乃誓。【釋文曰】牧，如字，徐音茂。《說文》作「坶」字，林音母。○【案曰】此文鄭注《詩·大明》及《禮記·樂記》並引之。「牧」本作「坶」，《說文》卷十三下土部：「坶，朝歌南七十里地。《周書》：武王與紂戰于坶野。从土，母聲。莫六切。」許慎偁《書》孔氏，鄭與之合，確然可信。《玉篇》上土部第九：「坶，古文《尚書》作坶。」郭忠恕《汗簡》卷下之二同。此則皆據偽《書》，非真古文。至今本《毛詩》亦作「牧」，而《釋文》云：「坶，音牧，本又作牧。」疏云：「〈牧誓〉及〈書序〉皆作牧，《禮記》及此作坶，古字耳。」則知此字在唐初已諸本互異，古俗通行。其後不知何時又一槩俱改作「牧」也。（頁132）

以上主要考辨經文「牧」字本作「坶」，作「牧」乃後人所改。其主

要根據在《說文》，而《玉篇》、《汗簡》以為作「埒」者，乃偽古文
《尚書》。又據《毛詩疏》所引，以為《詩經》、《禮記》皆作「埒」，
是以定之。[1]

　　另起一行空一格大字正文引鄭注、孔傳、孔疏：

【鄭曰】郊外曰野。將戰于郊，故至牧野而誓。《尚書疏》。【傳
曰】紂近郊三十里地名牧。癸亥夜陳，甲子朝誓，將與紂戰。
【疏曰】《傳》言牧在近郊三十里，或當有據。皇甫謐云在朝
歌南七十里，不知出何書也。牧是郊地，戰在平野，故言野。
而鄭云「郊外曰野」，豈王行已至郊，乃復倒退適野，誓訖而
更進兵乎？何不然之甚也！〈武成〉云「癸亥夜陳，未畢
雨」，是癸亥夜已布陳，故甲子朝而誓眾，戒敕之。

依次排列鄭、馬、王佚注，而注文大字，出處為雙行小字；三家佚注
後為孔傳、孔疏，徵引孔疏也視情況而定，不一而足。

　　再起一行空一格為王鳴盛之「後案」，以「案曰」標明。若「案
曰」不足以盡意，則以「又案曰」補之。「案曰」、「又案曰」不論篇

1　王鳴盛所引《毛詩疏》有誤。《詩‧大明》「矢于牧野」，鄭箋：「殷盛合其兵眾，陳
　於商郊之牧野。」正義云：「〈牧誓〉云：『至于商郊牧野，乃誓。』〈書序〉注云：
　『牧野，紂南郊地名。』《禮記》及《詩》作『埒野』，古字耳。今本又不同。」
　（卷16之2，頁544）王鳴盛可能見其作「埒野」，與己所論不合，遂擅改之。段玉
　裁《說文解字注》云：「此〈書序〉文也。今〈書序〉紂作受，埒作牧。《詩‧大
　明》『矢于牧野』，正義引鄭〈書序〉注云：『牧野，紂南郊地名。《禮記》及《詩》
　作埒野，古字耳。』此鄭所見《詩》、《禮記》作埒，〈書序〉祇作牧也。許所據
　〈序〉則作埒。蓋所傳有不同。埒作埒者，字之增改也。每亦母聲也。」見是書
　（上海市：上海古籍出版社，1981年，據經韻樓本整理影印），13篇下土部，頁
　683。王、段二人於《毛詩疏》引鄭玄〈書序〉注之起訖各有不同，故理解亦殊。
　大致，「埒」與「埒」同，「埒」非偽古文《尚書》專有，作偽者據《詩》、《禮記》
　改用「埒」字亦有可能。王鳴盛太過尊信《說文》。

幅長短，皆不分段落。為便論說，以下將此條案語劃分三段。

【案曰】鄭云「郊外曰野」者，〈釋地〉：「邑外謂之郊，郊外謂之牧，牧外謂之野。」今鄭乃云云，蓋鄭意以經「坶」字，今文作「牧」，若全引〈釋地〉之文，恐與「坶」字相涉嫌，坶亦是地遠近之稱，故略之也。且《毛詩‧駉》傳云「郊外曰野」，與鄭合。〈釋地〉疏云：「以細別言之，則郊外牧，牧外野；若大判而言，則野者，郊外通名。故《周禮》六遂在遠郊外。〈遂人職〉云『凡治野田』，是郊外總稱野也。」

又杜子春注〈載師〉云：「五十里為近郊，百里為遠郊。」鄭注〈君陳序〉略同。朝歌，紂都。坶在朝歌南七十里，是在遠郊之內，近郊之外。「王至于商郊坶野」，是既進百里之遠郊，而至七十里之坶野。鄭云「郊外曰野」者，謂近郊之外；云「將戰于郊」者，統謂近郊、遠郊之間，即坶野也。

偽傳強以商郊、牧野為一，妄言三十里，距國都何如此之近？《詩‧大明》云「牧野洋洋」，傳云：「洋洋，廣也。」箋云：「言戰地寬廣，不用權詐也。」疏云：「〈少儀〉曰『軍旅思險，隱精以虞』，是設權必依險阻，故寬廣之地不用權詐。」若距國都三十里，安得此寬廣戰地？疏力護偽傳，又誤會鄭意而強駁之，大謬。當以《說文》「朝歌南七十里」得之。鄭注〈序〉「牧野，紂南郊地」，亦與《說文》合。司馬彪《續漢志》亦云「朝歌南也」。皇甫謐云牧在朝歌南七十里，此本《說文》是也。而疏云不知何出，是不知坶、牧古今字通故也。抑偽傳實出謐手，此又互異，恐是故為參差，掩其跡耳？

首段明鄭注依據，為《爾雅・釋地》及《毛傳》，並以《爾雅疏》解釋鄭注與〈釋地〉文雖不同，實則一致。次段疏通鄭意，主要分別「近郊」與「遠郊」，以為鄭注兩言之「郊」，實有不同，而「牧」地之遠近取《說文》「朝歌南七十里」為準。末段反駁偽傳、孔疏之謬，牧野不當在近郊三十里，申明鄭注與《說文》合；尾注則進而推測皇甫謐說同《說文》，乃掩其作偽傳之跡。

所謂法則，乃是指邏輯在先，具體施行並非可以條條落實。不過不論何種處理方法，徵引群籍仍是最基本要求。本書已分析其「廣搜博取」之輯佚特質，而在疏證方面，也同樣如此。王鳴盛卷前〈尚書後案采取鄭馬王注書目〉所列一三一種文獻，僅僅是其用於輯佚三家注的典籍，而具體疏解所用材料並未標明，下章對其引用清人之說作單獨考述，本節則基於鄭學之特色以及清代經學之發展，擬從以下五個方面展開考察王鳴盛對鄭義的理解。

一　據「周漢經師」之古訓

王鳴盛引用古書、古訓疏通鄭義，極為常見。值得注意的是王鳴盛引據古訓時，常以「古義」或「舊說」之名（「古義」使用頻率較高），暗示鄭玄所注得來有自，並非自我作古。王鳴盛好言「周漢經師」、「漢經師」、「古經師」等，其所謂「古義」（「舊說」），大約意指周漢之古訓、古義，其意蓋是：「古義」、「舊說」即為「經師」相傳，鄭玄注乃本諸於此。

例二

〈堯典〉：「納于大麓，烈風雷雨弗迷。」《釋文》引馬融、鄭玄皆曰：「麓，山足也。」《北堂書鈔》引王肅曰：「麓，錄也。堯納舜

于尊顯之官，使大錄天下萬機之政，任之，事無不統，自『慎徽五
典』以下是也。」王鳴盛案曰：

> 鄭、馬云「麓，山足也」者，《說文》卷六上林部云：「林屬于
> 山為麓。」是山足也。《史記》云：「堯使舜入山林川澤，暴風
> 雷雨，舜行不迷。」此司馬遷從安國問故而得者，與鄭、馬
> 合。（卷1，頁12-13）

此處引《說文》、《史記》為據，由年代先後與聯繫遠近來看，理應
《史記》在前，《說文》在後。但王鳴盛尊許、鄭之學，經義本鄭
玄，文字宗許慎，若《說文》有言，必先引之為證，此即其例也。
《說文》「林屬于山為麓」，其實出自《穀梁傳》僖公十四年文，王氏
未能深考，或不煩再引。《史記》所述，乃翻譯《尚書》之語，王鳴
盛認為此乃司馬遷從孔安國問學而得到的確解，與馬融、鄭玄所傳的
古文學系統相合。他又反駁王肅之說，云：

> 王充《論衡》卷二十八〈正說〉篇引此經，并引說曰：「言大
> 麓，三公之位也。居一公之位，大總錄二公之事。眾多垃吉，
> 若疾風大雨。」此所引即當日博士之說。王肅號為傳古文，乃
> 取今文家說，以與鄭立異。《傳》出王肅，故同其說，其實非
> 也。

王鳴盛引王充《論衡》為據，其實桓譚《新論·求輔第三》已云：
「昔堯試舜于大麓。麓者，乃領錄天下之事，如今之尚書官矣。宜得

大賢智，乃可使處議持平焉。」[2]陳喬樅考定此乃今文夏侯氏之說。
王充所云為當時博士之說，亦為屬實。不過言「王肅號為傳古文，乃
取今文家說，以與鄭立異」，確並非如此。陳喬樅亦考證馬、鄭
「麓，山足也」，乃古文家援引今文歐陽氏之說，而成為古文家所持
之說。[3]

　　經古文學後起於今文學，東漢後期漸漸合流，兩學說之交互影
響，棄此從彼，實難詳考。今日審核，「言大麓，三公之位也」之
解，附會時政色彩非常濃厚，不如「麓，山足也」更近《尚書》本
義。且漢魏之間，此解亦較常見，除所引《史記》、《說文》外，尚有
諸多書證。伏生《尚書大傳》：「納之大麓之野，烈風雷雨不迷。」
《詩・大雅・旱麓》：「瞻彼旱麓。」《毛傳》：「麓，山足也。」劉安
《淮南子・泰族訓》：「既入大麓，烈風雷雨而不迷。」高誘注：「林
屬於山曰麓。」劉向《列女傳・母儀傳・有虞二妃》：「既納于百揆，
賓于四門，選于林木，入于大麓。」王充《論衡・吉驗》：「使入大麓
之野，虎狼不搏，虺蛇不噬；逢烈風疾雨，行不迷惑。」《國語・周
語下》：「瞻彼旱麓。」韋昭注：「山足曰麓。」應劭《風俗通義・山
澤・麓》：「《尚書》：堯禪舜，『納于大麓。』麓，林屬於山者也。《春
秋》：『沙麓崩。』《傳》曰：『麓者，山足也。』《詩》云：『瞻彼旱
麓。』《易》稱：『即鹿無虞，以從禽也。』」皆是其證。

　　《易・屯》：「即鹿無虞。」《釋文》引王肅云：「麓，山足也。」
宋羅泌《路史・發揮五・大麓說》引〈虞夏傳〉及鄭注云：

2　此條《中論》佚文出《續漢・百官志》注、《北堂書鈔》五十九、《藝文類聚》四十
　　八、《御覽》二百十二。收入〔清〕嚴可均校輯：《全上古三代秦漢三國六朝文》
　　（北京市：中華書局，1985年），《全後漢文》卷13，頁538。
3　〔清〕陳喬樅：《今文尚書經說考》，《續修四庫全書》經部第49冊影清同治年間
　　《左海續集》本，卷1上，頁95-96。

〈虞夏傳〉曰：「堯推尊舜，屬諸侯，致天下於大麓之野。」
應邵以謂麓者，林之大也。故康成云：「山足曰麓。麓者，錄
也。古者天子命大事，命諸侯，則為壇國之外，堯聚諸侯，命
舜陟位，居攝，致天下之事，使大錄之。」[4]

《路史》所引為鄭玄《尚書大傳注》。不過兩說在漢代皆有通行則信
矣。蓋隨文求義，各有所取焉。

例三

〈堯典〉：「益，汝作朕虞。」《尚書正義》引鄭注：「言朕虞，重
鳥獸草木。」（卷3，頁46）王鳴盛云：「鄭意以朕虞為官名，疏謂其
本於王莽立予虞之官，不可信。然《史記》亦云『于是以益為朕
虞』，是鄭說本古義也。」（卷1，頁24）不信孔疏，而引《史記》。

例四

〈禹貢〉：「冀州既載。」《尚書正義》引馬、鄭注曰：「冀州不書
其界者，時帝都之，使若廣大然。」（卷6，頁79）王鳴盛云：「云
『不書其界者，時帝都之，使若廣大然』者，據疏引此，以為馬與鄭
同，此必周漢經師相承古義也。」（卷3，頁44）馬融與鄭玄同，則認
為必是「周漢經師相承古義」。

例五

〈湯誓〉：「曰：時日曷喪，予及汝皆亡。」《尚書正義》引鄭
注：「桀見民欲叛，乃自比于日曰：『是日何嘗喪乎？日若喪亡，我與

4　〔宋〕羅泌：《路史》，《四庫全書》第383冊景印文淵閣本，卷36，頁532。

汝亦皆喪凶。』引不凶之徵，以脅恐下民也。」（卷8，頁109）王鳴盛引伏生《大傳》、劉向《新序》（同《韓詩外傳》）、《呂氏春秋》等為之證，桀乃自比於日。《孟子》引此經而云「民欲與之偕凶」，趙岐注：「時，是也。日，乙卯日也。害，大也。言桀為無道，百姓皆欲與湯共伐之。湯臨士眾，誓，言是日桀當大喪凶，我與汝俱往凶之。」乃與鄭不合。王鳴盛曰：「岐，漢之俗儒，不合古義，不可從也。」（卷5，頁107）「古義」即指所引伏生《大傳》等之義。趙岐雖是漢儒，仍不免於譏諷。焦循《孟子正義》云：

> 趙氏以此為湯諭民之言，以予及汝偕亡，為我及汝俱往亡之。則我為湯自我，汝謂民，乃《書》文於此下云：「夏德若茲，今朕必往。」語為重沓矣。《孟子》引《詩》稱文王之德，全在「而民勸樂之」。引《書》言桀之失德，全在「民欲與之皆亡」。若作湯諭民往亡桀之辭，無以見桀之失德矣。趙氏之旨，既殊《孟子》，亦違伏、鄭，未知所本。[5]

則與王鳴盛之意相合。[6]

例六

〈太誓〉：「至于五日，有火自上復于下，至于王屋，流之為鵰。」《史記·周本紀》集解引鄭注：「鵰當為鴉。鴉，烏也。」鄭並引《書說》：「烏有孝名。」王鳴盛引王充《論衡·指瑞》、〈講瑞〉、

5 〔清〕焦循著，沈文倬點校：《孟子正義》（北京市：中華書局，1987年），卷2，頁49。

6 案：何志華老師提醒，《孟子》所引與《尚書》不同，其意指或有異。檢核諸書，難以統一異見，姑存疑待考。

〈初稟〉諸篇以證之，云：「充所引乃漢經師相傳舊說，皆與鄭相發也。」（卷10，頁129）

二　據今文說

陳澧曾云「江、王、段、孫四家之書善矣，既有四家之書，則可刪合為一書」，皮錫瑞認為四家皆未盡善，其中評價王氏云：「王鳴盛《尚書後案》，主鄭氏一家之學，是為專門之書，專主鄭，故不甚采今文，且間駁伏生（如解司徒、司馬、司空之類），亦未盡善。」[7]皮錫瑞治《尚書》以伏生《尚書大傳》為本，故在評價清人著述時，也以是否尊信伏生為標準。而王鳴盛專主鄭氏一家，在師法層面，兩者並無不同。

皮錫瑞所謂「專主鄭，故不甚采今文」，則並不準確。鄭玄本即有《尚書大傳注》（見《後漢書》本傳，兩《唐志》載三卷），其《書》學有源於伏生之處，鄭玄從今文，王鳴盛也當從之。但皮錫瑞對於王鳴盛「間駁伏生」也無法理解，並認為「鄭君之於伏書，亦猶注禮箋詩，雜糅今古，而非篤守伏書者矣」。[8]而王鳴盛在《尚書後案》中並沒有對今文家說摒棄不用，除大量引用伏生《大傳》外，也有用董仲舒《春秋繁露》例，而這兩種在當時都被視為緯書，《四庫全書總目》云：「如伏生《尚書大傳》、董仲舒《春秋陰陽》，核其文體，即是緯書。」[9]

以下略舉一引董氏例，其餘則詳細分析所用伏生《大傳》例。

7　〔清〕皮錫瑞：〈論治尚書當先看孫星衍尚書今古文注疏、陳喬樅今文尚書經說考〉，《經學通論》（北京市：中華書局，1954年），頁103。

8　〔清〕皮錫瑞：〈論伏生所傳今文不偽、治尚書者不可背伏生大傳最初之義〉，《經學通論》，頁57。

9　〔清〕永瑢等：《四庫全書總目》，卷6，頁47。

例七

〈洪範〉:「言曰從。」《尚書正義》引鄭注:「恭、明、聰、睿,行之於我身,其從則是彼人從我,以與上下違者,我是而彼從,亦我所為不乖刺也。」(卷12,頁170)王鳴盛引《左傳》文公十四年「其詞順」,《論語》「言不順」,知言有順義。又引《禮記・孔子閒居》「氣志既從」,鄭彼注云:「從,順也。」則「從」有「順」訓。為何鄭玄在此〈洪範〉不訓為「順」呢?王鳴盛云:「鄭非不知,而于此必為此解者。《春秋繁露》卷十四〈五行五事〉篇全引此經,而釋之云:『從者,可從。』則與馬、鄭合,是先漢古義,不可改也。」(卷12,頁143)王鳴盛認為鄭玄之所沒有解「從」為「順」,乃是據《春秋繁露》,是書所載與馬融、鄭玄相合,王鳴盛因此認為是先漢古義,鄭玄沿而用之。

(一)鄭玄本用伏生義,王鳴盛疏證之

陳品卿統計鄭注引《尚書大傳》,分三類別之,今略依其法,而損益之。

1 明言所出而引其文者

陳品卿此類有兩條,一為〈洪範〉「二、五事:一曰貌,二曰言,三曰視,四曰聽,五曰思」,一為逸文〈說命〉「三年不言」。逸文不在本書論述範圍,而〈洪範〉本條鄭注,王鳴盛並未輯入《大傳》,陳氏所據為張海鵬本。[10]

---

10 見陳品卿:《尚書鄭氏學》(臺北市:嘉新水泥公司文化基金會,1977年),頁174、475。

例八

王若曰：孟侯，朕其弟，小子封。（卷十五〈康誥〉，頁175-176）[11]

【鄭曰】王若曰，總告諸侯。依〈略說〉，太子十八為孟侯，呼成王也。

【案曰】鄭以為「總告諸侯」者，上敘作洛和會之事，諸侯咸在，故誥雖為康叔作，亦總告諸侯也。以孟侯為呼成王者，成王即位季十三，至是六季，十八矣。十八為孟侯，此伏生《書傳・略說》義也。彼文云：「天子太子，十八曰孟侯，孟侯者，四方諸侯來朝，迎于郊。」見《周禮・秋官・大行人》疏。伏生《書傳》，秦火以前先師遺義，故鄭用之。

今案：「太子十八為孟侯」，鄭注明言本諸伏生《大傳・略說》，王鳴盛則復引之以見其本義。且王鳴盛認為「伏生《書傳》，秦火以前先師遺義」，尊崇之義顯然。

例九

胤之舞衣、大貝、鼖鼓，在西房。（卷二十五〈顧命〉，頁246-247）[12]

---

11 陳品卿以為此條鄭注為「未明言所出而據其文者」之屬（頁476）。蓋其鄭注用江聲本：「孟，迎也。孟侯呼成王也。時成王年十八。」與王鳴盛所輯不同。而袁、李、孔、張、黃、孫集、孫疏諸本皆存「依〈略說〉」，與王鳴盛所輯大致不殊。此條鄭注出於《尚書正義》，其云：「此指命康叔為之，而鄭以揔告諸侯，依〈略說〉以太子十八為孟侯，而呼成王。」（卷14，頁201）即使「依〈略說〉」云云非鄭注實際所引，也當為鄭注所本，姑依袁氏等所定，歸於此類。

12 陳品卿此條納入「經文大傳互用例」節之「據大傳釋經文」（頁524），與前「引書例」實際相合，而陳氏選擇各不相同，體例稍有可議之處。

【鄭曰】大貝者，《書傳》曰「散宜生之江淮之浦，取大貝如車渠」是也。鼖鼓，大鼓也。此鼖非謂《考工記》鼖鼓長八尺者，若是周物，何須獨寶守，明前代之物，與周鼖鼓同名耳。

【案曰】鄭引《書傳》云云者，伏生《書大傳》也。彼文云：「西伯既戡者，紂囚之牖里。散宜生遂之犬戎氏，取美馬駁身朱鬣雞目者；之西海之濱，取白狐青翰；之於陵氏，取怪獸，大不辟虎狼，尾倍其身，名曰虞；之有參氏，取美女；之江淮之浦，取大貝，大如車渠。陳于紂之庭。紂出見之，還而觀之，遂遣西伯伐崇。」是其事也。

今案：鄭玄引《書傳》以釋「大貝」，王鳴盛則全引其說，以補足之。

2　未明言所出而據其文者

例十

欽四鄰。（卷二〈皋陶謨〉，頁36）

【鄭曰】四近，謂左輔、右弼、前疑、後承。

【案曰】鄭云「四近，謂左輔、右弼、前疑、後承」者，《禮記・文王世子》疏引《尚書大傳》曰：「古者天子必有四鄰，前曰疑，後曰丞，左曰輔，右曰弼。天子有問無以對，責之疑；可志而不志，責之丞；可正而不正，責之輔；可揚而不揚，責之弼。其爵視卿，其祿視次國之君。」是也。

今案：「四鄰」之義，鄭玄當本諸伏生，僅前、後、左、右順序有所不同而已。王鳴盛直接引用《大傳》以釋之，並以「是也」案斷，其餘則不置一詞。

例十一

夔曰：戛擊鳴球、搏拊、琴、瑟，以詠。（卷二〈皋陶謨〉，頁41）

【鄭曰】……搏拊，以韋為之，裝之以糠，形如小鼓，所以節樂。以詠者，謂歌詩也。

【案曰】……鄭又云「搏拊，以韋為之，裝之以糠，形如小鼓，所以節樂」者，〈樂記〉云「治亂以相」，鄭注：「相即拊也。」「裝之以糠」，糠一名相，因以名焉。〈明堂位〉云「拊搏」，鄭注「以韋為之，充以糠，形如小鼓」是也。伏生《大傳》云：「古者帝王升歌，清廟之樂，以韋為鼓，謂之搏拊。」鄭注：「搏拊者，象其德寬和。」鄭以此節皆堂上之樂，今云「升歌」，是搏拊亦在堂上也。此物似非貴重，而亦在堂上，豈以其象德寬和，且可節樂與！

今案：鄭注「搏拊」，義出伏生《大傳》，王鳴盛引以見其承襲。又以《大傳》「升歌」義，兩釋鄭玄《大傳注》「象其德寬和」及《尚書注》「所以節樂」之義。

例十二

殷始咎周。（卷三十〈書序・西伯戡黎〉，頁290-291）

【鄭曰】咎，惡也。紂聞文王斷虞、芮之訟，後又三伐皆勝，始畏而惡之，拘于羑里。

周人乘黎。【釋文曰】黎，力兮反。《尚書大傳》作「耆」。

【鄭曰】乘，勝也。紂得散宜生等所獻寶而釋文王，文王釋而伐黎，明季伐崇。

【傳曰】乘，勝也。所以見惡。

【疏曰】以其勝黎，所以見惡。釋其見惡之由。鄭云云，據《書傳》為說。伏生《書傳》云：「文王受命，一季斷虞、芮之質，二季伐邘，三季伐密須，四季伐犬夷，五季伐耆，六季伐崇，七季而崩。」耆即黎也。乘黎之前，始言惡周，故鄭以伐邘、伐密須、伐犬夷，三伐皆勝，始畏惡之。

【案曰】鄭云「紂得散宜生獻寶」云云者，事出《大傳》，詳見〈顧命〉。《傳》以乘黎在咎周之前，〈序〉為追述所以咎周之故，而言乘黎，與鄭異，其說非是。疏雖曲護傳，翫此疏，鄭是《傳》非自見也。《史記·殷本紀》乃以文王先為崇侯所譖，囚于羑里，閎夭之徒獻美女奇怪物，得釋，然後斷虞、芮訟，而受命稱王。明季伐犬戎，明季伐密須，又明季乃敗耆國，祖伊以告。又明季伐邘，又明年伐崇，又明季而崩。其敘事先後之次，多與鄭注乖異。鄭據伏生《書大傳》，《書傳》是先秦古書，必係孔門七十子相傳舊說，故鄭用之。其敘伐崇事為最在後，則諸家與鄭竝合也。《周頌·維清》箋云：「文王受命，七季五伐。」故于此注以伐崇終言之。

今案：此處辨別「咎周」與「乘黎」之先後問題。偽傳與〈書序〉同，以為周人勝黎，殷始咎周。而鄭玄本諸伏生《大傳》，以為殷始咎周在周人勝黎之前，其「始咎」原因在於文王「三伐皆勝」（伐邘、伐密須、伐犬夷），由此「始畏而惡之，拘于羑里」。而《史記》與《大傳》不合，王鳴盛尊信鄭注取用《大傳》，以為其「先秦古書，必係孔門七十子相傳舊說」故也。[13]

---

13 皮錫瑞尊信《史記》所引今文〈書序〉，參其〈論書序有今古文之異、史記所引書

3 未明言所出而據其義者

例十三

> 曰：時日曷喪，予及汝皆亡。（卷五〈湯誓〉，頁107）
>
> 【鄭曰】桀見民欲叛，乃自比于日，曰：「是日何嘗喪乎？日若喪亡，我與汝亦皆喪亡。」引不亡之徵，以脅恐下民也。
>
> 【案曰】鄭云「桀見民欲叛，乃自比于日」云云者，伏生《大傳》云：「夏人飲酒，醉者持不醉者，不醉者持醉者，相和而歌曰：『盍歸于亳？盍歸于亳？亳亦大矣。』故伊尹退而閒居，深聽樂聲，更曰：『覺兮較兮，吾大命假兮。去不善而就善，何樂兮。』伊尹入告于王曰：『大命之去有日矣。』王僷然嘆，啞然笑曰：『天之有日，猶吾之有民也。日亡則吾亦亡矣。』是以伊尹遂去夏適湯。」鄭于彼文注云：「亳，湯之都也。是時伊尹仕桀，桀自比于天，言常在也；比于日，言去復來也。」是其事也。

今案：鄭玄用《大傳》義釋《尚書》，王鳴盛則全引《尚書大傳》以補足故事，以見二者之同。

例十四

> 八，庶徵。曰雨，曰暘，曰燠，曰寒，曰風。（卷十二〈洪範〉，頁155-156）
>
> 【鄭曰】雨，木氣也，春始施生，故木氣為雨。暘，金氣也，秋物成而堅，故金氣為暘。燠，火氣也。寒，水氣也。風，土

序皆今文可據信〉、〈論馬鄭偽孔古文書序不盡可據信、致為後人所疑、當以史記今文序為斷〉。見氏著：《經學通論》，頁76-80。

氣也。凡氣非風不行，猶金、木、水、火，非土不處，故土氣
為風。

【案曰】鄭云「雨木氣」云云者，疏謂鄭用《五行傳》說。
《五行傳》出伏生，其實是孔門七十子以來相承古義，故鄭據
之也。

今案：鄭注出自《詩·小雅·漸漸之石》疏，認為雨屬木氣，暘
屬金氣，燠屬火氣，寒屬水氣，風屬土氣。《尚書正義》引《五行
傳》，又云：「如彼《五行傳》言，是雨屬木，暘屬金，燠屬火，寒屬
水，風屬土。鄭用《五行傳》為說，孔意亦當然也。」孔疏強調鄭玄
乃據伏生《洪範五行傳》，故王鳴盛引之，並云「《五行傳》出伏生，
其實是孔門七十子以來相承古義，故鄭據之也」，認為伏《傳》所載
乃古義，所以鄭玄才據之解經。

又《禮記·月令》疏引鄭注〈洪範〉：「中央土氣為風，東方木氣
為雨。」（卷14，頁290）與此相合，輯佚者將之歸為〈洪範〉「星有
好風，星有好雨」條。不過，董仲舒《春秋繁露》與鄭玄之說有所不
同，〈五行五事第六十四〉云：

> ……風者，木之氣也，其音角也，故應之以暴風。……霹靂
> 者，金氣也，其音商也，故應之以霹靂。……電者，火氣也，
> 其音徵也，故應之以電。……雨者，水氣也，其音羽也，故應
> 之以暴雨。……雷者，土之氣也，其音宮也，故應之以雷。[14]

鄭玄以雨為木氣，董仲舒以雨為水氣；鄭玄以風為土氣，董仲舒以風

14　〔漢〕董仲舒著，蘇輿義證，鍾哲點校：《春秋繁露義證》（北京市：中華書局，
　　1992年），頁387-389。

為木氣。但董仲舒所云風、霹靂、電、雨、雷，與〈洪範〉所云「庶徵」雨、暘、燠、寒、風已有不同，或各有所指。[15]

例十五

曰咎徵。曰狂，恒雨若。（卷十二〈洪範〉，頁156-157）

【鄭曰】狂，倨慢也。恒，常也。若，順也。五事不得則咎氣順之。

【案曰】鄭云「狂，倨慢也」者，《五行傳》曰：「不肅。厥咎狂，厥罰恒雨。」鄭彼注云：「君臣不敬，則倨慢如狂矣。貌曰木，木主春，春氣生，生氣失，則踰其節，故恒雨也。」是也。……

今案：《尚書正義》云：「鄭玄以狂為倨慢，以對不敬，故為慢也。」（卷12，頁177）故輯鄭注作「狂，倨慢也」。王鳴盛引《五行傳》及鄭玄注佐證，出自《後漢書志・五行一》，其引《五行傳》不準確，原作：「貌之不恭，是謂不肅。厥咎狂，厥罰恒雨，厥極惡。」劉昭注引鄭玄《尚書大傳注》：「鄭玄曰：肅，敬也。君貌不恭，則是不能敬其事也。君臣不敬，則倨慢如狂。」[16]故鄭玄以注《大傳》之意注《尚書》。

例十六

曰豫，恒燠若。（卷十二〈洪範〉，頁157）

【鄭曰】舒，舉遲也。言人君舉事太舒，則有常燠之咎氣來順之。

---

15 案：此條經何志華老師指點、啟發，謹此致謝。

16 《後漢書志》，卷13，頁3265。

【案曰】鄭云「舒，舉遲也」云云者，《五行傳》曰：「不悊，厥咎荼，厥罰常燠」，鄭彼注云：「君視不瞭則荼緩矣。視曰火，火主夏，夏氣長，長氣失，故恒燠也。」鄭以豫作舒，荼與舒通，〈釋言〉云「舒，緩也」，緩有遲義，故云「舉，遲也」。王云云，義同也。

　　今案：鄭玄佚注見《尚書正義》及《公羊注疏》，其中《尚書正義》云：「鄭、王本豫作舒，鄭云舉遲也。」（卷12，頁177）則鄭本經文作「曰舒」。《後漢書志‧五行二》引《五行傳》曰：「視之不明，是謂不悊。厥咎舒，厥罰常燠，厥極疾。」劉昭注引鄭玄《大傳注》：「視，瞭也。君視不明，則是不能瞭其事也。君臣不瞭則舒緩矣。視曰火，火主夏。夏氣長，長氣失，故常燠。」[17]故鄭玄以注《大傳》之意注《尚書》。

例十七

　　日急，恒寒若。（卷十二〈洪範〉，頁157）
　　【鄭曰】急促自用也。
　　【案曰】鄭及傳云云者，《五行傳》曰：「不謀，厥咎急，厥罰恒寒」，鄭彼注云：「君臣不謀則急矣。聽曰水，水主冬，冬氣藏，藏氣失，政促迫，故常寒也。」

　　今案：鄭注見《尚書正義》（卷12，頁177）。
　　《後漢書志‧五行三》引《五行傳》曰：「聽之不聰，是謂不謀。厥咎急，厥罰恒寒，厥極貧。」劉昭注引鄭玄《大傳注》：「君臣

17　《後漢書志》，卷14，頁3291。

不謀則急矣。聽曰水，水主冬，冬氣藏，藏氣失，故常寒。」[18]故鄭玄以注《大傳》之意注《尚書》。

例十八

周公初基，作新大邑于東國洛，四方民大和會。（卷十五〈康誥〉，頁174）

【鄭曰】此時未作新邑。基謂謀也。⋯⋯是時周公居攝四季，隆平已至。

【案曰】鄭以基為謀者，〈釋詁〉文也。⋯⋯鄭必以基為謀者，《大傳》營洛在攝政五季，此是攝政四季，猶未營洛，故但為謀也。知四季者，攝政四季建矦衛，即此下矦、甸、男邦、采、衛，是故知四季也。

矦、甸、男邦、采、衛，百工播民和，見士于周。（卷十五〈康誥〉，頁174-175）

【鄭曰】不見要服者，以遠于役事而恒闕焉。

【疏曰】⋯⋯《書傳》云：「示之以力役，其民猶至，況導之以禮樂乎？」是也。

【案曰】疏引《書傳》云云者，伏生《大傳》云：「周公將作禮樂，優游之，三季不能作。君子恥其言而不見從，恥其行而不見隨。將大作，恐天下莫我知。將小作，恐不能揚父祖功業德澤，然後營洛以觀天下之心。于是四方諸矦率其群黨，各攻位于其庭。周公曰：『示之以力役，且猶至，況導之以禮樂乎？』然後敢作禮樂。《書》曰：『作新邑于東國洛，四方民大

---

18 《後漢書志》，卷15，頁3305。

和會。』此之謂也。」觀此則知此時合諸矦以觀其心，始謀營洛而猶未營，是四季事，非七季。上節疏曲附偽孔，反譏鄭不詞，妄也。

今案：以上兩條皆用伏生《大傳》，見《毛詩正義》（卷19之1，頁703）。《尚書正義》批評鄭玄：「鄭以為此時未作新邑，而以基為謀，大不辭矣。」（卷14，頁200）王鳴盛引《大傳》，補足周公謀營洛前之事，認為周公此時「始謀營洛而猶未營」。

例十九

惟二月既望，越六日乙未。（卷十八〈召誥〉，頁192）

【鄭曰】是時周公居攝五年。

【案曰】鄭以此篇為居攝五年事者，伏生《大傳》云：「周公居攝五年營成周。」〈召誥〉正是營成周事，故鄭以為居攝五年是本諸伏生也。《史記・魯世家》作七年，劉歆《三統曆》以〈召誥〉、〈洛誥〉為一年內事，〈洛誥〉是七年致政時事，故亦以〈召誥〉為七年，孔傳從之。然伏生《大傳》乃秦火以前之書，其說原于七十子，故鄭從之。《史記》襍采群書，劉歆恐亦出揣測，皆不如伏生為可信。《漢書》五十八卷〈公孫宏傳〉「周公旦治天下，幕年而變，三年而化，五年而定。」明營成周，不必待七年也。

今案：本條鄭注見《周禮・地官・大司徒》疏（卷10，頁155）。《隋書・李德林傳》引《大傳》：「周公攝政，一年救亂，二年克殷，三年踐奄，四年建侯衛，五年營成周，六年制禮作樂，七年致政成

王。」[19]經營成周，《史記》、劉歆皆以為在周公居攝七年，鄭玄認為
在居攝五年，乃用伏生《大傳》之義。王鳴盛認為，伏生《大傳》在
秦火之前，其說源出於七十子，較為可信，故鄭玄從之。

（二）鄭玄未用伏生義，王鳴盛引以為據

例二十

> 暨稷，播奏庶艱食鮮食。（卷二〈皋陶謨〉，頁32）
>
> 【鄭曰】禹復與稷教民種澤物，菜蔬難厄之食。授以水之眾鱺
> 食，謂魚鱉也。
>
> 【案曰】鄭以「艱食」為「菜蔬難厄之食」者，古以菜食為艱
> 食，《白虎通》引伏生《大傳》云：「神農種粲、疏。」粲即穀
> 字。疏，古蔬字。《說文》無蔬。穀、蔬，上古已兼種。鄭以此
> 艱食獨為蔬者，是時水患未平，故先食鳥獸菜蔬魚鱉，至播種
> 百穀，意則于下「烝民乃粒」句見之。鄭注是也。馬作根，以
> 艱為根，見劉熙《釋名》卷四〈釋言語〉篇，亦見〈唐扶
> 頌〉，是古有此訓，其義不如鄭密也。

今案：王鳴盛引伏生《大傳》，以為上古時已兼種穀、蔬，而鄭
此處獨取「蔬」義，「穀」義乃於下「烝民乃粒」句。

例二十一

> 帝曰：廸朕德，時乃功惟敘。皋陶方祗厥敘，方施象刑，惟
> 明。（卷二〈皋陶謨〉，頁40）
>
> 【鄭曰】歸美于二臣。

---

19 《隋書》，卷42，頁1195。

【案曰】鄭云「歸美于二臣」者，《大傳》云：「昔舜左禹而右
咎繇，不下席而天下治。」《孟子》亦以禹、皋陶並稱，故舜
歸美二臣也。

今案：鄭注出自《尚書正義》，並未言及伏《傳》。孔傳認為「皋
陶方祗厥敘，方施象刑，惟明」此句並非帝舜之語，故云「史因禹
功，重美之」，王鳴盛引《尚書大傳》反駁之，並具體解釋舜如何歸
美於禹、皋陶二臣，故以伏《傳》釋鄭注。

例二十二

寧王遺我大寶龜，紹天明，即命。（卷十四〈大誥〉，頁169-
170）

【鄭曰】受命曰寧王，承平曰平王。時既卜乃後出誥，故先
云然。

【案曰】鄭又云「時既卜乃後出誥，故先云然」者，《大傳・
大誥傳》云：「周公先謀于同姓，同姓從然後謀于朋友，朋友
從然後謀于天下，天下從然後加之者龜。是以聖人謀義，不謀
不義，故謀必成。卜義，不卜不義，故卜必吉。以義擊不義，
故戰必勝。是以聖人謀則吉，戰則勝。」此正鄭所謂「既卜乃
後出誥」也。

今案：王鳴盛所引《尚書大傳》出自《太平御覽》。[20]經義為：文

---

20 《尚書大傳》曰：「周公先謀於同姓。同姓從，然後謀於朋友。朋友從，然後謀於
　　天下。天下從，然後加之著龜。是以君子聖人謀義，不謀不義，故謀必成。卜義，
　　不卜不義，故卜必吉。以義擊不義，故戰必勝。是以君子聖人，謀則成，戰則
　　勝。」見《太平御覽・人事部九十一・權謀下》，卷450，頁2069。

王留給我們的大寶龜，用來卜問天命。鄭玄云「既卜乃後出誥」，王鳴盛引《尚書大傳》證明周公「卜義」之事。

例二十三

天降威，知我國有疵。（卷十四〈大誥〉，頁170）

【鄭曰】知我國有疵病之瑕。

【案曰】鄭云「知我國有疵病之瑕」者，天降威于我國，使我主少國危，骨肉自相讒賊。是推言殷所以敢紀其緒之由，故知疵是疵病之瑕也。伏生《大傳》云：「奄君謂祿父曰：『武王既死矣，今王尚幼矣，周公見疑矣，此百世之時也，請舉事。』」正所謂知周有疵而欲叛也。

惟五月丁亥，王來自奄，至于宗周。（卷二十三〈多士〉，頁225）

【鄭曰】奄國在淮夷之旁，周公居攝之時亦叛。王與周公征之，三季滅之，自此而來歸。

【案曰】云「周公居攝時亦叛」者，〈金縢序〉云「三監及淮夷叛」，鄭彼注云：「三監，管叔、蔡叔、霍叔三人，為武庚監于殷國者也。前流言于國：公將不利于成王。周公還攝政，懼誅，因遂其惡，開導淮夷，與之俱叛。」是不言奄叛，而此言奄亦叛者。《大傳》言管叔、蔡叔流言于國，「奄君謂祿父曰：武王既死矣，今王尚幼矣，周公見疑矣，此百世之時也，請舉事。」又《詩·破斧》云：「周公東征，四國是皇。」《毛傳》云：「四國，管、蔡、商、奄也。」是奄與管、蔡、武庚俱叛者也。云「王與周公征之，三季滅之，自此而來歸」者，《詩·東山·序》云：「周公東征三季而歸。」《大傳》云：

「周公攝政，三季踐奄。」故云「三季滅之，自此而來歸」
也。

今案：以上兩條，王鳴盛皆引伏生《大傳》補足乃祿父叛亂之
事。《大傳》見《毛詩正義》。[21]

（三）鄭注不存者，王鳴盛以伏生義為準

例二十四

乃汝其悉自教工。【案曰】教，據《大傳》當作學。（卷十九〈洛
誥〉，頁202）

【王曰】此其盡自教百官，謂正身以先之。《尚書疏》。【傳曰】
乃汝新即政，其當盡自教眾官，躬化之。

【案曰】伏生《大傳》：「《書》曰：『乃汝其悉自學功。』悉，
盡也。學，效也。《傳》曰：『當其效功也，于卜洛邑，營成
周，改正朔，立宗廟，序祭祀，易犧牲，制禮作樂，一統天
下，合和四海而致諸侯，皆莫不依紳端冕以奉祭祀者。其下莫
不自悉以奉其上者，莫不自悉以奉其祭祀者。』此之謂也。盡
其天下諸侯之志，而效天下諸侯之功也。」此經上言「記功
宗」、「視功載」，且〈康誥〉言「侯、甸、男、采、衛，播民
和，見士于周」，則使天下諸矦盡效功。正此時情事。所引
《傳》，伏生據未焚書以前傳記，蓋七十子緒言，自為可信。
王及傳非也。

---

21 《書傳》曰：「使管叔、蔡叔監祿父，武王死，成王幼，管、蔡疑周公而流言。奄
　君蒲姑謂祿父曰：武王既死矣，成王尚幼矣，周公見疑矣，此百世之時也，請舉
　事。」見《毛詩正義》，卷2之1，頁72。

今案：鄭注不存，王鳴盛引伏生《大傳》以補足故事。且據《大傳》異文，以為「教工」當作「學功」。《大傳》引某佚《傳》，王鳴盛以為當是「七十子緒言」，而以之為準。

例二十五

察辭于差，非從惟從。（卷二十七〈呂刑〉，頁275-276）

【傳曰】察囚辭，其難在于差錯，非從其偽辭，惟從其本情。

【案曰】傳云云者，辭多差錯，而情惟一實。《大傳》云：「聽獄者，或從其情，或從其辭。」是從有從辭、從情二義。此文又見《孔叢子》，以為孔子說此經之言，而其下又多「辭不可從，必斷以情」二句，是也。《尉繚子‧將理》篇第九云：「善審囚之情，不待箠楚，而囚之情可畢矣。笞人之背，灼人之脅，束人之指，而訊囚之情，雖國士有不勝其酷而自誣矣。」是亦言察辭不如察情之義也。

今案：此條引《大傳》釋聽獄「察辭不如察情之義」，亦證偽孔。

例二十六

無或私家于獄之兩辭，獄貨非寶，惟府辜功，報以庶尤。（卷二十七〈呂刑〉，頁276）

【案曰】《大傳》云：「獄貨非可寶也，寶之者不能行其法者也。貪人之寶，受人之財，未有不受命以矯其上者也。」是說此經「獄貨非寶」之義也。

今案：此條無鄭注，王鳴盛引《大傳》釋經文「獄貨非寶」義。

（四）王鳴盛引《大傳》存逸文

例二十七

今我既羞告爾于朕志，若否，罔有弗欽。無總于貨寶，生生自庸。式敷民德，永肩一心。（卷六〈盤庚〉，頁119）

【案曰】伏生《大傳》引〈盤庚〉曰：「湯任父言卑應言。」見王應麟《困學紀聞》。今〈盤庚〉無此文。

今案：伏生《大傳》存〈盤庚〉逸文，不見於今傳〈盤庚〉，王鳴盛引之於篇末。

例二十八

周公曰：嗚呼！嗣王其監于茲。（卷二十一〈無逸〉，頁218）

【案曰】伏生《大傳》引〈無佚〉曰：「厥兆天子爵。」《白虎通》卷上〈爵〉篇云：元大德九年劉世常刻本，有張指、嚴度〈序〉。「天子者，爵稱也。爵所以稱天子者何？王者父天母地，為天之子也。帝王德有優劣，俱稱天子者何？以其俱命于天，王治五千里內也。」其下亦引《書‧無逸》云云為證。其意蓋言天子亦在頒爵五等內，以見必當有德以居位之義。今〈無逸〉無此文，不可得而詳矣。

今案：《白虎通》引《書》，王鳴盛以為當為〈無逸〉逸文。

陳壽祺〈尚書大傳辨譌〉云：「《尚書大傳》南宋時已多佚脫，今坊間盛行盧氏雅雨堂本，譌漏不可勝舉，如……『厥兆天子爵』，乃

《尚書》逸篇文，見《白虎通·爵》篇，而誤入〈毋逸傳〉。」[22]《尚書大傳》四卷補遺一卷，盧氏見曾雅雨堂乾隆二十一年刻本，王鳴盛亦當參考此本。《白虎通》引：「《書·亡逸》篇曰：厥兆天子爵。」陳立《疏證》云：「小字本、元本俱無『亡』字，『亡』字當是衍文。」又云：「亡者，并其文字盡亡之也。逸者，但逸其說也。然則此所引逸篇，當是孔壁之古文也。董豐垣輯《書大傳》，以此句收入〈無佚〉篇，蓋未考耳。且〈無佚〉，《周書》，《白虎通》引以證帝亦稱天子，其非《周書》可知。」[23]可知此句雖為《尚書》逸文，但並非為〈無逸〉逸文。

（五）王鳴盛引《大傳》存異文

例二十九

> 今蠢，今翼日，民獻有十夫，予翼以于敉寧武圖功。（卷十四〈大誥〉，頁170）
> 【案曰】「民獻有十夫」，《大傳》作「民儀有十夫」。〈翟義傳〉云：「民獻儀九萬夫。」孟康曰：「民之表儀，謂賢者。」疑古文「獻」下有「儀」字，然鄭《論語注》曰：「獻猶賢也。」則無「儀」字于義已足。

今案：《大傳》有異文，「獻」作「儀」，又因王莽〈大誥〉「民獻儀九萬夫」而疑古文「獻」下有「儀」字，最後又據鄭玄《論語注》認同無「儀」字。段玉裁以為〈翟義傳〉所引王莽〈大誥〉「獻」字乃

---

22 附載於〔清〕陳壽祺輯校：《尚書大傳》，《四部叢刊初編》（上海涵芬樓藏《左海文集》本）。

23 〔清〕陳立撰，吳則虞點校：《白虎通疏證》（北京市：中華書局，1994年），卷1，頁5。

後人增加，云：「今本《漢書》作『民獻儀』者，蓋或箋記『獻』字於『儀』字之旁，轉寫又沾入正文耳。」[24]《周禮・春官・司尊彝》「獻酌」，鄭司農云：「獻讀為儀。儀酌，有威儀多也。」是其證也。

例三十

哀敬折獄，明啟刑書，胥占，咸庶中正。其刑其罰，其審克之。（卷二十七〈呂刑〉，頁276）

【案曰】《大傳》引此經作「哀矜哲獄」，且引孔子說此經之義云：「聽訟，雖得其指，必哀矜之。死者不可復生，斷者不可復續也。」此承上「非從其辭，惟從其情」而言，正所謂「如得其情，哀矜勿喜」者。敬當作矜，哲是折之假借字，然亦當以彼為正也。

今案：「哀敬折獄」，王鳴盛引《大傳》作「哀矜哲獄」。王引之云：「上文『哀敬折獄』，《困學紀聞》卷二引《尚書大傳》作『哀矜哲獄』，哲亦折之借字。」[25]王先謙云：「『哀敬折獄』者，『敬』當為『矜』，偽孔本作『敬』非。」[26]與王鳴盛說同。

正如皮錫瑞所論，《尚書大傳》為現存解說《尚書》時代最早之作，王鳴盛雖宗鄭氏，而鄭氏本有源出伏生者，二學時或相通，終未棄之。唯學術發展非一蹴而就之事，皮氏批評王鳴盛不盡用伏生義，且不論伏氏說本有可商榷之處，即王鳴盛之時，《尚書》學第一要義

---

24 〔清〕段玉裁：《周禮漢讀考》，《續修四庫全書》經部第80冊影清嘉慶刻本，卷3，頁298。

25 〔清〕王引之：《經義述聞》（南京市：江蘇古籍出版社，2000年，影清道光七年〔1827〕王氏京師刻本），卷4〈尚書下・哲人惟刑〉條，頁105。

26 〔清〕王先謙撰，何晉點校：《尚書孔傳參正》（北京市：中華書局，2011年），卷31，頁956。

亦並非伏氏學（今文經學）。然而王鳴盛徵引《尚書大傳》處甚夥，
凡與鄭注不合者，方加駁斥，此易理解，故未盡述之。

三 據緯書

緯以配經，是種特殊的解經文獻，與傾向於徵驗的讖常合稱為讖
緯、圖讖等，於漢代盛極一時。鄭玄〈戒子書〉言：「博稽六藝，粗
覽傳記，時睹祕書緯術之奧。」《禮記‧檀弓下》疏載：

> 《易說》者，鄭引云《易緯》也。凡鄭云「說」者，皆緯候
> 也。時禁緯候，故轉緯為說也。故《鄭志》張逸問《禮注》
> 曰：「《書說》，《書說》何書也？答曰：《尚書緯》也。當為注
> 時，時在文網中，嫌引祕書，故諸所牽圖讖皆謂之說。」[27]

緯書不僅進入鄭玄的研讀範圍，而且引之以解經，鄭玄又為諸緯作
注，因此在「鄭學」系統中，緯書同樣占據特殊的地位。不過，東漢
以後，緯書被排斥於「正統」經學之外，鄭玄以緯釋經也未得到後世
普遍認可。王肅駁鄭，其中鮮明一點便是反對讖緯解經。這種意見延
續深遠，南朝許懋云：「鄭玄有參、柴之風，不能推尋正經，專信緯
候之書，斯為謬矣。」[28]唐代孔穎達、北宋歐陽修、南宋王應麟，都
有類似不當以緯亂「正」經的批評。

王鳴盛治鄭學，在此方面並不諱言，將之視為鄭玄《尚書》學之
本色，今略分兩類以見之。

---

27 《禮記正義》，卷10，頁193。
28 〔唐〕姚思廉：《梁書》（北京市：中華書局，1973年），卷40，頁577。

（一）鄭玄引緯書，王鳴盛疏釋之

例三十一

> 孔子撰書，乃尊而命之曰《尚書》。尚者，上也。蓋言若天書
> 然。（卷三十〈鄭康成書贊〉，頁303）
>
> 【案曰】鄭云「孔子尊而命之曰《尚書》」者，《尚書緯璇璣
> 鈐》云：「因而謂之書，加尚以尊之。」《墨子‧明鬼》篇云：
> 「尚書《夏書》，其次商周之《書》。」則「尚」字為孔子所加
> 也。……又云「若天書然」者，如「河出圖、洛出書」是也。

今案：王鳴盛所輯鄭氏〈書贊〉出自《經典釋文》。〈尚書序〉
孔疏：

> 王肅曰：「上所言，史所書，故曰《尚書》。」鄭氏云：「尚
> 者，上也，尊而重之，若天書然，故曰《尚書》。」二家以
> 「尚」與「書」相將，則上名不正出於伏生。鄭玄依《書
> 緯》，以「尚」字是孔子所加，故〈書贊〉曰：「孔子乃尊而命
> 之曰《尚書》。」《璇璣鈐》云：「因而謂之《書》，加尚以尊
> 之。」又曰：「《書》務以天言之。」鄭玄溺於《書緯》之說，
> 何有人言而須繫之於天乎？（卷1，頁10）

則可知鄭玄此意出自《尚書緯璇璣鈐》。鄭玄同樣用來注〈堯典〉首
句「曰若稽古帝堯，曰放勳」，《尚書正義》云：

> 鄭玄信緯，訓「稽」為同，訓「古」為天，言能順天而行之，
> 與之同功。（卷2，頁20）

所謂「鄭玄信緯」也是指《璿璣鈐》,「稽古同天,言堯同于天也」(《三國志·高貴鄉公紀》),與〈書贊〉所謂「尚者,上也。蓋言若天書然」涵義相同,而且《藝文類聚》引《尚書璇璣鈐》曰:「《尚書》篇題號,尚者,上也。上天垂文,象布節度。書也,如天行也。」[29]《史通》引作:「尚者,上也。上天垂文,象布節度,如天行也。」[30]這是鄭玄解釋的依據。不過王鳴盛在此處並未言及緯書,而是特別強調「訓稽為同,訓古為天」的訓詁依據(卷1,頁4),這主要是為反駁孔疏,其云:「《書》為世教,當因之人事,以人繫天,於義無取,且古之為天,經無此訓。」

例三十二

> 月之從星,則以風雨。(卷十二〈洪範〉,頁159)
>
> 【鄭曰】《春秋緯》云:「月離于箕,則風揚沙。」不言日者,日之從星,不可見故也。
>
> 【案曰】鄭引緯以證月從箕多風,傳引《詩》以證從畢多雨,說已詳上文。

今案:前段經文為:「庶民惟星,星有好風,星有好雨。日月之行,則有冬有夏。」鄭玄引《春秋緯》,出自《尚書正義》:「《詩》云:『月離于畢,俾滂沱矣。』是離畢則多雨,其文見於經。經箕則多風,傳記無其事。鄭玄引《春秋緯》云:『月離於箕,則風揚沙。』作緯在孔君之後,以前必有此說,孔依用之也。」(卷12,頁178)月

---

29 〔唐〕歐陽詢撰,汪紹楹校:《藝文類聚》(上海市:上海古籍出版社,1982年),卷55,頁983。

30 〔唐〕劉知幾著,〔清〕浦起龍釋:《史通通釋》(上海市:上海古籍出版社,1978年),卷1〈內篇·六家第一〉,頁2。

離畢多雨，見於《詩・小雅・漸漸之石》；而月離箕多風，則未見經傳記載。鄭玄引《春秋緯》為證，孔穎達認為孔傳也當依用之。

例三十三

王出郊，天乃雨，反風，禾則盡起。（卷十三〈金縢〉，頁167）

【鄭曰】《易傳》云：陽感天，不旋日。陽謂天子也，天子行善以感天，不同旋經日。

【案曰】鄭引《易傳》云云者，《易稽覽圖》、《中孚傳》文也。《後漢書・周舉傳》舉對策引《易傳》云云，李賢注以為《稽覽圖》；又〈郎顗傳〉，顗條便宜，亦引此以為《易中孚傳》。

今案：鄭注出自《尚書・金縢》疏，其云：「鄭玄引《易傳》云：陽感天，不旋日。陽謂天子也，天子行善以感天，不迴旋經日。故郊之，是得反風也。」（卷13，頁189）「陽謂天子也」一句不確定是孔疏抑或鄭注，不過鄭玄明確引用《易傳》。王鳴盛考證此句，一出自《後漢書・郎顗傳》：「《易中孚傳》曰：陽感天，不旋日。」[31]一出自《後漢書・周舉傳》：「《易傳》曰：陽感天，不旋日。」李賢注：「《易稽覽圖》之文也。解具〈郎顗傳〉也。」[32]所以王鳴盛兩存之：「鄭引《易傳》云云者，《易稽覽圖》、《中孚傳》文也。」

31　《後漢書》，卷36下，頁1058。
32　《後漢書》，卷61，頁2026。

（二）鄭玄未引緯書，王鳴盛引用之

例三十四

〈堯典〉：「受終于文祖。」《史記・五帝本紀》集解引鄭注：「文祖者，五府之大名，猶周之明堂。」王鳴盛引《尚書帝命驗》為說（出司馬貞《索隱》、張守節《正義》，頁22），云：「鄭謂文祖即明堂，此古義也。馬以文祖為天，即感生之義，與鄭合也。」（卷1，頁13）乃指緯書《尚書帝命驗》。

例三十五

〈堯典〉：「修五禮、五玉、三帛、二生、一死贄。」《史記・五帝本紀》集解引鄭注：「帛，所以薦玉也。必三者，高陽氏後用赤繒，高辛氏後用黑繒，其餘諸侯皆用白繒。」（卷1，頁27）《公羊傳・隱公八年》孔疏所引與此類同。王鳴盛推鄭玄之意，認為黃帝以十三月為正，尚黑；少昊氏、堯以十二月為正，尚白；高陽氏以十一月為正，尚赤；繼之以高辛氏尚黑、堯尚白、舜尚赤。王鳴盛又以《春秋緯元命包》、《樂緯稽耀嘉》為證，舜之後，夏尚黑、殷尚白、周尚赤，故總結云「鄭說見《公羊傳正義》及《史記集解》，所述三正之色，最為有據。」（卷1，頁17）

例三十六

〈洛誥〉：「在十有二月，惟周公誕保文武受命，惟七年。」《毛詩・大雅・文王》序疏引鄭注：「文王得赤雀，武王俯取白魚，皆七年。」（卷16之1，頁531）。王鳴盛引《中候我應》「季秋之月甲子，赤雀銜丹書入酆，止於昌戶，再拜稽首受」，認為「文王得赤雀」乃鄭玄據此文作注；而云「皆七季崩」者，王鳴盛引《大傳》「文王受

命七季而崩」,「謂受赤雀銜書之命也」(卷19,頁208)。知其以《中候》、《大傳》為鄭注注腳。

四　據班固〈地理志〉

王鳴盛云:「〈禹貢〉山水見前〈志〉者,或言古文,則是孔安國所得孔壁真古文說;或言〈禹貢〉,或言禹,則是周漢相承舊訓。即不言古文,亦不言〈禹貢〉,但稱某縣有某山某縣某水出,要亦目驗而知,的確可信。」(卷3,頁53)對於班固《漢書・地理志》言〈禹貢〉的地方便是指此類。

例三十七

〈禹貢〉:「彭蠡既豬。」《史記・夏本紀》集解引鄭注:「〈地理志〉,彭蠡澤在豫章彭澤縣西。南方謂都為豬。」王鳴盛云:「鄭引〈地理志〉『彭蠡澤在豫章彭澤縣西』者,前、續二〈志〉皆同,而前〈志〉冠以〈禹貢〉,此古義也。」(卷3,頁60)

例三十八

〈禹貢〉:「岷嶓既藝。」《史記・夏本紀》集解引鄭注:「〈地理志〉,岷山在蜀郡湔氐道,嶓冢山在漢陽西。」王鳴盛云:「鄭于此注,亦但舉西縣之嶓冢者,《漢志》既專于西縣言嶓冢,并冠以〈禹貢〉,則必古經師相承舊說,鄭據古義,故云然也。」(卷3,頁71)

例三十九

〈禹貢〉:「導岍及岐,至于荊山,逾于河。」《尚書正義》引鄭注:「四列:導岍為陰列,西傾為次陰列,嶓冢為次陽列,岷山為正陽

列。〈地理志〉，岍在右扶風。」王鳴盛引《史記・天官書》、《漢書・天文志》，並云：「鄭注與《史》、《漢》合，此古義也。」（卷3，頁80）

例四十

〈禹貢〉：「東出于陶丘北，又東至于菏。」《史記・夏本紀》集解引鄭注：「〈地理志〉，陶丘在沇陰定陶西北。」王鳴盛云：「鄭引〈地志〉云云者，《漢志》沇陰郡定陶縣，『〈禹貢〉陶丘在西南陶丘亭』。系以〈禹貢〉，此古義也。」（卷3，頁97）

五　據東漢以後之材料

有些引證材料，晚出自鄭玄之後，王鳴盛仍據以為說。

例四十一

〈禹貢〉：「浮于濟、漯，達于河。」《史記・夏本紀》集解引鄭注：「〈地理志〉云：濕水出東郡武陽。」王鳴盛引孟康云：「『灉，分也。二渠其一出貝丘西南南折者』，即河之經流也。『其一則漯川也。河自王莽時遂空，惟用漯耳。』」王鳴盛又引酈道元、應劭，云：「孟康言未可泥。要之，孟康言河徙惟用漯，雖似小誤，其以禹灉二渠，一為漯川，則與〈地理志〉及鄭注合，此周漢古義不可改也。……今日求禹跡，誠有難者，自應以鄭注、《漢志》為正。」（頁53-54）孟康黃初中（西元220-226年）任散騎侍郎，正始中（約西元240-249年），出為弘農太守，領典農校尉。嘉平末（約西元254年），從渤海太守徵入為中書令，後轉為監。[33]其言為酈道元《水經注》所引。

---

33 詳見〔晉〕陳壽著，〔南朝宋〕裴松之注：《三國志》，卷16〈魏書・杜恕傳〉，頁506。

例四十二

　　〈洪範〉:「九,五福。一曰壽,二曰富,三曰康寧,四曰攸好德,五曰考終命。」《尚書正義》引鄭注:「此數本諸其尤者。福是人之所欲,以尤欲者為先。極是人之所惡,以尤所不欲者為先。」(卷12,頁179)「極」乃指下文「六極」而言。王鳴盛認為:「壽、富等皆兼天下臣民而言,不專指君身。王肅專指人君,非也。」隨後引徐幹《中論・夭壽》第十四篇:「壽有三:有王澤之壽,有聲聞之壽,有行仁之壽。《詩》云『其德不爽,壽考不忘』,此聲聞之壽也。孔子曰『仁者壽』,此行仁之壽也。《書》曰『五福,一曰壽』,此王澤之壽也。」[34]王鳴盛云:「觀此則福、極通天下言,與鄭合,此古義也。」(卷12,頁160)徐幹為「建安七子」之一,建安初年,曹嵩(曹操之父)召授司空軍謀祭酒掾屬,又轉五官中郎將文學。[35]

第二節　語義詮釋

　　王鳴盛《尚書後案》逐條疏通鄭注,又隨文注解經義,在體式上大致屬於傳統的注疏體。周大璞將注疏的內容分為十一類:一解釋詞義、二串講文意、三分析句讀、四校勘文字、五闡述語法、六說明修辭手段、七詮解成語典故、八考證古音古義、九敘事考史、十記述山川、十一發凡起例,並概括為釋義與敘事兩大類,且因前者較多,而

34　今案:《中論》原「《書》曰『五福,一曰壽』,此王澤之壽也」在「《詩》云」之前,見〔三國〕徐幹撰,孫啟治解詁:《中論解詁》(北京市:中華書局,2014年),頁271。

35　詳見〔晉〕陳壽著,〔南朝宋〕裴松之注:《三國志》,卷21〈魏書・徐幹傳〉,頁599。

將注疏歸入研究語義為主的訓詁學中。[36]郭在貽認為:「訓詁的中心內容是釋詞,因此所謂訓詁的方法,主要就是釋詞的方法」,[37]並分為八種方法:一據古訓、二破假借、三辨字形、四考異文、五通語法、六審文例、七因聲求義、八探求語源。其中援據古訓一法已歸入上節徵引群書古訓部分,本節則隱括前人條例,重點從以下五個方面分析王鳴盛詮釋鄭注之法。

一 破讀假借

假借分造字之假借與用字之假借兩種,鄭玄注經,屬於用字之假借,以下主要在此分析幾例王鳴盛對鄭玄用字假借的疏解。

例四十三

〈堯典〉:「方命圮族。」鄭注:「方讀為放,謂放棄教命。」《釋文》云:「方,馬如字,鄭、王音放。」孔傳:「圮,毀;族,類也。言鯀性狠戾,好此方名,命而行事,輒毀敗善類。」王鳴盛云:「鄭云云者,《說文》四下放部:『逐也。从攴,方聲。』遂有棄義。放既從方得聲,則方亦可通放也。」(卷1,頁11)馬、鄭、王皆讀為「放」,《漢書·傅喜傳》(卷82,頁3381)、〈朱博傳〉(卷83,頁3408)等亦皆作「放命」可證。

唯《史記》作「負命」(卷1,頁20;卷2,頁50),戴震認為「方、負一聲之轉」。[38]楊筠如《尚書覈詁》認為:「放猶廢也。《詩》

---

36 詳見周大璞主編:《訓詁學初稿》(武漢市:武漢大學出版社,2007年,第3版),頁44-60。

37 郭在貽:《訓詁學》(長沙市:湖南人民出版社,1984年),頁79。

38 〔清〕戴震:《尚書義考》,《戴震全書》第1冊(合肥市:黃山書社,1995年),頁60。

〈韓奕〉『無廢朕命』，〈孟鼎〉『無灋朕命』。金文假『灋』為『廢』，與此假『方』為『廢』者同。」[39]

例四十四

〈堯典〉：「帝曰：棄，黎民阻飢，汝后稷，播時百穀。」鄭注：「阻讀曰徂。阻，厄也。時讀曰蒔。始者，洪水時，眾民厄于飢，汝居稷官，種蒔五穀，以救活之。」《釋文》引馬注：「徂，始也。」《尚書正義》引王注：「阻，難也。播，敷也。」孔傳：「阻，難；播，布也。眾人之難在于飢，汝后稷，布種是百穀以濟之。美其前功，以勉之。」（卷3，頁44）王鳴盛案曰：

> 鄭云「阻讀曰徂。阻，厄也」者，此字古文必作「且」。《宣和博古圖》卷二周穆公鼎、雔公緘鼎，凡「皇祖」、「祖考」皆作「且」，古金石文類此甚多。故馬作「徂」，訓為「始」。但《說文》卷十四上且部云：「薦也。從几，足有二橫，一其下地也。」「俎，從半肉在且上。」是且、俎同物。故鄭讀若俎，而俎音與阻同，因訓為厄。王肅竊其義，改訓難，偽孔襲之，但竟直改為阻，則非是。引鄭者，亦就偽本，其實鄭注必是「且讀曰俎」云云也。（卷1，頁22-23）

今案：鄭注出自《詩・周頌・思文》疏：

> 又〈舜典〉云：「帝曰：弃，黎民俎飢，汝后稷，播時百穀。」注云：「俎讀曰阻。阻，厄也。時，讀曰蒔。始者，洪水時，眾民厄於飢。汝居稷官，種蒔五穀，以救活之。」是黎

民阻飢，后稷播殖百穀也。（卷19之2，頁721）

阮元《校勘記》云：「黎民俎飢：閩本、明監本、毛本『俎』誤『阻』」，「俎讀曰阻：閩本、明監本、毛本『俎』、『阻』字互誤。按此條可證古本《尚書》十行本最佳處也。《古文尚書撰異》中辨之。」[40]（卷19之2，頁727）

王鳴盛所本為毛氏汲古閣本，故作「黎民阻飢」、「阻讀曰俎」。

《史記‧五帝本紀》作「黎民始飢」，裴駰《集解》引徐廣曰：「《今文尚書》作『祖飢』。祖，始也。」司馬貞《索隱》云：「古文作『阻飢』。孔氏以為『阻，難也』。祖、阻聲相近，未知誰得。」（頁38、40）據此可知今文作「祖飢」，（偽）古文作「阻飢」。牽涉到今、古文的問題，便更為複雜。

江聲從今文作「黎民祖飢」，鄭注作「祖讀曰阻」，而未提到「俎」。江聲解釋「祖讀曰阻」的關鍵就是「古字祖、阻皆與且通」，引金石文，言「凡祖字皆作且」。而「且」又與「阻」通，他的證據是《儀禮‧大射儀》「且左還」，鄭注云：「古文且為阻。」由此「祖」可與「阻」通。[41]王鳴盛認為古文作「且飢」，鄭注作「且讀曰俎」，此點或是從江聲處啟發而來。

---

40 此條校勘記當出自段玉裁無疑。段氏云：「古文作俎，鄭讀為阻。……孔壁與伏壁當是皆本作且。伏讀且為祖，訓始；孔安國本則或通以今字作俎，而說之者仍多依今文讀為祖，訓始，如馬季長注是也。至鄭乃讀為阻，鄭意以九載績墮，黎民久飢，不得云始飢，故易字作阻，云厄也。……宋本《毛詩正義》『黎民俎飢』、『俎讀曰阻』（蘇州袁廷檮所藏本如是），與日本《七經考文》合。」見氏著：《古文尚書撰異》，《續作四庫全書》經部第46冊影清乾隆道光間段氏刻《經韻樓叢書》本，卷1下，頁50-51。段玉裁認為今本鄭注作「阻讀曰俎」者，因王肅、姚方興用鄭說，改經文「俎飢」為「阻飢」，而鄭原注「俎讀曰阻」遂不可通，故後人又改為「阻讀曰俎」。其考論大約是從江聲、王鳴盛的說法而作出進一步的推衍，今文作「祖」，古文作「俎」，其本字皆是「且」，三字皆有著落。

41 〔清〕江聲：《尚書集注音疏》，卷1，頁376。

　　王鳴盛較江聲進步之處在於，他認為「且」為「祖」之本字，而
不僅僅是通假關係。他的隱含理解是伏生今文作「祖飢」，孔壁古文
作「且飢」，「且」乃「祖」之本字。「且」與「俎」同物，故鄭玄
「讀若俎」；「俎」與「阻」音同，故鄭又言「阻，厄也」。如此，則
鄭意應是：「且讀若俎。俎讀曰阻。阻，厄也。」最後便省為「且讀
曰俎。阻，厄也」。[42]

例四十五

　　〈堯典〉：「五流有宅，五宅三居。」《禮記・王制》疏引鄭注：
「宅讀曰度，懲刈之器。謂五刑之流，皆有器懲刈。五度者，是五種
之器，謂桎一、梏二、拲三。」（卷11，頁225）王鳴盛云：「鄭以宅
為『懲艾之器』者，孔以宅即居，文義複疊。《史記》作『度』，亦似
紆回，故鄭破讀也。」（卷1，頁24）

例四十六

　　〈金縢〉：「若爾三王，是有丕子之責于天，以旦代某之身。」
《尚書正義》引鄭注：「丕讀曰不。愛子孫曰子。」（卷13，頁187）
孔傳：「大子之責，謂疾不可救于天，則當以旦代之。死生有命，不
可請代，聖人敘臣子之心，以垂世教。」王鳴盛云：

> 　　鄭云云者，《中庸》「子庶民」，鄭注：「子猶愛也。」〈皋陶
> 謨〉曰：「予弗子。」故不子為不愛。丕讀不者，《說文》云：
> 「丕，大也。從一，不聲。」丕既以不為聲，自可借為不字。
> 《尚書》以丕為不、不為丕者，甚多。鄭讀丕為不，正其讀

---

42 王叔岷〈尚書斠證〉云：「《書鈔》五一引阻作徂，古通。」載《中研院歷史語言研
　　究所集刊》第36本上冊（1965年），頁125。

耳，非改其字也。《史記》丕作負，蓋不有跗音，又有浮音，
負與跗、浮皆語有輕重耳，是假借字也。（卷13，頁162）

《史記‧魯周公世家》作「負」，《索隱》云：「《尚書》『負』為
『丕』，今此為『負』者，謂三王負於上天之責，故我當代之。鄭玄
亦曰『丕』讀曰『負』。」（卷33，頁1516）王鳴盛雙行小字，引《白
虎通》、《公羊傳》、《禮記音義》等證明「不亦可通作負」。[43]認為司馬
貞所云乃「不識負字」之故，「且云鄭讀丕為負，妄改鄭讀以遷就
《史記》，大可異也。」

《說文》：「丕，大也。」故偽孔作「大子」即「太子」。《史記》
作「負」，《索隱》解釋為「負於上天之責」，且引鄭玄注「丕讀曰
負」。「丕」與「不」、「大」、「負」通，而「丕」作「大」、作「負」
皆易理解，為何鄭玄不從近解而就遠義呢？或許鄭玄別有所據，今日
已不得而知。[44]

二　辨別字形

文字形近而訛，在古書中較為常見。王鳴盛非常重視正字的功
夫，陶澍〈蛾術編原序〉云：「大抵先生之學，經義主鄭康成，文字

---

43 此小注書證實出自惠棟《尚書古義》，見氏著《九經古義》，《四庫全書》第191冊景
印文淵閣本，卷4，頁395。

44 清華簡有〈金縢〉篇，此字作🀀，整理者隸定為「備」。見李學勤主編：《清華大學
藏戰國竹簡（壹）》（上海市：中西書局，2010年），頁158。學者認為當讀為「服」，
亦為「負」。見蕭旭：〈清華竹簡《金縢》校補〉，復旦大學出土文獻與古文字研究中
心網站，2011年1月8日，http://www.gwz.fudan.edu.cn/SrcShow.asp?Src_ID=1365；陳
民鎮、胡凱集釋，陳民鎮按語：〈清華簡《金縢》集釋〉，復旦大學出土文獻與古文
字研究中心網站，2011年9月20日，http://www.gwz.fudan.edu.cn/SrcShow.asp?Src_
ID=1658。

主許叔重，宗尚既正，遂雄視一切。」[45]因此在《尚書後案》中大量引用《說文解字》，用以辨別字形。

例四十七

〈禹貢〉：「濟、河惟兗州。」《漢書・地理志》濟、泲分別為二水，所以王鳴盛認為二字音同義別，〈禹貢〉言泲，而濟不見於經，故「濟當作泲」。《史記・夏本紀》作「濟」，後來學者如段玉裁等因此認為泲雖為本字，但「漢人皆用濟，班志、許書僅存古字耳」。[46]

《說文》云：「沇水，出河東東垣王屋山，東為泲。」王鳴盛云：「此州本以水名，兗字其文作六，不知所從。蓋水篆作〰，橫書之變成三形。《說文》無此字。」則「兗當作沇」。（卷3，頁50）此說普遍為後來學者接受。錢大昕《廿二史考異・史記一》「濟、河維沇州」云：「沇州本以沇水得名。《尚書》作『兗州』，由隸變立『水』為橫『水』在上，又誤『三』為『六』耳。」[47]二人說同。

例四十八

〈禹貢〉：「浮于濟、漯，達于河。」王鳴盛引張參《五經文字》云：「漯水，字本作濕，經典相承作漯，而以濕為燥溼之溼。」漯、濕、溼三字不同。又引《說文》「濕」字：「濕水出東郡東武陽入海。從水，㬎聲。桑欽云：出平原高唐。他合切。」「溼」字：「溼，幽溼也。從水。一，所以覆也，覆而有土，故溼也。㬎省聲。失入切。」二字義不相關。因此王鳴盛認為：「今流俗沿誤，二字相混，而皆失

---

45 〔清〕陶澍：〈蛾術編原序〉，載《蛾術編》，頁1下。

46 〔清〕段玉裁：《說文解字注》，11篇上，頁528。

47 〔清〕錢大昕著，方詩銘、周殿傑校點：《廿二史考異》（上海市：上海古籍出版社，2004年），卷1，頁4。

之。漢千乘郡有濕沃縣，濕水所經，故名。而〈地理志〉訛為溼，司馬彪、魏收皆承其謬，惟《水經注》作『濕沃』，當從之。」（卷3，頁53）段玉裁引王鳴盛此說，並案曰：「漢碑借濕、溼為溼字，今人以濕為溼本之，而濕水乃作溼。據《五經文字》，則《釋文》已然，不煩議改。」[48]此與上「沛」、「濟」例相似，雖漢人已習用，而「溼」為「濕」之訛變當無疑。

例四十九

〈盤庚〉：「若顛木之有由蘖。」鄭注未見。孔傳：「言今往遷都，更求昌盛，如顛仆之木，有用生蘖哉。」則訓「由」為「用」。王鳴盛引《說文》卷七马部粵字：「木生條也。从马、由聲。《商書》曰：若顛木之有粵枿。古文言『由枿』。徐鍇曰：《說文》無由字，今《尚書》只作『由枿』，蓋古文省马，而後人因省之，通用為因由等字。从马，上象枝條華函之形。臣鉉等案：孔安國注《尚書》，直訓由作用也。『用枿』之語不通。」則《說文》引此作「粵櫱」。王鳴盛云：「至由字，雖許兩引皆作粵，然古文既省作由，則从俗正合，亦不必作粵。祇因偽孔訓用，離本義太遠，致使俗人不復知由字本作粵，亦不復知由有木生條之訓矣。」則「粵」乃「由」之正字，「由即粵之省。粵是木生條，故經傳由字皆訓為生。」（卷6，頁110-111）

例五十

〈洪範〉：「彝倫攸斁。」鄭玄、偽孔皆訓斁為敗。《史記集解》引徐廣曰：「斁一作釋。」王鳴盛引《說文》卷四下歺部云：「殬，敗也。从歺，睪聲。《商書》曰：彝倫攸殬。當故切。」卷三下支部

---

48 〔清〕段玉裁：《古文尚書撰異》，卷3，頁92。

云：「斁，解也。从攴，睪聲。《詩》云：服之無斁。斁，厭也。一曰終也。羊益切。」認為二字絕不同，「斁訓敗者，斁本當作殬。」又引《汗簡》、〈雲漢〉詩等為說。所以作「斁」者，「此字本誤，作釋又傳寫之誤」。（卷12，頁138）段玉裁則云：「作殬者，蓋壁中本也。鄭、孔皆訓為敗，則與許合。」[49]

三　考證異文

　　異文具有廣狹二義，狹義的「異文」乃文字學之名詞，它對正字而言，是通假字和異體字的統稱；廣義的「異文」則作為校勘學之名詞，「凡同一書的不同版本，或不同的書記載同一事物，字句互異，包括通假字和異體字，都叫異文。」[50]

例五十一

　　〈梓材〉：「曰：無胥戕，無胥虐，至于敬寡，至于屬婦，合由以容。」「屬婦」，鄭注未見。孔傳云：「至于敬養寡弱，存恤妾婦，和合其教，用大道以容之，無令見冤枉。」孔疏則認為「言妾婦者，以妾屬于人，故名屬婦」。王鳴盛首先認為孔疏所說非孔傳之意，而後又提供另一種解釋。《說文》卷十二女部孎字：「婦人妊身也。从女、𤔔聲。《周書》曰：至于孎婦。側鳩切。」則「屬」當作「孎」解，訓為「妊娠」。王鳴盛又引《玉篇》、《廣雅》、《廣韻》等為證，並云：「此經作屬，屬音通孎，則從《說文》作孎婦，亦得為一義。但此經句皆作對，若上言敬養寡弱，下云至于孎婦，文義偏側，不得帖妥。

49　〔清〕段玉裁：《古文尚書撰異》，卷13，頁169。

50　王彥坤撰：《古籍異文研究》（臺北市：萬卷樓圖書公司，1996年），前言，頁1。王彥坤所引廣義的「異文」出自《辭海》。

或上句敬當作矜，讀為鰥，則可。敬、矜音轉相亂，或以致誤。然無所據，姑存其疑。」（卷17，頁190）考慮到對文的問題，又需對「敬寡」作出解釋，又無書證，所以此義存疑。此處則以異文為訓詁。

四　審識文例

正如郭在貽所說，「文例」所包括的內容非常複雜，不能詳盡，只能舉其要者。[51]王鳴盛在對文應用上有些鮮明的例子可見。周大璞云：「所謂對文，指在句式相同的兩個或幾個句子中，處於相同地位、相互對應的詞語。在多數情況下，它們之間存在著同義、同類或反義的關係。」[52]

例五十二

〈禹貢〉：「厥土白墳，海濱廣斥。」鄭注：「斥，謂地鹹鹵。」王鳴盛云：

> 鄭云「斥，謂地鹹鹵」者，《說文》卷十二上鹵部云：「西方鹹地也。从西省，象鹽形。安定有鹵縣。東方謂之㡿，西方謂之鹵。」青州，東方，故言斥。而鄭以鹵解之者，對文則異，散文則通也。彼部又有鹹字，注云：「北方味也。」故鄭連言鹹鹵也。（卷3，頁55）

斥即㡿之俗字，斥、鹵、鹹義相類。段玉裁《說文解字注》鹵字云：

---

51 郭在貽：《訓詁學》，頁92。
52 周大璞：《訓詁學初稿》，頁253。

〈禹貢〉青州「海濱廣斥」，謂東方也。安定有鹵縣，謂西方
也。大史公曰：「山東食海鹽，山西食鹽鹵。」然對文則分
析，桃文則不拘。鹹地僅產鹽，引申之，《春秋經》大原亦曰
大鹵。《釋名》：「地不生物曰鹵。」[53]

桃，分離也。「桃文」即「散文」。所言與王鳴盛相同。

例五十三

〈梓材〉：「曰：無胥戕，無胥虐，至于敬寡，至于屬婦，合由以
容。」《周禮‧夏官‧大司馬》疏引鄭注：「無胥戕，無相殘賊。無胥
虐，無相暴虐。」孔傳：「教民無得相殘傷、相虐殺，至于敬養寡
弱，存恤妾婦，和合其教，用大道以容之，無令見冤枉。」「屬婦」，
鄭玄注解未見，偽孔以為「存恤妾婦」。孔穎達《正義》認為「經言
『屬婦』，傳言『妾婦』者，以妾屬于人，故名屬婦。」以「妾婦」
為「屬婦」。王鳴盛案曰：

> 屬對敬，故傳解為存恤，妾婦、孤窮須存恤以繫屬之也。疏以
> 屬婦為屬于人之婦，即妾婦也，說與陸氏以屬為「妾之事妻」
> 同。孔鮒《小爾雅》云：「妾婦之賤者，謂之屬婦。屬，逮
> 也。逮婦之名，言其微也。」疏說本此，要非傳意。鄭《周
> 禮‧州長》注：「屬，猶合也，聚也。」《儀禮‧士昏禮》注：
> 「屬，注也。」從尾、蜀聲。徐鍇曰：「屬，相連續，若尾之
> 在體，故從尾。」傳以屬為存恤，正合聚、注、續之意也。
> （卷17，頁190）

---

53 〔清〕段玉裁：《說文解字注》，12篇上，頁586。

王氏不贊同孔穎達對孔傳的解釋。「寡」為老而無夫（《孟子‧梁惠王下》），與「婦」相對，則「敬」與「屬」相對。「敬寡」與「屬婦」對文，應是動賓結構，而陸德明、孔穎達根據《小爾雅》的解釋，則當作一個名詞。王鳴盛又反舉鄭玄注的例子予以證明「屬」有聚、注、續之意，與孔傳所謂「存恤」正合。

五　因聲求義

音義關係之發現是乾嘉考據學成就之一，如戴震所謂「疑於義者，以聲求之；疑於聲者，以義正之」，[54]特別是通過古音探尋字詞之古義。不過，王鳴盛對於審音並不擅長，因此在因聲求義方面也成就不大。

例五十四

〈堯典〉：「僉曰：於，鯀哉！」《詩‧大雅‧文王》疏引鄭注：「於者，鳴聲。」王鳴盛認為「鳴」字誤，當作「烏」。《說文》無「鳴」字，而「烏」字云：「孝鳥也。取其助气，故以為烏呼。」王鳴盛認為鳴乃烏之俗字，鳴字非是。烏之重文「𪀁，古文烏省」。又引唐玄度《九經字樣》𠀤部云：「𪀁，本是烏鳥字，象形。隸變作『於』，本非從『𠀤』，作『於』者訛。」（卷1，頁11）此說是也。

例五十五

〈禹貢〉：「覃懷底績，至于衡漳。」《毛詩‧邶鄘衛譜》疏引鄭注：「衡漳者，漳水橫流〔入河〕。」以「衡」為「橫流」。偽孔傳與

之同。馬融、王肅皆以為水名。《釋文》曰：「衡，如字。」王鳴盛云：「衡古音抗，橫古音黃，故得通用。」又引《孟子》趙岐注、《史記·蘇秦傳》裴駰與司馬貞注、《考工記·玉人》鄭注、《毛詩·陳風·衡門》沈重注、《說文》等書證，以證明「衡與橫通」。（卷3，頁46-47）今亦以鄭說為長。

　　以上為音同之例。

例五十六

　　〈牧誓〉：「爾所弗勖，其于爾躬有戮。」《史記·周本紀》集解引鄭注：「所，言且也。」王鳴盛云：「古音讀『且』與『所』字相似，故訓『所』為『且』也。」（卷11，頁137）所、且二字，古音皆在魚部，故王氏有此說。段玉裁《說文解字注》斤部所字云：「用為處所者，叚借為处字也。若『王所』、『行在所』之類是也。用為分別之詞者，又从処所之義引申之。若『予所否者』、『所不與舅氏同心者』之類是也。皆於本義無涉，是真叚借矣。」[55]段氏解為「分別之詞」。王引之《經傳釋詞》於此亦有專論，云：「所，猶若也，或也。」首舉〈牧誓〉「爾所弗勖，其于爾躬有戮」為例，云「言爾若弗勖也」。並自注云鄭注「所，言且也」，「義亦相近」。後又舉《詩·墻有茨》「所可道也，言之醜也」等例。[56]王伯申之說，更得其所以然。

例五十七

　　〈洪範〉：「乃命卜筮，曰雨，曰霽，曰蒙，曰驛，曰克，曰貞，曰悔，凡七。」《尚書正義》引鄭玄云：「霽聲近蒙。」《史記·宋世

---

55 〔清〕段玉裁：《說文解字注》，14篇上，頁717。

56 〔清〕王引之：《經傳釋詞》，《續修四庫全書》經部第195冊影清嘉慶二十四年（1819）刻本，卷9，頁620。

家》則作「霿」，徐廣曰：「一作被。」《周禮・春官・太卜》注引則作「蟊」。王鳴盛認為「蒙當作霿。」蒙與霿，王鳴盛引《說文》云：「霿，地气發，天不應。霚，籀文霿省。」認為：「然則霿、霚是一，鄭讀若蒙，而即改為蒙，則非矣。」其說是也。又云：「其作蟊者，音近而假借。作被者，被古音平賀反，音轉而譌也。」（卷12，頁153）蟊與蒙、霿皆在並母歌部。而被在書母葉部，其云「古音平賀反」，估計出自顧炎武《唐韻正》。[57]錢大昕《廿二史考異・史記四》認為：「被乃救字之訛。」[58]

以上為音近之例。

第三節　歷史地理

《尚書》蘊含甚廣，如天文、五行、禮制等，而王鳴盛傾注最大心血者當在地理。乾隆五十七年（1792），王鳴盛為徐文范《東晉南北朝輿地表》作〈序〉云：

> 予譔《十七史商榷》百卷，一切典故無所不考，而其所尤盡心者地理也。蓋人欲考古，必先明地理；地理既明，于古形勢情事皆如目睹，然後國運之強弱，政治之得失，民生之利害，人才之賢否，皆可口講指畫，不出戶庭而知四海九州之遠，立乎今日而知數千百年之久，皆在是矣，此其所以為通儒也。[59]

57　〔清〕顧炎武：《音學五書》（北京市：中華書局，1982年，影清光緒十一年〔1885〕四明觀稼樓仿刻本），卷11，頁379。

58　〔清〕錢大昕：《廿二史考異》，卷4，頁50。

59　陳鴻森：〈王鳴盛西莊遺文輯存（中）〉，《大陸雜誌》第99卷第6期（1999年），頁279。

在《十七史商榷》中，其於郡縣沿革、地理考辨諸方面尤為詳細，屢為後人稱道；在《蛾術編》中，〈說地〉十四卷，所論益為精粹。關於此二書，施建雄先後有〈歷史地理考證的通識〉、〈歷史地理考證的深化〉等章節予以專門論述。[60]前人多於史學方向論其地理之學，而其《尚書後案》之〈禹貢〉一篇，幾占全書六分之一，足稱鴻篇鉅制。王鳴盛日後於史地之學多有發明，切切於心，與早年粹力〈禹貢後案〉不無關係。本節以〈禹貢〉為主，旁涉他篇，以見其於史地考證上對經文及鄭注之疏釋。

　　不過，今日研究王鳴盛之〈禹貢〉學，不得不先提及胡渭的《禹貢錐指》。胡渭於乾嘉學人中聲望極高，與閻若璩齊名。[61]《禹貢錐指》為其代表作，曾獻諸康熙皇帝，有詔嘉獎；[62]並收入《四庫全書》中，流佈甚廣。清代學者對《錐指》一書頗多評論，丁晏《禹貢錐指正誤》云：「自東樵胡氏《錐指》出，雅才好博，綜貫無遺，用功勤而收名遠，學者家置一編，奉為質的。自是言〈禹貢〉者，撥棄諸家而定東樵之一尊，後儒晚學莫之敢議也。」[63]其影響之大，可見一斑。王鳴盛作〈禹貢後案〉引用其書其說，也是自然之事。其具體引用如何，詳見下章考述。

---

60 詳見施氏：《王鳴盛學術研究》第二章、第四章，頁80-94、193-206。

61 梁啟超《中國近三百年學術史》云：「清初經師，閻、胡齊名。」載夏曉虹、陸胤校：《中國近三百年學術史（新校本）》，頁90。

62 詳見錢大昕：〈胡先生渭傳〉，呂友仁點校《潛研堂集》，《文集》卷38，頁680。《四庫全書總目》云：「康熙乙酉，恭逢聖祖仁皇帝南巡，曾呈御覽，蒙賜『耆年篤學』匾額。稽古之榮，至今傳述。」（卷12，頁103）陳康祺《郎潛紀聞二筆‧胡胐明蒙賜御書》條亦載康熙四十三年（1704），「聖祖仁皇帝南巡，德清胡胐明先生渭撰〈平成頌〉，並所著《禹貢錐指》，獻諸行在。有詔嘉獎，召至南書房直廬，賜饌，御書『耆年篤學』四大字賜之，儒者皆以為榮。後閻潛丘垂老入都，諄諄以求御書為言，蓋深羨胐明之遇也。」見氏著：《郎潛紀聞》（北京市：中華書局，1984年），卷15，頁615。

63 〔清〕丁晏：《禹貢錐指正誤》，《皇清經解續編》，卷845，頁1。

《四庫全書總目》云：

> 《尚書》一經，漢以來所聚訟者，莫過〈洪範〉之五行；宋以
> 來所聚訟者，莫過〈禹貢〉之山川；明以來所聚訟者，莫過今
> 文、古文之真偽。[64]

於《尚書》學兩千年之衍變，可謂提綱挈領，要言不煩。宋代以來，
傅寅、程大昌、毛晃而下，治〈禹貢〉者不下數十家。清初，胡渭
《禹貢錐指》出，冠絕古今。此後，清人於地理之學用功頗勤，而於
〈禹貢〉一篇之考證，勝義迭出，王鳴盛可稱一家。

　　〈禹貢〉按照內容與結構，可分為三個部分：一為「九州」，二為
「導山導水」，三為「五服」。或將「導山」、「導水」分開，成為四部
分，無實質差別。古史地理則集中於「九州」與「導山導水」部分。

一　鄭引〈地理志〉非班〈志〉

　　鄭注每引〈地理志〉為據，如「壺口治梁及岐」，《史記・夏本
紀》索隱等引鄭玄曰：「〈地理志〉壺口山在河東北屈縣之東南，梁山
在左馮翊夏陽，岐山在右扶風美陽。」（卷2，頁53）王鳴盛云：「鄭
所引〈地理志〉往往別有所據，不本班〈志〉。而此條則與班合，惟
『夏陽』下少『西北』二字，傳寫誤脫也。司馬彪《續漢・郡國志》
略同。」（頁45）王氏認為鄭玄《尚書注》所引〈地理志〉並非今班
固《漢書・地理志》，而是別本。於「既修太原，至于岳陽」下又
云：

64　《四庫全書總目》，卷12，〈日講書經解義〉條，頁100。

蓋鄭注〈禹貢〉引〈地理志〉，間與班〈志〉不同，則非班書，卻多與《續志》合。而是書晉司馬彪作，鄭不及見。宋余靖〈序後漢書〉云：「明帝詔伏无忌、黃景作〈地理志〉。」劉昭〈注補續漢志序〉云：「推檢舊記，先有地理。」是東漢別有〈地理志〉。鄭據當代之書，故不盡與班合，而司馬彪則取之，以作志者，故與鄭合也。（頁46）

王鳴盛認為鄭玄所據乃別本漢人〈地理志〉，或是伏无忌、黃景所作；而鄭注所引，之所以與司馬彪《續漢書・郡國志》相合，乃司馬彪參取者與鄭玄所引相同也。王鳴盛又多番申說此意，如「夾右碣石，入于河」下云：「鄭注〈禹貢〉所引〈地志〉係後漢所修，每與班不合。」（頁50）

考王氏此說與江聲相合，江氏於「壺口治梁及岐」下云：

案班固《漢書》有十志，〈地理志〉其第八。而鄭君所引，非是志也。知者以鄭君注此篇輒引〈地理志〉，而與班史志時有不合，覈諸《後漢書・郡國志》，則無不合。夫〈郡國志〉本晉司馬彪《續漢書》之志，梁劉昭取以補宋范蔚宗《後漢書》。是書鄭君所不及見，而注輒與之合者，蓋所據之書同也。宋余靖〈敘後漢書〉云：「明帝詔班固、陳宗、尹敏、孟冀作〈世祖本紀〉及建武時功臣列傳。後有劉珍、李充雜作建武以後至永初間紀、傳，又命伏无忌、黃景作〈諸王王子恩澤侯〔表〕〉，并單于、西羌〈地理志〉，又邊韶、崔寔、朱穆、曹壽作〈皇后外戚傳〉、〈百官表〉及〈順帝功臣傳〉，成一百一十四篇，號曰《漢紀》。」劉昭〈注補後漢書志敘〉云：「推檢舊記，先有地理。」是則東漢別有〈地理志〉矣。鄭君當東

漢之末，據其當代之書，故不盡同班史之志。司馬彪撰東漢之
史，其郡縣必从東漢之志，故〈郡國志〉郡縣之名，悉與鄭注
所引〈地理志〉合也。鄭君所引之〈地理志〉，今不可見，茲
疏鄭注，姑兩據班史〈地理志〉及〈郡國志〉以說。[65]

余靖〈序後漢書〉作於宋仁宗景佑元年（1034），原名〈上校正後漢
書奏〉，收錄於《余襄公奏議》卷上。[66]王鳴盛作《尚書後案》時，未
能深考，後於《蛾術編》中專作〈鄭康成所據地理志伏無忌作〉一
條，再申此意，而於余靖之說，方留意焉，其云：

《後漢・伏湛傳》：「元孫無忌，亦傳家學，博物多識，順帝時
為侍中屯騎校尉。永和元年，詔無忌與議郎黃景挍定中書《五
經》、諸子百家、藝術。元嘉中，桓帝復詔無忌與景、崔寔等
撰《漢記》。」[67]余靖說似即據此。但《後漢・盧植傳》植
「與諫議大夫馬日磾、議郎蔡邕、楊彪、韓說等竝在東觀，挍
中書《五經》記傳，補續《漢記》。」[68]言「補續」則是即無
忌書。二處皆但言《漢記》，不言地理，而靖斷然言之，靖雖
趙宋人，恐別有所據。（卷4，頁74）

王鳴盛考證余說之所本，但《後漢書》二傳只言《漢記》，不言〈地
理志〉，王鳴盛認為余靖所言當別有所據。

---

65 〔清〕江聲：《尚書集注音疏》，卷3，頁407-408。
66 收錄於曾棗莊、劉琳主編：《全宋文》第26冊（上海市：上海辭書出版社，2006
　年），卷560，頁280-281。
67 《後漢書》，卷26，頁898。
68 《後漢書》，卷64，頁2117。

　　王鳴盛雖然認為鄭玄所引非班固《漢志》，但對班〈志〉的地位與價值仍然相當認可，其於「浮于濟、漯，達于河」下云：

　　〈禹貢〉山水見前〈志〉者，或言古文，則是孔安國所得孔壁真古文說；或言〈禹貢〉，或言禹，則是周漢相承舊訓。即不言古文，亦不言〈禹貢〉，但稱某縣有某山、某縣某水出，要亦目驗而知，的確可信。鄭所引間有異者，特因鄭據當代書，郡縣時有更改耳，實亦同也。至〈續漢志〉則多與鄭合，尤為可據。故今日說〈禹貢〉，鄭注外以兩《漢志》為正。（卷3，頁53）

但學者於此不無異議。焦循〈禹貢鄭注釋自序〉云：

　　班氏〈地理志序〉云：「采獲舊聞，考跡《詩》、《書》，推表山川，以綴〈禹貢〉、〈周官〉、《春秋》，下及戰國、秦、漢焉。」蓋其所采博，所擇精，漢世地理之書，莫此為善。故鄭氏注經，一本於是，或明標所自，或陰用其說，間有不合者，亦必別據《地說》等書，明言其所以易之義，注雖殘缺，尚可考而知也。

其實一般學者對鄭玄所引〈地理志〉即是班〈志〉並無懷疑，江、王提出此說，方才引起關注。焦循《禹貢鄭注釋》乃是其中考辨尤深者，力證〈禹貢〉鄭注合於班〈志〉，其不合者乃據《地說》等書，並非全據漢人別本〈地理志〉。而其中最易引起爭議者，如《初學記》引鄭玄「三江」之說，其實並非鄭注，學者不辨真偽，以為鄭注，云鄭與班不合，恰是誣鄭。但今人陳品卿仍認同江、王之說。[69]

69 詳見氏著：《尚書鄭氏學》，頁513-514。

兩說孰是孰非，迄無定論，尚有待研究。

二　釋九州四海

（一）釋九州

　　大禹治水，以帝都冀州為中心，以兗、青、徐、揚、荊、豫、梁、雍為次，以河、濟、淮、黑四水，岱、荊、衡、華四山、及海為界，分天下為九州。鄭玄對九州界域略作注釋，王鳴盛則詳加疏證，其「後案」主要分為三個部分：

　　第一，闡明鄭注內涵，主要從典籍徵引與輿地沿革兩個層面展開。典籍徵引，主要考證鄭注的依據，或與鄭注相合、相關的說法。輿地沿革，則詳細解說山川、郡縣諸方面細節。

　　第二，辨別歷代分劃之不同。古籍中述及「九州」者，不止〈禹貢〉一種。《帝王世紀》所載與〈禹貢〉同，為夏制。〈堯典〉「肇十有二州」，谷永、班固以為堯舜之制，在禹分九州之前；馬融以為在大禹治水之後，舜所分。後世多從馬融說，如孔穎達《正義》。《爾雅・釋地》之九州，較〈禹貢〉，無青、梁而有幽、并，孫炎、郭璞以為殷制。《周禮・夏官・職方氏》之九州，較〈禹貢〉，無徐、梁而有幽、并，《逸周書・職方解》同，《漢書・地理志》以為周制。除此外，《呂氏春秋・有始覽》九州亦與〈禹貢〉不同，無梁州而有幽州。近來戰國楚竹書〈容成氏〉問世，載有禹劃九州之事，不過所述名稱與傳世文獻稍有差異。[70] 參見下表：

---

70 馬承源主編：《上海博物館藏戰國楚竹書》（二）（上海市：上海古籍出版社，2002年），頁249。

諸文獻所見九州表

	禹貢	舜典	爾雅	周禮	呂覽	容成氏
1	冀州	冀州	冀州	冀州	冀州	夾州
2	兗州	兗州	兗州	兗州	兗州	涂州
3	青州	青州		青州	青州	竞州
4	徐州	徐州	徐州		徐州	莒州
5	揚州	揚州	揚州	揚州	揚州	揚州
6	荊州	荊州	荊州	荊州	荊州	荊州
7	豫州	豫州	豫州	豫州	豫州	敘州
8	梁州	梁州				
9	雍州	雍州	雍州	雍州	雍州	虘州
10		幽州	幽州	幽州	幽州	
11		并州		并州		
12		營州	營州			

注：《帝王世紀》與〈禹貢〉同；《逸周書・職方解》與《周禮・職方氏》同。

　　第三，以當世輿地解之。王鳴盛每州皆有一則「又案曰」：「以今輿地約之，……皆某州域也。」以清朝當世行政區劃，予以解說古九州州域。此法本諸胡渭，後文尚有詳細解釋。

（二）釋四海

　　「四海」在《尚書》與鄭注中多次出現。〈皋陶謨〉：「惟荒度土功。弼成五服，至于五千，州十有二師。外薄四海，咸建五長。」鄭注云：「荒，奄也。奄大九州、四海之土。」四海與九州並列，在九州之外。王鳴盛繼而闡發此意。《爾雅・釋地》云：「九夷、八狄、七戎、六蠻，謂之四海。」此為鄭注所本。夷狄戎蠻之數則互有不同，

王鳴盛引《鄭志》答趙商問，以為鄭玄於此亦不甚明，故不定。（卷2，頁38-40）針對孔傳「薄，迫也。言至海」，以四海為四旁至海，王鳴盛否定其說，而主孫炎之義，其於〈禹貢〉「迄于四海」云：「海之言晦，晦闇于禮儀也。」（卷3，頁103）即四海以地言，非以水言也。

〈皋陶謨〉鄭注又云：「要服之內方四千里，曰九州。其外荒服，曰四海。」（卷2，頁38）王鳴盛以《周禮》夷、鎮、蕃三服為四海總稱，又為蕃國。此當本於〈堯典〉「五流有宅，五宅三居」鄭注，其云：「三處者，自九州之外，至于四海，三分其地，遠近若周之夷服、鎮服、蕃服也。」（卷1，頁24）禹之五服，即周之九服。鄭注云：「要服之弼當其夷服，去王城當四千里。又其外五百里曰荒服，于周為鎮服，其弼當蕃服，去王城五千里。」（卷2，頁38）此為堯制，禹所承之，而其地又有增益。總之，要服外為要服之弼（即夷服，周制同）、荒服（即周之鎮服）、及荒服之弼（即蕃服，周制同）。此三服為四海之地，而為四夷所居。故王鳴盛以為夷蠻戎狄為四海，與「四海會同」孔疏「夷狄戎蠻謂之四海」義同。（卷3，頁100）

不過，「四海」並非僅有「夷蠻戎狄」之義。《周禮・夏官・校人》：「凡將事于四海山川，則飾黃駒。」鄭玄注：「四海，猶四方也。」此解與孔傳所謂四海為四旁至海之義同。〈皋陶謨〉：「予決九川，距四海，濬畎澮距川。」鄭注：「畎澮，田間溝也。澮所以通水于川也。」孔傳：「距，至也。決九州名川，通之至海。」王鳴盛於「四海」並未解釋，對孔傳亦無駁斥，可見在此王鳴盛也默認孔傳。（卷2，頁31）大致「四海」與「九州」並列時，有夷蠻戎狄四夷之義；與「川」並列時，有今之所謂大海義。王鳴盛則只注重前者。

其實，如前所引，孔疏已有「夷狄戎蠻謂之四海」之義，而孔傳

亦存此說。〈立政〉：「其克詰爾戎兵，以陟禹之跡，方行天下，至于
海表，罔有不服。以覲文王之耿光，以揚武王之大烈。」孔傳：
「方，四方。海表，蠻夷戎狄。四夷賓服，所以見祖之光明，揚父之
大業。」（卷24，頁235）則與王鳴盛所本之義同。

　　其他如釋郊野、田土之類，不一而足。

三　釋山水

　　「導山導水」之末為「水功」，總敘治水之功績。其云：「九州攸
同，四隩既宅。九山刊旅，九川滌源，九澤既陂。四海會同。六府孔
修。」孔傳以九山、九川、九澤為九州之山、川、澤，「九」字並非
實指。此說多為後世學者贊同。王鳴盛認為雖「九澤」、「九川」具其
名目，而《史記索隱》「九山」之說與經文不合，故認為山、川、澤
皆不必拘泥「九」數。（卷3，頁100）

（一）釋山

　　自「導岍及岐」至「至于敷淺原」，為「導山」部分，自岍至敷
淺原共二十七山。不過冀州之梁，徐州之蒙、羽、嶧，梁州之蔡、
蒙，雍州之終南、惇物、三危，以及「導弱水」之合黎、「導河」之
大伾等，皆不在此列。故王鳴盛以為不必拘泥「九山」之數。

　　《史記・夏本紀》「道九山」，《索隱》云：

> 汧、壺口、砥柱、太行、西傾、熊耳、嶓冢、內方、岐是九山
> 也。古分為三條，故《地理志》有北條之荊山。馬融以汧為北
> 條，西傾為中條，嶓冢為南條。鄭玄分四列，汧為陰列，西傾
> 次陰列，嶓冢為陽列，岐山次陽列。（卷2，頁67）

此處所列九山，學者多不以為〈禹貢〉之九山，不過對於「九」之數，仍有不同解釋。皮錫瑞便因《史記》「道九山」而認為〈禹貢〉之山實有九數，並非泛指九州之山，其云：

> 以經考之，汧及岐至于荊山，一也；壺口、雷首至于太嶽，二也；砥柱、析城至于王屋，三也；太行、恒山至于碣石，四也；西傾、朱圉、鳥鼠至于太華，五也；熊耳、外方、桐柏至于負尾，六也；嶓冢至于荊山，七也；內方至于大別，八也；汶山之陽至于衡山，九也。考經道山之文，其數適合。蓋山之數不止於九，而脈絡相承，數山實止一山，故可合之為九山。觀經文皆言某山至于某山，是數山可合為一山之證。[71]

將「九山」認為是九條山脈，而非九座山峰，並以經文「某山至于某山」的體例相證。

　　考王鳴盛雖未明言，但其經文句讀，卻正是此意。自「導岍及岐，至于荊山，逾于河」至「岷山之陽，至于衡山」，恰分九條，且云「鄭云四列者，鄭意以下文導水就水之原委言，則此導山就山之首尾脈絡言也。」蓋其深明〈禹貢〉「至于」之體例。

　　又考早在王夫之便持此說，其《尚書稗疏》「導山」條云：

> 九山者：一，岍為首，而屬岐、荊；二，壺口為首，而屬雷首、太岳；三，底柱為首，而屬析城、王屋、太行；四，恒山為首，而屬碣石；五，西傾為首，而屬朱圉、鳥鼠、太華；

---

71 〔清〕皮錫瑞著，盛冬鈴、陳抗點校：《今文尚書考證》（北京市：中華書局，1989年），卷3，頁182-183。

六，熊耳為首，而屬外方、桐柏、陪尾；七，嶓冢為首，而屬
荊山；八，內方為首，而屬大別；九，岷山為首，而屬衡山。
「過九江，至於敷淺原」者，九山之餘也。近者詳之，遠者略
之。[72]

船山其人其書，乾嘉時知者甚鮮。王鳴盛參考其說，可能性不大。雖
不知出何家，但皮錫瑞參考前人之說當無疑。

至於鄭玄四列之說，《尚書正義》：「鄭玄以為四列：導岍為陰
列，西傾為次陰列，嶓冢為次陽列，岷山為正陽列。鄭玄創為此
說。」與《史記索隱》不同。江聲曰：「山以南為陽，北為陰。岷山
最在南，當為正陽；番冢在岷山之北，當為次陽。《索隱》誤也，當
從《正義》。」（卷3，頁427）王鳴盛與江聲同，從《正義》。

王鳴盛又引《史記・天官書》、《漢書・天文志》：「中國山川東北
流，其維首在隴、蜀，尾沒于勃海、碣石。」認為鄭玄所分岍山、西
傾山、嶓冢山、岷山皆在隴、蜀，正所謂「維首」。而鄭玄四列之序
按〈禹貢〉經文排列，實際當是先正陽，次次陽，次次陰列，次陰
列。「導岍」之「至于碣石，入于海」，正居陰列之末，與《史記》、
《漢書》所謂「東北流，尾沒于勃海、碣石」者同。可見鄭注與
《史》、《漢》合，乃古義，非孔疏所謂「鄭玄創為此說」也。馬融三
條之說，《漢志》有北條荊山、南條荊山，可見亦是古說。王鳴盛認
為以嶓冢、岷山并為一條，恐不如鄭義長。

陳喬樅贊同王鳴盛、江聲之說，並申之云：

---

72 〔清〕王夫之：《尚書稗疏》，《船山全書》第2冊（長沙市：嶽麓書社，1988年），
卷2，頁79-80。

三條之說，本今文夏侯《尚書》也，而馬融從之，以釋古文
《尚書》。四列之說，本今文歐陽《尚書》也，而鄭君從之，
以注古文《尚書》。……〈天官書〉載中國山川首尾脈絡云
云，蓋即歐陽《尚書》說所受之伏生者，故鄭注《尚書》用
之，非鄭創為此說也。[73]

而皮錫瑞認為「三條者，今文家說也。四列者，古文異說也」，並引
漢碑文，證明漢人「多云三條，罕云四列」，重新贊同孔疏，認為
「三條之說最古，馬、王皆同《班志》，偽孔傳王肅作，故其說同。
惟鄭君說為異。陳喬樅以〈天官書〉傅會之，非是。」（卷3，頁169）
〈天官書〉之義，乃陳喬樅引王鳴盛之說，皮錫瑞誤以為陳氏之言。

　　王肅注經，多同於馬融。偽孔傳，今日學界以為雖非王肅親作，
與其後學仍有莫大關係，而多與之同。皮錫瑞一言以蔽之，卻未能深
入辯駁，可見文獻不足徵。馬、鄭外，漢儒舊說皆佚，無由見其因
革，存異可也。

（二）釋水

　　自「導弱水，至于合黎，餘波入于流沙」，至「導洛自熊耳，東
北會于澗、瀍，又東會于伊，又東北入于河」為「導水」章，若以水
系原委而言，恰合「九川」之數，即：弱、黑、河、漾、江、沇、
淮、渭、洛。王鳴盛亦以為是。

　　宋黃度《尚書說》云：

班固、馬融、王肅皆言，岍為北條，西傾為中條，嶓冢為南

---

73 〔清〕陳喬樅：《今文尚書經說考》，《續修四庫全書》經部第49冊影清同治年間左
　　海續集本，卷3中，頁261。

條。北條行河，中條行渭、洛、濟、淮，南條行江、漢。蓋約
經文也。[74]

諸家故將「北條行河，中條行渭、洛、濟、淮，南條行江、漢」視為
馬融注，如余蕭客《古經解鉤沉》（卷4）。孫星衍遜錄以為馬注，並
云：「道水亦如道山，分三條也。」（〈禹貢〉第3下，頁189）皮錫瑞
承其說，申之云：「今文尚書有三條之說，道山、道水皆有之，馬注
云『北條行河，中條行渭、洛、濟、淮，南條行江、漢』是也。」
（卷3，頁172）此意或出王鳴盛，其云：「馬云云者，亦如導山分三
條也。」不過他對此仍存疑，云：「此黃度所引，不知何本，以近是
存之。」（卷3，頁86）正如其所疑，此說僅見宋儒黃氏，而不名所
本，且先儒無所徵引，甚為可疑。宋儒解經，好以意說，或是黃度引
申馬注，亦有可能。王鳴盛存疑，較為審慎。因與鄭玄「導山」四列
之說有異，王鳴盛亦不用三條說釋「導水」。

　　「三江」是〈禹貢〉地理聚訟最多的問題，據《清代文集篇目分
類索引》，清人專論〈禹貢〉之文有一五六筆（其中有一筆含多篇者），
而論「三江」者占四十三筆，為最多。[75]相信這仍是不完全統計。

　　「揚州」云：「三江既入，震澤厎定。」「導漾」云：「嶓冢導
漾，東流為漢，……東匯澤為彭蠡，東為北江，入于海。」「導江」
云：「岷山導江，……過九江，至于東陵，東迆北會于匯，東為中
江，入于海。」偽孔傳於「北江」云：「自彭蠡江分為三，入震澤，
遂為北江而南入海。」於「中江」云：「有北、有中，南可知。」故
歷來說經，便將「三江」與「北江」、「中江」聯繫解釋，視為北、

---

74 〔宋〕黃度：《尚書說》，《四庫全書》第57冊景印文淵閣本，卷2，頁19下。
75 王重民、楊殿珣等編：《清代文集篇目分類索引》（北京市：中華書局，1965年），
　　頁18-21。

中、南三江。至於北、中、南是哪三江，異見叢生。劉起釪總結「三江」之說二十種，不過就清人而言，同一種說法仍存在不同解釋，更增其繁複。[76]

《初學記・地部中・江四》云：

> 鄭玄、孔安國注云：「左合漢為北江，會彭蠡為南江，岷江居其中則為中江。故《書》稱『東為中江』者，明岷江至彭蠡與南、北合，始得稱中也。」[77]

胡渭信以為鄭注，王鳴盛亦將此條歸為「三江既入」鄭注，並於小注云：

> 《初學》引稱為鄭玄、孔安國注，殊不可解。予據紹興四年東陽麻沙劉朝宗宅刻，有右脩職郎建陽縣丞福唐劉本〈序〉。雖宋板下品，究勝俗刻，當無誤。但徐堅不通經，稱引舛錯，不足怪；而其為此節之注，則無可疑。（卷3，頁61）

王鳴盛雖然懷疑《初學記》並稱鄭玄、孔安國注為「殊不可解」，而且對徐堅學術水平也提出質疑，但仍然相信此條當屬鄭注無疑。

而清人對此條鄭注辨偽者，一直不絕，如焦循〈禹貢鄭注釋自序〉言：

> 嘉慶壬戌夏五月，自都中歸，阮撫軍以書來，招之往浙，詢以

---

76 劉起釪：〈經師們紛擾的六宗、三江、九江諸問題〉，載氏著：《尚書研究要論》（濟南市：齊魯書社，2007年），頁265-267。

77 〔唐〕徐堅等：《初學記》（北京市：中華書局，1962年），卷6，頁123。

古三江之說，時撫君撰〈浙江考〉，宗班固〈地理志〉，而以鄭康成之說為非。循曰：「鄭氏未嘗非也，鄭氏三江之注合於班氏，今人所輯之鄭《注》，販自《初學記》者，非鄭《注》也。」故詳為言之，撫軍以為然。

蓋焦循乃由《初學記》「三江」鄭注而發，有感於「鄭氏之本義汩沒於尊鄭之人，使鄭氏受不白之枉」，特作是書辨別真偽。而丁晏《禹貢錐指正誤》言之最詳，今錄之如次：

> 夫《禹貢》水道之大者，莫如三江、九江。《錐指》於三江取蘇子瞻說，復引鄭康成注「左合漢為北江，會彭蠡為南江，岷江居其中，則為中江」，以證蘇說之確。案此非鄭《注》也。東樵所引鄭說本徐堅《初學記》引鄭玄、孔安國注。今考《正義》引鄭云「三江分於彭蠡，為三孔，東入海」。是鄭意江分彭蠡為三，與《初學記》所引不合，則知徐堅所引非鄭君之注也。又三江，孔《傳》云「三江已入，底定為震澤」；北江，孔《傳》「自彭蠡江分為三，入震澤」。亦與《初學記》所引不合。然則徐堅所引非鄭注并非孔注也。惟「導江」孔《傳》云「有北有中、南可知」。《疏》又引鄭云「東迆者為南江」，徐堅因此造為北江、中江、南江之說。緣飾己意，冠以先儒之名，類書中往往有之。[78]

總括諸家大義，以為《初學記》所引鄭注，與《尚書正義》所引「三江分於彭蠡，為三孔，東入海」不合。不合之處在於《正義》以北、

---

78 〔清〕胡渭撰，鄒逸麟整理：《禹貢錐指》（上海市：上海古籍出版社，2006年），卷6，頁165。

中、南三江分於彭蠡之下（以東），為三孔入海；而《初學記》以為三江會於彭蠡，合為一江入海，三江皆在彭蠡之上（以西）。故諸家取《正義》，而以《初學記》為偽。

但王鳴盛認為：「又云『三江分于彭蠡，為三孔，東入海』者，據文似彭蠡以下又有三孔，詳繹其義，則三孔實即指南、北、中三江也。」（頁61）也就是說長江在彭蠡上、下各分三江。王氏於「東為中江」下又云：「江水發源甚遠，其下流則漢自北入，其次則彭蠡自南入，三水並持而東。則江為中江，漢為北江，彭蠡所入為南江可知。三江實一江，而南江不勞致功，故從略也。」（頁96）彭蠡之上三江，實際是長江的三條水系，長江（即岷江，古人誤以岷江為長江之源）為中江，漢江為北江，彭蠡為南江，此三江也即是一江。至於三孔，王氏在《蛾術編‧三江》條中又重申「三孔即指漢與彭蠡、及大江」之意（卷50，頁486）。由此大約可見王鳴盛「三江」之說。

王鳴盛與此相關的論述，尚有幾處重點：

第一，《漢書‧地理志》三江與《尚書‧禹貢》三江無涉。

第二，三江入海，不入震澤，孔傳、孔疏皆誤。江（大江）、湖（震澤）之通，起于周末，並非禹跡。

第三，漸、浙本一水，大江斷無至會稽山陰為浙江之理。《說文》浙字注「江水東至會稽山陰為浙江」，「江水」上脫一「漸」字，由此致誤。

第四，石城分江水不能至餘姚入海，且《漢志》分江水已沒，不必深究。

此問題牽涉甚廣，實難斷其是非。王鳴盛認為《說文》浙字注「江水東至會稽山陰為浙江」脫一「漸」字，雖無文獻確證，但浙江非大江支流卻無可疑。以今自然水系分割考之，浙江屬「東南沿海水

系」，而非「長江水系」明矣。[79]可見王鳴盛於輿地之學，不無卓識。

四　釋地理沿革

地理沿革是中國歷史地理學上非常重要的課題，王鳴盛在經學領域，仍展示出其出色的史學才能。以下略分三點簡要概括之：

（一）九州界域

王鳴盛於冀、兗、青、徐、揚、荊、豫、梁、雍九州每州之始，皆以當時地理劃定界域。以冀州為例，「冀州既載」句下王鳴盛「又按曰」：

> 以今輿地約之，山西太原、平陽、汾州、潞安、<u>蒲州</u>、<u>澤州</u>、大同、<u>寧武</u>、<u>朔平</u>等府，<u>平定</u>、<u>忻</u>、<u>代</u>、<u>保德</u>、<u>解</u>、<u>絳</u>、<u>吉</u>、<u>隰</u>、遼、沁等州；河南則懷慶、衛輝、彰德等府；直隸則順天、永平、保定、廣平、順德、宣化等府，及真定、河間二府之西北境；<u>東北則奉天</u>、<u>錦州等府</u>；北則踰塞，直抵陰山下，西起東受降城之北，東訖于大遼水，皆冀州域也。（頁45）

此法蓋本諸胡渭，《錐指》其云：

> 以今輿地言之，山西太原、平陽、汾州、潞安、大同五府，<u>澤</u>、遼、沁三州；河南則懷慶、衛輝、彰德三府；唯衛輝之胙城縣，舊在大河之南，當屬兗。直隸則順天、永平、保定、廣

---

79 可參考國家測繪局製：《400萬河流水系版（南海諸島）》，2008年6月，審圖號：GS（2008）1295號。http：//219.238.166.215/mcp/index.asp

平、順德五府及真定、河間二府之西北境，當以漢時漳水故道為界，水西屬冀，水東屬兗。詳見後。**大名府濬縣之西境**，以宿胥故瀆為界，西屬冀，東屬兗。又新置宣化府，舊為萬全都司。**及故遼東都司之西境**，以大遼水為界，西屬冀，東屬青。其北則踰塞直抵陰山下，西起東受降城之北，東訖于大遼水，皆古冀州域也。（頁16-17）

對比可見，王鳴盛修改之處相當明顯。山西省，清初襲明制，領府五：太原、平陽、潞安、大同、汾州；直隸州三：澤、遼、沁。胡氏《錐指》即是。雍正二年閏四月己卯（1724年5月28日）升平定、祈、代、保德、解、絳、蒲、吉、隰等九州為直隸州；三年五月甲子（1725年7月7日）置寧武、朔平二府；六年四月壬午（1728年5月10日）升澤、蒲二直隸州為府。王氏《後案》據此改正。[80]直隸省，大名府雍正三年六月丙戌（1725年7月29日）析濬、滑二縣往屬於河南省之衛輝府，[81]故王氏不稱「大名府濬縣」；康熙三十二年三月十六日（1693年4月21日）裁宣府鎮改置宣化府，[82]故胡氏稱「新置」，王氏則逕錄之；順治十年十一月丙申（1653年12月23日）於明遼東都司故地置遼陽府，十四年四月戊戌（1657年6月7日）裁遼陽府置奉天府尹於盛京；康熙三年六月甲午（1664年6月26日）置廣寧府，是年十二月壬午（1665年2月9日）徙廣寧府治於錦縣，改名錦州府，[83]胡氏稱「故遼東都司之西境」，王氏則改為「東北則奉天、錦州等府」。

其他八州同，均以「以今輿地約之，……皆某州域也」為例總

---

80 牛平漢主編：《清代政區沿革綜表》（北京市：中國地圖出版社，1990年），頁175。
81 牛平漢主編：《清代政區沿革綜表》，頁5。
82 牛平漢主編：《清代政區沿革綜表》，頁9。
83 牛平漢主編：《清代政區沿革綜表》，頁79。

結。可見王鳴盛於郡邑沿革意識極強，雖本朝前後數十年間事，必合於當代方可。而後世復引王氏者，則不如其識見。

（二）川澤變遷

河川改道、澤藪盈縮，勢所必然，考其歷代之名實，求其變遷之軌跡，亦是學者之務。

例五十八

豫州「伊、洛、瀍、澗既入河」之瀍水、澗水，王鳴盛云：

> 古時澗水經河南故城西而南入洛，瀍水經河南故城東而南入洛。二水各自入洛，故澗水東、瀍水西為王城，而瀍水東為下都。〈洛誥〉之文甚明也。自周靈王時穀、洛鬭，穀即澗，將毀王宮，于是壅穀水，使東出于王城之北，則其勢必入于瀍水。于是澗、瀍合流，皆歷王城之東，以南注于洛。而所謂澗水東，瀍水西者，大非其舊，為水道之一變矣。然其時瀍、澗二水猶未經洛陽也。迨東漢建都，洛陽為京師首邑，乃自河南縣東十五里千金堨，引水繞都城南北以通漕，而瀍水始與穀水俱東逕洛陽城南矣。古時瀍不合澗，亦不逕洛陽南，而東至偃師也。（頁68）[84]

此處考證漢時水道與《尚書》所載不合，並分析其變化轉折點。〈洛

---

[84] 今案：《續修四庫全書》影印本，第68頁下兩版與第69頁上兩版，順序恰好對調，本文仍從此本。又案：王鳴盛此段襲自胡渭，詳見氏著，鄒逸麟整理：《禹貢錐指》，頁245-246。「穀水」，禮堂刻本作「穀水」，《皇清經解》本作「穀水」，當作「穀水」為是。

誥〉云：「我乃卜澗水東、瀍水西，惟洛食。我又卜瀍水東，亦惟洛食。」此時澗水、瀍水各自入洛，澗水東、瀍水西為王城，而瀍水東為下都。周東都王城，漢時為河南郡之河南縣，其故城在今河南府洛陽縣西北。王鳴盛自注云：「即周公所城洛邑也，亦即郟鄏，又稱東都，平王自西周徙都此，《春秋》謂之王城。」下都，漢時為洛陽縣，河南郡治，其故城在今洛陽縣東北。王鳴盛自注云：「周時又稱成周。敬王自王城徙都此，東漢都此，為河南尹治，魏晉及元魏亦都之。」王城與下都，東西相去四十里，其洛陽縣居中。又《尚書》中無穀水，澗與穀異源同流，澗水東流，穀水東北流，折而會于新安縣東函谷關南，二水為一，自下通稱澗水。周靈王雍穀水事，見〈周語下〉，其云：「靈王二十（二）〔三〕年，穀、洛鬥，將毀王宮。王欲雍之，太子晉諫曰：不可。」而王卒雍之。韋昭注：「穀、洛，二水名也。洛在王城之南，穀在王城之北，東入於瀍。鬥者，兩水格，有似於鬥也。至靈王時，穀水盛，出於王城之西，而南流合於洛水，毀王城西南，將及王宮，故齊人城郟也。」[85]東漢時，洛陽為京都，已不復禹跡矣。

例五十九

豫州「滎波既豬」，王鳴盛輯鄭注云：

> 沇水溢出河為澤也。今塞為平地，滎陽民猶謂其處為**滎播**，在其縣東。《春秋》魯閔公二年，衛戾「及狄人戰于滎澤」，此其地也。（頁69）

此條鄭注出自《詩・衛風・定之方中》疏，不過「滎陽民猶謂其處為

---

85 徐元誥撰，王樹民、沈長雲點校：《國語集解》，頁92。

滎播」作「滎陽民猶謂其處為滎澤」（卷3之1，頁115）。《尚書正義》
作「鄭云：『今塞為平地，滎陽民猶謂其處為滎澤，在其縣東。』言
在滎澤縣之東也。」（卷6，頁85）作「滎澤」，與〈定之方中〉疏
同，且言「滎澤縣」。《詩・檜風・檜譜》疏引作「沇水溢出所為澤
也。今塞為平地，滎陽民猶謂其處為滎澤，在汴縣東。」（卷7之2，
頁261）「滎澤」同，而「其縣」（即滎澤縣）則作「汴縣」。[86]《史記
索隱》云：「《古文尚書》作『滎波』，此及今文並云『滎播』。播是水
播溢之義，滎是澤名。故《左傳》云狄及衛戰於滎澤。鄭玄云：『今
塞為平地，滎陽人猶謂其處為滎播。』」（頁63）且《尚書正義》云：
「馬、鄭、王本皆作滎播，謂此澤名滎播。」故王鳴盛作「滎播」。

　　王鳴盛逐條疏證鄭注，於「滎陽民猶謂其處為滎播，在其縣東」
句案曰：

> 鄭于《周禮・夏官・職方》注亦云「滎在滎陽」。攷《漢・地
> 理志》，沇水出河東垣縣王屋山，東南至武德入河，軼出滎陽
> 北地中，即滎播也。**漢但有滎陽縣，別無滎澤縣。隋始分滎陽**
> **地，置滎澤。**漢滎陽故城在今滎陽縣西南，澤在城北歷城東。
> 故班云「出縣北」，鄭云「在縣東」也。杜預亦云「在滎陽縣
> 東」，與鄭合。京相璠曰在東南，非是。又《正義》以鄭云「在縣東」
> 者為在滎澤縣之東，此據隋置縣為說，亦非是。隋滎澤故城在今滎
> 澤縣北五里，澤在城南。《括地志》云滎陽故城在滎澤縣西南十七
> 里。澤在滎陽故城北，則自當在滎澤縣南。《元和志》云在滎澤縣北，
> 亦非是。滎澤故城，明洪武八年，圮于河，移今治。澤名滎播，馬
> 同。孔改波，訓為水波，非也。（頁69-70）

《周禮‧職方》豫州「其澤藪曰圃田，其川熒雒[87]，其浸波溠」，鄭玄注云：「熒，兗水也。出東垣，入于河，泆為熒，熒在滎陽。波讀為播，〈禹貢〉曰『滎播既都』。」（卷33，頁499）王鳴盛引「熒在滎陽」與此互證。《正義》認為鄭玄「在縣東」乃指在滎澤縣之東，王鳴盛考證漢代只有滎陽縣，隋代方置滎澤縣，並具體辨析二縣故城及澤址所在。王鳴盛認為滎播澤即是滎澤，「滎播」為澤名，偽孔改作「滎波」，訓為水波，非也。滎播澤於春秋魯閔公時尚存，至東漢時已塞為平地，但滎陽百姓仍稱其地為「滎播」。[88]

(三) 區劃沿革

歷代行政區劃之沿革，在古人歷史地理學中占據非常重要的位置，諸多歷史問題都會涉及這一方面。如上文所述，山川河流之脈絡，需以行政區劃定方位、範圍；水文地貌之變遷，亦需郡邑置廢作參考。

---

87 阮元《校勘記》云：「按『熒』不得作『滎』，『雒』不得作『洛』，近錢大昕、段玉裁之說詳矣。注內『泆為熒』、『熒在滎陽』、『滎播既都』，皆『熒』字之誤。《尚書》『熒』作『滎』，乃衛包所改也。」（卷33，頁508）

88 此處除王鳴盛所關注的「滎播」與「滎波」之是非、滎陽縣與滎澤縣先後分置等問題外，「滎」與「熒」之正訛古人亦爭論不休。岳珂認為：「參考諸家之說，則『滎波』之『滎』，『熒雒』之『熒』，『熒澤』之『熒』，『滎陽』之『滎』，同以濟水溢為波為澤而得名。《釋文》於《左傳》決然以為作『滎』者非，似未深考也。只如〈禹貢〉之『滎波既豬』，鄭引以注〈職方氏〉則曰『滎播既都』。〈禹貢〉之『沇水』鄭注則曰『兗水』。蓋『播』即『波』也，『都』即『豬』也，『兗』即『沇』也。而其字則異焉。各因其時所傳之本之舊也。『滎』字之或從水，或從火，要亦如此。今各從其本之舊，而實則一也。」見氏著：《相臺書塾刊正九經三傳沿革例》，〈考異〉，頁24。而對於「滎波」的解釋，惠棟《九經古義》因襲蔡沈《書集傳》，認為「滎、波當是二水名」，孔、鄭皆誤。見氏著：《九經古義》，卷3，頁388。如此則牽涉甚廣，本文從略。

例六十

「壺口、治梁及岐」鄭注曰：

> 〈地理志〉：壺口山在河東北，屈縣之東南。梁山在左馮翊夏
> 陽，岐山在右扶風美陽西北。（頁45）

鄭玄引〈地理志〉以郡縣注出三座山的方位，王鳴盛便對屈縣、夏
陽、美陽分別作出解釋。

> 漢北屈縣，隋改吉昌。《隋志》昌寧縣，後魏置，與吉昌同屬文城
> 郡，下注「有壺口山」。唐屬慈州，又改吉鄉。故《寰宇記》
> 云：「壺口在慈州吉鄉縣西南五十里。」宋熙寧五年改隸隰
> 州，《宋史》仍作慈州，蓋其後復舊。元改吉州，隸平陽路。
> 明屬平陽府，今改直隸州，山在州西南七十里。

將屈縣自漢朝至清朝當世的演變清晰地羅列出來，這種自始至終的郡
縣沿革著錄在王鳴盛的疏證中並不罕見。除此方式外，更多的是直接
點明始與終，而將中間的變更省略掉，如：

> 漢夏陽縣，故少梁，秦惠文王更名，今為陝西同州府韓城縣。
> 梁山在縣西北九十里，綿互百里，自郃陽縣西北抵韓城縣西北
> 麻線嶺，皆是然。

僅標明其源自、初設與「今地」，但其重點是在縣治範圍的山脈方位
與走向。另一個美陽縣的例子：

> 漢美陽縣，岐山在西北中水鄉，周太王所邑。《山海經》曰：
> 「岐水出焉，東西流注于河。」今為岐山縣，山在縣東北十
> 里，縣在鳳翔府東五十里，府居五水之會，謂汧也、渭也、漆
> 也、岐也、雍也。

其疏證方式偏向於上述夏陽縣例，但對山水情況作了更詳細的解釋，
並直接引用典籍以作說明。

王鳴盛在歷史地理方面所下的功夫，在清代《尚書》學家中也應
是佼佼者。他認為鄭玄所引〈地理志〉非班固《漢書・地理志》，不
論是非與否，此說至今仍有啟發意義，今人可循此而作深入研究。[89]
至於他對〈禹貢〉及鄭玄注的諸多疏證與解釋，其中固然有訛誤，甚
至愚陋之處，但整體而言，王鳴盛在史地沿革上，確實有超越一般經
師的通識卓見。

第四節　闕疑存異

孔子曰「多聞闕疑，慎言其餘」，後世學者多踐行此說。鄭玄注
群經，即有闕疑之例，王鳴盛疏通鄭注，亦秉持「信以傳信，疑以傳
疑」的態度。不僅對於鄭注，乃至經義有難明之處，則勇於闕疑。鄭
注殘闕，故於馬融、王肅、偽孔之說，存其佚文，是其是者，非其非
者，以補鄭注之不足。

---

89 馬楠認為鄭玄所引〈地理志〉當為《東觀漢記》之地理志。詳見氏著〈鄭玄注《禹
　貢》所引地理志係《東觀漢記》之地理志考〉，《中國典籍與文化》第4期（2019
　年），頁4-7。

一　鄭玄闕疑之例

鄭玄《尚書注》有頗多闕疑之處，根據王鳴盛所輯錄，如〈堯典〉：「共工方鳩僝功」，《尚書正義》云：「〈舜典〉命垂作共工，知共工是官稱。鄭以為其人名氏未聞，先祖居此官，故以官氏也。」（卷1，頁27）則鄭玄不知共工其人名氏。又如〈禹貢〉導水：「東至于底柱」，王鳴盛輯《水經注》引鄭玄：「按《地說》，河水東流，貫砥柱，觸閼流。今世所謂砥柱者，蓋乃閼流也。砥柱當在西河，未詳也。」（卷3，頁87）則鄭玄不詳砥柱之所在。

王鳴盛尊鄭玄，康成闕疑之處，王鳴盛亦闕疑之。

例六十一

〈召誥〉：「太保乃以庶邦冢君出取幣，乃復入。」《尚書正義》引鄭注：「所賜之幣，蓋璋以皮，及寶玉、太弓，此時所賜。」王鳴盛案曰：

> 云「幣，蓋璋以皮，及寶玉、大弓」者，《春秋》定八季經：「盜竊寶玉、大弓。」《公羊傳》云：「寶者何？璋判白，弓繡質，龜青純。」是魯有此璋及寶玉、大弓也。定四季《左傳》：「分魯公以大路、大旂、夏后氏之璜、封父之繁弱。」則璋與寶玉、大弓，非封魯公之分器，當是此時所賜與周公者。以無正文，故云「蓋」以疑之。（卷18，頁196）

此釋鄭玄「蓋」字之意。王鳴盛乃據《左傳》定公四年子魚之言，成王分封周公時並未見璋及寶玉、大弓，而此物確為魯所有，因此認同鄭玄之說，當在此時所賜。但無正文可證，故以「蓋」字疑之。

例六十二

〈成王政序〉:「成王東伐淮夷,遂踐奄。」《尚書正義》云:「鄭玄謂此伐淮夷與踐奄,是攝政三年伐管、蔡時事。其編篇于此,即云未聞。」王鳴盛對鄭玄「未聞」之意進行解釋:

> 鄭云「此伐淮夷與踐奄,是攝政三秊伐管、蔡時事」云云者,此〈序〉云「伐淮夷,遂踐奄」,〈將蒲姑序〉云「既踐奄」,〈多方序〉云「歸自奄」,〈周官序〉云「既黜殷命,滅淮夷」。四序相因,皆一時事,宜列于〈康誥〉之前,乃列于此,自是錯亂,故鄭疑之。(卷30,頁298)

王鳴盛以為〈成王政〉、〈將蒲姑〉、〈多方〉、〈周官〉四序乃一時之事,當列於〈康誥〉之前。今〈書序〉列于〈立政〉之前,故鄭玄有此疑也。王鳴盛且於〈多士〉篇中表達此意,其云:「〈成王政〉、〈將蒲姑〉、〈多方〉、〈周官〉四篇,其次當在〈大誥〉之後,〈康誥〉之前。」(卷20,頁211)

二 經義難明者,王鳴盛闕疑之

雖有鄭玄、偽孔諸注,王鳴盛難定是非者,蓋闕疑之。

例六十三

「三危」在《尚書》中共出現三次,首見於〈堯典〉:「流共工于幽洲,放驩兜于崇山,竄三苗于三危,殛鯀于羽山」;次見於〈禹貢〉雍州:「三危既宅,三苗丕敘」;三見於〈禹貢〉導水:「導黑

水，至于三危，入于南海」。王鳴盛將鄭注置於〈禹貢〉篇兩處，文字稍有不同。[90]〈堯典〉首見處未收鄭注，而錄《史記・五帝本紀》集解引馬融注云：「三危，西裔也。」王鳴盛釋馬注云：

> 鄭〈禹貢〉注引《地記書》曰：「三危之山，在鳥鼠之西，南當岷山，則在積石之西南。」孔穎達云：「《地記》未必可信，要知三危之山必在河之南也。」則三危自是西裔，但今鳥鼠之西，岷山之北，積石之南，大山亦多，不知當以何山為鄭所指之古三危，闕疑可也。杜預注昭九季《傳》云：「三危在瓜州，今敦煌。」攷敦煌即今縣屬甘肅安西州，如杜說，則三危在河之北，與鄭不合，恐非也。（卷1，頁20）

孔穎達認為《地記》未必可信，而王鳴盛認為「鄭注〈禹貢〉屢引《地記》，必古書可據者也」，且於書中反復表達此意。[91]無論《地記》性質如何，二人皆贊同鄭注三危山在河之南之說。王鳴盛並批駁杜預敦煌之說，云與鄭不合。但典籍多與杜預同，如《史記・五帝本紀》正義引《括地志》云：「三危山有三峰，故曰三危。俗亦名卑羽山，在沙州敦煌縣東南三十里。」（頁29）《水經・禹貢山水澤地所在》云：「三危山在敦煌縣南。」[92]至於王鳴盛以為鄭注所指「三危」之地，大山頗多，不知具體當是哪三座山峰，故為闕疑，此一態度頗為可取。劉起釪分析「三危」所在，而終認為「三危原既從神話中來，自不需落實其地」，意指西方極遠邊裔之地而已。[93]

---

90 詳見《尚書後案》，卷3，頁79、85。

91 如《尚書後案・禹貢》導水「東至于厎柱」條，頁87。

92 陳橋驛：《水經注校證》（北京市：中華書局，2007年），卷40，頁954。

93 詳見劉起釪：〈三危、弱水、黑水考〉，載氏著：《尚書研究要論》，頁279-283。

例六十四

〈禹貢〉導山：「岷山之陽，至于衡山。過九江，至于敷淺原。」鄭注未見。孔傳：「言衡山連延過九江，接敷淺原。言導從首起，言陽從南。敷淺原，一名博陽山，在揚州豫章界。」王鳴盛引《漢志》豫章郡歷陵：「傅易山，傅易川在南，古文以為傅淺原」，則以敷淺原為水名。又引《通典》江州潯陽縣有蒲塘驛，即漢歷陵縣也。驛前有敷淺原，原西數十里有敷陽山。繼而考證其地所在，云：「考唐武德八季于潯陽縣置蒲塘驛，後改為場。五代時楊吳升為德安縣，今縣治故驛也，屬江西九江府，在府治德化縣西南一百五十里。馬氏端臨曰，德安縣有傅淺水。吳氏澄曰，德安即漢歷陵縣地。」對於典籍中所載，王鳴盛認為：

> 敷淺原蓋兼山、水而名，諸家皆從《漢志》及《通典》，其說是也。上文岷山南至衡山，至為荒遠，相距數千里，不知山脈何以相承。若云治山旁水，更不可通。又衡山在江南，九江在江北，敷淺原又在江南，其文參錯，經意尤難究悉，闕疑可也。（卷3，頁84）

根據前人之說，則敷淺原兼有山、水之名。但籀繹經文所言山脈走向，及水與山勢，終究難得的解。其疑問值得思考。

三　鄭注不存者，王鳴盛引馬、王、孔，辨其是非

在未見鄭注的情況下，若存馬、王、偽孔之說，王鳴盛則據實以辨其是非，以存異說，補足鄭氏。以下略舉數例，稍飾分析。

（一）引馬注，辨其是非

王鳴盛《蛾術編・說錄四・先鄭後馬》條云：

> 予采鄭康成《尚書注》及馬融、王肅三家為一編，以鄭為主，
> 馬、王與鄭不合者駁之。鄭嘗從學于馬，而先鄭後馬者，馬為
> 梁冀艸奏，誣李固，品節有乖。且《後漢・趙岐傳》：「岐娶扶
> 風馬融兄女，融外戚豪家，岐鄙之，不與融相見。」李賢注引
> 《三輔決錄注》：「岐與友書曰：『馬季長雖有名當世，而不持
> 士節，三輔高士未嘗以衣裾撇其門。』賤融如此。」（卷4，頁
> 73）

可見王鳴盛先主鄭氏，而後從馬融的主要原因在於馬融之「品節有
乖」，並非關涉其經注。

　　實際上，王鳴盛輯錄馬融注頗多，因其與鄭玄之關係，多疏證其
說，例與鄭注同。但馬、鄭本有同異，凡其與鄭異者，王鳴盛則論其
非。而至於鄭佚馬存的情況，王鳴盛則辨別是非，但真正否定其說者
並不多見。

例六十五

　　〈康誥〉：「惟三月，哉生魄。」《釋文》引馬注：「魄，胐也。謂
月三日始生兆胐，名曰魄。」孔傳：「周公攝政七秊三月。始生魄，
月十六日，明消而魄生。」王鳴盛引《說文》卷七上月部云：「胐，
月未盛之明。从月、出。」《漢書・律曆志》引古文〈月采〉曰：「三
日曰胐。」揚子《法言・五百》：「月未望則載魄于西，既望則終魄于
東。」宋咸注曰：「載魄當作胐。」認同馬注，以為魄即胐也。至於

馬注「三日始生兆朏，名曰魄」，王鳴盛引《禮記‧鄉飲酒義》、《白虎通‧日月》、《說文》、《詩‧天保》疏等以證其說，並云：

> 諸家皆言三日為魄，以二日有時不見也。蓋前月有三十日，則是月合朔早，二日初昏，月去日差遠，已有微明見于西方。前月二十九日小盡，則是月合朔晚，二日初昏，月去日未遠，未可得見，必三日初昏始見西方也。劉歆以生魄為望，偽孔傳以為月十六日，皆非也。（卷15，頁173）

王鳴盛實際用《說文》「霸，月始生霸然也。承大月二日，承小月三日」之意，並未定指三日，這種解釋是非常正確的。劉歆以為望、偽孔以為既望，皆非。[94]王鳴盛又因《說文》作「霸」、《漢書‧律曆志》引〈武成〉作「霸」，而考古鐘鼎文「魄」皆作「霸」，或省作雨。且引周伯琦《六書正譌》「王霸字本作伯，月魄字作霸，其義始正」，認為「此經本當作霸也」。今見西周金文確實作「霸」字，但「魄」與「霸」可同音假借，且「魄」字漢代已甚為通行，不必改經文。王國維〈生霸死霸考〉將一月四分：初吉、既生霸、既望、既死霸，而同樣以二、三日為「哉生魄」。[95]

例六十六

〈梓材〉：「若作室家，既勤垣墉，惟其塗墍茨。」《釋文》引馬注：「卑曰垣，高曰墉。墍，堊色。」孔傳：「如人為室家，已勤立垣牆，惟其當塗墍茨蓋之。」孔疏：「室言塗墍。墍亦塗也。茨謂蓋覆

---

94 〈召誥〉「越若來三月，惟丙午朏」，孔傳：「朏，明也。月三日明生之名。」（卷18，頁193）則偽孔以「朏」與「魄」為二事，則見其陋矣。

95 王國維：《觀堂集林》，卷1，頁19-26。

也。」馬注「卑曰垣，高曰墉」，王鳴盛引《國語》、《毛詩》、《說文》、《爾雅》證明「垣、墉皆牆，但卑、高異耳。」又引《說文》土部墍字注：「仰涂也。」塗字則在新附，「是塗當作涂。」墍與塈乃因偏旁易位而成異體，義則無別。所以王鳴盛認為：「然則涂、墍本一事，但仰不仰小異。垣、墉雖有別，大約俱在高處，多須仰涂，故馬舉墍見涂也。」二孔義與馬同。王鳴盛又引劉熙《釋名・釋宮室》：「塗，杜也。杜塞孔穴也。塈猶焆。焆，細澤貌也。」云：「塗之則細澤，義亦通也。」（卷17，頁190-191）則對馬注進行補充。

例六十七

〈秦誓〉：「仡仡勇夫，射御不違，我尚不欲。」《釋文》引馬注：「訖訖，無所省錄之貌。」「仡仡」，馬融作「訖訖」。孔傳：「仡仡，壯勇之夫。」王鳴盛引《說文》卷八上人部云：「仡，勇壯也。從人、气聲。《周書》曰：仡仡勇夫。」《漢書・李尋傳》云：「秦穆公任仡仡之勇。」皆作「仡仡」。又引宣公六年《公羊傳》：「祁彌明，力士也，仡然從趙盾而入。」何休注云：「仡然，壯勇貌。」則與孔傳同。因此王鳴盛認為馬融作「訖訖」，訓為「無所省錄」為非。（卷29，頁281）

（二）引王注，辨其是非

王鳴盛同樣輯錄上百條王肅佚注，與對待馬融注相似，凡存鄭注之例，皆以鄭義為準。但仍有王存鄭佚的情況出現。王鳴盛之於王肅注，絕大部分是疏證其義，找出與其相關之證據。有些甚至僅僅一兩句案語，點名王注與《爾雅》、《說文》相同之類。有少部分辨別其錯誤之處，以下各舉一例分析。

例六十八

〈洪範〉：「曰天子作民父母，以為天下王。」《史記‧宋微子世家》集解引王注：「政教務中，民善是用，所以為民父母，而為天下所歸往。」王鳴盛先對王肅注作整體解釋，云：「『政教務中』承『皇極之敷言』三句義，『民善是用』承『凡厥庶民』四句義。蓋用中于民，樂取人善，乃作父母之實也。」意謂王注前承經文，有所本也。之後便對王肅訓「王」為「往」作出考證，首引《韓詩外傳》卷五：「王者，往也。天下往之謂之王。」而《白虎通》、《風俗通》及蔡邕《獨斷》說與之大致略同。又引《春秋繁露‧滅國上》及〈深察名號〉兩篇、《漢書‧刑法志》，最後引《說文解字》卷一上王部：「王，天下所歸往也。三畫連其中，三者天地人，參通之者王。」而云：「以上諸文皆與王注合，此先漢古義也。」（卷12，頁151）「王」訓為「往」確是先秦古義，偽孔與王肅同，王鳴盛所考屬實。

例六十九

〈費誓〉：「魯人三郊三遂。」《史記‧魯周公世家》集解引王注：「邑外曰郊，郊外曰遂。不言四者，東郊留守，故言三也。」孔傳：「總諸侯之兵，而但稱魯人。峙楨榦，道近也。言三郊三遂明，東郊距守不峙。」王鳴盛認為孔疏所云「三郊三遂，謂魯人三軍」，這個觀點是正確的，但孔疏對王注「不言四者，東郊留守，故言三也」的理解卻是錯誤的。孔疏云：「此言三郊三遂，蓋使三鄉之民分在四郊之內，三遂之民分在四郊之外。鄉遂之民分在國之四面，當有四郊四遂，惟言三者，明東郊令留守，不令峙楨榦也。」二孔皆贊同王肅之說，認為經文「三郊三遂」乃是針對四郊四遂而言，指西、南、北三郊，不言東郊。王鳴盛引《春秋》成公元年疏云：「天子六軍出自六鄉，大國三軍出自三鄉，其餘公邑、采地之民不在三軍之

數。古者用兵，天子先用鄉，鄉不足取遂，遂不足取公卿采邑及諸侯
邦國。若諸侯出兵，先盡三鄉三遂，鄉遂不足，然後總徵境內之
兵。」六軍出六鄉，三軍出三鄉，明此三郊三遂（即三鄉三遂，孔疏
已言），非指四郊而言。故王鳴盛云：「今此淮夷、徐戎兩寇並發，其
勢甚急，故悉起鄉遂之兵應之，然猶不至總徵境內也。王肅謬謂東郊
留守，故不言四，傳、疏曲附王義，已非經本旨。」（卷26，頁263）
此解當較王、孔為勝。

（三）引孔傳，辨其是非

　　偽孔傳保留在今《尚書注疏》中，所以王鳴盛全引錄之。而王鳴
盛認為偽孔傳出自王肅或皇甫謐之手，所以對其態度與馬融、王肅注
相比還是有區別的。在鄭注不存的情況下，王鳴盛也能疏證其出處，
或疏通其大意。對於其誤，則批判不遺餘力。此類分佈較廣，不必具
言。

　　證其是者，亦多有之。如同對待馬融、王肅注一般，僅僅標注其
所合之典籍，也是王鳴盛常用之法。

例七十

　　〈呂刑〉：「兩造具備，師聽五辭。」孔傳：「兩謂囚、證。造，
至也。兩至具備，則眾獄官共聽其入五刑之辭。」王鳴盛引〈秋官・
大司寇〉「以兩造禁民訟，入束矢于朝，然後聽之」鄭注云：「造，至
也。使訟者兩至。既兩至，使入束矢乃治之。不至，不入束矢，則是
自服不直者也。必入矢，取其直也。」則用《周禮》鄭注證偽孔
「造，至」之訓。又引《史記》徐廣注：「造，一作遭。」而〈文侯
之命〉「造天丕愆」，孔傳訓造為遭，王鳴盛則認為是「古字假借」。
（卷27，頁271）

例七十一

〈盤庚上〉:「率籲眾慼,出矢言。」孔傳:「籲,和也。率和眾
憂之人,出正直之言。」訓「籲」為和、「慼」為憂、「矢」為正直。
對於這些訓釋,王鳴盛皆不贊同。引《說文》卷九上頁部云:「籲,
呼也。《商書》曰:率籲眾戚。」認為古文當作「戚」,而「偽孔氏欲
闢舊解,改戚為慼,訓為憂,謂眾憂之人,不詞甚矣。」他認為「戚
蓋謂貴戚。曉諭臣民,必由近臣始,故呼召之。下文云『般庚斆于
民,由乃在位』,即眾戚也。」又謂:「偽孔既以慼為憂,眾憂之人不
易呼召,因訓籲為和,古無是訓也。」其分析頗為合理。至於
「矢」,王鳴盛引《爾雅・釋言》「矢,誓也」,並引毛傳、鄭箋等證
之,云:「然則『出矢言』為『出誓言』,文義明順。乃必以矢為正
直,尤非也。」(卷6,頁110)王鳴盛之解較偽孔為優。不過王鳴盛
對「率」字無異議,大約贊同偽孔「率領」之解。王念孫認為:
「率,用也。籲,呼也。戚,貴戚也。矢,誓也。言民不肯遷,盤庚
用呼眾貴戚之臣,出誓言,以曉喻之也。」與此類同者,尚有〈堯
典〉「蠻夷率服」、「于!予擊石拊石,百獸率舞」、〈皋陶謨〉「于!予
擊石拊石,百獸率舞,庶尹允諧」、〈多士〉「予惟率肆矜爾」、〈呂
刑〉「故乃明于刑之中,率乂于民棐彝」等。[96]可補王鳴盛之不足。

例七十二

〈高宗肜日〉:「民有不若德,不聽罪。天既孚命正厥德。乃曰:
其如台。」孔傳:「不順德,言無義。不服罪,不改修。天已信命正
其德,謂有永有不永。恐王未受其言,故乃復曰:天道其如我所
言。」訓「孚」為「信」。王鳴盛引《漢書・孔光傳》及蔡邕石經作

---

96 〔清〕王引之:《經傳釋詞》,卷9「率」,頁621-622。

「付」，《史記》作「附」，二字通。但對孔傳的解釋卻不認同。引〈孔光傳〉：「《書》曰『天既付命正厥德』，言正德以順天也。」認為：

> 民不順德，天既付命罰之，人宜正德以順天。文義甚明。偽孔改「付」為「孚」，訓為信，其意以正德為天之德，乃曲說也。（卷7，頁120-121）

其實「孚，信也」，乃《爾雅·釋詁》文，《說文》亦同；且「孚」與「付」、「附」音近，亦可通。王鳴盛不可能不知孔傳來源有自，但仍否定其說，關鍵是在「正厥德」的理解上。孔穎達疏云：「天已信命，正其德，言天自信命賞有義、罰無義，此事必信也。天自正其德，福善禍淫，其德必不差也。」「厥」，二孔乃指天而言，王鳴盛用孔光義，認為當是指民而言。由此可知，王鳴盛何以認為孔傳取「孚信」義，乃為曲說。

四　王鳴盛闕略之例

以上略分三類釋之，雖總云「闕疑」，然並非王鳴盛缺略不言。但王鳴盛真正闕略不疏之例並不少見。

如鄭注且存，但與偽孔義同者，便不再疏證鄭注。〈堯典〉：「帝曰：俞，汝往哉！」《史記·五帝本紀》集解引鄭注：「然其舉得其人。汝往居此官，不聽其所讓。」孔傳：「敕使往宅百揆。」王鳴盛案曰：「鄭云云者，意與偽孔同也。」（卷1，頁22）

又如鄭注未見，但只錄馬、王或偽孔之說，而不予置評。〈堯典〉「夙夜惟寅，直哉惟清」，孔傳：「夙，早也。言早夜敬思其職，典禮施政教，使正直而清明。」（卷1，頁25）〈文侯之命〉：「若汝，予

嘉。」錄王曰:「如汝之功,我所嘉也。」[97](卷28,頁279)未加案語。〈無逸〉:「不敢荒寧,嘉靖殷邦。」《史記・魯周公世家》集解引馬注:「寧,安也。」王鳴盛案曰:「馬云云者,《釋詁》文。」(卷21,頁214)對待馬融注,則多見此例。諸如此類,當理解為王鳴盛默認其說。

第五節　小結

上文選取「群書古訓」、「語義詮釋」、「歷史地理」、「闕疑存異」四個領域,分析王鳴盛解鄭之體例、方法、正誤,一方面這四類皆可繼續深化,另一方面還可以擴展更多專題研究,但大致而言,王鳴盛疏解鄭注的主要內容基本集中在以上四個方向:徵引群書是基礎、是第一法則,語義詮釋是主體、核心部分,闕疑存異是預留的容錯空間,而歷史地理是最特殊、分量最重的特殊專題。

關於具體的疏解,王鳴盛自然也有得有失。比如並不排斥伏生《大傳》,在《尚書》學領域,無疑是造成清代中後期今文學興盛的一股潛流;又如對緯書之接受,也與此前主流解經學者不同。因王鳴盛推尊鄭學,鄭玄為《尚書大傳》、群緯作注,又引緯釋經,因此,可以說王鳴盛較為忠實地闡揚《尚書》鄭氏學之特色。另一方面,王鳴盛也有非常明顯之不足,比如篤信書證材料,特別在語言文字層面,王鳴盛在音韻學上並無太多建樹,[98]而過於尊信《說文》,[99]因此

---

97 《尚書・文侯之命》疏:「『若』訓如也,如汝之功,我所嘉也。王肅云云:『如汝之功,我所善也。』」(卷20,頁310)

98 王鳴盛〈唐以前音學諸書〉云:「直至顧絳寧人《音學五書》及《韻補正》出,古音始復存。予深信篤好之,友人戴震、段玉裁議顧氏尚有失,予未能究通,且從顧氏。」自言不善音學。詳見《十七史商榷》,卷82,頁724。

99 王鳴盛〈試學童六體首古文誤〉:「凡論文字,必以許慎為正。」見《十七史商

容易以偏概全，甚至臆斷。

　　從形式上看，王鳴盛對鄭注的疏解，大致採用義疏體，即秉持「疏不破注」的原則，以鄭注為解經皈依。其疏解內容，按照性質可分為三類：一是依託經文自然產生的解釋，比如經文所述的史實、地理、制度、禮法等；二是對鄭注本身的解釋，比如鄭注之文獻來源、立論依據、字詞詮釋等；三是受客觀條件限制的補充之舉，比如取馬融、王肅、孔傳以彌補鄭注亡佚之缺陷。這三類互有交叉，以不違鄭義為宗旨。

　　至此便需對王氏治學理念作一分析：第一，王鳴盛既然開宗明義地指出專宗鄭氏一家之學，自然是以鄭為是非，這是王鳴盛所定的原則；第二，王鳴盛專守鄭氏家法，其意在於鄭氏，而不在於經文，即以《尚書》經為表，以鄭學為裡；第三，王鳴盛之《尚書》學實為鄭氏學，如果將經學細分層次的話，王氏所治乃「注經」之學，非解「經」之學，後人以墨守一家批評其學，無疑是以解「經」標準衡量其「注經」之學，當難以服王氏之心。

　　分清不同層面之後，真正值得反思的是王鳴盛對「經學」的理解。王鳴盛自己對其墨守家法並不隱晦，反而多次明確宣揚其說：

　　　　抑治經豈特不敢駁經而已，經文艱奧難通，若于古傳注，憑己意擇取融貫，猶未免于僭越，但當墨守漢人家法，定從一師，而不敢佗徙。（〈十七史商榷自序〉）

　　　　予小子則守鄭氏家法者也，方且退處義疏之末，步孔、賈後塵。（《蛾術編・說錄四・光被》）

榷》，卷22，頁159。陶澍〈蛾術編原序〉云：「大抵先生之學，經義主鄭康成，文字主許叔重，宗尚既正，遂雄視一切。」載《蛾術編》，頁1下。

書守一師家法在，史參眾本校讎頻。(〈七十寫懷〉)

如果大致按照「經—注—疏」三層粗略劃分的話，王鳴盛不僅「墨守漢人家法，定從一師」，而且「退處義疏之末，步孔、賈後塵」，非常鮮明地確定自己治學的位置。這似乎與今人所認識到的「實事求是」的乾嘉學術不同。

王鳴盛在〈十七史商榷序〉中詳細闡釋自己對讀經之法與讀史之法的理解，關於讀經之法，其云：

> 經以明道，而求道者不必空執義理以求之也，但當正文字，辨音讀，釋訓詁，通傳注，則義理自見，而道在其中矣。

其讀書之法，論述較多，有云：「予之識暗才懦，碌碌無可自見，猥以校訂之役，穿穴故紙堆中，實事求是，庶幾啟導後人，則予懷其亦可以稍自慰矣。」並且認為「二者雖有小異，其總歸于務求切實之意，則一也」。不難看出王鳴盛同樣追求「實事求是」之學，「實事」即「正文字，辨音讀，釋訓詁，通傳注」之事，「求是」即「道在其中」。「墨守漢人家法，定從一師」，就是他的「實事求是」之法。

第五章
王鳴盛引清人之說考辨[*]

王鳴盛〈尚書後案序〉云：

> 予徧觀群書，搜羅鄭注，惜已殘闕，聊取馬、王、傳、疏益
> 之，又作案以釋鄭義；馬、王、傳、疏與鄭異者，條析其非，
> 折中于鄭氏。

卷前有〈尚書後案采取鄭馬王注書目〉，共列一三一種，然僅是輯佚
三家注之典籍，其徵引參考之書則未列出。〈自序〉言「又就正于有
道江聲，乃克成此編」，江聲（1721-1799）是唯一一位王氏明確表示
採納其說的清代學者。但細繹全書，除江氏而外，清代所見徵引者尚
有顧炎武（1613-1682）、毛奇齡（1623-1716）、胡渭（1633-1714）、
閻若璩（1636-1704）、惠士奇（1671-1741）、江永（1681-1762）、沈
彤（1688-1752）、惠棟（1697-1758）、戴震（1724-1777）諸家，今據
王鳴盛徵引方式不同，分明、暗兩類，略述其要。

---

* 本章以〈王鳴盛《尚書後案》引清人說舉例〉為題發表於《中國文哲研究通訊》
第27卷第4期（2017年），收入本書時，據全書架構有所調整。

第一節 明引之例

一 顧炎武

〈禹貢〉「東過洛汭，至于大伾」條，王氏「案曰」：

> 作孔傳者似已欲主黎陽之說，故特改《爾雅》之文為「再
> 成」，而顧氏、閻氏、胡氏，遂據濬縣山頗高大，形實再重，
> 謂偽孔傳改《爾雅》為確，牙謬極矣。（卷3，頁88）

並舉顧炎武、閻若璩、胡渭三家，以為皆誤信偽傳所改。胡渭《禹貢
錐指》云：「顧炎武《肇域記》云：『《爾雅》：山一成曰伾。孔安國
曰：山再成曰伾。』今觀山形，當以安國為是。」[1]顧說出《肇域
志》，[2]閻說見《尚書古文疏證》第八十七條。[3]

〈洪範〉「無偏無陂，遵王之義」，王氏案曰：「東吳顧氏
曰：……顧說近是，辨見下。」（卷12，頁149-150）此條全引顧炎武
《唐韻正》五支「儀」字注，[4]不過所引典籍順序有所不同。[5]

---

1 〔清〕胡渭撰，鄒逸麟整理：《禹貢錐指》，卷13中之上，頁452。下引此書，隨文
　標注。
2 〔清〕顧炎武：〈陝西二〉，《肇域志》，《續修四庫全書》史部第592冊影上海圖書館
　藏清抄本，頁740。
3 〔清〕閻若璩撰，黃懷信、呂翊欣校點：《尚書古文疏證》，卷6上，頁397。
4 〔清〕顧炎武：《音學五書》，卷2，頁246-247。
5 今案：王氏此條又全為王玉樹《經史雜記》承襲。詳見〔清〕王玉樹：《經史雜
　記》，《續修四庫全書》子部第1156冊影清道光十年〔1830〕芳樨堂刻本，卷2，頁
　345-346。王玉樹此書多有直鈔王鳴盛《後案》條，且有誤小注為正文者，較不善。
　今人司馬朝軍「細核其書，考其來源，勘定其抄襲成書」，見氏著：《續修四庫全書
　雜家類提要》（北京市：商務印書館，2013年），頁252。

二 毛奇齡

〈大誥〉「弗弔，天降割于我家，不少延」，王氏「案曰」：

> 據《釋文》及疏，鄭、馬、王皆「不少延」為句，惟偽孔傳以「延洪」連文。而毛氏奇齡據唐裴度〈中和節賜百官尺〉詩，連用「延洪」字，以為唐人猶知古義。然〈翟義傳〉亦以「洪」屬下句，則知「延洪」之解出晚晉偽傳，古無此訓也。（卷14，頁169）

駁毛奇齡「延洪」之說。毛氏說見《尚書廣聽錄》及《經問補》。[6]

三 胡渭

〈禹貢〉「濰、淄其道」，王氏「又案曰」引《水經》濰水「又東過利縣東」下小字注：

> 《錐指》云：今博興縣東有利縣故城。應劭曰：博昌縣西南三十里有安平城，故縣也。渭攷淄水自利縣東，又東北流，不得過博昌之西。今臨淄縣東有安平故城，若以為是，則當先安平後利縣。不然則道元誤引，利縣東北當別有東安平城也。（卷3，頁55）

6　〔清〕毛奇齡：《尚書廣聽錄》，《四庫全書》第66冊景印文淵閣本，卷5，頁680-681。〔清〕毛奇齡撰，〔清〕毛遠宗補：《經問補》，《四庫全書》第191冊景印文淵閣本，卷2，頁23。

見胡氏《錐指》本條，其中「安平城」原作「安平亭」，「博昌之西」
原作「博昌之西南」（卷4，頁100）。但王鳴盛以為必有二城，酈注
不誤。

〈禹貢〉「沿于江、海，達于淮、泗」，王氏「又案曰」：

> 以上所敘通江淮始末，乃自周季下迄隋代事，近儒閻若璩、胡
> 渭長于考據，為詳著之。而此道之非禹跡乃明。（卷3，頁64）

閻氏說見《疏證》第九十三條[7]、《潛邱札記》[8]、《四書釋地續》[9]，胡
氏說見《錐指》本條（卷6，頁192-195）。

〈洪範〉「潤下作鹹，炎上作苦，曲直作酸，從革作辛，稼穡作
甘」，王氏「案曰」引胡氏渭「此節『潤下』等字」云云（卷12，頁
142）。胡氏說見《洪範正論》本條[10]，王氏所引未遵循原文。

〈洪範〉「三，八政。一曰食，二曰貨，三曰祀，四曰司空，五
曰司徒，六曰司寇，七曰賓，八曰師」，王氏「案曰」引胡渭「據陳
櫟」云云（卷12，頁146）。胡氏說見《洪範正論》本條。[11]

四　閻若璩

〈禹貢〉荊州「沱、潛既道」，王氏「案曰」引閻氏若璩曰：

7　〔清〕閻若璩：《尚書古文疏證》，卷6下，頁448-451。

8　〔清〕閻若璩：《潛邱札記》，《四庫全書》第859冊景印文淵閣本，卷2，〈按〈禹
　　貢〉沿于江海，達于淮泗〉條，頁452。

9　〔清〕閻若璩：《四書釋地續》，《四庫全書》第210冊景印文淵閣本，〈淮注江〉
　　條，頁341。

10　〔清〕胡渭：《洪範正論》，《四庫全書》第68冊景印文淵閣本，卷2，頁23-26。

11　〔清〕胡渭：《洪範正論》，卷3，頁36-37。

　　江之沱也，今本誤作江之氾也。水自江出為沱，此正夏水初分
　　出江處也，于沱為合。水決復入為氾，此非夏水至雲杜入沔處
　　也，于氾為不合。（卷3，頁66）

閻氏說見《疏證》第九十四條。[12]

　　〈顧命〉「乃同召太保奭、芮伯、彤伯、畢公、衛侯、毛公、師
氏、虎臣、百尹、御事」，王氏「案曰」：「畢，杜預云：『在長安縣西
北。』閻若璩云：『此名畢原，非畢陌之在渭水北者。』」（卷25，頁
238）閻氏說見《疏證》第七十條。[13]

　　〈序・商書〉「湯歸自夏，至于大坰，仲虺作誥」，王氏「案曰」引
閻若璩曰：「〈仲虺之誥〉，《荀子》作〈中蘬之言〉，《左傳》作〈仲虺
之志〉，《史記・殷本紀》作『中㐳』，司馬貞注：『㐳音壘。蓋虺有二
音。』」（卷30，頁288）閻氏說見《疏證》第三十一條。[14]

五　惠士奇

　　〈盤庚〉「茲予大享于先王，爾祖其從與享之」，王氏「案曰」引
惠氏士奇云：「禘者，陽之盛也。夏之始可以承春，故春夏皆得行
焉。」繼之云：

　　　考〈祭統〉云：「礿禘，陽義也。嘗烝，陰義也。禘者，陽之
　　　盛也。嘗者，陰之盛也。故曰莫重於禘嘗。」惠說本此，以彌
　　　縫鄭注，尤為精密，當從之。（卷6，頁113）

---

12 〔清〕閻若璩：《尚書古文疏證》，卷6下，頁466。
13 〔清〕閻若璩：《尚書古文疏證》，卷5上，頁235。
14 〔清〕閻若璩：《尚書古文疏證》，卷2，頁123。

惠士奇說見《春秋說》。[15]

六 江永

〈牧誓〉「稱爾戈，比爾干，立爾矛，予其誓」，王氏「案曰」引江氏永「戈、戟皆有曲胡而異用」云云（卷11，頁134-135），辨戈、戟相似而實異用。江永說見《周禮疑義舉要》。[16]

〈顧命〉「王出在應門之內」，王氏「案曰」引江永曰「古宮室之制，堂必築土崇高，廟寢皆有之，有堂即有階」云云（卷25，頁257）。江永說見《鄉黨圖考・宮室》。[17]

七 惠棟

〈洪範〉「無有作好，遵王之道。無有作惡，遵王之路」，王氏「案曰」：

> 而惠棟乃云：「篆文女字似丑，故或从丑，或从女，文之異也。」意以玅、好是一，亦非。當從《說文》為定。（卷12，頁150）

---

15 〔清〕惠士奇：《惠氏春秋說》，《四庫全書》第178冊景印文淵閣本，卷1，頁629-630。

16 〔清〕江永：《周禮疑義舉要》，《四庫全書》第101冊景印文淵閣本，卷6，頁774-775。又案，王鳴盛所引並非江永原書，而是間接引自戴震《考工記圖》，詳見下文。

17 〔清〕江永：〈朱子儀禮釋宮〉，《鄉黨圖考》，《四庫全書》第210冊景印文淵閣本，卷4。

不從其說。惠氏說見《九經古義》之《尚書古義》。[18]

八　戴震

〈洪範〉「日月之行，則有冬有夏」，王氏「案曰」全引戴震〈九道八行說〉，文詞一致，並云：「戴所言南北緯者，在赤道南為南緯，在赤道北為北緯，九道之說于是明矣。」（卷12，頁159）戴氏該篇已收入《東原文集》。[19]

第二節　暗引之例

以上所述乃王鳴盛明確提及之學者，暗用而不書姓氏者，則難以盡考，以下姑以學者年代為序，略述所見。

一　胡渭

〈禹貢〉之學，胡渭《錐指》一書對王鳴盛影響頗大，在《尚書後案·禹貢》卷，大到體例，小至夾注，皆有因襲之跡，其密集程度足以令人相信王鳴盛應該直接以《禹貢錐指》作為考證藍本。以下分數類略作分析，另詳解一例以明之。

---

18 〔清〕惠棟：《九經古義》，《四庫全書》第191冊景印文淵閣本，卷4，頁394。下引此書，隨文標注。

19 〔清〕戴震撰，湯志鈞校點：《戴震集》（上海市：上海古籍出版社，1980年），卷5，頁118-120。今案：戴震此文微波榭本《文集》未收，段玉裁將之採入經韻樓本。經韻樓本刊刻在乾隆五十七年（1792），王鳴盛《後案》刊刻於乾隆四十五年（1780），故王氏所據當是戴震某鈔本而非經韻樓刻本。

（一）直接刪去「渭按」者

如「織皮崑崙、析支、渠搜，西戎即敘」，王氏：「按西海距玉門、陽關四萬餘里，而昆侖更在西海之南，去雍州太遠，其非〈禹貢〉之昆侖明甚。」（卷3，頁80）此語直接出自《錐指》「渭按」（卷10，頁335）。

又如「又東至于孟津」，王氏案曰：「河陽本晉邑，漢置縣，故城在今河南懷慶府孟縣西南三十里。」（卷3，頁87）亦為「渭按」之語（卷13中之上，頁447）。

（二）暗從胡渭考證者

如梁州「沱、潛既道」，《後案》引《史記正義》引任豫《益州記》云云，王氏此段引文亦與胡渭相合（卷3，頁72），而胡氏本作「杜預《益州記》」，小注考證「此杜預當是任豫」（卷9，頁274），王氏則逕改從之。

又如「蔡蒙旅平」，王氏引《漢書・地理志》蜀郡青衣縣「〈禹貢〉蒙山谿大渡水東南至南安入渽」，小注：「渽當作沫，師古曰『音哉』，誤」（卷3，頁73），此義同胡渭（卷9，頁282）。[20]

（三）與胡渭同誤者

如「東原底平」，王氏引《水經》「蛇水出岡縣東北太山」及《春秋釋地》「闡在岡縣北者也」（卷3，頁57），此段「案曰」全襲自胡渭（卷5，頁126），然而「岡縣」乃「剛縣」之誤，[21]與胡氏同。

---

20 今案：丁晏於此說有辨，認為胡渭勇於改經。見《禹貢錐指》，卷9，頁285。

21 〔清〕楊守敬、熊會貞疏，段熙仲點校，陳橋驛復校：《水經注疏》，卷24，頁2075；陳橋驛校證：《水經注校證》，卷24，頁582-583。

又如「導菏澤被孟豬」，王氏「又案曰」引「《左傳》僖十八年，楚子玉夢河神賜以孟諸之麋」（卷3，頁70），事本在僖公二十八年，亦與胡氏同誤（卷8，頁254）。

（四）引胡氏而脫誤者

如「蔡蒙旅平」，王氏引《水經》「東北與青衣水合」小注引：「酈注：二水于漢青衣縣東合為一川。」（卷3，頁73）胡渭作：「《華陽國志》曰：二水於漢嘉青衣縣東合為一川。」（卷9，頁281）「漢嘉」，王鳴盛誤脫「嘉」字，而將酈道元注引《華陽國志》簡作「酈注」亦有不安。[22]

又如「涇屬渭汭」，王氏「又案曰」：「高陵者，涇、渭二水之會；襄德者，河、渭二水之會。均為水相入，均為水之隈曲也。」（卷3，頁77）由前後文可知王氏襲自《錐指》，然「均為水相入」前脫「均為水北」四字（卷10，頁307-308）。

（五）用其材料而不從其說者

如「荊、河惟豫州」，王氏「又案曰」引同胡渭（卷3，頁68），然而胡氏以為「波則別是一水，非滎播也」（卷8，頁239），王氏則云「波即滎播」，恰好相反。

又如「太行、恆山，至於碣石，入於海」，王氏「又案曰」考碣石多用《錐指》之引文材料（卷3，頁82），然而胡渭採酈道元之說，以為碣石已淪入海中（卷11上，頁356-360），王氏則明確反駁酈說。

以上五類十例極為常見，故條舉其處而未作詳解，以下再細說前章所舉一例。

---

22 詳見《水經注疏》，卷36，頁2964；《水經注校證》，卷36，頁828。

豫州「伊、洛、瀍、澗既入河」之瀍水、澗水，王鳴盛云：

> 周東都王城，漢為河南郡之河南縣，其故城在今河南府洛陽縣
> 西北。下都，漢為洛陽縣，河南郡治，其故城在今洛陽縣東北。
> 二城東西相去四十里，而今洛陽縣居其中。古時澗水經河南故
> 城西而南入洛，瀍水經河南故城東而南入洛。二水各自入洛，
> 故澗水東、瀍水西為王城，而瀍水東為下都。〈洛誥〉之文甚
> 明也。自周靈王時穀、洛鬪，穀即澗，將毀王宮，于是壅穀水，
> 使東出于王城之北，則其勢必入于瀍水。于是澗、瀍合流，皆
> 歷王城之東，以南注于洛。而所謂澗水東，瀍水西者，大非其
> 舊，為水道之一變矣。然其時瀍、澗二水猶未經洛陽也。迨東
> 漢建都，洛陽為京師首邑，乃自河南縣東十五里千金堨，引水
> 繞都城南北以通漕，而瀍水始與穀水俱東逕洛陽城南矣。古時
> 瀍不合澗，亦不逕洛陽南，而東至偃師也。（卷3，頁68-69）[23]

此處考證漢時水道與《尚書》所載不合，並分析其變化轉折點。〈洛
誥〉云：「我乃卜澗水東、瀍水西，惟洛食。我又卜瀍水東，亦惟洛
食。」此時澗水、瀍水各自入洛，澗水東、瀍水西為王城，而瀍水東
為下都。周東都王城，漢時為河南郡之河南縣，其故城在清河南府洛
陽縣西北。王鳴盛自注云：「即周公所城洛邑也，亦即郟鄏，又稱東
都，平王自西周徙都此，《春秋》謂之王城。」下都，漢時為洛陽
縣，河南郡治，其故城在清洛陽縣東北。王鳴盛自注云：「周時又稱
成周。敬王自王城徙都此，東漢都此，為河南尹治，魏晉及元魏亦都
之。」王城與下都，東西相去四十里，其洛陽縣居中。又《尚書》中

---

23 今案：《續修四庫全書》影印本，第68頁下兩版與第69頁上兩版，順序誤調。

無穀水，澗與穀異源同流，澗水東流，穀水東北流，折而會于新安縣東函谷關南，二水為一，自下通稱澗水。周靈王雍穀水事，見《國語・周語下》，其云：「靈王二十（二）〔三〕年，穀、洛鬪，將毀王宮。王欲雍之，太子晉諫曰：不可。」而王卒雍之。韋昭注：「穀、洛，二水名也。洛在王城之南，穀在王城之北，東入於瀍。鬪者，兩水格，有似於鬪也。至靈王時，穀水盛，出於王城之西，而南流合於洛水，毀王城西南，將及王宮，故齊人城郟也。」[24]東漢時，洛陽為京都，已不復禹跡矣。此條以「案曰」起始，又未引及他人論著，但卻並非王鳴盛自創之說。經考，其材料、觀點皆襲自胡渭，大部分字句與胡氏基本無別。[25]

雖然王鳴盛參考《禹貢錐指》，但其經學理念與胡氏不同。王氏以「鄭學」為尊，故凡與鄭注相合者引為同調，其不合者則多駁斥，如〈禹貢後案〉中時稱「近儒」者，多是王鳴盛批評胡渭未用鄭說之處。後來焦循做《禹貢鄭注釋》，參考引用《尚書後案》，但對王鳴盛暗用胡渭之處，亦無微詞，對王氏有別於胡氏之說，方作分辨。

二　閻若璩

閻若璩之《尚書》學成就集中於辨偽古文、偽孔傳，但在《尚書古文疏證》中多有與胡渭討論地理之處，王鳴盛在此方面所引較多。

例一、〈禹貢〉「壺口治梁及岐」，王氏案曰：

今為岐山縣，山在縣東北十里，縣在鳳翔府東五十里。府居五

---

24 徐元誥撰，王樹民、沈長雲點校：《國語集解》，〈周語下〉第3，頁92。
25 詳見〔清〕胡渭撰，鄒逸麟整理：《禹貢錐指》，卷8，頁245-246。

水之會，謂汧也，渭也，漆也，岐也，雍也。岐水入漆，雍水
合漆水入渭，汧水、漆水各入渭。禹治壺口梁山，以殺河勢，
岐雖與河無涉，但既至河西，工宜竝舉，「及岐」者正謂治
汧、漆諸水以入渭也。（卷3，頁45）

此段實出自《尚書古文疏證》第九十二條，閻若璩向胡渭說明為何不
解釋「及岐」二字。雖然閻氏認為梁山與岐山接連，可能大禹一併施
工治理，但為何如此，仍不解，故云「其所以然之故，千載而下殆難
以臆度，故曰學莫善于闕疑」。[26]王鳴盛行文基本與閻氏同，但卻並未
採取闕疑態度，直接得出「及岐」為治汧、漆諸水以入渭之義。

　　例二、〈禹貢〉「夾右碣石入于河」，《後案》輯鄭玄注曰：「《戰國
策》碣石在九門縣，今屬常山郡，蓋別有碣石與此名同，今驗九門無
此山也。」王氏案曰：

鄭所引今《戰國策》無此文，則亡佚矣。惟《續漢志》常山國
九門縣，劉昭《補注》曰：「碣石山，《戰國策》云在縣界。」
《史記·蘇秦傳》索隱所引同。考九門縣自西漢，五代猶沿，
宋開寶六年始省入藁城縣，今屬真定府，縣西北二十五里有九
門城，故縣也。四面五百餘里皆平地，求一部婁以當所謂碣石
亦不可得，故鄭云「今驗九門無此山也」。鄭〈戒子書〉云
「吾嘗遊學，往來幽、并、沇、豫之域」，然則九門無碣石，
鄭目驗知之也。（卷3，頁50）

此段出自《潛邱札記·釋地餘論》。閻若璩先引王應麟《通鑒地理通

26　〔清〕閻若璩：《尚書古文疏證》，卷6下，頁433。

釋》有關碣石之說，又考《戰國策》所謂碣石在九門之說為非，最後
云：「王伯厚生長晚宋，足不曾至中原，即以信康成者削《國策》，不
知古人譔著，屹如堅壘，豈易攻與？」[27]王鳴盛引文、考證一如閻
氏，而其解經以鄭注為本，故明確取鄭目驗之說。

　　例三、〈禹貢〉「九河既道」，王氏案曰：

> 又云「齊桓公塞之」云云者，疏引《寶乾圖文》，《尚書中候》
> 同。據此則禹穿九河，歷商、周至齊桓，千數百年猶存，齊桓
> 始塞之。桓卒于襄王九年戊寅，至定王五年己未，甫四十二
> 年，而〈溝洫志〉王橫引《周譜》云是年河徙，則知下流壅
> 塞，上流乃決，實為齊桓所塞故也。（卷3，頁51）

此段出自《潛邱札記》。鄭玄「齊桓公塞河」說，閻氏引蔡《傳》以
駁之，又認同于欽《齊乘》「其勢必然，非齊桓塞八流以自廣也」，而
云「齊桓卒於襄王九年戊寅，至定王五年己未，甫四十二年」，「河之
患始此矣」。[28]胡渭《錐指》引閻氏此說，並按云：

> 百詩之言甚當。八流雖非桓所塞，而參以《周譜》，則壅自桓
> 時亦非妄，緯書不盡無稽也。（卷3，頁70）

則胡渭與閻氏同，以為齊桓並未塞河，而河壅確實在齊桓之時。王鳴
盛結合于欽、閻氏之言，但仍贊同鄭注。

　　例四、〈禹貢〉「岷、嶓既藝」，王氏「案曰」：

27　〔清〕閻若璩：《潛邱札記》，卷2，頁430-431。

28　〔清〕閻若璩：《潛邱札記》，卷2，頁444。

漢湔氐道，唐為松州嘉誠縣，廣德初陷吐蕃，宋亦未復，仍為吐蕃地。今為龍安府**松潘廳**，在府西三百里，成都府西北七百六十里。岷山又在**廳**西北二百二十里，山有大分水嶺，即古羊膊嶺。江源所出，距廳尚遠，豈得謂江所出之岷山即在湔氐道？（卷3，頁71）

閻若璩《尚書古文疏證》第九十四條云：

蔡傳引《地志》岷山在蜀郡湔氐道西徼外，在今茂州汶山縣，江水所出也，豈不大謬？漢湔氐道縣，在唐為松州，廣德初陷吐蕃，宋亦為吐蕃地。今為**松潘衛**，在成都府西北七百六十里。岷山又在**衛**西北二百二十里，曰大分水嶺，江源出焉。或曰：即古羊膊嶺，云相距五百八十餘里，豈一地乎？[29]

兩相對比，即見相襲之跡，但王鳴盛並非照抄其文。漢湔氐道，閻若璩云「今為松潘衛」，而王鳴盛則云「今為龍安府松潘廳」，衛、廳有不同。清初因襲明制，稱松潘衛，屬四川都司。雍正八年十一月己卯（1730年12月13日），往屬龍安府；九年十二月癸丑（1732年1月21日），裁衛改置松潘廳。乾隆二十五年十二月己丑（1761年1月24日），升為直隸廳。[30]可見閻若璩時名為松潘衛，而王鳴盛作《後案》此條時則改為龍安府松潘廳（王氏草稿可能在乾隆二十五年升直隸廳之前，雕版時未改），也足見其於史地沿革之細緻。

　　以上略舉四例，其他暗引之例尚多。如〈禹貢〉「三江既入」，王氏「案曰」考《漢志》之三江，其中南、北二江與今相合，中江則不

29　〔清〕閻若璩：《尚書古文疏證》，卷6下，頁469。
30　牛平漢主編：《清代政區沿革綜表》，頁312。

合（卷3，頁61-62）。其說全襲閻若璩，《疏證》第九十六條以為班〈志〉「言水有與今不合者，有徑說錯者」，先考南、北江與今相合，又考中江與今不合之由，乃唐元和以前置堰，水道改為西北流入江，故與《漢志》不合。[31]兩相對比，即見引文、觀點，王、閻皆同。

又如〈禹貢〉「伊、洛、瀍、澗既入于河」，王氏引《水經》「又東北過伊闕中」，以為賈讓所言「辟伊闕」即〈禹貢〉「既入于河」（卷3，頁69），此意出自閻若璩《四書釋地續》。[32]

三　沈彤

沈彤《周官祿田考》，《四庫全書總目》云：「其說精密淹通，於鄭賈注疏以後，可云特出。」[33]王鳴盛亦曾暗引其說。〈皋陶謨〉「惟荒度土功。弼成五服，至于五千，州十有二師。外薄四海，咸建五長」，王鳴盛為反駁〈王制〉「古步大于今步，古里大于今里，此三代田制異名同實之說」，論證「尺數、步數、畝數、里數皆古小今大」之說，其文字基本出自沈氏《祿田考》。今以《後案》文本為序，分四段詳解如下。

段一、《尚書後案》云：

> 且周尺之制見宋秦熺《鐘鼎欵識》：「《漢志》劉歆銅尺、後漢建武銅尺、晉前尺並同。」宋高若訥依《隋志》定十五等尺，第一為周尺，即此也。詳蔡氏《律呂新書》。（卷2，頁40）[34]

31　〔清〕閻若璩：《尚書古文疏證》，卷6下，頁514。
32　〔清〕閻若璩：《四書釋地續》，〈汝〉條，頁343。
33　〔清〕永瑢等：《四庫全書總目》，卷19，頁157。
34　本節所引《尚書後案》，皆出此頁。

《周官祿田考》：

> 右圖摹宋秦熺《鐘鼎欵識》冊所載，冊又載尺底篆文，銘云：
> 「一周尺，《漢志》劉歆銅尺、後漢建武銅尺、晉前尺並同。」
> 按宋高若訥依《隋志》定十五等尺，第一為周尺，即此也。詳
> 蔡氏《律呂新書》。蓋此於後人所定周尺中為近古且最著云。[35]

所引宋人文獻基本無別，若非考察，則以為王鳴盛徑引蔡元定之《律呂新書》。

段二、《尚書後案》又云：

> 較今尺止七寸四分，今尺較古尺乃一尺三寸五分。古一步六
> 尺，見〈小司徒〉注引《司馬法》及《漢・食貨志》。今一步五尺。
> 見唐杜氏《通典・刑類・甲兵》篇之〈守拒法〉。宋迄明沿之。國朝以
> 五尺五寸為步，見王貽上《居易錄》所載孔尚任《周尺考》。今仍以五
> 尺為步。古步較今步止四尺四寸四分，今步較古步乃一步有七
> 寸五分。

《周官祿田考》：

> 古一步六尺，從〈小司徒〉註所引《司馬法》及《漢・食貨志》。今
> 一步五尺。一步五尺，見唐杜氏《通典・刑類・甲兵》篇之〈守拒
> 法〉。宋迄明沿之。國朝以五尺五寸為步，見王貽《上居易錄》所載孔
> 氏尚任《周尺考》。今仍以五尺為步。**凡歷代步弓，尺長短不一，今步**

之尺乃乾隆元年工部所重頒，當今裁衣尺之中者九寸。而古尺較今尺止七寸四分，今尺較古尺乃一尺三寸五分。古步較今步止四尺四寸四分，今步較古步乃一步有七寸五分。[36]

此段論步數、尺數古今差異。可見王鳴盛除調整語序及刪略「凡歷代步弓……當今裁衣尺之中者九寸」一句之外，餘則與沈氏無別。

段三、《尚書後案》又云：

古百步為畝，亦見〈小司徒〉注引《司馬法》。自漢至今，常以二百四十步為畝，古百畝當今四十一畝三分畝之二。大畝始于漢，見桓寬《鹽鐵論》。顧氏《玉篇》謂始秦孝公。

《周官祿田考》：

古之百畝當今幾何畝？曰：古者百步為畝。自漢至今，常以二百四十步為畝，大於古百四十步。大畝始於漢，見桓寬《鹽鐵論》。顧氏《玉篇》謂始秦孝公。先師何學士云：意秦但行之西陲，漢乃徧於天下也。[37]

此段本為沈氏論述之末，王鳴盛則調到文中，且刪去沈氏述其師何焯之語，此後尚有論古今畝數差異，亦為王氏刪去。

段四、《尚書後案》又云：

古三百步為里，見宣十五年《穀梁傳》及《孔子家語》、《大戴禮

---

36 〔清〕沈彤：《周官祿田考》，卷中，頁692-693。
37 〔清〕沈彤：《周官祿田考》，卷中，頁696-697。

記・王言》篇。今三百六十步為里。見唐李翱《平賦書》。宋如唐，見《文獻通考・王禮》第十二卷。元以二百四十步為里，見陶宗儀《輟耕錄》。明如宋，見《洪武正韻》。今仍之。

《周官祿田考》：

> 古之百里當今幾何里？曰：五十五里有二十二步強。蓋古者三百步為里，見《穀梁春秋》宣十五年傳、《孔子家語》、《大戴禮記・王言》篇。今三百六十步為里。三百六十步為里，見唐李氏翱《平賦書》。宋如唐，見馬氏《文獻通考・王禮》第十二卷。元以二百四十步為里，見陶宗儀《輟耕錄》。明如宋，見《洪武正韻》。今亦仍之。大於古六十步。[38]

此段論古今里數不同，其證據一如沈氏所列。

據以上分析可知，王鳴盛雖略微調整論證順序，刪減文字，但自正文至小注，自觀點至文獻皆與沈氏無甚差異，則為徵引沈彤《周官祿田考》無疑。至於《尚書後案》中是否還有沈氏之說，尚未全面考察。

四 惠棟 附惠士奇

惠棟與王鳴盛關係介於師友之間，在《尚書》學方面，惠棟《古文尚書考》、《九經古義》諸書皆為王鳴盛所採集。《九經古義》精於經文傳注之考證，王鳴盛徵引甚多，略舉數例以明之。

---

38 〔清〕沈彤：《周官祿田考》，卷中，頁692。

　　《九經古義》之中,《尚書古義》為之所引最為密集。如:

1. 〈堯典〉「平章百姓」,王鳴盛認為「平」乃「釆」之訛誤(卷1,頁5),用惠氏說(卷3,頁383)。

2. 〈堯典〉「昧谷」,王鳴盛分辨「𣎴」、「𣇧」二字(卷1,頁7),由惠氏說發揮而來(卷3,頁384)。

3. 〈堯典〉「賓于四門」,王鳴盛認為「賓為古文儐」(卷1,頁12),出自惠氏(卷3,頁385)。

4. 〈禹貢〉「九江納錫大龜」,王鳴盛考「入」即古文內,「賜」即古文錫(卷3,頁67),皆惠氏言(卷4,頁400-401)。

5. 〈盤庚〉「若顛木之有由蘗」,王鳴盛「由訓為生」(卷6,頁111),用惠氏說(卷3,頁390)。

6. 〈金縢〉「是有丕子之責于天」,鄭注「丕讀曰不」,《史記索隱》引作「丕讀曰負」,「謂三王負于上天之責」,王鳴盛考「負」乃「丕」之假借字(卷13,頁162),《索隱》誤,用惠氏說(卷4,頁395)。

7. 〈君奭〉「遏佚前人光」,《漢書·王莽傳》引作「遏失」,王鳴盛考「古佚字皆作失」,引《國語》、《管子》、〈秦詛楚文〉諸種材料(卷22,頁219),全用惠氏文(卷4,頁397-398)。

8. 〈呂刑〉「惟貨,惟來」,王鳴盛引漢律及《說文》,云「漢盜律有受賕之條,即經所云『惟貨』也;又有聽請之條,即經所云『惟求』也」(卷27,頁271),皆為惠氏語(卷4,頁399)。

　　此例尚多,不必枚舉。除此而外,惠氏其他經書《古義》亦見引用。

　　例一、〈堯典〉「厥民夷,鳥獸毛毨」,王氏小注案曰:

　　　　〈司裘〉注「中秋鳥獸氄毛」,《釋文》云「氄音毛」,非也。

毨當為髦字之誤也。鄭氏《尚書》「中秋,鳥獸髦毨;中冬,鳥獸毨髦」,涉下而誤也。(卷1,頁8)

此段出自《周禮古義》:

> 〈司裘〉注「中秋鳥獸毨毦」,《釋文》云「毨音毛」。棟案:毨當為髦字之誤也。鄭氏《尚書》云「中秋,鳥獸髦毨;中冬,鳥獸毨髦」,涉下而誤耳。(卷7,頁426)

顯然除去「棟案」換成「非也」,餘則無別。

例二、〈皋陶謨〉「格則承之庸之,否則威之」,王氏「案曰」:

> 《春秋傳》「奉承齊犧」,古謂奉牲幣而薦之曰承。承,薦也。《列子·黃帝》篇:「孔子觀于呂梁,縣水三十仞,一丈夫游之,以為苦而欲死,使弟子竝流而承之。」張湛注云:「音拯。《方言》:出溺為承。」是也。明夷六二「用拯馬壯」,《說文》引作「抍」,云「上舉也」。子夏本同。漢〈孔宙碑〉亦以抍為拯。《玉篇》引李登《聲類》又作「承」,承即承省也。(卷2,頁36)

此節出自《周易古義》。[39] 王鳴盛《蛾術編·說字十六》繼承此說,云:

> 抍字,注引《易》「抍馬壯吉」,唐石經字磨滅,今本皆作「拯」,車部犟字注引此經亦作抍。(卷30,頁298)

---

39 詳見〔清〕惠棟:《九經古義》,卷1,頁369。

迮鶴壽案語則明確引述惠棟原文。

　　例三、〈洪範〉「彝倫攸斁」，王鳴盛考鄭注斁訓敗者，「斁本當作
𢾵」（卷12，頁138）。此義出自《毛詩古義》：

> 〈雲漢〉云：「耗斁下土。」箋云：「斁，敗也。」棟案：斁當
> 作𢾵。《汗簡》云：「古文《尚書》斁作𢾵。」故《春秋繁露》
> 引此《詩》云「耗射下土」，射與斁通，斁本訓厭。《毛詩》古
> 文作𢾵，鄭隨文釋之，故訓為敗。（卷6，頁420）

王鳴盛所引《汗簡》、《毛詩・雲漢》鄭箋、《春秋繁露》諸文獻及用
語，皆與惠氏同。

　　不過，王鳴盛於惠棟之說也非全部採納。如〈堯典〉「平秩南
訛」，《史記》作「南譌」，惠棟以為「譌與訛古字本通」，「孔氏強讀
為訛字，雖則訓化，解釋亦甚紆回也」（卷3，頁383-384），而王鳴盛
用孔《傳》，亦無案語（卷1，頁7）。

　　〈堯典〉「舜讓于德弗嗣」，「嗣」有「怡」、「懌」、「台」三種異
文，《漢書音義》云「古文台作嗣」，惠棟以為：「嗣與怡音義絕
異。……古怡、詒字皆省作台，古嗣字皆省作司。……或古司、台字
相似因亂之也。」（卷3，頁385）王鳴盛亦列三種異文，但以〈王莽
傳〉引《書》「舜讓于德不嗣」為證，以為「古文本作嗣也」，與惠氏
不同（卷1，頁13）。

　　〈堯典〉「分北三苗」，惠棟辨析「別」因字形相似而誤為「北」，
云：「北字似別，非古別字；又北與別異，不得言北猶別也。虞、鄭
皆失之。」（卷3，頁387）王鳴盛全用惠氏之考證，但結論仍尊鄭
注，此其不同（卷1，頁26-27）。

　　〈梓材〉「至于屬婦」，《說文》：「嫋，婦人妊身也。《周書》曰：

至于嫿婦。」惠棟引崔子玉〈清河王誄〉「惠於嫿孀」，以為「嫿非姙
身也」（卷4，頁396）。王鳴盛所引文獻與其相同，但認為「嫿是姙
身，孀是無夫，皆婦人可憐憫者，故並言之，義皆與《說文》同也」
（卷17，頁190）。則觀點相反。

惠士奇

　　偶見《尚書後案》暗引惠士奇一例，附於此。〈禹貢〉「和夷厎
績」，王鳴盛案曰：

> 又古者桓、獻同音，桓轉為和，猶獻轉為莎。《說文》桓作
> 瓛，從玉獻聲。（卷3，頁73）

此說本自惠士奇《禮說》，[40]與其字句皆同。

五　江聲

　　江聲《尚書集注音疏》十二卷，撰述時間（1761-1773）與王鳴
盛有重疊。王鳴盛極為看重江聲之學，曾云「江之學甚精，予多從
之，而間或辨之者，足辨也，重其學也」，[41]自言撰述《尚書後案》時
「就正于有道江聲」。[42]因此，《尚書後案》多有與江氏《集注音疏》
相同之說，但同樣也不書其名。又因二人之學同出東吳惠氏，清人乃

40　〔清〕惠士奇：《禮說》，《四庫全書》第101冊景印文淵閣本，卷6，頁503。

41　《十七史商榷》，卷22，頁157。

42　孫星衍〈江聲傳〉云：「時王光祿鳴盛撰《尚書後案》，亦以疏通鄭說、考究古學為
　　書，延聲至家，商訂疑義，始以行世焉。」《平津館文稿》，卷下，頁36下。

以江、王並稱。[43]

　　在判別鄭玄所引〈地理志〉性質方面，王、江二人意見相合，即認為鄭注所引並非《漢志》，而是別本。詳細考述見前第四章第三節之「鄭引〈地理志〉非班〈志〉」。

　　在輯佚、詮釋鄭玄注方面，王鳴盛與江聲相合之例也甚多。如〈禹貢〉「沱、潛既道」，王鳴盛輯鄭注曰：

> 二水亦謂自江、漢出者。〈地理志〉：在今蜀郡郫縣**汶江**及漢中安陽皆有沱水、潛水，其尾入江、漢耳，首不于此出。**江原有**𣲒江，首出江，南至犍為武陽，又入江，豈沱之類與？潛蓋漢西出嶓冢，東南至巴郡江州入江，行二千七百六十里。

> 漢別為潛，其穴本小，水積成澤，流與漢合。大禹自**廣漢**疏通，即為西漢水也。**故曰**「沱、潛既道」。（卷3，頁72）

上段出自《尚書正義》（卷6，頁84），下段出自《水經注》，[44]皆有改動：「汶江」原作「江沱」、「江原」原作「江源」，「廣漢」原作「導漢」，「故曰」原作「故書曰」。而此四處所改，恰與江聲同。[45]

　　又如鄭玄四列之說，傳世文獻存兩處異文：

> 鄭玄以為四列：導岍為陰列，西傾為次陰列，嶓冢為次陽列，

---

43 參考〔清〕焦循：《里堂道聽錄》，《北京圖書館古籍珍本叢刊》子部雜家類第69冊影國立北平圖書館藏稿本（北京市：書目文獻出版社，1988年），卷34〈王江尚書〉，頁556-560。

44 陳橋驛：《水經注校證》，卷29，頁688。

45 〔清〕江聲：《尚書集注音疏》，卷3，頁422-423。

岷山為正陽列。鄭玄創為此說。(《尚書正義》)[46]

鄭玄分四列,汧為陰列,西傾次陰列,嶓冢為陽列,岐山次陽列。(《史記索隱》)[47]

江聲曰:「山以南為陽,北為陰。岷山最在南,當為正陽;番冢在岷山之北,當為次陽。《索隱》誤也,當從《正義》。」[48]王鳴盛與江聲同(卷3,頁80),從《尚書正義》。

王鳴盛、江聲二人著述年代交錯,意見也多相合,如洪博昇所云:「就目前所呈現的證據下,以及兩人的交往情形、學術討論關係,認為兩人在《尚書》研究、成書經過,誠為緊密,無法孤立而觀。」[49]

六　戴震

戴震與王鳴盛同時,但治學理念有所不同。[50]二人早年雖曾討論「光被四表」鄭玄注之是非問題,但學術內外亦多糾葛。[51]今欲考察

46　《尚書正義》,卷6,頁87。「導岍為陰列」,沈廷芳《十三經正字》云:「『為』下脫『正』字。」見黃懷信整理本《尚書正義》,卷6,頁253。

47　《史記》,卷2,頁67。

48　〔清〕江聲:《尚書集注音疏》,卷3,頁427。

49　洪博昇:〈江聲、王鳴盛之輯佚思維及其輯《尚書》鄭《注》之若干重要問題〉,頁207-215。

50　王鳴盛〈古經解鉤沉序〉:「吾交天下士,得通經者二人,吳郡惠定宇,歙州戴東原也。間與東原從容語,『子之學于定宇何如?』東原曰,『不同。定宇求古,吾求是。』嘻,東原雖自命不同,究之,求古即所以求是,舍古無是者也。」《西莊始存稿》,卷24,頁315-316。

51　詳見下章「王鳴盛與戴震」的學術交往部分。

王氏《後案》暗引戴震之處，則較為不易。僅搜得一例，詳述如下。

〈禹貢〉「覃懷底績，至于衡漳」，王氏「案曰」：

> 又鄭所云「大甌谷」者，孔疏、班志竝同。《說文》卷十一上
> 水部漳字注言清濁漳所在，與前志略同，而甌作要。又今《水
> 經》卷十「清漳」一條，亦誤作「大甌」，而酈注作「大要」。
> 蓋古文要字作𡢄，似甌，故傳寫作甌。北地郡有大𡢄縣，師古
> 曰：「𡢄，古要字。」是其證也。（卷3，頁47）

而《十七史商榷》之〈地理雜辨證一〉條云：

> 「沾，大甌谷，清漳水所出，東北至邑成入大河，過郡五，冀
> 州川」，休寧戴震東原云：「甌本『要』字，篆文要似甌，故
> 誤。」戴說是。……俱詳《後案》。（卷18，頁126-127）

可見王鳴盛自己透露，〈禹貢〉此條「甌為要字之誤」本出自戴震。

戴震《水地記》「汾水之左，自燕京別而東南。漳水所出，曰少
山」條云：

> 山在樂平縣西四十里，其南谷曰大要谷，東北距縣治二十五
> 里。沾水出沾嶺，東入滹沱。同過水出陸泉嶺，西入汾。皆少
> 山北嶺也。《山海經》：「少山，清漳之水出焉。」《淮南子》
> 曰：「清漳出揭戾山。」高誘注：「山在沾縣。」《漢志》：「上
> 黨郡沾大𡢄谷，𡢄，古腰字，訛作甌者，非。清漳水所出。」《說
> 文》：「清漳出沾山大要谷。」今樂平縣西南三十里，有沾縣故
> 城。《水經注》：「清漳出沾縣故城東北，俗謂之沾山，其山亦

日鹿谷山，水出大要谷，南流逕沾縣故城東。」《元和郡縣圖
志》：「太原府樂平少山，一名河逢山，在縣西南三十里。」[52]

戴氏《水地記》為未竟之作，現存定本與稿本兩種。定本一卷，有曲
阜孔氏微波榭等刻本。稿本又有兩種鈔本，北京圖書館（今中國國家
圖書館）一冊裝三卷本與江蘇省南通市圖書館五冊裝六卷本。定本一
卷為戴氏親手寫定，五日後即遽然去世，兩種鈔本均為孔繼涵家鈔
本。北京大學圖書館尚保存有《水地記》的手稿殘卷。[53]

　　此外尚有戴震《水經注》批校本存世，所用底本為項絪康熙五十
三年甲午（1714）刻本，另有何焯、無名氏、沈大成手校。其中沈大
成有記云：「庚辰初夏，從吾友吳中朱文府處借何義門校本，復校于
廣陵，同觀者休寧戴東原震，亦耆古之士。」庚辰為乾隆二十五年
（1760），戴震三十七歲，是年客揚州。[54]其中經文「清漳水出上黨沾
縣西北少山大黽谷」，眉批：

　　東原云：黽，當從《漢志》作「㚥」，古腰字也。[55]

與《水地記》所言相應。但不知王鳴盛如何得知戴震此說，不過《尚
書後案》、《十七史商榷》皆成書於孔刻微波榭本之後，參考此刻本也
極有可能。[56]

----

52 〔清〕戴震：《水地記》，《戴震全書》第4冊，頁423-424。

53 參見《水地記初稿‧說明》，《戴震全書》第4冊，頁75-76；《水地記‧說明》，《戴震
　　全書》第4冊，頁401-402。

54 詳見楊應芹：〈戴氏手校《水經注》〉，載周紹泉、趙華富主編：《'98國際徽學學術討
　　論會論文集》（合肥市：安徽大學出版社，2000年），頁476-477。

55 〔清〕戴震：《手校水經注批語》，《戴震全書》第6冊，頁567。

56 王鳴盛云：「吉士（引者案，即戴震）沒，其《文集》出，內有與予札。……至段

又按：要、罷字形相近易混譌，此說並非戴震發明。宋吳仁傑《兩漢刊誤補遺》卷第十「要子」條云：

> 〈趙岐傳〉：岐多所述作，著《要子章句》、《三輔決錄》，傳于時。《刊誤》曰：要當作孟，古書無《要子》。就令有之，而岐所作《孟子章句》傳至今，本傳何得反不記也？仁傑按：古文要作𡢘，與罷相近。疑孟與罷通，〈岐傳〉作「罷子章句」，而訛作𡢘耳。《水經》「清漳水出大罷谷」，注云「大要谷」，類此。[57]

吳氏此書乃為劉攽《兩漢書刊誤》而作，實本於劉敞、劉攽、劉奉世《漢書標注》。[58]吳仁傑繼由三劉之發現，闡明古文要、罷字形相近，而孟與罷通之曲折，並以《水經》「大罷谷」注作「大要谷」為證。

惠棟《後漢書補注》全引吳氏《補遺》之說，並案曰：

> 劉氏既有《刊誤》，而萬曆廿四年國子監本遂刊去「要」字，改為「孟子章句」，殊失古意。此傳仍當作「要」，而存劉氏《刊誤》，乃得其實。[59]

惠氏《後漢書補注》雖然刊刻甚晚，但卻一直於學林流行。[60]錢大昕

玉裁重刻《戴集》，仍存此文。」可知王鳴盛於戴震謝世後，見過微波榭本《戴氏遺書》，《水地記》與《文集》皆收錄其中，故可得知。詳《蛾術編》，卷4〈光被〉條，頁70-72。

57　〔宋〕吳仁傑：《兩漢刊誤補遺》（清《知不足齋叢書》本），卷10，頁7下。

58　〔清〕永瑢等：《四庫全書總目》，卷45，頁403。

59　〔清〕惠棟：《後漢書補注》，卷15，頁592。

60　周中孚云：「乾隆甲戌，顧震滄（棟齋）為之序，未及刊行，稿藏儀徵汪氏。至嘉

〈惠先生棟傳〉云：「又有《後漢書補注》十五卷，《九曜齋筆記》二卷，《松厓筆記》二卷，予皆見之。」[61]吳氏《補遺》收入《四庫全書》，並不難尋。[62]戴震亦或許由惠、吳二氏之書而得到啟發。[63]

另外，尚有一例雖非暗引戴震說，卻與之有關，姑暫附於此。

前文明引江永例已提及，〈牧誓〉「稱爾戈，比爾干，立爾矛，予其誓」，王氏「案曰」引江氏《周禮疑義舉要》：

> **戈、戟皆有曲胡而異用。**以《春秋傳》考之，「獲長狄僑如，富父終甥舂其喉，以戈殺之」，此用援之直刃舂之也；「狼瞫取戈以斬囚」，此用胡之曲刃斬之也；「子南以戈擊子晳而傷，苑何忌刜林雍斷其足」，當亦是戈胡擊之、刜之。他若「士華免以戈殺國佐，長魚矯以戈殺駒伯」，用援用胡**皆可云殺**。「子都拔**戟逐潁考叔**，靈輒倒戟禦公徒」，**皆儗用戟**之刺與援者也。「狂狡倒戟出鄭人于井，反為鄭人所獲；欒樂乘**槐本**而覆，或以戟句之，斷肘而死」，皆用下胡**鉤**人者也。戟胡橫直皆三寸，其間甚狹，何能**鉤**人出于井？**蓋鉤**其衣若帶，是以其人不傷，反能禽**鉤**者也。**鉤**欒樂斷肘而死，蓋本欲生禽之，故不用刺與援，而用胡以**鉤**之，**鉤**之而胡之下鋒貫肘，曳之而肘遂斷也。

王氏雖言引自江永，但與江氏原書相校，卻有諸多不同，比如「戈、

慶癸亥，寶山李簹生（保泰）得其稿本，校正付梓，并為之序。明年，馮鷺庭（集梧）亦為之序。」見〔清〕周中孚：《鄭堂讀書記》，《續修四庫全書》史部第924冊影1921年刻《吳興叢書》本，卷15，頁202-203。

61 〔清〕錢大昕撰，呂友仁點校：《潛研堂集》，《文集》卷39，頁705。

62 王鳴盛〈尚書後案采取鄭馬王注書目〉即列吳氏此書。

63 後來王念孫提出更多證據，坐實此說。見氏著：《讀書雜志》（南京市：江蘇古籍出版社，1985年影王氏家刻本），《漢書》第六〈大羆谷〉條，頁251。

戟皆有曲胡而異用」，江永有詳細論述，此為總括之語；「以《春秋傳》考之」，原作「以《傳》考之」；「皆可云殺」，原作「皆可殺之」，且此後王氏省略「惟鉤之用未見於《傳》，而《記》言『長內則折前，短內則不疾』，自是言鉤人不便利之病」數句；「逐穎考叔」，原作「逐殺穎考叔」；「皆儗用戟」，原作「皆擬用戟」；「槐本」，原作「槐木」；諸「鉤」字，原皆作「句」。

經考，王鳴盛引本與戴震《考工記圖》所載「江先生曰」完全相合。[64]乾隆十九年（1754）戴震避仇入都，結識紀昀、錢大昕、王鳴盛、王昶、朱筠諸甲戌進士。次年冬，紀昀為之刻《考工記圖》，後又為孔繼涵收入《戴氏遺書》。相信王鳴盛所引江永說應出自戴震《考工記圖》，而非江氏原書。

第三節　小結

綜上所述，可作以下幾點總結：

一、《尚書後案》自乾隆十年（1745）草創，至乾隆四十四年（1779）成書，恰在清人十三經新疏湧現之前，也正是「乾嘉學術」漸入鼎盛之時。王鳴盛所能借鑒之學術成果肯定不及孫星衍、焦循諸後輩豐富，加之王氏未明言所引，後世多僅知江聲一人而已。然就本章考證可知，王鳴盛非常重視同朝乃至同時代學者之研究成果，於胡渭、閻若璩、惠棟、江聲諸家之說徵引可謂相當頻繁，但其學術宗旨亦十分明確：合於「鄭學」者則引之，不合者則棄之，乃至引其文獻，據以反駁。

二、《尚書後案》以「鄭學」為皈依，故其主要內容在疏解鄭玄

---

64 詳見〔清〕戴震：《考工記圖》（清乾隆二十年〔1755〕紀氏閱微草堂本），卷上，頁36下。

注，一如《尚書正義》之於孔《傳》。《後案》撰寫歷時三十餘年，王鳴盛或有長編一類草稿，備引諸家之說，著書時方可左右採獲，融入己意，亦與其疏證體例相合。至於全引戴震〈九道八行說〉之類，似乎是所作長編材料之殘留，未及盡改也。

　　三、相比於《尚書後案》，書末所附《尚書後辨》體例即有不同，引述他說時則具名稱引。[65]數量最多者當為閻若璩，統計已見三十餘處，而顧炎武、朱彝尊、胡渭、惠棟清代諸家之說也間或引用。至於宋、元、明儒之說，亦有徵引，如吳澄、郝敬、王充耘、梅鷟諸人。而《後辨》中時有批評「某近氏」者，則是指毛奇齡。可見不論是以「近儒」暗指胡渭，還是以「某近氏」暗指毛奇齡，王鳴盛批評近世學者多隱其名號。

　　然而明引之例易於查知，暗引則難以分辨。限於學力，本書所考暗引之例並不全面，此一問題仍有待繼續研究，以釐清何者為王鳴盛之說，何者為其暗引他說，如此，一則便於完善《尚書後案》之整理，一則可準確總結王氏《尚書》學之得失。

---

65 《十七史商榷》、《蛾術編》也都是具名稱引。

第六章
王鳴盛學術交往管窺

　　師友之間的學術交往，有助於多角度理解一位學者的治學特點和為人處世，在研究中占據重要地位。就王鳴盛而言，師長前輩中，惠棟的影響最大，也最為明顯，此點前人屢言之，本書也有多處涉及。而在同輩之中，錢大昕、趙翼是經常被拿來與王鳴盛作對比的學者，這種比較也基本集中於史學方面。其實，撇開「清代考史三大家」的名銜與史學局限，可以與王鳴盛作學術對比研究的學者並不少。戴震雖然與王鳴盛交往不多，但在治學理念上二人截然不同，又是視為乾隆時期吳、皖兩派的傑出代表，非常具有典型性。焦循作為「揚州學派」的中堅，其私淑戴震已是公論，但在《尚書》學領域仍與王鳴盛存在諸多聯繫，也具有一定典型性。本章以此二人與王鳴盛的學術交往為中心，藉此考察王氏《尚書》學的根據、理念、以及流傳，乃至乾嘉學術的內在細節。

第一節　王鳴盛與戴震
——以〈與王內翰鳳喈書〉為中心[*]

一　事件背景

乾隆十九年（1754）戴震避仇入都，錢大昕〈戴先生震傳〉載：

> 性介特，多與物忤，落落不自得。年三十餘，策蹇至京師，因
> 于逆旅，饘粥幾不繼，人皆目為狂生。一日，攜其所著書過予
> 齋，談論竟日。既去，予目送之，歎曰：「天下奇才
> 也。」……一時館閣通人：河間紀太史昀、嘉定王編修鳴盛、
> 青浦王舍人昶、大興朱太史筠，先後與先生定交，于是海內皆
> 知有戴先生矣。[1]

段玉裁《戴東原先生年譜》亦云：

> 是時紀太史昀、王太史鳴盛、錢太史大昕、王中翰昶、朱太史
> 筠俱甲戌進士，以學問名一時。耳先生名，往訪之，叩其學，

---

* 本文最初以〈戴、王「光被」之爭與鄭氏家法——從〈與王內翰鳳喈書〉說起〉為
題，發表於2012年6月20-23日，臺灣成功大學、香港中文大學舉辦之「飛揚稱雄——
第三屆成大、港中大研究生中文論壇」，並刊於《雲漢學刊》第25期（2012年8月）；
後又抽出部分，以〈戴震〈與王內翰鳳喈書〉真偽考〉之題，刊於香港中文大學
中文系編《明清研究論叢》第2輯（上海市：上海古籍出版社，2015年）。衷心感
謝于亭老師、駱瑞鶴老師、陳鴻森老師、張錦少老師、沈寶春老師、張健老師、
馮勝利老師等諸位師長不同時段的指導與舉薦。今收入本書，略作改動。

1　〔清〕錢大昕：〈戴先生震傳〉，載趙玉新點校：《戴震文集》，頁265。

聽其言，觀其書，莫不擊節歎賞。[2]

王鳴盛與戴震論交是由錢大昕引見的，當時戴震尚是休寧縣學生，而王、錢二人皆是新科進士。以現存資料來看，二人的交往並不很多，其中卻有一件清代學術史上的疑案，今試以此為中心，分析事件始末，判斷是非，並討論其中所蘊含的學術因素。

王鳴盛在《蛾術編・光被》一文中，回憶乾隆乙亥年（1755）戴震與之討論「光被四表」一事，並引錄戴震與其書札，云：「新安戴吉士震，號為精于經。乙亥歲，予官京師，作《尚書後案》。吉士偶過予，為予論〈堯典〉『光被四表』，『光』當作『橫』，予未敢信。吉士沒，其《文集》出，內有與予札。」（卷4，頁70-72）戴震謝世多年後，王氏卻舊事重提，並對此事另有解釋：

> 三十餘年前，予雖與吉士往還，曾未出鄙著相質，吉士從未以札見投，突見于其集。昔樂安李象先自刻集內，有詭稱顧亭林與之書論地理，象先答以書辨顧說為非，亭林呼為「譎觚」。今吉士札譎與否不足辨，獨鄙見謂鄭注載《毛詩疏》者，竟未檢照，而遽欲改經字，剏新說為鹵莽，此則吉士在地下亦當首肯。至段玉裁重刻《戴集》，仍存此文。

「鄙著」即是王鳴盛《尚書後案》，「以札見投」即今戴震《文集》之〈與王內翰鳳喈書〉，李象先事見顧炎武《譎觚十事》。[3]按照王鳴盛的說法，似乎戴震聽說他在寫《尚書後案》，便在一次偶然的過訪

2　〔清〕段玉裁：《戴東原先生年譜》，載趙玉新點校：《戴震文集》，頁221。

3　〔清〕顧炎武：《譎觚十事》，《四庫全書存目叢書》史部第248冊影私藏清吳江潘氏遂初堂刻亭林遺書本（濟南市：齊魯書社，1996年），頁501。

中，專門為其論「光被」當作「橫被」，而其實戴震並未讀過其書，王鳴盛更未主動出示其作。之後戴震偽稱有〈與王內翰鳳喈書〉，與其討論「光被」，又將此札收入文集中，而王鳴盛直到戴震《文集》出才知道此事。如此，則戴震〈與王內翰鳳喈書〉是否為偽託，便成為一大問題。

王鳴盛不僅僅回憶舊事，更表示其經學宗旨與戴震大不相同，曰：

> 吉士為人，信心自是，眼空千古，殆如韓昌黎所謂「世無仲尼，不當在弟子列」，必謂鄭康成注不如己說精也。漢儒說經，各有家法，一人專一經，一經專一師，鄭則兼通眾經，會合眾師，擇善而從，不守家法，在鄭自宜然。蓋其人生于漢季，其學博而且精，自七十子以下，集其大成而裁斷之。自漢至唐千餘年，天下所共宗仰。予小子則守鄭氏家法者也，方且退處義疏之末，步孔、賈後塵。此其道與吉士固大不同，道不同不相為謀。

又曰：

> 戴于漢儒所謂家法，竟不識為何物。豈惟戴震，今天下無人不說經，無一人知家法也。……戴于洪适輩，視如蟻蟥，古之狂也肆，若戴氏，其狂而幾于妄者乎？

王鳴盛提出「鄭氏家法」作為經學研究之最高標準，並以此質疑戴震之學，認為自己乃是遵守「鄭氏家法」者，而戴震則不識家法，僭越鄭注，狂妄之極，將己學與戴氏之學斷然判分兩途。關於戴、王治學之異同，及其對「鄭氏家法」的理解，則是另一問題。

　　本節嘗試由前者入手，考辨戴震此札之偽託與否及王氏翻案之是非，進而分析戴、王學術宗旨之異同，以求理解王鳴盛對戴震的指控。

二　〈與王內翰鳳喈書〉非戴震偽託考

　　圍繞此札，前人研究可分為真偽考辨和內容分析兩類。[4]而此札若真偽不辨，則會直接影響深入研究，本節則試圖在前人的基礎上對此做一系統而全面的檢討

（一）本證

　　除戴震《文集》與王鳴盛《蛾術編》中保存〈與王內翰鳳喈書〉

4　真偽考辨方面，日本學者近藤光男論證最稱細密，對本文寫作啟發也最大，參其〈戴震の經學〉，載氏著：《清朝考證學の研究》（東京都：研文出版，1987年），頁327-351；林文華則將對此事的考辨作為王鳴盛與戴震交往的中心，參其《戴震經學之研究》（臺北市：政治大學中文系博士論文，2005年），頁79-83；陳鴻森引述並贊同近藤之說，且作出近實推測，參其〈考據的虛與實〉，《經學研究集刊》第二期（2006年10月），頁125-139；陳鴻森又為王鳴盛作〈年譜〉，對此事別有感懷，「乾隆乙亥」條云：「似先生當日未見戴君論學札，豈是年秋冬先生家多故，致未措懷歟」，「多故」是指「九月下澣，先生患風疾，臥牀月餘，乃漸痊可。十月，風疾稍癒，而子女相繼痘殤，十五至二十四日，一旬連失五兒，為人間至慘之事」，可見陳先生知人論世之心，參其〈王鳴盛年譜〉（上），《中研院歷史語言研究所集刊》第82本第4分（2011年12月），頁715。內容分析方面，岑溢成做過較為詳實的論述，認為此事真偽無從稽考，而將重點放在王氏對資料的反駁上，參其《詩補傳與戴震解經方法》（臺北市：文津出版社，1992年），頁155-167；井上亘則著力表彰戴震「疑古」與「信古」的辯證思維，參其〈「疑古」與「信古」——基於戴震〈與王內翰鳳喈書〉〉，載《《古史辨》第一冊出版八十周年國際學術檢討會論文集》（濟南市：山東大學文史哲研究院，2006年），頁240-246；陳志峰圍繞二人「光被」之說做出精深研究，不過其中心在於以解經之方法、立場、風格諸方面論吳、皖分派，同樣將是非問題存而不論，參其〈論王鳴盛、戴震解〈堯典〉「光被四表」及相關問題〉，《中國文學研究》第30期（2010年6月），頁181-214。

外，王昶《湖海文傳》同樣收錄。[5]本節以戴震《文集》中的〈與王內翰鳳喈書〉為底本，校以王昶《湖海文傳》、王鳴盛《蛾術編》之引錄本。凡有出入，皆於正文加粗以示區別，並出校記，重要闕文則於校記中以「闕」字表明。其他問題則另作腳注。為便討論，書信全文載於本節附錄，校文自前至後依次編號。

本節引用三家版本如下：戴震《戴東原集》，清乾隆五十七年經韻樓本，簡稱「戴集」。[6]王昶《湖海文傳》，清道光十七年經訓堂本，簡稱「湖海」。王鳴盛《蛾術編》，清道光二十一年世楷堂本，簡稱「蛾術」。[7]

5　〔清〕戴震：〈與王編修鳳階書〉，載〔清〕王昶：《湖海文傳》，清道光十七年（1837）經訓堂本，卷40，頁3下至5上。王昶，生於雍正二年（1724），卒於乾嘉十一年（1806），字德甫，號述庵，又號蘭泉，江蘇青浦人。乾隆十二年與王鳴盛訂交，乾隆十九年與戴震訂交，同年與王鳴盛、錢大昕等同科進士。早年為詩，與王鳴盛、錢大昕等並稱「吳中七子」，後王、錢先後辭官歸田，有「三老」之稱。見王昶：〈詹事府少詹事錢君墓誌銘〉，載氏著：《春融堂集》，《續修四庫全書》集部第1438冊影清嘉慶十二年（1807）塾南書舍刻本（上海市：上海古籍出版社，1995年），卷55，頁222。王昶〈戴東原先生墓誌銘〉云：「若東原之敦善行，精經誼，余雖不獲企其少分，而定交之久，與知東原之深，莫如余也，非余誰當志者！」見氏著：《春融堂集》，卷55，頁217。可見，王昶與王鳴盛、戴震交情皆非淺。

6　〔清〕戴震：〈與王內翰鳳喈書〉，載《戴東原集》，清乾隆五十七年（1792）經韻樓本，卷3，頁3下至5下。又見《戴氏文集》，《戴氏遺書》之二十三，清乾隆四十三年（1778）微波榭本，卷8，頁16上至18上。經韻樓本據微波榭本重刊，僅個別字詞有異，故微波榭本權作參考。《戴集》又收錄於《皇清經解》，節為兩卷，見卷565-566。參考趙玉新點校：《戴震文集》，頁46-47；湯志鈞點校：《戴震集》，頁53-55；《戴震全書》第6冊，頁277-279；《戴震全集》第5冊（北京市：清華大學出版社，1997年），頁2235-2236。

7　此本乃迮鶴壽刪節本，其〈凡例〉云：「近時譚攷據者，前以顧亭林、後以戴東原兩先生為最，學有根柢，言皆確實。是編務必力斥之。斯乃文人相輕之積習，今從節。」而〈光被〉多斥戴震語，迮氏亦有回護東原之案語，其文從節可知。據陳鴻森先生言，北京國家圖書館藏有海寧楊文蓀述鄭齋鈔本九十五卷，未及見，不知原本如何，參考〈王鳴盛年譜〉（下），《中研院歷史語言研究所集刊》第83本第1分（2012年3月），頁167。

據之可見，除題目而外，共有四十五處校文，再除去無關宏旨者，[8]可分異文與闕文兩大類。

1 異文

異文可從以下五方面分析：

第一，文俗不一。

第一條「承示《書・堯典》注」，《湖海》作「讀所注《書・堯典》」、王鳴盛作「昨讀所注《今文尚書》」。《戴集》所言要比《湖海》、王鳴盛所引文雅。

又如第三十七條「殆失古文屬詞意歟」，《湖海》大致相似，王鳴盛作「非古文屬辭意矣」。

第二，詳略不一。

第四條「昨僕偶舉篇首『㳡』字，引《爾雅》：『㳡，充也。』僕以為此解不可無辨。欲就一字見考古之難，則請終其說以明例」，《湖海》同，王鳴盛作「震偶舉卷首一『光』字，語未竟而退，不可不終其說」。詳略對比顯明。前者將寫信背景與旨意交待相當明確，後者語言簡略，較為隨意。

又如第二十條「如㳡之訓充」，《湖海》作「如光不直云顯必曲云充」，則《戴集》較《湖海》為簡。

---

8 如第8與34「于」與「於」、第14「歟」與「與」、第17「閒」與「間」、第25「寖」與「浸」、第27「韵」與「韻」、第36「曰」與「云」諸條，意義皆同；第24脫「篆籀」、第26「枙」作「光」、第33「四」作「曰」、第35「及」作「極」諸條，皆係《湖海》校刻偶誤，無他意義。另外，經韻樓本所有「光」字皆作「㳡」（包括「枙」之偏旁），而《蛾術編》中除特別引古篆文「㳡」（芅）外，皆作「光」，二字本同，僅字體有別。

第三，稱名不一。

第五、六、二十九條稱「陸德明」、「孔沖遠」、「鄭康成」，[9]王鳴盛引作「陸氏」、「穎達」（《湖海》作「孔穎達」）、「鄭」。《戴集》形式統一，皆以字相稱，又如「蔡仲默」。王鳴盛引文則較為隨意，無統一標準。

至於篇名，「王內翰鳳喈」，《湖海》作「王編修鳳階」。時王鳴盛官翰林院編修，故有「內翰」、「編修」兩稱，「喈」與「階」或為音近、形近而誤。第四十四條《戴集》「錢太史」，《湖海》作「錢編修」，亦同。

第四，措辭不一。

此類頗多，如第二條「故訓」，二本作「詁訓」；第三條「乃後」，王鳴盛作「然後」；第十四條「遠舉」，《湖海》作「更尋」；第二十三條「已來」，二本作「以來」；第四十條「如此」，王鳴盛作「若此」；第四十三條「株守」，《湖海》作「拘守」。

更為明顯的例子，則是第九、十、十一、十四條：

> 然如兆字，雖不**解**，靡不**曉**者，**解**之為充，轉致學者疑。……古說必遠舉兆充之**解**何歟？（《戴集》）

> 然如光字，雖不**訓**，靡不**解**者，**訓**之為充，轉致學者疑。……古說必遠舉光充之**訓**何歟？（《蛾術》）

「曉」與「解」，「解」與「訓」，如此精煉整齊的易換，定非以王鳴盛引用失誤所能解釋的。

9　全篇兩引鄭玄注，第二十九條《文集》稱「鄭康成注」為首見，後則作「鄭注」，與二本同。

又如第十九、二十一、二十二條：

> 後人不用《爾雅》及古注，……余獨以謂病在後人不能徧觀盡
> 識，輕疑前古，不知而作也。（《戴集》）

> 後儒不用《爾雅》及古注，……余獨謂病在後儒不徧觀盡識，
> 輕疑前人，不知而作也。（《蛾術》）

「後儒」易為「後人」，則減弱針對以蔡沈為代表的宋儒；「前人」易
為「前古」，則加強重視以《爾雅》為代表的古注。「輕疑前古」可與
後文「疑古者在茲」參照，戴震此札有「準乎古」、「學古」、「考
古」、「述古」、「好古」、「市古」、「信古」、「疑古」等治學方法及態
度，又有「古說」、「古人」、「古注」、「古本」、「古文」、「古初」等用
語，或可與此相照應。

第五，引用不一。

第七條引《釋文》曰：「桄，孫作光，古黃反。」王鳴盛作
「桄，古黃反，孫叔然作光」。據《經典釋文》單行本及《爾雅注
疏》所引，《戴集》中為《釋文》原文，而王鳴盛引文則為化用。

又如第二十七條引孫愐《唐韵》「古曠反」，二本皆作「古曠
切」，第三十八條王鳴盛同作「古曠切」。孫愐《唐韵》已佚，戴震所
引應是大徐本《說文》所加。《說文》本作「古曠切」，或與全文協調
（亦引《釋文》「古曠反」），而改作「古曠反」。

2 闕文

至於闕文，可分兩類討論：

第一，《戴集》有、二本無者。

此類闕文較簡單，多以單字為主。就作用而言，又有補足文義與補足語氣之別。

補足文義者，如第五條「《釋文》無音切」、第三十九條「《釋文》於〈堯典〉無音切」，王鳴盛引皆無「切」字。此點可與上文第二十七、三十八條「古曠反」例相聯繫，王鳴盛引作「古曠切」，則「《釋文》無音」；而《戴集》「《釋文》無音切」，則「古曠反」，皆避重出「切」字。又如第二十一條「余獨以謂病在後人不能徧觀盡識」，二本無「以」、「能」二字。

補足語氣者，第十三條《湖海》無「似」字，第十五條二本無「以僕觀」三字，第十六條王鳴盛無「又」字，第十八條王鳴盛無「遂」字，《戴集》皆補之以足文氣。

第二，二本有、《戴集》無者。

此類闕文共有三處，即第十二、三十一、三十二條。其中第三十二條《湖海》「《後漢書・馮異傳》永初六年安帝詔有『橫被四表，昭假上下』之語，班孟堅〈西都賦〉『橫被六合』，其宜有所自矣」，蓋涉戴震後記而衍，茲不論。

第十二條：

詁訓之體，遠而近之，不幾廢近索遠。(《湖海》)

詁訓之體，遠而近之，不廢近索遠。(《蛾術》)

第三十一條：

古字蓋橫、桄通，六經中用橫不用桄。(《湖海》)

古字蓋橫、桄通。《漢書》「黃道」為「光道」，則又古篆法黃〔炗〕、炏〔茯〕近似故也。六經中用橫不用桄。（《蛾術》）

《湖海文傳》與《蛾術編》在同一位置出現高度吻合的文字，《戴集》出現漏刻的可能性極大。因事關重要，需先對闕文產生之原因作一分析。

首先可排除王鳴盛與王昶自行增補的可能，剩下便只有作者本人與《戴集》編刻者兩個因素。

就作者而言，在修訂書信準備編入文集時，完全有可能刪減原札。不過在此處可能性卻不大，我們可將王鳴盛的引文帶入《戴集》中略作分析。

第十二條：

然如炗字，雖不解，靡不曉者，解之為充，轉致學者疑。〔詁訓之體，**遠而近之，不廢近索遠**。〕蔡仲默《書集傳》「炗，顯也」，似**比近**可通，古說必**遠舉**炗充之解何歟？

先提出光解之為充的疑問，進而說明詁訓一般體例，然後又回到蔡《傳》與古說矛盾處，且闕文「廢近索遠」與「比近」、「遠舉」一一照應，不僅文從字順，而且論證更加嚴密。

第三十一條：

古字蓋橫、桄通。《漢書》「黃道」為「光道」，則又古篆法黃〔炗〕、炏〔茯〕近似故也。六經中用橫不用桄。

此段文字之於戴震通盤論證而言至關重要，所以本節不避繁瑣，俱辭

以明之。戴震的考證可分為三步：

第一步，光與桄。孔《傳》「光，充也」出《爾雅》，而「桄，充也」同出《爾雅》，孫炎本「桄」又作「光」，音「古黃反」，故光與桄形、義可通。

第二步，桄與橫。六經無「桄」字。桄，《說文》訓「充」，《唐韵》音「古曠反」；橫，鄭注曰「充」，《釋文》音「古曠反」。闕文又舉「《漢書》『黃道』為『光道』，則又古篆法黃〔夌〕、兂〔芆〕近似故也」，則桄與橫形、音、義俱同，故「古字蓋橫、桄通」。

第三步，橫、桄與光。鄭注「橫，充也」義出《爾雅》，《爾雅》又曰「光，充也」、「桄，充也」，光、桄、橫三字義同。又從文獻、文法等方面證明「橫被」之可能性，進而得出「『橫』轉寫為『桄』，脫誤為『光』」的結論。

論證可謂步步為營、絲絲入扣，而第三十一條闕文作用顯然：「古字蓋橫、桄通」既是上文材料（第二步）的結論，又是下文「『橫』轉寫為『桄』，脫誤為『光』」的證據；「《漢書》『黃道』為『光道』，則又古篆法黃〔夌〕、兂〔芆〕似故也」，則是「黃」與「光」形近字通的文獻依據，進而為「橫」與「桄」通提供旁證，且呼應上文「自有書契已來，科斗而篆籀，篆籀而徒隸，字畫俛仰，寖失本眞」的文字學理論；「六經中用橫不用桄」既呼應上文「《爾雅》桄字，六經不見」的觀點，又啟下文「〈堯典〉古本必有作『橫被四表』者」的結論。若無此段文字，如《戴集》直接得出「〈堯典〉古本必有作『橫被四表』者」，則論證極為跳躍且論斷過於草率。而由其他學者的引述，同樣可以證明這一點（見下文）。

由此可知，這兩處文字斷非戴震自刪，而為原札所必不可無。

至於《戴集》的編刻者，《東原文集》十卷，最初由戴震姻親孔繼涵刊刻於乾隆四十三年（1778），世稱微波樹本。該本收錄不備，

段玉裁認為：「論音韻、論六書轉注、論義理之學諸大篇，不可不見
《文集》中，故愚經韻樓刻輒補入。」[10]於是在微波榭本的基礎上，
於乾隆五十七年（1792）重新編刻了十二卷本的《戴東原集》，世稱
經韻樓本。〈與王內翰鳳喈書〉，二本皆載，而這兩處文字，在孔氏初
刊時便已漏刻，至段氏重刊時，玉裁又「惜牽於家事，未能親校，友
人臧庸、顧明編次失體，字畫訛誤，未稱善本，近日謀一新之，以垂
久遠焉」，[11]由段氏〈覆刊札記〉亦可得而知，闕文則未能校出。經韻
樓本流傳甚廣，後世各本多以之為底本，今通行本如一九八○年趙玉
新點校本、一九八○年湯志鈞點校本以及一九九五年《戴震全書》
本、一九九七年《戴震全集》本，均以經韻樓本為底本，層層相因，
而闕文遂晦矣。

　　對於以上異文與闕文的出現，排除王鳴盛主動修補的可能，且有
《湖海文傳》作為有力的版本證據，則最佳的解釋應是：王鳴盛《蛾
術編》所引即是戴震當年寄給他的原札，也就是今〈與王內翰鳳喈
書〉的底本。《湖海文傳》所據應是戴震轉錄友人的眾多鈔本之一，[12]
所以與《蛾術編》及《戴集》中所錄皆有不同出入，但就整體而言，
更接近後者。《戴集》所據大約是戴震壬午、癸未年間（1762-1763）
的修訂本，闕文或因《戴集》編刻者疏忽而失載。

10 〔清〕段玉裁：《戴東原先生年譜》，載趙玉新點校：《戴震文集》，頁246。

11 〔清〕段玉裁：《戴東原先生年譜》，載趙玉新點校：《戴震文集》，頁246。

12 《湖海文傳・凡例》王昶自署「嘉慶乙丑仲夏」，則該書編訂於嘉慶十年（1805），
　戴震《文集》先後在乾隆四十三年、五十七年刊行，校文中所見與《文集》諸多不
　同，則足以說明王昶所據絕非《文集》，當如其〈凡例〉所言：「《文傳》所錄，有
　集行世者十之四五，其或有集未刊，或刊而未見，則皆錄其平昔寄示之作，至其人
　無專集，偶見他書，必急為採取，蓋吉光片羽，彌足寶貴。」故戴震〈與王編修鳳
　喈書〉即屬於「刊而未見」之類，「錄其平昔寄示之作」則可知矣。

（二）旁證

1 闕文之引證

　　第三十一條闕文最直接的引證莫過於戴震自己的《尚書義考》。《尚書義考》「光被四表」條大約作於壬午、癸未兩年間，[13]即在〈與王內翰鳳喈書〉修訂後不久。兩者論點相同，而後者論證較簡單，先列出錢、姚、戴三人所舉的四則例證，主要論證則是上文分析的第二步「桄與橫」與第三步「橫、桄與光」。文獻方面，只增加《毛詩疏》引「光耀」《注》一條。論證「桄與橫」云：

> 蓋古字「桄」與「橫」通用，遂訛而為「光」。[14]

正是第三十一條闕文的省略，只是論述所在位置不同而已。[15]
　　至於其他學者的引述，可分三類：
　　第一，遵循《戴集》而不知有闕文者。如段玉裁《古文尚書撰

13　《尚書義考》此條載壬午孟冬戴受堂所舉例證，則在壬午後可知。又段氏《戴譜》
　　斷〈尚書今文古文考〉作於癸酉至癸未十年間，而是篇與《義考》前四條〈義例〉
　　意同而文約，則《義考》大約亦在癸未之前所作。參見《戴震全書》第1冊〈尚書
　　義考說明〉，頁4；林文華《戴震經學之研究》附錄一〈戴震經學著述年表〉。
14　〔清〕戴震：《尚書義考》，《戴震全書》第1冊，卷1，頁22-23。
15　陳志峰將此段視為〈與王內翰鳳喈書〉的補充，云：「桄、橫的關係如何？戴震在
　　此信中並未說明，而是在後來的《尚書義考》中提出了他進一步的說法」，又云：
　　「戴震在《尚書義考》當中，一半用了『因聲求義』法，一半用了校勘學上的『理
　　校法』。『因聲求義』法的運用是他認為桄、橫兩字通用，而『理校法』則是說明
　　『光』為『桄』之誤字。」（見其〈論王鳴盛、戴震解〈堯典〉「光被四表」及相關
　　問題〉，頁195、202、207-208。）其實「因聲求義」法與「理校法」，戴震此信皆有
　　運用，《尚書義考》僅存其精華而已。因擱置此中是非不論，故未能檢到此處別有
　　闕文也。

異》和邵晉涵《爾雅正義》，未見有表述「古字蓋橫、桄通」之意的
文字。[16]

　　第二，認為有闕文而自行予以補救者。王引之《經義述聞・光被
四表》條：

> 戴氏《文集》曰：……橫、桄同古曠反。「橫，充也」即《爾
> 雅》「桄，充也」。《漢書・王襃傳》曰：「化溢四表，橫被無
> 窮」，〈王莽傳〉曰：「昔唐堯橫被四表」，《後漢書・馮異傳》
> 曰：「橫被四表，昭假上下」，然則〈堯典〉古本必作「橫被四
> 表」。[17]

王引之同樣感覺《戴集》此處上下不相銜接，故以「橫、桄同古曠
反」總結上文，且採戴氏後記中的例證補足文義。在此之前，王引之
又為之補充一條例證，即〈祭義〉「置之而塞乎天地，溥之而橫乎四
海」，《戴集》「正如《記》所云『橫于天下』、『橫乎四海』是也」，戴
震只舉「橫于天下」之例而未言及「橫乎四海」，所以王引之為之補

---

16 詳見〔清〕段玉裁：《古文尚書撰異》，卷1上，頁5-7。段氏〈序〉曰：「乾隆四十七
　　年，……又為《古文尚書撰異》三十二卷，始箸雕涒灘，迄重光大淵獻皋月乃
　　成。」劉盼遂認為段氏紀年有誤，而定該書著作年代為乾隆四十七年至五十六年，
　　見《段玉裁先生年譜》（1936年鉛印本）「乾隆五十六年」條。陳鴻森又為劉氏訂
　　補，認為段氏不誤，著作年代本為乾隆五十三年至五十六年，見〈《段玉裁年譜》訂
　　補〉，《中研院歷史語言研究所集刊》第60本第3分（1989年），頁611-612。〔清〕邵晉
　　涵：《爾雅正義》，《續修四庫全書》經部第187冊影清乾隆五十三年（1788）邵氏面水
　　層軒刻本，卷3，頁85。《爾雅正義》於乾隆四十年（1775）始具簡編，又經十年增
　　訂，於乾隆五十年（1785）告成。
17 〔清〕王引之：《經義述聞》（南京市：江蘇古籍出版社，2000年），卷3，頁65-66。
　　嘉慶二年（1797）初刊不分卷，嘉慶二十二年（1817）二刻十五卷，道光七年
　　（1827）三刻三十二卷。

全。諸如此類，足見王引之精審處。所不同者，戴震原作「〈堯典〉古本必有作『橫被四表』者」，而王引之逕作「〈堯典〉古本必作『橫被四表』」，有違戴震本意。《尚書義考》云：「然以光為光耀，則漢時相傳之本亦不自一」，正與「〈堯典〉古本必有作『橫被四表』者」相合。

第三，表述基本一致者。錢大昕《廿二史考異·馮異傳》條：

> 「橫被」即《書》「光被」也。《漢書·王莽傳》「昔唐堯橫被四表，無以加之」，〈王襃傳〉「化溢四表，橫被無窮」，班固〈西都賦〉亦云「橫被六合」。蓋〈堯典〉「光被」字，漢儒傳授本作「橫」矣。〈釋言〉：「桄、熲，充也。」「桄」即「橫」字，古文「炗」為「茭」，與「黃」相似，故「橫」或為「桄」。《孔傳》出于魏、晉之間，〈堯典〉「橫」已作「光」，而訓「光」為「充」，猶存古義。後世因作光輝解，失漢儒之本旨矣。[18]

錢大昕所引三條例證，再加之〈馮異傳〉本條，恰是戴震後記所列，而錢氏對洪、段二人所舉並未提及，可知他此時應未及看到微波榭、經韻樓二刻本。但就他所說「『桄』即「橫」字，古文『光』為『茭』，與『黃』相似，故『橫』或為『桄』」，與闕文意思完全一致。乾隆丁丑（1757），錢大昕為戴震舉〈馮異傳〉，估計二人關於此說當有討論，而至錢大昕撰寫《廿二史考異》此條時，則不必據依戴震《文集》矣。

---

18 〔清〕錢大昕：《廿二史考異》，清乾隆四十五年（1780）序刊本，卷11，頁3下。此書乾隆三十二年（1767）開始撰寫，四十七年（1782）編為百卷，五十九年（1794）刻成新舊《五代史》以前部分，嘉慶二年（1797）全書刻畢。

除此而外，汪中在乾隆四十四年（1779）〈與端臨書〉中引述戴說，並反駁云：「古音橫、黃同聲，黃从芆，古光字，則又不必易光為橫也。」[19]所據或是戴震與友人的其他鈔本。

又戴祖啟《尚書協異》對此也有考證：

> 《爾雅・釋言》「桄，充也」，孫炎本桄作光，疏引此。《漢書・宣帝紀》「充塞天地，光被四表」，〈王莽傳〉「橫被四表」，安帝詔亦作「橫被」，〈馮異傳〉「橫被四表，昭假上下」，班固〈西都賦〉「橫被六合」，〈典引〉則云「光被六幽」。光、桄、橫、充，皆同聲相轉，不煩改字。[20]

戴祖啟乾隆四十八年卒，可知此條必在一七八三年之前作。錢大昕〈國子監學正戴先生墓志銘〉云：「往歲壬午，與族人東原同舉于鄉，一時有二戴之目。予與東原交最久，東原歿後，始得交先生，而意氣相投，猶東原也。」[21]此說似亦受到戴震影響。

2 戴王之自述

王鳴盛云：「及檢《毛詩・周頌・噫嘻》疏引鄭注，知鄭本已作

19　〔清〕汪中著，王清信、葉純芳點校：《汪中集》（臺北市：中研院文哲所籌備處，2000年），頁280。據〔清〕汪喜孫：《容甫先生年譜》，《江都王氏叢書》第1冊（上海市：中國書店，1925年），頁21上。

20　〔清〕戴祖啟：《尚書協異》，《續修四庫全書》經部第45冊影清嘉慶元年（1796）田畿刻本，卷上，頁420。戴祖啟（1725-1783），字敬咸，又字東田，號未堂，江蘇上元人，祖籍安徽休寧。四庫開館，于敏中曾屬戴震召祖啟，而其《師華山房文集》卷三〈答衍善問經學書〉載戴震晚年論學語。見張舜徽：《清人文集別錄》（北京市：中華書局，1963年），頁192。

21　〔清〕錢大昕撰，呂友仁點校：《潛研堂集》，《文集》卷46，頁814。

『光』，解為『光燿』，則吉士之說可不用矣，故《後案》內不載。」
可見王鳴盛是在瞭解戴說後對其《後案》作出修訂的。戴震云其「論
列故訓，先徵《爾雅》」，而今《尚書後案》則並非如此。此條先引戴
震後記所列的〈王莽傳〉、〈馮異傳〉、〈西都賦〉「橫被」例，云：「似
此經當作『橫被』。但鄭注作『光』。」又引《漢書・蕭望之傳》作
「光被」，於是得出「與鄭合，則作『光』是也」的結論（卷1，頁
4）。顯然是針對戴震「橫被」之說而發。

王鳴盛自言：「吉士沒，其《文集》出，內有與予札」，「至段玉
裁重刻《戴集》，仍存此文」。則其於戴震謝世後就見過微波榭本，後
來又見過經韻樓本，則應知書札後有戴震之後記：「壬午孟冬余族弟
受堂舉《漢書・王莽傳》『昔唐堯橫被四表』，尤顯確」，而他卻說：
「後予檢〈王莽傳〉，云『昔唐堯橫被四表』，益駭服其說。吉士卻不
知引。」前後難以照應。

王鳴盛也承認當年戴震確曾告以「橫被」之說，而戴震不僅將此
說此札廣而質諸友朋，更將之收入《尚書義考》中，偽造之理甚微。

最後，梳理一下時間順序：

《尚書後案・堯典》（草稿，1745年）→〈與王內翰鳳喈書〉（原
札，1755年；修訂，約1762-1763年）→《尚書義考》（約1762-1763
年）→《東原文集》（微波榭本，1778年）→《尚書後案》（成書，
1779年；刊刻，1780年）→《戴東原集》（經韻樓本，1792年）→
《蛾術編・光被》（1792-1794）[22]。

以上諸多證據皆表明，王鳴盛所引絕非如其所說，出自戴震《文
集》中的〈與王內翰鳳喈書〉，更像是戴震當年寄給他的原書札。[23]而

---

22 據王鳴盛所言「三十餘年前」及「至段玉裁重刻《戴集》」，而戴震與他論「光被四
　表」在一七五五年，可知此文約作於一七九二年至一七九四年間。

23 案：前文述及王鳴盛全引戴震〈九道八行說〉一文，而與今戴氏《文集》所收相

戴震亦無需捏造理由，詐稱見過王氏《後案》，而偽造書信，且將其說載入專門著作中，更廣為散佈，與諸友人討論。可見王鳴盛對戴震的指控是不成立的。

　　戴震「橫被」之說廣為學者引用，《文集》也早已刊佈，王鳴盛在《尚書後案》中已見反駁之端倪，奈何當時不及時澄清，而俟十幾年後，段刻《文集》再版，方作翻案之文？而翻案文章中為何謊稱未見戴札，又對戴震之品行學問嚴詞苛斥？或許王鳴盛這句話可以給後人些許提示，云：「今吉士札譎與否不足辨，獨鄙見謂鄭注載《毛詩疏》者，竟未檢照，而遽欲改經字，籾新說為鹵莽，此則吉士在地下亦當首肯。」王鳴盛認為戴札是否偽託不足辨，而重要的在於戴震沒有引鄭注便遽創新說，並認為他的批評，戴震在地下亦當首肯。王鳴盛正面否定戴說即在此處。

三　鄭氏家法與戴、王學術

（一）王氏「家法」解

　　對於「光被四表」的解釋，前人多關注戴震及其後學的研究，對王鳴盛之說則較少措意。岑溢成曾指出，王氏對戴震的批評仍以鄭玄注為基礎，[24]頗有啟發意義。王鳴盛「豈惟戴震，今天下無人不說經，無一人知家法也」，此說大可與《十七史商榷・師法》條相參看，云：

校，絲毫不爽。微波榭本《戴集》未收此文，而經韻樓本遠在王鳴盛《後案》刊刻之後，所以王鳴盛所引〈九道八行說〉當是據某鈔本。或可推知，王鳴盛於著作中引戴震手札亦在情理之中。

24 岑溢成：《詩補傳與戴震解經方法》，頁164-165。

兩漢尊師法，而俗學即出乎其間，……觀此則知俗學之妄，古今同慨。自唐中葉以後，凡說經者皆以意說，無師法，夫以意說而廢師法，此夫子之所謂不知而作也。」（卷27，頁190-191）

王氏認為「以意說而廢師法」才是「不知而作」，恰可與戴震「不能徧觀盡識，輕疑前古，不知而作」、「信古而愚，愈於不知而作」形成對比。正由此，本文認為，漢人家法特別是鄭氏家法才是其經學研究的最高標準。

錢大昕〈西沚先生墓志銘〉云：「又與惠徵君松厓講經義，知詁訓必以漢儒為宗，服膺《尚書》，探索久之，乃信東晉之古文固偽，而馬、鄭所注實孔壁之古文也。」[25]王鳴盛雖非惠棟入室弟子，不過其經學受其影響則是事實。

惠棟《九經古義・述首》云：

漢人通經有家法，故有五經師。訓詁之學，皆師所口授，其後乃著竹帛，所以漢經師之說，立於學官，與經並行。五經出於屋壁，多古字古言，非經師不能辨。經之義存乎訓，識字審音，乃知其義。是故古訓不可改也，經師不可廢也。[26]

此段文字大可視為惠學的治學宗旨，王鳴盛一生學問雖有轉變，然而尊故訓、守家法卻是一線如縷，未嘗斷絕。王鳴盛經史子集四部皆有著述，經有《尚書後案》、史有《十七史商榷》、子有《蛾術編》，三書先後撰寫，而於漢人家法特別是鄭氏家法持守一生，隱然見於其間。

《蛾術編・采集群書引用古學》條有追述其早年治學語，云：

---

25 〔清〕錢大昕：《潛研堂集》，《文集》卷48，頁839。

26 〔清〕惠棟：《九經古義》，卷首。

> 古學已亡，後人從群書中所引，采集成編，此法始于宋王應麟
> 《周易鄭康成注》及《詩考》。昔吾友惠徵士棟仿而行之，采
> 鄭氏《尚書注》，嫁名于王以為重。予為補綴，并補馬融、王
> 肅二家入之《後案》，并取一切雜書益之。（卷2，頁52）

王鳴盛用「補綴」一詞，足見其《尚書》研究乃有繼承惠氏之意，而
其「采集群書、引用古學」的輯佚方法也是與惠氏別無二致的。錢大
昕〈墓志銘〉云：「故所撰《尚書後案》，專宗鄭康成，鄭注亡逸者，
采馬、王補之。《孔傳》雖偽，其訓詁猶有傳授，非盡鄉壁虛造，間亦
取焉。經營二十餘年，自謂存古之功，與惠氏《周易述》相埒。」[27]
王鳴盛自認為其《後案》成就在「存古之功」，並將之與惠氏《周易
述》相提並論，其經學以惠氏為楷模則顯然。〈尚書後案序〉云：

> 予徧觀群書，搜羅鄭注，惜已殘闕，聊取馬、王、傳、疏益
> 之。又作案以釋鄭義；馬、王、傳、疏與鄭異者，條晰其非，
> 折中於鄭氏。名曰「後案」者，言最後所存之案也。至二十五
> 篇則別為《後辨》附焉。……予于鄭氏一家之學，可謂盡心焉
> 耳矣。若云有功于經，則吾豈敢！

其尊故訓、守家法、崇鄭學的為學宗旨，已鮮明呈現。

　　《尚書後案》在當時頗為風行，王氏亦因此書而為漢學界認可，
其《尚書》鄭氏學更廣為學者稱譽。[28]其學在守鄭氏一家之言，其弊

---

27 〔清〕錢大昕：《潛研堂集》，《文集》卷48，頁840。
28 〔清〕趙翼〈王西莊光祿輓詩〉云「歲在龍蛇讖可驚，儒林果失鄭康成」，又云
　「徧搜漢末遺文碎（原注：公最精鄭學），不闚虞初小說工。」見李學穎、曹光甫
　點校：《甌北集》（上海市：上海古籍出版社，1997年），卷39，頁960。〔清〕陳澧

亦在此處。《尚書後案》之於王鳴盛而言，不僅為其學術打下根基，更重要的是學宗鄭玄、持守鄭氏家法之治學宗旨的確立。陶澍〈蛾術編原序〉云：「大抵先生之學，經義主鄭康成，文字主許叔重，宗尚既正，遂雄視一切。」[29]宗尚之正，恰在《尚書後案》。

乾隆二十八年（1763），王鳴盛因遭母喪，丁憂里居，遂不復出。大約即在此時，便開始《十七史商榷》和《蛾術編》的撰寫。《十七史商榷》刻成於乾隆五十二年（1787），而《蛾術編》至其卒時尚未寫定。在這兩部中晚年著作中，王鳴盛極為詳細地闡發了對鄭學、鄭氏家法的理解。

王鳴盛少好史學，隨後輟史治經，經學既濟，又重理史業，可謂出經入史，各有所成。〈十七史商榷序〉清晰地表達了其治經與研史的異同，云：

> 摩研排贊，二紀餘年，始悟讀史之法，與讀經小異而大同。何以言之？經以明道，而求道者不必空執義理以求之也。但當正文字、辨音讀、釋訓詁、通傳注，則義理自見，而道在其中矣。……讀史者不必以議論求法戒，而但當考其典制之實；不必以褒貶為與奪，而但當考其事蹟之實，亦猶是也，故曰同也。若夫異者則有矣。

王鳴盛經史研究的旨趣，在此表露無疑。其「擇善而從、無庸偏徇」的史學理念，以及在此理念指導下寫成的《十七史商榷》，都是後世

云：「澧謂昔之道學家，罕有知漢儒見及義理之學者，更罕有知程朱即漢儒意趣者。近時經學家推尊康成，其識得康成深處如王西莊者，亦不多也。」見《東塾讀書記》，卷15，頁626。
29 〔清〕陶澍：〈蛾術編原序〉，載《蛾術編》，頁1下。

論定王鳴盛學術成就與其清代學術史地位的主要依據，而其「治經斷
不敢駁經」、「但當墨守漢人家法，定從一師」的經學理念，卻屢遭學
者詬病。王鳴盛在《十七史商榷》中對其說時加闡述，如專有〈師
法〉一條，備採前、後《漢書》中有關師法、家法之說，云：「漢人
重師法如此，又稱家法，謂守其一家之法，即師法也。……蓋前漢多
言師法，而後漢多言家法，不改師法則能修家法矣。」（卷27，頁
190-191）對於師法與家法的關係，分辨明晰。又如〈臧燾等傳論南
史刪棄〉條：「夫所謂專門之術者何也？即兩漢經師訓詁相傳家法
也。」（卷59，頁456）諸如此類，不待枚舉。

　　《蛾術編》乃王鳴盛晚年巨製，姚承緒〈跋〉云：「此書成于晚
歲，取平時著述彙為一編，分說制、說地、說字、說錄、說刻、說
人、說集、說物、說通、說系十門，其書囊括經史，牢籠百家，為先
生生平得意之作。」[30]對於前作，如《尚書後案》、《十七史商榷》不
盡人意處，皆有補苴。[31]姚氏〈跋〉載其言曰：「是編之成，一生心力
實耗于此，當有知我于異世之後者。」大有晚年定論之意。《尚書後
案》與《十七史商榷》皆限於體例，未能暢發議論，唯有《蛾術編》
分門別類，用意深遠。是編九十五卷，宗旨即在鄭氏一家之學。對鄭
學及其家法之尊崇，集中在〈說錄〉與〈說人〉門，其中〈說人〉專

---

30 〔清〕姚承緒：〈蛾術編跋〉，載《蛾術編》書末。

31 王鳴盛〈與錢竹汀書〉云：「海內能讀此書者不過十餘人，如紹弓、輔之又遠隔京
　華，不得不向吾兄而求益；其不及盡改者，總入《蛾術編》可也。」〔清〕吳修：
　《昭代名人尺牘》，載周駿富輯：《清代傳記叢刊》學林類第31冊（臺北市：明文書
　局，1985年），卷22，頁458-459。柴德賡認為所指乃《十七史商榷》，陳鴻森考訂此
　書當是指《尚書後案》。又《十七史商榷・三蒼以下諸家》條云：「予別有《蛾術
　編》，分十門，第一門〈說錄〉，全以〈藝文志〉為根本，就中《尚書》古文是予專
　門之業，而小學則尤其切要者，今先摘論之，餘在《蛾術》，此不具。」（卷22，頁
　161）詳見柴德賡：〈王西莊與錢竹汀〉，《史學叢考》（北京市：中華書局，1982
　年），頁258；陳鴻森：〈王鳴盛年譜〉（下），頁130。

有兩卷表彰鄭氏其人其學，開篇即云：

> 余說經以先師漢鄭氏為宗，將攷其行蹟為作《年譜》，隨所見
> 輒鈔錄，積之既多，欲加編敘，而其事之不可以年為譜者居
> 多，乃改分十二目，各以類次之。內著述類已詳〈說錄〉。（卷
> 58，頁560）

十二目包括世系、出處、著述、師友、傳學、軼事，冢墓、碑碣、後
裔、古蹟、崇祀、品藻等，连鶴壽又有世系圖、年譜、群書表等條目
補充。〈說錄〉議論縱橫，「鄭康成」兩卷則考信徵實，兩相補益。

蓋王鳴盛所云鄭氏家法，其要點可分兩類：

第一，鄭氏乃孔子後第一人。

《蛾術編・劉焯劉炫會通南北漢學亡半其罪甚大》條云：

> 唐虞以下，群聖迭興，直至周衰，惟吾夫子為生民未有之一
> 人，故學無常師，自非夫子，誰敢祖述堯舜，憲章文武，金聲
> 玉振，集其大成，而刪定五經乎？夫子沒，七十子各守其家
> 法，歷六國、暴秦、東西兩漢，經生蝟起，傳注麻列，人專一
> 經，經專一師，直至漢末，有鄭康成，方兼眾經，自非康成，
> 誰敢囊括大典，網羅眾家，刪裁繁誣，刊改漏失，使學者知所
> 歸乎？（卷2，頁45）

第二，鄭氏會通眾家、不拘一師。

《蛾術編・鄭康成說經會通眾家不拘一師》條云：

> 要之，鄭《毛詩箋》既參用《魯詩》，則于他經亦皆會通眾

家，不拘一師，大儒而必守家法則學散，末流而妄效大儒則學
亂。（卷5，頁79）

圍繞這兩點，王鳴盛反覆論述，如《十七史商榷‧劉瓛陸澄傳論》條
云：「康成得家法而不拘家法，融會貫通之，故曰一世孔門，言其集
大成，繼孔氏弟子也。」（卷62，頁499）〈光被〉文中「集其大成而
裁斷之」一句可予概括，而鄭氏家法並與漢儒家法、故訓等論說相輔
翼，便構成了王鳴盛「家法」的主要內容。

（二）戴、王治學異同

王鳴盛〈古經解鉤沉序〉載：

> 吾交天下士，得通經者二人：吳郡惠定宇，歙州戴東原也。間
> 與東原從容語：「子之學于定宇何如？」東原曰：「不同。定宇
> 求古，吾求是。」嘻，東原雖自命不同，究之，求古即所以求
> 是，舍古無是者也。[32]

戴震以惠學求古，己學求是以相區別，而王鳴盛則認為「求古即所以
求是，舍古無是者」。前人多因此而論定二人學術理念之高下。今暫
不論其異，姑且先考量其相合之處。

〈十七史商榷序〉云：

> 經以明道，而求道者不必空執義理以求之也。但當正文字、辨
> 音讀、釋訓詁、通傳注，則義理自現，道在其中矣。

---

32 〔清〕王鳴盛：《西莊始存稿》，卷24，頁315-316。洪榜〈戴東原行狀〉將戴震語誤
作王鳴盛，見趙玉新點校：《戴震文集》，頁255。

而戴震〈與是仲明論學書〉云：

> 經之至者道也，所以明道者其詞也，所以成詞者字也。由字以
> 通其詞，由詞以通其道，必有漸。[33]

二人皆以「經」求「道」，「道」為學術至高追求，捨「經」則別無他
途。至於通經之法，二人皆以文字、音韻、訓詁為階，層層推進，蓋
以此法區別於宋明儒之「空執義理」也。

又《十七史商榷・唐以前音學諸書》云：

> 大約學問之道當觀其會通，知今不知古，俗儒之陋也；知古不
> 知今，迂儒之癖也。心存稽古，用乃隨時，並行而不相悖，是
> 謂通儒。（卷82，頁725）

而戴震〈與王內翰鳳喈書〉云：

> 信古而愚，愈於不知而作，但宜推求，勿為株守。

王鳴盛以為學問當會通古今，不為俗儒、迂儒，而志於通儒之學，未
嘗不與戴震「但宜推求，勿為株守」同聲相契。

又〈唐以前音學諸書〉云：

> 聲音、文字，學之門也，得其門者或寡矣，雖然，苟得其門，
> 又何求焉？終身以之，惟是為務，其佗概謝曰我弗知，此高門

---

33 〔清〕戴震：《戴東原集》（經韻樓本），卷9，頁7上。

中一司閽之老蒼頭耳。門戶之事熟諳極矣，行立坐臥，不離乎門，其所造詣，鈴下而止，不敢擅自升堂階，況敢窺房奧乎？予於此等姑舍是。（卷82，頁726）

而戴震嘗言於段玉裁曰：

六書、九數等事，如轎夫然，所以舁轎中人也。以六書、九數等事盡我，是猶誤認轎夫為轎中人也。[34]

不得不說兩人之寓意，極為吻合，而王鳴盛「高門中一司閽之老蒼頭」較戴震「轎夫」之喻更見巧妙生動。

以上三例足見戴、王論學之契合處，而後人以「墨守」、「泥古」病王鳴盛，則將其「通儒」之論一概抹殺矣。

「求古」、「求是」之說，出自《漢書・河間獻王傳》「修學好古，實事求是」一語，而王鳴盛之學未嘗不「實事求是」，只是二人於「是」之理解層面有所不同。

戴震〈古經解鉤沈序〉云：

士生千載後，求道於典章制度，而遺文垂絕，今古縣隔。時之相去，殆無異地之相遠，屢屢賴夫經師，故訓乃通，無異譯言以為之傳導也者。又況古人之小學亡，而後有故訓，故訓之法亡，流而為鑿空。數百年已降，說經之弊，善鑿空而已矣。雖然，經自漢經師所授受，已差違失次，其所訓釋，復各持異解。[35]

---

34 〔清〕段玉裁：〈戴東原集序〉，載《戴東原集》卷首，序頁2上。
35 〔清〕戴震：《戴東原集》，卷10，頁1下至2上。

戴震認為今古縣隔，而古人之小學、詁訓已亡，剩下鑿空而已。對於王鳴盛所尊信的漢儒家法，認為是「差違失次」，而漢人訓釋，則是經師「各持異解」。戴震〈與某書〉云：「治經先考字義，次通文理，志存聞道，必空所依傍。漢儒故訓有師承，亦有時傅會。晉人傅會鑿空益多。宋人則恃智臆為斷，故其襲取者多謬，而不謬者在其所棄。」[36]可見戴震對前人研究皆持有懷疑態度。

　　二人對漢人家法、詁訓的理解，實際上與其治學形態有莫大關係。王氏之學，根本在輯佚學，《尚書後案》主要功績也在於搜集鄭注，王鳴盛「自謂存古之功，與惠氏《周易述》相埒」，而杭世駿〈尚書後案序〉云：

> 光祿卿王君西莊，當世之能為鄭學者也。戚然憂之，鑽研群籍，爬羅剔抉。凡一言一字之出於鄭者，悉甄而錄之，勒成數萬言。使世知有鄭氏之注，并使世知有鄭氏之學而未已也。[37]

正是「存古之功」的具體說明。王鳴盛〈古經解鉤沉序〉云「學莫貴乎有本，而功莫大乎存古」，認為古學雖亡，但詁訓仍於群書之中（〈采集群書引用古學〉），故其多言存古、稽古。

　　而戴氏之學，根本在於古音學，其學理即後來王念孫所云「引伸觸類，不限形體」（〈廣雅疏證序〉），故戴氏在為王昶所寫的〈鄭學齋記〉云：

> 　是故由六書九數、制度名物，能通乎其詞，然後以心相遇。是

---

36 〔清〕戴震：《戴東原集》，卷9，頁11下。
37 〔清〕杭世駿：《道古堂文集》，《續修四庫全書》集部第1426冊影清乾隆四十一年（1776）刻光緒十四年（1888）汪曾唯增修本，卷4，頁228-229。

> 故求之茫茫，空馳以逃難，岐為異端者，振其薰而更之。然後
> 知古人治經有法，此之謂鄭學。[38]

戴震屢次強調「心」在通經聞道中的作用。可見同樣面對古學已亡的
境況，王鳴盛求之於輯佚存古，而戴震則「求不謬於心」。此是其不
同處。

對於鄭學、鄭氏家法的解釋，二人雖有差異，要之，皆可謂傳鄭
學、守鄭氏家法。如此，矛盾之處便進而推到鄭氏及其學問本身了。
鄭氏家法的精義在於「會通眾家、不拘一師」，戴學一脈即秉此精
義，不論漢、宋之家法、故訓、義理，皆有批判繼承。而王鳴盛認為
鄭氏乃孔子之下第一人，其家法定從一說，後人但當遵從其一師一家
即可，若效法鄭氏，不守家法，則是「末流而妄效大儒則學亂」。王
鳴盛是以批評戴震「妄效大儒」，故有「狂而幾于妄者」之譏。此一
問題已非戴、王是非之爭，而是推進到鄭學、鄭氏家法上了。皮錫瑞
云：「鄭君兼通今古文，溝合為一；於是經生皆從鄭氏，不必更求各
家。鄭學之盛在此，漢學之衰亦在此。」[39]已見及此處。不過此一問
題關涉至廣且深，當從容探討。

四　小結

由以上的論述可見，王鳴盛雖然晚年作翻案文章，否認當年曾收
到過戴震的〈與王內翰鳳喈書〉，並誣戴氏偽託。不過從他自己所引
的書札，以及眾多的旁證來看，王鳴盛不僅對戴震的指控不成立，反
而將自己陷入了道德危機之中。

---

38 〔清〕戴震：《戴東原集》，卷11，頁21下。
39 〔清〕皮錫瑞著，周予同注釋：《經學歷史》，頁142。

　　對於王鳴盛的這種心理與行為，前人多歸之於其本身的性格與人品，認為王氏生性好勝，且喜詆訶他人，對戴震的指責與誣告，便是爭名好勝之心太重所致。[40]雖然如此，但本文認為，他對戴震的反駁卻足以牽出二人治學的諸多細節。鄭氏家法，是王氏一生的治學脈絡，後人雖以「墨守」、「泥古」病之，但其學術理念確實有和戴震同樣精彩之處。究其所不同，二人治學形態有別，乃是一大原因，而鄭學本身蘊含的矛盾，則應是潛在因素。或正因為王鳴盛對鄭氏尊信之篤，而戴震書信援引浩博，卻隻字未提及鄭注，這點恰好挑戰到王鳴盛的學術信仰，從而引發了這場「死無對證」的意氣之爭。這便是本文提供的一種解釋。

---

40 錢大昕〈答王西莊書〉云：「得手教，以所撰述于昆山顧氏、秀水朱氏、德清胡氏、長洲何氏間有駁正，恐觀者以詆訶前哲為咎。愚以為學問乃千秋事，訂訛規過，非以訾毀前人，實以嘉惠後學。但議論須平允，詞氣須謙和，一事之失，無妨全體之善，不可效宋儒所云『一有差失，則餘無足觀』耳。……且其言而誠誤耶，吾雖不言，後必有言之者，雖欲掩之，惡得而掩之！所慮者，古人本不誤，而吾從而誤駁之，此則無損于古人，而適以成吾之妄。」（《潛研堂集》，《文集》卷35，頁635-636）可謂正中西莊之病。可參看陳垣：〈書《十七史商榷》第一條後〉，載氏著：《陳垣史源學雜文》（北京市：人民出版社，1980年），頁58-62；黃曙輝：〈整理弁言〉，《十七史商榷》（上海市：上海書店，2005年），頁6-7。

附　〈與王內翰鳳喈書〉校勘表

戴震《文集》	校記
與王內翰鳳喈書　　乙亥[41]	湖海：與王編修鳳喈書；且無年分。
承示《書・堯典》注，	1. 湖海：讀所注書堯典。蛾術：昨讀所注今文尚書。
逐條之下，辨[42]正字體、字音，悉準乎古。及論列故訓[43]，	2. 二本：詁訓。
先徵《爾雅》，乃後廣搜漢儒之說，	3. 蛾術：然後。
功勤而益鉅，誠學古之津涉也。昨僕偶舉篇首「烑」字，引《爾雅》：「烑，充也。」僕以為此解不可無辨。欲就一字見考古之難，則請終其說以明例。	4. 蛾術：震偶舉卷首一光字，語未竟而退，不可不終其說。
孔《傳》「烑，充也」，陸德明《釋文》無音切，	5. 蛾術作「陸氏」，無「切」字。
孔沖遠《正義》曰：	6. 湖海：孔穎達。蛾術：穎達。
「烑、充，〈釋言〉文。」據郭本《爾雅》：「枕、頴，充也。」《注》曰：「皆充盛也。」《釋文》曰：「枕，孫作烑，古黃反。」	7. 蛾術：古黃反，孫叔然作光。

41 今案：微波榭本作「乙亥秋」。段玉裁於《戴集》後又有〈覆校札記〉一篇，末尾云：「刻版既成，不欲多剜損，故箋其後如此。得此書者，尚依此硏朱校改，以俟重刊。乾隆壬子八月，段玉裁記。」（頁4下）本篇段氏並無校語，不過其中有通例之處，今則一併標出。

42 今案：微波榭本作「辯」，全文同。

43 段校：「卷一四頁上五行『故訓』：本作『訓詁』。按《漢書・儒林傳》『訓故舉大義』，鄭君序《周禮》『考訓詁，捃祕逸』，不必倒為『故訓』，『故』亦不必改為『詁』也。全書內倣此。」（頁1上）今案：微波榭本作「詁訓」，與二本同。

戴震《文集》	校記
用是言之，炎之為充，《爾雅》具其義。漢、唐諸儒，凡**於**字義出《爾雅》者，	8.蛾術：于。[44]
則信守之篤。然如炎字，雖不**解**，	9.蛾術：訓。
靡不曉者，	10.蛾術：解。
解之為充，	11.蛾術：訓。
轉致學者疑。〔闕〕	12.闕。湖海：詁訓之體，遠而近之，不幾廢近索遠。蛾術：詁訓之體，遠而近之，不廢近索遠。
蔡仲默《書集傳》「炎，顯也」，**似**比近可通，	13.湖海無「似」字。
古說必**遠舉**炎充之**解**何**歟**[45]？	14.遠舉、歟，湖海：更尋、與。解，蛾術：訓。
雖孔《傳》出魏、晉**閒**[46]人手，**以僕觀**此字據依《爾雅》，	15.二本無「以僕觀」三字。
又密合古人屬**詞**[47]之法，	16.蛾術無「又」字。詞，二本：辭。
非魏、晉**閒**人所能。	17.湖海：間。
必襲取師師相傳舊解，見其奇古有據，**遂**不敢易爾。	18.蛾術無「遂」字。

---

44 今案：以下與此同者僅於正文加粗標示。

45 段校：「卷二五頁上五行『歟』：本作『與』，全書內同。」（頁1下）

46 今案：微波榭本作「間」，除「孔子閒居」外皆同。

47 段校：「卷一廿七頁上六行『異詞』：本作『辭』，全書內皆同。按『辭』者，說也，從𤔔辛，𤔔辛猶理辜也，凡文辭字多用此。詞者，意內而言外也，從司言，凡發聲助語之詞多用此。二字截然分別。又全書內『視』字本多作『眡』，『實』字本多作『寔』，『揜』字本多作『掩』，『韵』字本多作『韻』，『歟』字本多作『與』，皆不必改者。」（頁1）今案：微波榭本作「辭」。

戴震《文集》	校記
後人不用《爾雅》及古注，	19.蛾術：後儒。
殆笑《爾雅》迂遠，古注膠滯，如光之訓充，	20.湖海：如光不直云顯必曲云充。
茲類實繁。余獨以謂病在後人不能徧觀盡識，	21.二本無「以」、「能」二字。後人，蛾術：後儒。
輕疑前古，不知而作也。	22.蛾術：前人。
自有書契已來[48]，	23.二本：以來。
科斗而篆籀，篆籀而徒隸，	24.湖海無「篆籀」二字。
字畫偃仰，寖失本眞。	25.蛾術：浸。
《爾雅》「桄」字，六經不見。《說文》：「桄，	26.湖海：光。
充也。」孫愐《唐韵[49]》：	27.二本：韻。
「古曠反。」	28.二本：切。
〈樂記〉：「鐘聲鏗，鏗以立號，號以立橫，橫以立武。」鄭康成注曰：	29.蛾術：鄭注。
「橫，充也，謂氣作充滿也。」《釋文》曰：「橫，古曠反。」《孔子閒居篇》：	30.蛾術無「篇」字。
「夫民之父母乎，必達於禮樂之原，以致五至而行三無，以橫於天下。」鄭注曰：「橫，充也」，疏家不知其義出《爾雅》。〔闕〕	31.闕。湖海：古字蓋橫、桄通，六經中用橫不用桄。蛾術：古字蓋橫、桄通。《漢書》「黃道」為「光道」，則又古篆法黃〔𡇢〕、允〔芅〕[50]近似故也。六經中用橫不用桄。

---

48 今案：微波榭及中華、上古等點校本皆作「以來」。

49 今案：微波榭本作「韻」。

50 今案：《蛾術編》原文黃〔𡇢〕、允〔芅〕括號中的字體為篆文，本文引用同此例。

戴震《文集》	校記
〈堯典〉古本必有作「橫被四表」者。橫被，廣被也，正如《記》所云「橫於天下」、「橫乎四海」是也。〔闕〕	32.闕。湖海：《後漢書‧馮異傳》永初六年安帝詔有「橫被四表，昭假上下」之語，班孟堅〈西都賦〉「橫被六合」，其宜有所自矣。
「橫四表」、「格上下」對舉。溥徧所及曰橫，貫通所至曰格。四表言被，	33.湖海：曰。
以德加民物言也；上下言于，	34.湖海：於
以德及天地言也。	35.湖海：極。
《集傳》曰	36.蛾術：云。
「被四表，格上下」，殆失古文屬詞[51]意歟？	37.湖海：辭、與。蛾術：非古文屬辭意矣。
「橫」轉寫為「枙」，脫誤為「炗」。追原古初，當讀「古曠反」，	38.蛾術：切。
庶合充霸廣遠之義。而《釋文》於〈堯典〉無音切，	39.蛾術無「切」字。
於《爾雅》乃「古黃反」，殊少精覈[52]。述古之難，如此類者，	40.蛾術：若。
遽數之不能終其物。	41.蛾術至此止。
六書廢棄[53]，經學荒謬，二千年以至今。足下思奮乎二千年之後，好古洞其原[54]，	42.湖海：源。

---

51 今案：微波榭本、《尚書義考》皆作「辭」。經韻樓本前後兩處「詞」，微波榭本及二本皆作「辭」，可知戴氏原本即作「辭」，段氏剜改為「詞」。

52 段校：「卷三二頁上六行『綜覈』：本作『核』。凡『核』皆改作『覈』，可不必，後仿此。」（頁2上）今案：微波榭本作「覈」。

53 今案：微波榭本作「弃」。

54 今案：微波榭本作「源」，與湖海本同。

戴震《文集》	校記
諒不厓市古為也。僕情僻識狹，以謂信古而愚，愈於不知而作，但宜推求，勿[55]為株守。例以「光」之一字，疑古者在茲，信古者亦在茲，漫設繁言以獻。震再拜。	43.湖海：拘守。
丁丑仲秋，[56]錢太史曉徵為余舉一證曰：	44.湖海：編修。
《後漢書》有「橫被四表，昭假上下」語。檢之〈馮異傳〉，永初六年安帝詔也。姚孝廉姬傳又為余舉班孟堅〈西都賦〉「橫被六合」。壬午孟冬，余族弟受堂舉《漢書・王莽傳》「昔唐堯橫被四表」，尤顯確；又舉王子淵〈聖主得賢臣頌〉「化溢四表，橫被無窮」。	45.湖海至此止。
洪榜案：《淮南・原道訓》「橫四維而含陰陽」，高誘注：「橫讀桄車之桄」，是漢人「橫」、「桄」通用甚明。	
段玉裁案：李善注〈魏都賦〉引〈東京賦〉「惠風橫被」，今本〈東京賦〉作「惠風廣被」，後人妄改也。[57]	

55 段校：「卷一十七頁上八行『弗正之』：本作『勿』，全書內『勿』字皆改作『弗』，意以『勿』為禁止，訓『弗』為矯拂，古人却通用不拘，後仿此。」（頁1上）今案：微波榭本作「勿」。

56 今案：《皇清經解》本《東原集》自「述古之難」至「丁丑仲秋」略去未載，「錢太史」之後皆見載。詳卷565，頁33上至34上。

57 今案：「段玉裁案」一條乃經韻樓本增，微波榭本無。

第二節　王鳴盛與焦循

一　問題緣起

　　焦循（1763-1820），字理堂，後改字里堂，清揚州府甘泉縣（今揚州市邗江縣）人。早年鑽研天文曆算，中年專治《易》學，晚年瘁心《孟子》，著述數十種，為「揚州學派」代表學者。子廷琥（1782-1821），從其父學。

　　焦循治學，明確私淑戴震，故對惠棟「吳派」據守之弊，言之尤切。[58]其〈致王引之書〉云：

> 東吳惠氏為近代名儒，其《周易述》一書，循最不滿之。大約其學拘於漢之經師，而不復窮究聖人之經。譬之管夷吾，名曰尊周，實奉霸耳。[59]

認為惠棟之學在漢儒而非經典。又乾隆五十五年（1790）冬，焦循刻《群經宮室圖》二卷。江聲以書規之，規之未協，焦循復作書辯論，其〈復江艮庭處士書〉云：

---

58 清人已將惠棟與戴震並舉，如王鳴盛〈古經解鉤沉序〉、洪亮吉〈邵學士家傳〉、淩廷堪〈與胡敬仲書〉等，可見當時學者對兩家之學已有分別之意。至章太炎《訄書‧清儒》，則明確將乾嘉學術分為吳、皖兩派。本文使用「吳派」、「皖派」、「揚州學派」，以及「惠派」、「戴派」諸名目，皆沿用前人成說，而對當今學界仍在討論不已的清代學術流派則不與焉。

59 賴貴三編著：《昭代經師手簡箋釋》（臺北市：里仁書局，1999年），頁208。王引之〈與焦理堂先生書〉則云：「惠定宇先生考古雖勤，而識不高，心不細，見異於今者則從之，大都不論是非。」載〔清〕王引之：《王文簡公文集》（1925年羅氏高郵王氏遺書本），卷4，頁1上。

惟以先生遵鄭之故，轉至違鄭，是則急急欲與先生共議者矣。
循學無師傳，竊謂西京拘守之法，至鄭氏而貫通，其經注炳如
日星，不難於阿附而難於精核。果有以補其所不足，則經賴以
明，不則其書自在，非易者所能蔽。[60]

對江聲「遵鄭之故，轉至違鄭」的治學旨趣持有異議，認為阿附鄭氏
並不難，難於精核，即補鄭氏之不足而明經義。又在〈述難四〉中明
確對「漢學」提出批判，云：

學者述孔子而持漢人之言，惟漢是求，而不求其是。於是拘於
傳注，往往扞格於經文。是所述者漢儒也，非孔子也。而究之
漢人之言，亦晦而不能明。則亦第持其言，而未通其義也，則
亦未足為述也。[61]

對學者「惟漢是求」多有不滿，認為「不求其是」已落一層，至於漢
人之言亦不能通其義，則又等而下之也。

　　惠棟之後，在當時最具影響力的「吳派」學者，王鳴盛應是其
一。王鳴盛與惠棟介於師友之間，其治經也，尊漢注，守家法，與惠
氏一脈相承，而尤尊鄭玄一家。其〈十七史商榷自序〉云：「抑治經
豈特不敢駁經而已，經文艱奧難通，若于古傳注，憑己意擇取融貫，
猶未免于僭越，但當墨守漢人家法，定從一師，而不敢佗徙。」[62]早
年專研鄭氏《尚書》學，〈尚書後案序〉開宗明義：「《尚書後案》何

60　〔清〕焦循撰，劉建臻點校：《雕菰集》，《焦循詩文集》，卷14，頁251。

61　〔清〕焦循撰，劉建臻點校：《雕菰集》，《焦循詩文集》，卷7，頁135。

62　〔清〕王鳴盛撰，黃曙輝點校：《十七史商榷》，序頁2。

為而作也？所以發揮鄭氏康成一家之學也。」[63]直至晚年撰《蛾術編》，仍矢志不渝：「予小子則守鄭氏家法者也，方且退處義疏之末，步孔、賈後塵。」[64]

王鳴盛的經學理念恰是焦循所強烈反對、批駁不已者，但細繹焦氏著述，王氏《尚書後案》卻屢被引及。一方面批評「吳派」的墨守，另一方面卻又頻繁引用其說，在焦循身上，為何學術理念與實踐可以截然不同，這便是本文背後所關注的問題。然而切入口就是焦循與王鳴盛的《尚書後案》，因此本文論述集中於兩方面：第一，王鳴盛在焦循學術生命中的影響，第二，焦循對王鳴盛《尚書》學的承襲與修正。

二 焦循與王鳴盛的直接交往

焦循與王鳴盛的直接學術交往，以前因資料所限，論者多付諸闕如。近年，北京大學圖書館典藏焦循《里堂札記》為學者發現，其中有嘉慶丙辰（1796）五月十七日〈答王西莊先生〉一札，今詳錄如下：

> 家塾所藏書有先生文集，名《西莊始存稿》，幼時讀之，即知先生名。甲辰（1784），於李嗇生學師處，求得《尚書後案》。戊申（1788），又於友人顧超宗[65]，得《十七史商榷》。規模鴻闊，義指精深，誠後生小子，所奉為準的者也。循生長村僻，學無師承，惟於大人先生所著述中求之，窺竊古學如大作，皆

---

63 〔清〕王鳴盛：《尚書後案》，《續修四庫全書》經部第45冊，頁1。
64 〔清〕王鳴盛：《蛾術編》，《續修四庫全書》子部第1150冊，卷4，頁71。
65 顧鳳毛（1762-1788）字超宗，別字小謝，揚州興化縣人。乾隆四十四年（1779）二人相識，十年交遊，感情深厚，乃焦循早年重要學侶。

珍寶藏之，時以為己學之比例。去秋，在江寧，晤黃君宗易[66]，
托其為先容，道平素仰慕之意；時以《宮室圖》托其代求教
誨，不知何以至今始至？且從山左來也。蒙賜手書，過加獎
勵，不勝愧感之至！《蛾術編》曾於《十七史商榷》中，識此
名目，急求一見久矣！望即付梓人，公諸天下耳。[67]

根據此札，大約可知其中背景：乾隆六十年（1795）秋，焦循託付黃
宗易向王鳴盛代為轉達仰慕之意，並寄贈《群經宮室圖》以求教誨；
明年（約1796年作此札前不久），收到王鳴盛的信函，王氏在信中對
焦循多有獎勵。隨後，作此札予以答覆。

　　此札雖然沒有討論具體的學術問題，卻可以勾勒出王鳴盛在焦循
學術歷程中的簡譜。《西莊始存稿》、《尚書後案》、《十七史商榷》、
《蛾術編》是王鳴盛經史子集四部著作，焦循皆有提及。關於求得
《西莊始存稿》、《十七史商榷》的經歷，焦循其他文集乃至後人編纂
的年譜、行歷等都沒有記載。[68]而對於何時自何人處取得《尚書後
案》，與其子焦廷琥《先府君事略》所載有異。

　　《事略》載：

　　　府君二十時（1782），讀書安定書院，王光祿新刻《尚書後

66 黃恩長，字宗易，號蒼雅，長洲人，工花卉。王鳴盛之婿。見〔清〕李斗撰，汪北
　　平、涂雨公點校：《揚州畫舫錄》（北京市：中華書局，1960年），頁48。

67 〔清〕焦循：《里堂札記》，《焦循詩文集》，頁617。又賴貴三選釋：〈北京大學典藏
　　焦循《里堂札記》選釋〉，《臺海兩岸焦循文獻考察與學術研究》（臺北市：文津出
　　版社，2008年），頁433。賴氏釋文「藏書」作「藏舊」、「鴻關」作「鴻澗」、「比
　　例」作「此例」、「江寧」作「江宵」。

68 焦循〈顧小謝傳〉（《雕菰集》卷21）、〈哭顧超宗〉詩（《雕菰集》卷4），均未有提
　　及此事。今人賴貴三《焦循年譜新編》（臺北市：里仁書局，1994年）、劉瑾輝《焦
　　循評傳》（揚州市：廣陵書社，2005年）亦無記載。

案》成，以數十部寄院長丹徒吉渭巖先生[69]，屬示諸肄業者，
府君得其一，日夜翻閱，月許能言其略。[70]

焦廷琥作壬寅（1782）得自吉渭巖院長，而焦循〈答王西莊先生〉作
甲辰（1784）得自李嗇生學師。

考李嗇生即李保泰，與錢大昕、王鳴盛、盧文弨、姚鼐皆有交
往。[71]《里堂札記》中癸丑（1793）、癸亥（1803）、辛未（1811）有
四通致李學師書，[72]其中辛未五月廿二日云：「回念台駕蒞揚，循方而
是，兒子廷琥始生耳。循明年五十矣，而琥年亦三十。此三十年中，
多承誨益。」[73]李保泰卒於嘉慶十七年（1812），即此札之明年，可見
二人師徒關係一直持續至終。吉夢熊（1721-1794）字毅揚、渭崖，號
潤之，江蘇丹陽人。由優貢充官學教習，乾隆壬申（1752）進士。[74]
焦廷琥《事略》載：「壬寅（1782），吉渭巖先生來主安定書院講席，
府君往謁，先生勉以經學。」[75]

陳鴻森〈王鳴盛年譜〉引用焦循〈答王西莊先生〉一札，但仍定

---

69 「丹徒」應為「丹陽」之誤，焦循《里堂家訓》卷上云：「丹陽吉渭巖先生來作院
長。」《續修四庫全書》子部第951冊影上海圖書館藏稿本，頁523。

70 〔清〕焦廷琥：《先府君事略》（清嘉慶道光年間江都焦氏雕菰樓《焦氏叢書》
本），頁30上。

71 〔清〕李斗：《揚州畫舫錄》，卷3，頁66。

72 其中辛未有前後兩通，後一通〈答李學師〉六月十七日作，僅存其目，云「此書寫
入《雕菰集存錄》中」，今此札收入《雕菰續集》中，見《焦循詩文集》，頁440-
441。

73 〔清〕焦循：《里堂札記》，《焦循詩文集》，頁675。

74 〔清〕李桓輯：《國朝耆獻類徵初編》（臺北市：明文書局，1985年），卷91，頁791-
795。

75 〔清〕焦廷琥：《先府君事略》，頁5上。

從《事略》所載。[76]考慮焦循多有記錄其得書、讀書、著述的習慣，王鳴盛《尚書後案》也是其常用書籍，不當在與王氏信函中對何時得其書有記憶偏差，所以從焦循之說較妥，即乾隆甲辰（1784）得王氏《後案》。然而，不論壬寅或甲辰，都在焦循初初學經不久，對其《尚書》學研究產生終生影響。

焦循嘗作〈讀書三十二贊〉，對清初以來三十九位學者的四十八部著作一一評價，其中第四贊收錄閻若璩《古文尚書疏證》、王鳴盛《尚書後案》、江聲《尚書集注音疏》三種，贊云：

> 古文之偽，發之自宋。潛邱閻氏，詳疏博綜。毛氏《冤詞》，徒為市闤。光祿《後案》，復賈餘勇。處士江公，用平眾訟。鄭疑亦區，孔是亦用。二十八篇，乃可以誦。[77]

雖江氏《集注音疏》成書較早，但刊行較晚，且以篆書，流傳不如王氏《後案》之廣。焦循先得王書，後得江書，故著述中多以先王後江排列。

這則簡要梳理了古文《尚書》之辨偽歷史。對王鳴盛《後案》評價為「復賈餘勇」，蓋有繼承閻氏之意；於江聲《集注音疏》則云「用平眾訟」，說明其集眾家說之特色。而後云，鄭注可疑之處當分辨，孔傳得當之處也應肯定，如此《尚書》二十八篇乃可通讀。雖然此語為評價前人之作，不過對鄭、孔辯證的態度恰好體現在他兩部《書》學專著中，即《禹貢鄭注釋》與《尚書補疏》。

---

76 見陳鴻森：〈王鳴盛年譜〉（下），《中研院歷史語言研究所集刊》第83本第1分（2012年3月），頁131。

77 〔清〕焦循：《雕菰集》，卷6，《焦循詩文集》，頁114。

三　王鳴盛《尚書後案》在焦循著述中的影響

焦循《尚書》學著作，賴貴三、陳韋在、劉建臻等學者已有詳盡論述，[78]本文僅點明王鳴盛在其中的影響。

(一)《尚書正義》批校手稿

嘉慶庚申（1800）四月，焦循於《周易注疏》卷首扉頁題記云：

> 余己亥、庚子間（1779-1780），始學經，敬讀《欽定詩經彙纂》，知漢、唐經師之說，時時欲購《十三經注疏》竟觀之。乾隆辛丑（1781），買得此本，珍之不啻珠玉。時肄業安定書院中，宿學舍，夜秉燭閱之。[79]

此書為明崇禎毛晉汲古閣本，今藏於臺北中研院傅斯年圖書館，書內有「焦循私印」、「理堂」諸印記，並有手批校讀、圈點與眉批，其中《尚書正義》為第二函共六冊，據牌記刊刻於明崇禎五年（1632）。[80]

賴貴三云，焦循存世有關《尚書》著述，以此為最早。不過，嚴格而言，此書或許是焦循研讀《尚書》的第一部典籍，但所作批校年

---

78 賴貴三：〈焦循《尚書》學及其研究述評〉，《臺海兩岸焦循文獻考察與學術研究》，頁225-250；陳韋在：《焦循《尚書》學研究》（臺北市：臺灣師範大學國文研究所碩士論文，2003年），頁43-57；劉建臻：《焦循著述新證》（北京市：社會科學出版社，2005年），頁36-43；劉建臻：《焦循學術論略》（北京市：社會科學出版社，2012年），頁126-190。

79 見賴貴三：〈焦循理堂先生手批《周易兼義》鈔讀記（一）〉，《焦循手批《十三經註疏》研究》（臺北市：里仁書局，2000年），頁3-4。與焦循〈感大人賦序〉（《雕菰集》卷1）、〈詩益序〉（《雕菰集》卷15）及廷琥《事略》相合。

80 賴貴三：《焦循手批《十三經註疏》研究》，頁422。

代並不確定。其中一處提及閻若璩、段玉裁，[81]段說見《古文尚書撰異》，是書成於乾隆五十六年（1791）；一處提及《經義述聞》，[82]而該書初刻於嘉慶二年（1797）。另外，與其晚年所作《尚書補疏》對比，六十三條之中，超過三分之一已見於批校本中。可見其校讀有一過程，但因具體條目無法繫年，仍循舊例置諸首。

批校中除提及閻、段、王之外，尚有兩處提及《後案》。其一：

〈盤庚下〉：嗚呼！邦伯師長，百執事之人，尚皆隱哉！
孔傳：言當庶幾相隱括共為善政。
焦循：「隱括」二字，《後案》詳之。[83]

王鳴盛《後案》引李賢《後漢書注》及《尚書大傳・略說》，以為：「隱栝是矯枉為直之器。政所以正不正，故借隱栝言政。」（卷6，頁118）

其二：

〈康誥〉：又曰：要囚，服念五六日，至於旬時，丕蔽要囚。
孔傳：要囚，謂察其要辭以斷獄。……，乃大斷之。
焦循：蔽，斷也。詳見《後案》。[84]

王鳴盛《後案》引鄭《周禮注》以弊為斷，而《說文》有蔽無弊，弊即蔽也，又引杜預《左傳注》「蔽，斷也」、韋昭《國語注》「蔽，決也」，而證明之（卷15，頁178）。

---

81 賴貴三：《焦循手批《十三經註疏》研究》，頁424。
82 賴貴三：《焦循手批《十三經註疏》研究》，頁454。
83 賴貴三：《焦循手批《十三經註疏》研究》，頁440。
84 賴貴三：《焦循手批《十三經註疏》研究》，頁447。

　　除此兩條外，尚有意見與王氏《後案》相合者，如〈無逸〉之祖
甲，鄭玄以為帝甲，孔傳以為太甲，焦循：「鄭注自善。蔡《傳》辨
《傳》詳矣。」[85]焦循認同鄭注，而蔡沈《書集傳》辯證孔《傳》已
詳。考王鳴盛是條，雖未稱蔡《傳》（王用蔡說多不稱名），但其承襲
之跡顯然（卷21，頁215）。不過焦循批注多不標來源，所以難以確定
是否出自他說，亦或自得之見。

（二）《尚書通義》（約 1797-1802）

　　此書為焦循批校蔡沈《書經集傳》的手稿，現藏北京中國科學院
圖書館。據賴貴三釋讀，卷末焦循題記云：

> 《欽定七經》，《書》用蔡《傳》，蓋其薈萃英華，誠有在群賢
> 之表者；而王氏之《後案》、《後辨》則譏為俗儒，較而論之，
> 亦誠不免貽後人之口實者在焉。予乃更類諸家之說，疏以己
> 意，件繫條寫，識于書耑；其所闕如，則從蔡者也。……題為
> 《尚書通義》，以為家塾定本，茲固以課孫而為之者也。[86]

據此可知此稿本為焦循家塾課孫之定本。賴氏因此疑此稿約作於嘉慶
二年（1797）至嘉慶七年（1802）。

　　焦循正面肯定了蔡《傳》的價值，而對王鳴盛《尚書後案》及
《後辨》的譏諷有所不滿。他的批校方法是將諸家說分類繫於書端，
以己意梳理，而有所闕者，則從蔡《傳》。今此稿本尚未有整理本，[87]

---

85 賴貴三：《焦循手批《十三經註疏》研究》，頁460。

86 賴貴三：〈焦循《尚書》學及其研究述評〉，頁233。

87 賴貴三云此書「已打字整理，至今未能抽出餘暇核校付梓」，然後迄今未出版，而
　　二〇一六年廣陵書社《焦循全集》也未見收錄此書。

故不知其引王說如何。賴氏僅錄焦循眉批第一則「曰若稽古帝堯」，
其中便有引王說處：

> 鄭康成注：「稽，同；古，天也。言堯能順天而行之，與之同
> 功。」王西莊云：「《禮記・儒行》『古人與稽』，稽，注猶合
> 也，合亦同也。虞翻八卦逸象『天為古』，《商頌》『古帝命武
> 陽』，箋云『古帝，天也』。」[88]

「曰若稽古」，馬融、偽孔皆云「順考古道」。焦循引王鳴盛說而無評
論，可見在此處用鄭氏義。而此後焦循作〈尚書補疏敘〉，對偽孔
「順考古道」之說予以褒揚。此處引王鳴盛說，取鄭注，應與此書作
為家塾定本性質有關。至於其引馬、鄭等注，可能亦出自《後案》。

　　不過學者懷疑此書為偽託，非焦循所作，然仍在存疑之際，尚待
檢驗。[89]

（三）《里堂道聽錄・王江尚書》（1802）

　　《里堂道聽錄》現存稿本，今藏北京國家圖書館。[90]《事略》
云：

88　賴貴三：〈焦循《尚書》學及其研究述評〉，頁233。標點不盡從之。

89　陳韋在〈《尚書通義》識疑〉，《焦循《尚書》學研究》，頁164-167。其文列出七點
　　可疑之處，其中第一點提及原稿中有「先師何願老」、「先師何願船先生」等字眼，
　　何願船即何秋濤（1824-1862年），則此人出生，里堂已過世，所記為「先師」，更在
　　其身後，距里堂辭世已四十餘年。此為直接證據，其餘如筆跡、章印、著述習慣等
　　則為旁證。

90　《里堂道聽錄》收錄於《北京圖書館古籍珍本叢刊》子部雜家類第69冊（北京市：
　　書目文獻出版社，1988，影國立北平圖書館藏稿本）。2001年江蘇廣陵書社有雕刻
　　本問世，2016年劉建臻整理三冊出版，後又收入《焦循全集》第14-16冊。

壬戌（1802）自京師歸，舉兩書異同筆記之，謂之〈王江尚書〉，載入《道聽錄》。[91]

兩書即指王鳴盛、江聲二書。嘉慶甲戌（1814）秋七月，焦循作〈里堂道聽錄序〉云：

> 先是，壬戌、癸亥間（1802-1803）嘗編之，名《道聽錄》，今仍其名。苟不即死，更有進，當續乎此耳。[92]

兩者記載一致，可知〈王江尚書〉作於嘉慶七年（1802），焦循自京師返回後。[93]

稿本《道聽錄》中與《尚書》密切相關者有以下幾處：

1. 卷五、〈尚書證義〉，錄周用錫〈尚書證義序〉（頁84-85）。
2. 卷九前目錄中卷十一有〈古文尚書〉一條，無文（頁138）。
3. 卷二十七、〈今文古文考辨〉，錄宋鑒《尚書考辨》第一篇（頁449-450）。
4. 卷三十、〈今文古文撰異〉，錄段玉裁《古文尚書撰異》數則（頁493-496）。
5. 卷三十二、〈召誥日名考〉，錄李銳文（頁523-524）。
6. 卷三十四、〈王江尚書〉，錄王鳴盛、江聲兩家說數條（頁556-560）。

---

91 〔清〕焦廷琥：《先府君事略》，頁30下。
92 〔清〕焦循：《雕菰集》，卷16，《焦循詩文集》，頁290。
93 《里堂道聽錄》卷34末識記作「嘉慶甲戌二月」，則是抄寫彙編之日期。

7. 卷三十四、〈孫觀察論偽孔古文尚書〉，錄孫星衍〈古文尚書
　　馬鄭注序〉（頁560-562）。

8. 卷三十四、〈尚書私學〉，錄江昱〈尚書私學序〉（頁572）。

此為焦循讀書所抄筆記，偶有題識或心得，對梳理其學術脈絡，以及
與其著作對比研究，都有重要價值。

　　焦循在〈王江尚書〉篇首云：

> 自閻徵君作《古文尚書疏證》，而惠徵君定宇亦作《古文尚書
> 考》，閻詳而惠簡，皆破古文之偽。王西沚光祿鳴盛躍其後，
> 作《尚書後案》，惠氏之弟子江艮庭聲又作《尚書集注音疏》，
> 皆駁晚出古文之偽。乃《後案》專明鄭氏一家之學，《集注》
> 兼取眾說，兩家各有異同。余閱兩家之書，合錄若干條，以見
> 其概。

相比於〈讀書三十二贊〉之詞，此處對兩家學術特色闡述得更為全
面。焦循引兩書之說共計十七條，詳目如下：

1. 「象以典刑」（堯典），引《後案》；

2. 「五刑有服五服三就」（堯典），引兩書；

3. 「在治忽」（皋陶謨），引兩書；

4. 「過三澨至于大別」（禹貢），引《後案》；

5. 「由糵」（盤庚上），引《後案》；

6. 「我舊云刻子」（微子），引兩書；

7. 「無有作好」（洪範），引《後案》；

8. 「衍忒」（洪範），引兩書；

9. 「酒誥王若曰」（酒誥），引兩書；

10.「允罔固亂」（多士），引《後案》；

11.「上帝引逸有夏不適逸則惟帝降格」（多士），引兩書；

12.「西爾」（多士），引《集注音疏》；

13.「祖甲」（無逸），引《後案》；

14.「不克開于民之麗」（多方），引兩書；

15.「日欽劓割夏邑」（多方），引《集注音疏》；

16.「命仲桓南宮毛俾爰齊矦呂伋以二干戈虎賁百人」（顧命），引《後案》；

17.「惟戳戳善論言俾君子易辭我皇多有之昧昧我思之」（秦誓），引兩書。

其中只引江書者二條，只引王書者七條，其餘八條則共引兩書。其中數則又在焦循此後的著述中出現。

（四）《禹貢鄭注釋》（1802）

《禹貢鄭注釋》上下兩卷，為焦循《尚書》學代表作之一，刻入雕菰樓《焦氏叢書》。賴貴三言又有定稿二卷，藏於天津圖書館。

焦循〈自序〉云：

> 嘉慶壬戌（1802）夏五月，自都中歸，阮撫軍以書來，招之往浙，詢以古三江之說，時撫君撰《浙江考》，宗班固〈地理志〉，而以鄭康成之說為非。循曰：「鄭氏未嘗非也，鄭氏三江之注合於班氏，今人所輯之鄭《注》，販自《初學記》者，非鄭《注》也。」故詳為言之，撫軍以為然。[94]

94　〔清〕焦循：《雕菰集》，卷16，《焦循詩文集》，頁298。下引同。

阮元撰《浙江圖考》，[95]以古三江說，宗班〈志〉而非鄭注，焦循以為時人所輯鄭注出自《初學記》，並非真鄭注也，並詳言鄭注合於班〈志〉。

　　焦循由此而批評當時盲目尊鄭的學風，云：

> 蓋近之學者，不求其端，不訊其末，惟鄭之欲聞，乃鄭氏之書見存者，不耐討索，而散而求之殘缺廢棄之餘，於是不辨其是非真偽，務以一句之獲、一字之綴為工。及其以贗為真，又不復考其矛盾齟齬之故，甚而拘守偽文，轉強真文以謬與之合，削足以適屨，鐵頭以便冠，**而鄭氏之本義汩沒於尊鄭之人，使鄭氏受不白之枉，伊誰之咎耶**？

不辨是非真偽，以致自相矛盾，崇奇獵新，以拾綴為工，名為尊鄭，反而誣鄭，這也是自戴震以來強調「求是」一派的學者，對「好古尊聞」而衍生消極學風——輯佚之力深而辨偽之功淺的批判。焦循又云：

> 班氏〈地理志序〉云……。蓋其所采博，所擇精，**漢世地理之書，莫此為善。故鄭氏注經，一本於是**，或明標所自，或陰用其說，間有不合者，亦必別據《地說》等書，明言其所以易之義，《注》雖殘缺，尚可考而知也。

不僅高度評價班固〈地理志〉，而且闡明鄭玄注與其關係在於承繼，而非有別，這是焦循撰此書之宗旨。

---

95 焦循在《注易日記》及《里堂札記‧甲子手札‧與洪賓華》皆強調《浙江圖考》出自己手，有待考證。詳劉建臻：《焦循學術論略》，頁189-190。

至於本書的體例，焦循云：

> <u>因以嘉定王光祿、陽湖孫觀察所集之本為質</u>，考而核之，編次
> 成卷。<u>專明班氏、鄭氏之學</u>，於班曰志，於鄭曰注。而以《水
> 經・禹貢山水地澤所在》[96]一篇，條列而辨之於末。其餘枝葉
> 繁多，今無取焉。

參考王鳴盛、孫星衍所輯，即《尚書後案》、《古文尚書馬鄭注》，末
又附《水經・禹貢山水澤地所在》一篇。是書專明班、鄭之學，[97]釐
清源流，區別真贗，就〈禹貢〉一篇而言，精核蓋在王、孫二書之上。

（五）《尚書補疏》（1814-1818）

《尚書補疏》為焦循《六經補疏》之一，乃其《尚書》學另一代
表作。此書今存兩種，一為手寫本一卷，抄錄於嘉慶甲戌（1814），
當為初稿，藏於臺北國家圖書館；[98]一為刻本二卷，序於嘉慶戊寅
（1818）年，[99]有道光六年（1826）雕菰樓半九書塾《焦氏叢書》本
等。本文以刻本為準。

焦循〈尚書補疏敘〉云：

> 東晉晚出《尚書》孔傳，至今日稍能讀《書》者，皆知其偽。
> 雖然，其增多之二十五篇，偽也；其〈堯典〉以下至〈秦誓〉

---

96 當作《水經・禹貢山水澤地所在》。
97 焦循後撰《尚書補疏》，書中又自稱「禹貢班志鄭注釋」，足見其心志。
98 〔清〕焦循：《尚書補疏（手稿）》，《雕菰樓經學叢書》，《清代稿本百種彙刊》第21
　　冊（臺北市：文海出版社，1974年），頁1591-1626。
99 據焦循《注易日記》，嘉慶十九年二月十二日編錄《尚書補疏》，至三月初六日，
　　錄此一卷完。此一卷當是稿本。

二十八篇，固不偽也。則試置其偽作之二十五篇，而專論其不偽之二十八篇；且置其為假托之孔安國，而論其為魏晉間人之傳，則未嘗不與何晏、杜預、郭璞、范甯等先後同時。晏、預、璞、甯之傳注可存而論，則此傳亦何不可存而論？[100]

分別孔《傳》之偽與不偽，論定其應有價值，不僅在整個清代《尚書》學史中占重要地位，而且對後世之辨偽學理論也頗具啟發意義。焦循又在此序中詳列七則偽孔《傳》優善之處，同樣成為經典之論。

自序又云：

余既集錄二十八篇之解為《書義叢鈔》，所有私見，著為此編，與《叢鈔》相表裏云。

《叢鈔》集錄他說，《補疏》自舒己見。《事略》引焦循語更為詳盡：

著書各有體，非一例也。有全以己見貫串取精，前人所已言不復言，余撰《易學三書》及《六經補疏》是也。有全錄人所已言而不參以己見，余輯《書義叢鈔》是也。有採擇前人所已言而以己意裁成損益于其間，余所撰《孟子正義》是也。[101]

可見《補疏》乃是焦循研習《尚書》學心得之薈萃。

焦循在自序中提到：

100　〔清〕焦循：《雕菰集》，卷16，《焦循詩文集》，頁303-304。題為「尚書孔氏傳」。下引同。

101　〔清〕焦廷琥：《先府君事略》，頁32上至32下。

故王西莊光祿作《後案》，力屏其偽，而於馬、鄭、王注外，仍列孔《傳》；江艮庭處士作《集注音疏》，搜錄漢人舊說，而於《傳》說亦多取之；孫淵如觀察屏孔《傳》，而撥輯馬、鄭，然經文二十八篇，不能不取諸孔《傳》之經文。

舉王、江、孫三書為例，顯現偽孔《傳》在其中仍有影響。王鳴盛《後案》雖獨尊鄭氏，然鄭注殘缺，故亦取馬、王、傳、疏以補不足。

（六）《書義叢鈔》（1817-1820）

廷琥《事略》云：

> 丙子（1816）武康徐雪廬先生以周君晉園新刻《尚書證義》寄來。晉園名用錫，平湖人。乙卯副榜，官鹽庫大使，在廣陵惟以注經為事。府君入城訪之，則已回籍；明春復訪之，則已病歿於里中，府君愴然久之。復把其書細加紬繹，蓋參翼王、江兩家，時出新義。……因鈔次之，更益以當世通儒說《尚書》之言足與三家相證訂者，彙為一帙，題曰《書義叢鈔》。仿衛湜《禮記》之例，不專一說，不加斷語，以時之先後為序，共得四十卷。所採錄者共計四十一家，五十七種。[102]

焦循以王鳴盛、江聲、周用錫三家之說為主，增益以當世說《書》者四十一家、五十七種，成《書義叢鈔》四十卷。

劉建臻以為《叢鈔》始撰於嘉慶丙子（1816），然重審《事略》所載「明春復訪之，……復把其書細加紬繹」，則當繫之於丁丑

---

102 〔清〕焦廷琥：《先府君事略》，頁30下至31上。

（1817）較妥。不過此稿一直未定，至嘉慶二十五年（1820）焦循卒
前半年仍在增補。[103]

今僅存殘卷，據賴、劉二先生考察，北京國家圖書館藏殘稿八
卷：卷一至二、五至六、三十六至三十九。臺北中研院傅斯年圖書館
則藏二冊：〈盤庚〉（分上、中、下）、〈高宗肜日〉、〈西伯戡黎〉、〈微
子〉四篇，題為「卷十三」。[104]

（七）《孟子正義》（1820）

《孟子正義》三十卷為焦循最後之著述。嘉慶丙子（1816）冬，
與子廷琥纂為《孟子長編》三十卷，戊寅（1818）十二月初七日開始
撰寫，至己卯（1819）秋七月三十卷草稿粗成。[105]但清本未及手寫一
半，病作而卒，可謂「學至乎沒而後止也」。

《孟子正義》引清朝學者六十餘家，焦循於書末詳列其名，而王
鳴盛即是其一。[106]全書引王說不下三十處，二處為《周禮軍賦說》，
二十三處為《尚書後案》，四處為《尚書後辨》，另有一處言王鳴盛輯
〈泰誓〉。

---

103 〔清〕焦循遺稿，吳承仕整理：《撰孟子正義日課記》，《華國月刊》第10期（1924
　　年），頁98-111。

104 賴貴三：〈焦循《尚書》學及其研究述評〉，頁237-238。傅圖殘卷今已收錄於《中
　　研院歷史語言研究所傅斯年圖書館藏未刊稿鈔本》經部第六冊（臺北市：中研院
　　歷史語言研究所，2017年）。

105 〔清〕焦循撰，沈文倬點校：《孟子正義》（北京市：中華書局，1987年），卷30，
　　頁1052。

106 〔清〕焦循撰，沈文倬點校：《孟子正義》，卷30，頁1051-1052。

四 焦循對王鳴盛《尚書後案》的引用

以上七種文獻,恰好涵蓋焦循讀經、治經之四十年,不過焦循《尚書》學著作僅兩部,即《禹貢鄭注釋》與《尚書補疏》。其他五種或是抄錄,或是引證,不足以見其《書》學觀點。今擇其要,分析焦循對王鳴盛《後案》之取捨。

(一)《禹貢鄭注釋》

如前所述,《禹貢鄭注釋》旨在發明班、鄭之學,特別強調鄭氏注經本於《漢書·藝文志》。此蓋針對王鳴盛而發,王鳴盛認為鄭玄所引〈地理志〉並非班〈志〉。[107]

但焦循認為:

> 鄭注引〈地理志〉往往舉東漢郡邑之名以易之,此古人引書之法。取當時之名,明〈志〉之地,即今之某地也。王本謂鄭所引〈地理志〉非班〈志〉,乃伏无忌、黃景所作,非也。[108]

之所以出現鄭注所引〈地理志〉與班〈志〉不合,乃是鄭注引〈地理志〉時改易為東漢郡邑之名所致,並非是鄭玄據當代書也。其〈序〉言班〈志〉「漢世地理之書,莫此為善,故鄭氏注經,一本於是」,內文又言:「地理之書,莫精於班〈志〉,其言簡而義該,互出旁通,至博至慎。」(頁234)相比於鄭注,焦循似乎對班〈志〉更為尊信。可見二人於「鄭注引〈地理志〉是否為班〈志〉」問題上,意見完全不合。

---

107 詳見本書第四章第三節。

108 〔清〕焦循:《禹貢鄭注釋》,《續修四庫全書》經部第55冊影清道光八年(1826)半九書塾刻《焦氏叢書》本,卷上,頁208。下引同,僅隨文標注頁碼。

以下按照焦循引述之態度，略分四類予以說明。

1 認同類

鄭注以王鳴盛、孫星衍所集之本為質，所以若非特別重要，與焦循觀點一致者，一般不再強調。以下兩例為焦循具辭申明者，詳錄如次：

例一　熊耳、外方、桐柏至于陪尾。

焦循按曰：

> 胡胐明謂〈地理志〉于〈禹貢〉之山水稱古文者十一，惟終南、流沙、陪尾不可從。推其所謂，……陪尾不可從者，以賈公彥〈保章氏〉疏引《春秋緯》文，方外、[109]熊耳以至泗水陪尾，屬搖星也，<u>王光祿《後案》俱已破之。</u>（頁229-230）

此條辨安陸陪尾非泗水陪尾。胡渭以為泗水陪尾，說見《禹貢錐指》。[110]

鄭注引〈地理志〉云：「陪尾在江夏安陸東北，若橫尾者。」王氏遵從鄭注，認為陪尾在安陸縣（清屬德安府），而非泗水縣（清屬兗州府），並云：「諸說以為〈禹貢〉陪尾與鄭、孔及班〈志〉皆不合，不可從。」（卷3，頁83）焦循同樣認為鄭注與班〈志〉相合，繼之又分辨泗水之陪尾有別於安陸之陪尾，兩者地理分域迥別，認為《春秋緯》以星土而言，而〈禹貢〉、班、鄭以地脈而言，兩者不同。

---

109 今案：方外，當作「外方」。
110 〔清〕胡渭撰，鄒逸麟點校：《禹貢錐指》，卷11下，頁364-368。

今人仍有分歧，周秉鈞、劉起釪皆以為在安陸，[111]而屈萬里、金
景芳則以為在泗水。[112]

例二　至于合黎。

輯鄭注云：

> 合黎，山名。《正義》。《地說》云：合黎山在酒泉會水縣東北。
> 《史記索隱》。

焦循按曰：

> 班〈志〉僅言弱水西至酒泉合黎，故鄭引《地說》，明其為
> 山，在會水縣北也。《索隱》云：「《水經》合黎山在酒泉會水
> 縣東北。鄭氏引《地說》亦以為然。」王本、孫本約其文為鄭
> 注，今依之。（頁231-232）

此條言合黎在會水縣。

　　所輯鄭注與王鳴盛本同。《釋文》引馬融注云：「合黎，地名。」
而孔《傳》云：「合黎，水名，在流沙東。」王氏《後案》云：

> 鄭云「合黎，山名」者，鄭以言「至于」者，皆非水名，故馬
> 與鄭略同。《傳》云「水名」，非也。又引《地說》云云者，

---

111 顧頡剛、劉起釪：《尚書校釋譯論》（北京市：中華書局，2005年），頁777；周秉
　　鈞：《尚書注譯》（長沙市：嶽麓書社，2001年），頁44。

112 屈萬里：《尚書釋義》（臺北市：中國文化學院，1980年），頁62；金景芳、呂紹
　　剛：《《尚書·虞夏書》新解》（瀋陽市：遼寧古籍出版社，1995年），頁393-394。

前、續〈志〉酒泉郡皆有會水縣，不言合黎，故引《地說》也。（頁85）

王鳴盛因〈禹貢〉「至于」例後非水名，而以為馬注「地名」與鄭「山名」略同，而孔《傳》非也。班〈志〉有會水縣，但不言合黎，所以鄭氏引用《地說》，說明合黎山在會水縣。這種解釋，正與焦循所云，鄭玄對於班〈志〉，「間有不合者，亦必別據《地說》等書，明言其所以易之義」，十分吻合。

今人多以為山名，金景芳等以上下語意，云：「合黎絕不像指合黎水，也不像指合黎山。倒是像指合黎山所在的那個地方。」[113]蓋與馬融說同。

2 申發類

某些情況下，焦循雖然認同王說，但又認為王氏並未盡善，於是在其基礎上，引而申之，詳明所以然之故。

例三　過三澨，至于大別，南入于江。

焦循按曰：

王光祿《後案》辨明大別在漢水之東，凡霍山以西，英山、麻城、羅田諸縣，山勢連延，漢水東北插入其境。其言甚辨，余為申之。（頁241）

此條辨大別在安豐南、漢水東，非杜預所謂漢水入江處。

---

113 金景芳、呂紹剛：《《尚書・虞夏書》新解》，頁397-398。

　　《水經注》引《地說》曰：「漢水東行，過三澨，合流，觸大別之陂，南與江合。」王鳴盛據此而言大別在漢水之東，對杜預、酈道元、孔穎達之誤說皆有辯證，又申明孔《傳》「觸山回，南入江」與《地說》義同（頁93-94）。

　　焦循考證更為詳盡，王氏所用的《左傳》材料都見引及，又引用〈大雅·江漢〉之詩及《正義》，認為「《毛詩正義》本於二劉，《詩》、《書》之文誠可互證矣」。並分析〈禹貢〉之體例，而確定漢水之流勢，云：

> 凡「至于」云者，或記其曲處，或記其致力處，此言「至于大別，南入江」，正以自大別至江，水有回曲，非入江于大別之旁也。水道變遷，誠難臆決，與其執後世之水以疑前人之說，莫若究經傳之文以尋舊跡之存。……杜預不知豫章之為水，又烏知大別之所在？酈元謂《地說》與杜預相符，不知《地說》正以大別在安豐言，杜預非其義也。《元和志》以魯山當大別，固不足辨矣。（頁243）

〈禹貢〉「至于」乃記水之曲折處，「至于大別，南入江」即漢水至大別回曲也，而南入于江。焦循也與王氏一樣，對杜預、酈道元之說，明辨其非。

　　今人依然有分歧，周秉鈞、劉起釪皆用班、鄭說，[114]而屈萬里、金景芳則用杜預、酈道元說。[115]

---

114 周秉鈞：《尚書注譯》，頁44；顧頡剛、劉起釪：《尚書校釋譯論》，頁778-780。

115 屈萬里：《尚書釋義》，頁62；金景芳、呂紹剛：《《尚書·虞夏書》新解》，頁394-395。

例四　導淮自桐柏，東會于泗、沂，東入于海。

〈志〉：

> 南陽郡，平氏。〈禹貢〉桐柏大復山在東南，淮水所出，東南至淮陵入海，過郡四，行三千二百四十里，青州川。

焦循按曰：

> 《通典》及《元和郡縣志》皆以濠州招義縣為漢之淮陵縣，胡朏明因謂淮陵在盱眙縣西，淮陵當是淮陰。全榭山以《漢志》淮水入海，屬淮陵，淮所分之游水系之淮浦，淮自至淮陵，其下為游水。王光祿則謂《水經》淮至淮浦入海，淮陵當作淮浦。以余論之，全、王兩君之說固遠勝于朏明，而猶未能得班〈志〉之指也。（頁248）

此條辨析淮陵是否為淮水入海處。

　　胡渭之說見《禹貢錐指》。[116]王鳴盛云：

> 《漢志》淮水至臨淮郡淮陵縣入海，淮陵當作淮浦，《正義》引之又誤作睢陵，惟《水經》云「淮水至廣陵淮浦縣入海」。淮浦乃漢縣，屬臨淮郡。（頁98-99）

王鳴盛認為淮水入海在淮浦，《漢志》誤作淮陵，隨後又詳述歷代淮浦之隸屬。焦循雖然認為王鳴盛的解釋較胡渭為勝，但對其說並不滿

116　〔清〕胡渭：《禹貢錐指》，卷16，頁619。

意，因為他並未提供《漢志》訛誤的可靠證據。焦循轉而求諸于《漢志》的體例（這也是他在〈自序〉中所闡明的著述旨趣），云：

> 〈志〉言睢水至取慮入泗，又言泗水至睢陵入淮，而又言淮水至淮陵入海。睢陵者，睢入泗之處，非泗入淮之處。言泗至睢陵入淮者，明泗至睢陵合睢入淮也。推此，而淮陵者非淮入海之處，必泗入淮之處。言淮至淮陵入海者，明淮至淮陵合睢、泗入海也。（頁248）

他並不認為《漢志》記載有誤，而是發現這種書寫正是班固的體例，因此在不改動原典的情況下提出更為完善的解釋：淮陵為泗水入淮處，淮水「東南至淮陵入海」，義為淮水至淮陵合泗水以入海。隨之，又先後引用《宋書‧州郡志》、《隋書‧地理志》、《南齊書‧州郡志》、《魏書‧地形志》、《晉書‧地理志》、《輿地廣記》等地志，梳理歷代地理沿革，從而發現其中致誤之由：

> 《通典》誤僑置之睢陵為漢睢陵，《元和志》乃直謂漢之淮陵，宋徙睢陵，坐不深考耳。（頁249）

這也是焦循「辨章學術，考鏡源流」之處，不僅闡明班〈志〉義例，而且曲盡其情，疏通前因後果。

金景芳等依然認為淮浦為入海口。[117]

3 存疑類

對無法斷定是非真偽之注，焦循則錄之而存疑。

---

117 金景芳、呂紹剛：《《尚書‧虞夏書》新解》，頁416。

例五　沱、潛既道。

《水經注‧潛水》曰：

> 鄭玄曰：漢別為潛，其穴本小，水積成澤，流與漢合。大禹自
> 導漢疏通，即為西漢水也。故《書》曰：沱、潛既道。[118]

焦循輯為鄭注，按曰：

> 《水經注‧潛水》篇引「鄭玄曰」云云，不言〈禹貢注〉也。
> 其末云「故《書》曰：潛、沱既導」，似非《書注》矣。或文
> 有譌錯，未可定。依王本、孫本錄以為注，而述所疑於此。
> （頁225）

焦循認為《水經注》只言「鄭玄曰」，卻未明確言出自〈禹貢注〉，而
且又稱「《書》曰」更為可疑。焦循雖言依本王氏、孫氏，不過王鳴
盛之本卻並未有「書」字，只作「故曰沱潛既道」（頁72），估計王氏
對此也有疑慮。

　　袁鈞亦輯為鄭注，[119]孔廣林輯本則無「大禹」之後文字，[120]張海
鵬校梓本則無此條。[121]可見學者對此意見不一，單憑《水經注》上下
文意，仍難以確定是否為鄭《書注》。

118　〔北魏〕酈道元撰，陳橋驛校證：《水經注校證》，卷29，頁688。
119　〔清〕袁鈞輯：《尚書注》，《鄭氏佚書》，卷3，頁12下。
120　〔清〕孔廣林輯：《尚書注》，《通德遺書所見錄》，卷2，頁5上。
121　〔清〕孔廣林輯，〔清〕張海鵬校梓：《尚書鄭注》，《學津討原》，卷2，頁11上。

例六　又東至于孟津；東過洛汭，至于大伾。

輯鄭注云：

> 地喉也。沇出坯際矣。然則在河內脩武、武德之界，沛、沇之水與滎播澤出入自此。《水經·河水注》。

焦循又按：

> 隋杜公瞻《編珠》引《春秋括地象》云：「河有九曲，發昆侖為地首，至積石為地門，出龍門為天橋，至卷重山為地咽，貫底柱、觸闕流山為地喉，至洛汭為地要，至大伾山為地齒，至大陸為地腹，至碣石入于海為天臍。」鄭所引《地說》蓋本諸此，但殘闕不可備考耳。惟大伾為地齒，底柱、闕流為地喉。此注以大伾為地喉，而不稱《地說》，或有譌文，未可定也。王本於「地喉」上增「大伾」二字，《水經注》所無。毛晃《禹貢指南》所引鄭注亦無「大伾」二字。（頁233）

據《春秋括地象》，大伾為地齒，底柱、闕流方為地喉。王鳴盛輯作「大伾，地喉也」（頁87），與此不合，且《水經注》及毛晃《禹貢指南》所引亦無「大伾」二字。然而據上下文，鄭注「地喉也」確實指向「大伾」，故焦循懷疑「或有譌文，未可定也」。

例七　五百里荒服：三百里蠻，二百里流。

焦循按曰：

> 《正義》又云：「鄭氏不言禹變堯法，乃云他倍于堯。」《詩·

天作》正義云：「鄭注〈禹貢〉以為堯之時，土廣五千里，禹弼成五服，土廣萬里。」皆約鄭注之辭。〈殷武〉正義云：「〈皋陶謨〉云：『禹曰：予惟荒度土功，弼成五服，至于五千。』注云：『荒，奄也。奄大九州四海之土。敷土既畢，廣輔五服而成之。』至于面各五千里，四面相距為萬里。堯制五服，服各五百里，要服之內四千里曰九州，其外荒服曰四海。禹所弼之殘數，亦每服者合五百里，故有萬里之界焉。又〈禹貢〉云：『五百里甸服。』每言五百里一服者，是堯舊服，每服之外更言三百里二百里者，是禹所弼之殘數也。堯之五服，服五百里耳，禹平水土之後，每服更以五百里輔之。是五服，服別千里，故一面而為差至於五千也。」此注係〈皋陶謨〉下，則〈皋陶謨〉之注也。「〈禹貢〉云」三字上別以「又」字，而不明標鄭注。**王本、孫本皆直以鄭注斷之，余不敢定，附于此**。（頁251-252）

鄭玄認為堯初制五服，服各五百里，故四面相距五千里，而禹弼成五服，服別千里，四面相距為方萬里。然而《五經正義》所引多約略之辭，未必為鄭注原文，如〈天作〉疏之類。[122]〈殷武〉疏引〈皋陶謨〉「禹曰：予惟荒度土功，弼成五服，至于五千」及〈禹貢〉「五百里甸服」兩句，於〈皋陶謨〉文後有「注云」，知是鄭注，而於〈禹貢〉文後「每言五百里一服者」一段無標注，且據其行文，更似孔疏。王鳴盛、孫星衍皆輯為鄭注，故焦循闕疑而不敢定。

　　王鳴盛輯至「每服更以五百里輔之」（頁102），孫星衍則輯至

---

122 袁鈞輯本於此處亦言「申鄭義，非原文」。見《尚書注》，卷3，頁21上。

「故一面而為差至於五千也」，[123]袁鈞本與孫本同，[124]孔廣林本則未輯該條。[125]

4 辨誤類

前引焦循〈自序〉，批評「近之學者」不辨是非真偽、削足適履，故其對鄭注之甄別尤為用心。王、孫兩家乃焦循輯本之參考，而辨正兩家之誤也在所難免。據粗略統計，僅言孫本誤者不下三條，僅言王本誤者不下四條，二本並誤者不下七條，其他辨正誤說而未明言所指者亦不在少數。

對於正兩家之誤，前人已有專門論述。陳韋在對「禹敷土，隨山刊木，奠高山大川」、「厥土赤埴墳」、「淮夷蠙珠暨魚」、「三江既入，震澤底定」四條有詳細論述，另外「羽畎夏翟」、「沿于江海，達於淮泗」、「九江孔殷」、「惟箘簵楛三邦底貢」、「涇屬渭汭」、「織皮崑崙，析支渠搜，西戎即敘」、「又東至於孟津，東過洛汭，至於大伾」（本文入存疑類）、「五百里甸服」八條則僅提及，未作細緻說明。[126]而「壺口、治梁及岐」與「又東為滄浪之水」二條則疏漏焉。趙曉東、錢宗武二先生則檢焦循與王鳴盛、孫星衍不同者共得十條，焦氏所辨正，僅二條可商，餘皆可稱善。[127]而「覃懷底績，至于衡漳」、「三江既入，震澤底定」、「五百里甸服」、「九江孔殷」四條皆未討論。本文僅取明引與暗用各一例以說明之。

123　〔清〕孫星衍補集：《古文尚書馬鄭注》，卷3，頁15上至15下。

124　〔清〕袁鈞輯：《尚書注》，卷3，頁21上。

125　〔清〕孔廣林輯：《尚書注》，卷2，頁8下至9上。

126　陳韋在：《焦循《尚書》學研究》，頁68-72。

127　趙曉東、錢宗武：〈《禹貢鄭注釋》芻議〉，《求索》第8期（2013年），頁56-59。

例八　壺口、治梁及岐。

王鳴盛輯鄭注曰：

〈地理志〉壺口山在河東北屈縣之東南，梁山在左馮翊夏陽，
岐山在右扶風美陽西北，梁山西南。（頁45）

焦循無「梁山西南」四字，按曰：

〈大雅・緜〉正義引鄭《書傳注》云：「岐山在梁山西南。」
此明標《書傳注》，則伏生《尚書大傳》之注也。王本誤為
《書注》。《史記索隱》所載與《集解》同，蓋後人誤以《集
解》寫入《索隱》也。（頁205）

《史記・夏本紀》集解引鄭玄曰「〈地理志〉壺口山在河東北屈縣之
東南，梁山在左馮翊夏陽，岐山在右扶風美陽」，《索隱》與之同，故
焦循疑後人誤寫入。《毛詩正義》引鄭《書傳注》云「岐山在梁山西
南」，《史記・周本紀》正義引與之同，然未言《書傳注》，王鳴盛或
為求全而收入《書注》也。然今多將此條輯錄《尚書大傳注》中。[128]

例九　夾右碣石入于河。

孔《傳》：「碣石，海畔山。」《正義》：

〈地理志〉碣石山在北平驪城縣西南，是碣石為海畔山也。鄭
云：「《戰國策》碣石在九門縣，今屬常山郡，蓋別有碣石與此

---

128 〔清〕陳壽祺輯校：《尚書大傳》，卷5〈略說〉，頁4下至5上。

名同。今驗九門無此山也。」（卷6，頁79）

王鳴盛《後案》：

> 鄭引《戰國策》云云者，疏先引班〈志〉碣石在驪成，然後引
> 鄭此注，似鄭不實指山所在，而但設虛辯者。鄭注〈禹貢〉所
> 引〈地志〉係後漢所修，每與班不合，而驪成縣後漢省不置，
> 則鄭注此碣石與班必異。然鄭當日必先實指碣石所在，然後引
> 九門碣石而辯之，云「蓋別有碣石與此名同」，以見名同而實
> 非一山，決不徒為此虛辯也。但作疏者不全引鄭注耳。（頁49-
> 50）

其意有二：一、鄭引〈地理志〉非班〈志〉，故注碣石必與班異；
二、鄭非為虛辯，當實指碣石所在，然孔疏所引不全。
　　《漢志》：「右北平郡。驪成。大揭石山在縣西南。莽曰揭石。」焦
循以為：

> 鄭注辨此碣石非《戰國策》之碣石，必先引〈地理志〉「右北
> 平」之文而後辨之也。凡《正義》引鄭注大率以與孔《傳》異
> 者，既以《傳》海畔山即北平驪城縣之碣石，是與鄭合，故不
> 復舉鄭之引〈地理志〉，而第舉其辨《國策》也。此注殘闕，
> 可取班〈志〉補之。（頁208-209）

焦循如王鳴盛，亦以為今孔疏所引鄭注殘闕，但他認為這是因為鄭注
與孔《傳》同，孔疏不復引，故當以班〈志〉補鄭注之闕。其雖未明
言王鳴盛說誤，然其所論，顯然可與王說一一對照。

（二）《尚書補疏》

前文已略述此書之旨趣與體例，需要特別說明的是，焦循大抵為發明孔傳而作，自序闡明孔傳七善已足以表明心志。然而王鳴盛治經以尊鄭為第一要義，《尚書後案》即「發揮鄭氏康成一家之學」，對於孔傳，不僅力辨其偽，而且凡與鄭注有異處，皆是鄭而非孔。《尚書補疏》上下兩卷共六十三條，[129]據粗略統計，孔傳是而疏證之者四十一條，孔傳未善而引申之者七條，孔傳非而辨正之者五條，疑孔傳流傳訛誤者四條，疑經文訛誤者三條，未及孔傳者二條，[130]可知大多與王氏《後案》意見相左。雖然焦循未必每每據王氏而發，然其中亦有信而可考者。下分明引與暗用兩類略說之。

1　明引王書

如《事略》所云，是書「全以己見貫串取精，前人所已言不復言」，引他人之說甚少，僅見四條：第七條引江聲（內引惠棟），第九條引閻若璩、惠棟、王鳴盛、毛奇齡，第十三條引閻若璩，第五十八條引王鳴盛。兩條引王氏說見下。

例十　〈序〉：虞舜側微，堯聞之聰明，將使嗣位，歷試諸難，作〈舜典〉。

循按：閻氏百詩云：……惠氏定宇云：……王氏西莊本此，於《孟子》外，備引〈王莽傳〉、光武時張純奏、章帝時陳寵

---

129 〔清〕焦循：《尚書補疏》，《續修四庫全書》經部第48冊影清道光六年（1826）半九書塾刻《焦氏叢書》本。下引同，僅隨文標注頁碼。

130 學者對《尚書補疏》分類統計研究，未必與筆者盡合。可參考錢宗武：〈《尚書補疏》疏證〉，載氏著：《漢語論叢》（香港：二十一世紀中國國際網絡出版公司，2002年），頁18-49；陳韋在：《焦循《尚書》學研究》，頁102-151。

言、晉武帝初幽州秀才張髦上疏，以及《儀禮疏》、《公羊疏》
凡引今〈舜典〉文皆稱〈堯典〉。於是學者著書皆以〈舜典〉
為已亡，而合「曰若稽古」以下「陟方」以上為〈堯典〉。惟
毛氏大可作《舜典補亡》，謂「慎徽五典」以後至「放勳殂
落」尚是〈堯典〉，惟「月正元日」以後始是〈舜典〉。……毛
氏之言信矣。……竊謂〈大學〉引「克明峻德」稱為〈帝
典〉，帝則兼堯舜言之，蓋以一篇言則曰〈帝典〉，以兩篇言則
「過密八音」之前為〈堯典〉，「月正元日」以後為〈舜典〉。
〈舜典〉固未嘗亡，亦無容補也，識者察之。（頁4-6）

此條論〈堯典〉、〈舜典〉的分合與存亡，為六十三條中篇幅最長
者。又見《孟子正義‧萬章上》，引王鳴盛、毛奇齡、惠棟、段玉裁
諸家討論此問題。[131]

焦循先引述閻若璩、惠棟、王鳴盛（卷30，頁284）三家說法，
即〈舜典〉已亡，今存僅〈堯典〉一篇。隨後又詳引毛奇齡《舜典補
亡》說，以為「月正元日」以後即是〈舜典〉，焦循贊同此說，但對
毛氏以《史記》補之，並不認可。

毛奇齡是書，《四庫全書總目》已譏妄誕，[132]焦循獨取其分篇之
說，可謂不因人而廢言。何澤恆列舉顧炎武至吳闓生諸家說，末云：
「苟無孔壁真〈舜典〉之復見，里堂所論，宜仍可姑備一說，以其於
義視諸家所論最為明通也。」[133]

---

131 〔清〕焦循：《孟子正義》，卷18，頁611-613。引王鳴盛說見《尚書後辨》，《尚書
後案》，頁317。
132 其云：「奇齡堅信古文，而獨不信二典之分篇，遂以為『月正元日』以下乃為〈舜
典〉，而闕其前半篇，遂撦《史記》以補之。夫司馬遷書豈可以補經？」見〔清〕
永瑢等撰：《四庫全書總目》，卷14，頁115。
133 何澤恆：《焦循研究》（臺北市：大安出版社，1990年），頁246。

例十一　爾無以釗冒貢于非幾。

傳：汝無以釗冒進于非危之事。

循按：《廣雅》：「貢，獻也。」獻同於進，故以進字解貢字。
冒字不解，而直云冒者，〈康誥〉「我西土惟時怙冒」，《傳》
云：「我西土岐周，惟是怙恃文王之道，故其政教冒被四
表。」冒之義為蒙覆，冒被猶覆被也，冒進猶蒙進也，謂蒙昧
而進也。「無敢昏逾」，《傳》解作「昏亂逾越」，即是「冒貢于
非幾」。《傳》以成王既無敢「冒貢于非幾」，又欲保元子「無
敢昏越」也。王光祿《後案》謂《傳》以「冒有進義，而貢字
無解，於義不足」，未得傳義。（頁18）

此條釋孔傳之「冒進」。

「冒貢」，馬、鄭、王作「勖贛」。王鳴盛《尚書後案》認為孔
《傳》以「進」解「冒」，而「貢」字無解，於義不足，其以為
「勖」借為「冒」，義為「進而冒觸」（與江聲同），「贛」讀若坎，義
為「退而墜陷」（卷25，頁239）。而焦循以為王氏未能領會《傳》
意，孔《傳》以「進」字解「貢」字，而「冒」字不解；又引〈康
誥〉孔《傳》，認為冒字為蒙覆之義，冒進即蒙進，蒙昧而進。

此解較王氏為妥。〈秦誓〉：「人之有技，冒疾以惡之。」段玉裁
云：「冒，〈大學〉作媢是也。古文從省，假借。」[134]鄭玄注〈大學〉
云：「媢，妬也。」《釋文》云：「媢，莫報反，《尚書》作冒，音同，
謂覆蔽也。」[135]《釋文》明確解冒為覆蔽，可與孔《傳》蒙覆之義相

134　〔清〕段玉裁：《古文尚書撰異》，卷31，頁285。
135　《禮記正義》，卷60，頁988。

照應。[136]

2 暗用王說

在《尚書補疏》六十三條之中，找到與王鳴盛《尚書後案》相關之處並不困難，不過與焦循其他著述互相印證，則更為可信。如〈西伯戡黎〉：「天曷不降威，大命不摯。」孔《傳》：「言天何不下罪誅之，有大命宜王者何以不至。」焦循以為孔《傳》以「天曷」二字貫下「大命不摯」，下句疊用「何以」二字以明之（頁12）。《史記》作「大命胡不至」，王鳴盛以為偽孔本經文當有「胡」字（卷8，頁122-123）。《書義叢鈔》錄王氏說，陳韋在據此認為《補疏》該條實就王鳴盛而發。[137]

今以〈王江尚書〉所摘錄與《尚書補疏》對比，亦可見數則相合。

例十二　象以典刑，流宥五刑，鞭作官刑，扑作教刑，金作贖刑。

> 傳：象，法也。法用常刑，用不越法。
>
> 循按：《廣雅》云：「象，效也。」法與效義同，有所效法則謂之象。《易‧繫辭傳》云：「象也者，像此者也。」像，似也。有所效法，則有所似續。象刑者，古所傳之五刑，舜似續之者也。對下三作字而言，作者古所無，自舜創始之也。墨、劓、剕、宮、大辟之刑，自古傳之，舜不廢之，故曰象。流宥五刑，亦自古傳之，舜象之而不廢者也。然宥之為流，其罪已不

---

136 孫星衍《尚書今古文注疏》解冒為貪，以《史記》「申告以文王武王之所以為王業之不易，務在節儉毋多欲，以篤信臨之」解此句，冒貢非幾為多欲之義，並認為司馬遷用孔安國古文說。詳見卷25，頁485。皮錫瑞《今文尚書考證》贊同孫氏冒貪之解，但認為《史記》引今文說，云：「孫以為《史記》皆從古文，殊失考。」詳見第24，頁417-418。

137 陳韋在：《焦循《尚書》學研究》，頁120。

可赦，舜思小懲而大戒之，作鞭、扑、贖三刑，懲之於罪未成
之先，使之知恥知改，不致罪大惡極。……（頁7）

此條解「象刑」。又見〈王江尚書〉第一條「象以典刑」。

《周禮・秋官・司刑》引鄭注〈堯典〉云：「正刑五，加之流
宥、鞭、扑、贖刑，此之謂九刑。」王鳴盛以為「象刑」即五刑，孔
與鄭合，而伏生《大傳》以象刑為畫象之象（針對肉刑而言，僅具象
徵意義），馬融用之，王鳴盛斥之「出于戰國奸民游士之口」（卷1，
頁19）。焦循發明孔傳，區分論「象」與「作」之意，象，似也，「象
以典刑」即舜似續古所傳之五刑；「作」與「象」相對，古所無，自
舜創始之。焦循又有〈象刑辨〉一篇，[138]與此意同。

今人又從考古學、法制史諸方面做出諸多解釋，其中有認為「象
刑」是將刑（法）刻畫出來公諸於世的一項原始立法活動，[139]而此說
已見宋人程大昌《考古編》。

例十三　我舊云刻子，王子弗出，我乃顛隮。

傳：刻，病也。我久知子賢，言於帝乙欲立子，帝乙不肯。病
子不得立，則宜為殷後者子。今子若不出逃難，我殷家宗廟乃
隕墜無主。

循按：《釋文》：「舊云，馬云言也。刻音克，馬云侵刻也。」
《正義》以刻為傷害之意，蓋以馬氏侵刻為傳解也。然言其賢
而請立，不可為侵刻傷害之。玩《傳》云「病子不得立」，則
當如「堯、舜其猶病諸」之病。刻之訓為極、為急。趙岐注

---

138 〔清〕焦循：《雕菰集》，卷8，《焦循詩文集》，頁146-148。

139 胡留元、馮卓慧：《夏商西周法制史》（北京市：商務印書館，2006年），頁28。

《孟子》云：「病，極也。」《詩·召旻》箋云：「疾猶急也。」故刻之義與病同。……余謂刻子即箕子也。《易》：「箕子之明夷。」劉向、荀爽讀箕為荄。《淮南子·時則訓》「爨其」，高誘注云：「其讀荄備之荄。」古荄、其音通。刻从亥，與孩、荄同，箕即其字。……（頁12-13）

此條解「刻子」。又見〈王江尚書〉第六條「我舊云刻子」。

刻，馬云「侵刻也」，孔云「病也」，王鳴盛以為二者微異而大旨相合（卷9，頁126-127）。焦循先論證「刻」有「病」義，又逐條對照孔傳與經文，認為孔傳所言已超出經義。繼而提出新解，以為「刻子」即「箕子」。

焦循此說，與牟庭《同文尚書》同，後孫詒讓《駢枝》、于省吾《新證》皆用其說而各有發揮。[140]

例十四　王若曰。

傳：周公稱成王命。

循按：鄭康成云：「王，周公也。周公居攝，命大事，則權稱王也。」王肅云：「稱成王命，故稱王。」《傳》與王同。《正義》引鄭，規之云：「惟名與器不可以假人。周公自稱為王，則是不為臣矣。大聖作則，豈若是乎？」《尚書正義》每多正論，王莽因翟義之討，依〈大誥〉「王若曰」云：「惟居攝二年十月甲子，攝皇帝若曰。」莽擬〈大誥〉以喻民，必依天下人所共習之義。然則西漢人說經，固以「王若曰」為周公稱王踐天子之位，後漢鄭康成延其說耳。王肅之說遠勝於鄭，顧西漢

---

140 顧頡剛、劉起釪：《尚書校釋譯論》，頁1082-1083。

人不善說經，遂啟王莽之逆。後人抑王而右鄭，不知其悖戾，
不特禍於經耳。偽孔《傳》固有勝於真鄭注者，此類是也。
（頁14）

此條論周公未曾稱王。〈尚書補疏敘〉已言，此條復詳說之。又
見〈王江尚書〉第九條，但用〈酒誥〉「王若曰」。又見《易餘籥
錄》，詳細比對〈大誥〉與「莽誥」，議論與此同。[141]

〈酒誥〉「王若曰」，兩漢今文、古文諸家本皆作「成王若曰」，
鄭注曰：「成王言成道之王。」與〈大誥〉「王若曰」解釋並不相同。
學者多認為此三篇乃周公告誡康叔之辭，非成王也。其爭論焦點與
〈大誥〉「王若曰」同，即周公稱王，抑或是周公稱成王命。[142]王鳴
盛顯然遵從鄭注，認為「王」即是周公（卷14，頁169）。焦循從聖人
作則上認為，周公不得稱王，而將王莽篡位歸罪於漢儒解經未曉君臣
大義。

周公是否稱王，關涉重大，一九七〇年代甚至掀起一場論戰，[143]
而至今學者依然討論不休。[144]

---

141 〔清〕焦循：《易餘籥錄》，卷2，《焦循詩文集》，頁720-723。

142 詳見顧頡剛、劉起釪：《尚書校釋譯論》，頁1370-1374。

143 有關「周公是否稱王」的論戰，首先由徐復觀發起，駁斥陳夢家、屈萬里「周公
　　未曾稱王」的說法，屈萬里有反駁，隨後黃彰健、杜正勝加入徐氏陣營認為「周
　　公踐祚稱王」，而程元敏則力證其師之說不誤，遂成一時論戰。延續數年，前後撰
　　成多篇論文，雙方所據資料大致相同，而始終無法獲得共識。可參考蔣秋華：
　　〈《尚書》研究〉，載林慶彰主編：《五十年來的經學研究（1950-2000）》（臺北市：
　　臺灣學生書局，2003年），頁83-86。

144 學者在此一問題投入大量精力，可參考郭偉川編《周公攝政稱王與周初史事論集》
　　（北京市：北京圖書館出版社，1998年）、杜勇《《尚書》周初八誥研究》（北京
　　市：中國社會科學出版社，1998年）、楊朝明《周公事跡研究》（鄭州市：中州古
　　籍出版社，2002年）、呂廟軍《周公研究》（北京市：人民出版社，2012年）。

五 小結

王鳴盛與焦循年齒相差四十餘歲，恰好橫跨雍、乾、嘉三世，正可代表「乾嘉學術」之前、後兩個時代。王氏晚年時，焦循方小有所成，透過二人直接與間接之學術聯繫，一方面可略知王鳴盛《尚書》學於乾嘉時期之接受與流傳，另一方面又可管窺焦循《尚書》學之特色，乃至其學理內涵。

第一，王鳴盛的影響。

王鳴盛《尚書後案》刊刻於乾隆四十五年（1780），焦循約於乾隆四十九年（1784）自安定書院李保泰學師處得其書。自此以後，不論是批校（《尚書正義》、《書經集傳》），還是抄錄（《里堂道聽錄》、《書義叢鈔》），不論是引證（《孟子正義》），還是商榷（《禹貢鄭注釋》），亦或是反駁（《尚書補疏》），王氏《後案》以各種形態出現在焦循《書》學著述中，縱貫其整個學術生命。

究其原因，其一、焦循甫志於經學即得此書，於其後研治《尚書》，多有影響，且其習慣「每得一書，無論其著名與否，必詳閱首尾，心有所契，則手錄之」，[145]故當印象深刻；其二、王氏《後案》，廣搜鄭注，兼及馬、王，採集宏富，既疏通鄭注，又辨偽孔，集清初以來《書》學之大成，為焦循《尚書》學研究提供重要資源。

焦循與王鳴盛書中言：「循生長村僻，學無師承，惟於大人先生所著述中求之，窺竊古學如大作，皆珍寶藏之，時以為己學之比例。」並非奉承之辭，其丙辰（1796）〈答李尚之〉亦云：「循學無師承，惟依傍前人之書以求之。」[146]可知王鳴盛《尚書後案》在焦循研讀《尚書》過程中占據重要地位。

---

145 〔清〕焦循：〈里堂道聽錄序〉，《雕菰集》卷16，《焦循詩文集》，頁290。

146 〔清〕焦循：《里堂札記》，《焦循詩文集》，頁615。

　　第二，重新審視鄭注與孔傳。

　　焦廷琥《尚書伸孔篇》申其父《補疏》之意，專闡孔《傳》勝於馬、鄭者，嘉慶二十年（1815）十二月，其〈序〉云：

> 孔氏為古文《尚書》作傳，宋人始疑其偽；至閻徵君百詩作
> 《古文尚書疏證》，則攻之不遺餘力。王光祿西莊作《尚書後
> 案》，而馬、鄭之義，發明至盡。說經者莫不闡馬、鄭之言，
> 而知孔《傳》之偽矣。……而《傳》義實有勝於馬、鄭
> 者。……此略舉以見其概，俾攻者惡而知其美也。其古文及孔
> 《傳》之真偽，閻徵君、王光祿言之詳矣，不具論。[147]

末尾跋語則辨其非祖孔而外馬、鄭，云：

> 馬、鄭大儒，其說之遠勝過孔《傳》，而足未準則者甚多。王
> 光祿《尚書後案》一書，闡發極詳，學者覽而求之，可也。[148]

可直接透露焦循時代的《書》學研究背景：一，偽古文、偽孔傳，閻
若璩、王鳴盛「言之詳矣」；二，馬、鄭之真古文家義，王鳴盛已
「發明至盡」。當時學術風氣，如〈禹貢鄭注釋序〉與〈尚書補疏

---

147 〔清〕焦廷琥：《尚書伸孔篇》，《叢書集成續編》第268冊影南陵徐氏《積學齋叢
　　書》本（臺北市：新文豐出版公司，1989年），頁155。
148 〔清〕焦廷琥：《尚書伸孔篇》，頁162。案：焦廷琥《伸孔篇》十九條，引前人專
　　著不多，僅有林之奇《尚書全解》、蔡沈《書集傳》、王鳴盛《尚書後案》，引林、
　　王兩家較多，其中引王氏者有四條（六、九、十六、十九），除第九條同於孔
　　《傳》外，其餘異乎孔說者，悉予駁斥。詳見蔣秋華：〈焦廷琥《尚書伸孔篇》初
　　探〉，載鍾彩鈞主編：《傳承與創新——中研院文哲所十周年紀念論文集》（臺北
　　市：中研院中國文哲研究所籌備處，1999年），頁635。

序〉中所言——尊鄭抑孔，且分化極為嚴重，凡鄭皆是，凡孔皆非，不問真偽。既然王氏《後案》已珠玉在前，焦循則重審鄭注與孔傳，一方面對輯佚之鄭注去偽存真，一方面發明孔傳之善，特別是「俾攻者惡而知其美也」。這是王鳴盛《尚書後案》帶來的間接影響。

第三、焦循的經學之道。

「鄭疑亦區，孔是亦用」，是焦循《書》學研究理念，或是方法。析而言之，即：鄭疑亦區，鄭是亦用；孔疑亦區，孔是亦用。與戴震「志存聞道，必空所依傍」理念相合。學者尊鄭太過，以輯佚為能事，反而汨沒鄭義，故焦循作《禹貢鄭注釋》以明真偽；孔《傳》雖偽，亦不晚於魏晉，時人貶抑過甚，故作《尚書補疏》以正是非。可見焦循《書》學研究帶有匡矯時弊色彩，如其與劉台拱所言：「循謂經學之道，亦因乎時。」[149]

經學之道雖因乎時，亦有不變者。細數焦循〈尚書補疏序〉所列孔《傳》較鄭注所善者六，較《史記》所善者一，皆是分明君臣大義之事，[150]故云：

> 為此傳者，蓋見當時曹馬所為。……又托孔氏《傳》以黜鄭氏，明君臣上下之義，屏僭越抗害之譚，以觸當時之忌，故自隱其姓名。其訓詁章句之間，誠有未善，然三盤五誥諸奧辭，傳皆一一疏通，雖或有辨難而規正之，終不能不用為藍本。

焦循認為君臣之義與訓詁章句，對於解經而言，前者為第一義，與戴震分析義理與考證的關係類似。可見以君臣之義為代表的「大義」即

---

149 〔清〕焦循：《雕菰集》，卷13，《焦循詩文集》，頁247。
150 可參考陳居淵：〈論焦循的《尚書》學研究〉，《貴州師範大學學報（社會科學版）》第3期（2006年），頁10-11。

是經學之不變者。在〈與孫淵如觀察論考據著作書〉中，焦循發揮戴
震「由字以通其詞，由詞以通其道」理念，對經學有一系統解釋，要
言之：

> 經學者，以經文為主，……彙而通之，析而辨之，求其訓詁，核
> 其制度，明其制度，得聖賢立言之指，以正立身經世之法。[151]

孔《傳》「明君臣上下之義」，可謂「得聖賢立言之指」，足以成「正
立身經世之法」，故其雖偽，亦不可廢，乃至更勝鄭注一籌。揣測焦
循之意，或將孔《傳》之作，譬之如孔子作《春秋》、孟子距楊墨
也，則焦循注重孔《傳》主要在其思想史之價值。

　　第四，焦循之學術理念是否與學術實踐矛盾？

　　最後，回到開始的問題：焦循反對惠派之學術理念與其引用惠派
之學術事實是否矛盾？

　　答案是否定的。就其立場而言，其最高理念在於「經學」（焦循
特別注重名義之辨），正與惠派之「漢學」（漢儒之學）相對。「漢
學」有家法，而「經學」當以「得聖賢立言之指，以正立身經世之
法」為最高目的。故凡有益於解經者，不論鄭、孔，皆當用之；凡不
合經學大義者，亦不論鄭、孔，皆當斥之。如焦廷琥《伸孔篇》跋語
云：「兩漢以來，說經之士各有家法，固當以經文思之而求其通
耳。」不論家法，旨在求通「經文」。在此標準之下，焦循雖不滿惠
棟、江聲、王鳴盛墨守漢儒之學術理念，但對其治經有得之處，仍取
用之，惟求其是而無門戶之見。

151　〔清〕焦循：《雕菰集》，卷13，《焦循詩文集》，頁246。

　　孫星衍《尚書今古文注疏》刊行於嘉慶二十年（1815），[152]但並不見焦循引用，何澤恆認為，因孫氏盡棄孔《傳》，不似王、江二氏尚用之，與焦循存論之意不合，故不取之。[153]此說未得焦循之心，其最不滿惠氏一派墨守之學，尚且是其所是，非其所非，不因人而廢言，何況孫氏乎？

　　焦循在〈辨學〉一文中按照著述形態，將當時經學家分為五派：一曰通核，二曰據守，三曰校讎，四曰摭拾，五曰叢綴，並各言其利弊。五者各有所指，大略而言，「通核者」指戴派學者，「據守者」指惠派學者。通核者「可以別是非，化拘滯，相授以意，各慊其衷」，但其弊在於「自師成見，亡其所宗」；據守者之弊在「守古人之言，而失古人之心」，但亦「絕浮游之空論，衛古學之遺傳」。其篇末表明心曲：「五者兼之則相濟，學者或具其一而外其餘，余患其見之不廣也，於是乎辨。」[154]

　　簡言之，焦循為學並無「成見」，或如其所謂「不執一」。《孟子》云：「執中無權，猶執一也。所惡執一者，為其賊道也，舉一而廢百也。」戴震於《孟子字義疏證》末尾專論「權」字，特別是「權變」之義。焦循引而申之，而尤為在意「不執一」。其〈一以貫之解〉云：「貫則不執矣，執則不貫矣。執一則其道窮矣，一以貫之則能通天下之志矣。」[155]不執一方能一以貫之，方能通天下之志。〈攻乎異端解下〉以鄭玄辯對袁紹客云：「蓋以儒者執一不能通，故各為一端以難之。康成本通儒，不執一，故依方辯對，謂於眾異之中，衷

152　馬振君：《孫星衍年譜新編》（哈爾濱市：黑龍江大學博士論文，2015年），頁396、399。

153　何澤恆：《焦循研究》，頁228。陳韋在於此亦有辨，但於孫《疏》之刊刻年代有所懷疑，見氏著《焦循《尚書》學研究》，頁161-163。

154　〔清〕焦循：《雕菰集》，卷8，《焦循詩文集》，頁139。

155　〔清〕焦循：《雕菰集》，卷9，《焦循詩文集》，頁165。

之以道也。」[156]執一不能通，不執一則為通儒，鄭玄不執一，故為通儒。

　　焦循治學以「得聖賢立言之指，以正立身經世之法」為皈依，以「博通」為指要，既不拘守漢儒家法，明辨是非，實事求是；又摒棄門戶之見，對當時惠、戴諸家學說兼擅其美，力戒其弊，擇善而從，匡矯時弊；不執一而廢百，展示出「圓通廣大」的氣象，[157]誠可謂「通儒」也。

156　〔清〕焦循：《雕菰集》，卷9，《焦循詩文集》，頁167。

157　張舜徽：《清代揚州學記》（武漢市：華中師範大學出版社，2005年），頁19。

第七章

結語

第一節　王鳴盛《尚書》學之特色

　　王鳴盛性格鮮明，其學術風格也極具特色，學者如黃順益、蔣秋華、陳怡如、張惠貞等皆有論及其治經方法或學術特點。本章則從「獨尊鄭學」、「依據古訓」、「兼及辨偽」三個方面來分析王鳴盛《尚書》學的特色，一併歸納總結其成就與不足。

一　獨尊鄭學

　　鄭氏學是王鳴盛《尚書》學最具代表性的特色，前文已經反覆說明這一點。而他在輯佚與疏解鄭注方面的功績，也是不可忽視的。《尚書》鄭氏學自唐《五經正義》以來淹沒已久，加之鄭注於宋代亡佚，其學鮮為人知上千年，王鳴盛應是第一位專治《尚書》鄭氏學的學者。在鄭注之復現與乾嘉鄭學之興盛方面的功績，也是值得肯定與讚揚的。

　　當然，最鮮明的特色也是他最受後人詬病的地方。拘泥、墨守便成為後人對其經學的最基本認識。

（一）承繼惠棟

　　惠棟與王鳴盛的關係介於師友之間，他對王鳴盛治學的影響非常

深遠。前文對此已有論及，總體而言，可以從兩方面理解：一是輯佚，一是漢人家法。

雖然輯佚之法成自王應麟，但王鳴盛卻直接從惠棟處啟發而來，這從前文所引的《蛾術編》諸條可見。而且王鳴盛應將惠棟作為學術楷模，方有「自謂存古之功，與惠氏《周易述》相埒」之說。他對當時「輯佚存古、博為首重」的學術環境的判斷，也與惠棟的影響分不開。

至於王鳴盛「墨守漢人家法，定從一師，而不敢佗徙」的治學理念，乃出自惠棟「古訓不可改，經師不可廢」之意。惠棟作《周易述》、《九經古義》等，專集漢人之說，將明人說經虛浮之風掃蕩一空。當然，惠棟的這種影響是對整個乾嘉學術，王鳴盛則是其中的代表者。

除此兩點學術方法與治學理念上的影響外，王鳴盛研治《尚書》、尊鄭學，也與惠棟關係密切，此點前文亦曾論及。王鳴盛《蛾術編·說錄四·尚書今古文》條云：

> 彼既為真，則此自為偽。自唐貞觀以後，無一人識破。直至近時，太原閻先生若璩、吳郡惠先生棟，始著其說，實足解千古疑團。予小子得而述之，既作《後案》，遂取注疏、《釋文》，及《史記》、《漢書》等，臚列于卷首而辨之。學者從是考焉，可以霍然矣。（卷4，頁68）

其承繼閻、惠之意甚為明顯。惠棟於〈沈君果堂墓志銘〉云：「《尚書》後出，古今通人皆知其偽，獨無以鄭氏二十四篇為真古文者，余撰《尚書考》，力排梅賾而扶鄭氏，君（筆者注：指沈彤）見之稱為

卓識。」[1]錢大昕〈西沚先生墓志銘〉云:「又與惠徵君松厓講經義,知詁訓必以漢儒為宗,服膺《尚書》,探索久之,乃信東晉之古文固偽,而馬、鄭所注實孔壁之古文也。」[2]可見《尚書》尊信鄭氏真古文,乃直接承自惠棟。可以說,王鳴盛《尚書後案》與江聲《尚書集注音疏》皆是延惠棟《尚書》學脈絡而來。

(二)墨守家法

鄭氏家法是王鳴盛鄭氏學的核心所在,前文亦屢屢提及。清代「家法」、「漢人家法」的真正提出者也是惠棟,不過從王鳴盛開始,便出現「定從一師」、「墨守」鄭氏一家家法的情況。迮鶴壽在《蛾術編》中反覆對王鳴盛此點作出批判,其云:

> 先生生平專守鄭氏一家之言,可謂能得所師。所著《尚書後案》三十卷,搜羅宏富,辨證詳明,洵為鄭氏功臣。然先生往往自稱獨守鄭氏家法,于古今一切訓詁、一切議論,與鄭合者則然之,略有異同即黜之,必欲強天下之人悉歸于鄭學而後可。但人心各有不同,有登山而采玉者,有入海而求珠者,此邴原之所以詣孫崧也。且言非出自聖人,安能無誤,亦但求其是而已矣。……今先生輒謂恪守家法,夫鄭學之的確不磨者,固宜守之;若其支離未當者,而亦守之,亦安貴此家法哉!(卷58,頁560-561)

邴原詣孫崧,典出《三國志・魏書・邴原傳》裴松之注引邴原《別

---

1 〔清〕惠棟:《松崖文鈔》,《續修四庫全書》集部第1427冊影清光緒劉氏刻《聚學軒叢書》本,卷2,頁287。
2 〔清〕錢大昕撰,呂友仁點校:《潛研堂集》,《文集》,卷48,頁839。

傳》。邴原欲遠遊學，孫崧以其捨同鄉鄭君而躡屣千里為不解，邴原答曰「人各有志，所規不同」云云。[3]迮鶴壽所引之意在此。可以說迮氏的批評與反問，足以代表後世絕大部分學者的想法。

從戴震與王鳴盛的例子來看，清人對鄭氏家法的理解也至少歧為兩派，姑且稱之為推求派與墨守派，或求是派與求古派。從此後學術史看，戴震推求、求是一派成為學術主流，一直影響清末民國以來的清代學術史的書寫。如張舜徽評王鳴盛所謂「求古即所以求是，舍古無是者也」，云：「此言實亦大謬。夫古人之說未必是，後人之見未必非。鳴盛必執時世之先後，以定是非，尤非通方之論矣。」[4]王鳴盛墨守、求古一派自然成為批判的對象，乃至「墨守」與「求古」也烙上極為鮮明的負面色彩。從今日的學術標準來看，前人對其批評無可厚非，甚至可以說深中其弊。

但從前文的分析來看，王鳴盛並不乏深見卓識，其論與戴震相合者屢見，而他仍在〈十七史商榷自序〉中極為自信而坦誠地宣稱：

> 抑治經豈特不敢駁經而已，經文艱奧難通，若于古傳注，憑己意擇取融貫，猶未免于僭越，但當墨守漢人家法，定從一師，而不敢佗徙。

直至晚年撰寫《蛾術編》，仍持之不懈：「予小子則守鄭氏家法者也，方且退處義疏之末，步孔、賈後塵。」對此單純的批判已經充斥在百餘年的清代學術史中，重複的論調並無益學術研究的進步。本書意欲探討的是王鳴盛「墨守」的學術自信從何而來，而非僅以性格執拗來解釋。

3 〔晉〕陳壽著，〔南朝宋〕裴松之注：《三國志》，卷11，頁351。

4 張舜徽：《清人文集別錄》（北京市：中華書局，1963年），卷7，頁185。

　　前引王鳴盛〈唐以前音學諸書〉條云:「心存稽古,用乃隨時,並行而不相悖,是謂通儒。」[5]「稽古」即考古,這是清代學術界普遍認可的學術追求。關鍵在於「用乃隨時」之「時」的理解。前又引〈五禮通考序〉云:「要以鈔緝薈萃,備下學之攷稽,博為首重矣。」[6]「鈔緝薈萃,備下學之攷稽」,這應是王鳴盛對「時」的最基本判斷,而且這種判斷也與惠棟的影響分不開。王鳴盛從為後學待考的角度來展開自己的學問,故重在「存古」,與戴震推求一派「求不謬於心」、與聖人之心相合的「為己」之學自然不同。前者著重學術發展之過程,後者則只關注最後的「聞道」。所以後人在評價王鳴盛之學時,很容易以後者標準代入前者。尤其是王鳴盛所謂「求古即所以求是,舍古無是者也」,在無充足的學術背景下,自然飽受後人批評。其實王鳴盛所謂「求古」與戴震所謂「求是」,著眼點並非在同一層面。王鳴盛「舍古無是者」,更多的是強調學術發展的社會功能,後人的批評便忽視了這種治學理念的時代特色。

　　這是王鳴盛較為獨特的心志,「墨守家法,定從一師」是治經的一大法門,如近代學者黃侃依然強調「治經須先明家法」、「治經之法,先須專主一家之說,不宜旁騖諸家」,[7]王鳴盛在史學方面及「通儒」的見解,都標明他對「博通」的嚮往和追求。當然,也不能因此而混淆他在實際研究中未能突破「墨守」進入「通儒」的事實,如黃侃所言「治經貴由傳注入門,而終能拋棄傳注」。

5　〔清〕王鳴盛:《十七史商榷》,卷82,頁725。

6　〔清〕王鳴盛:《西莊始存稿》,卷24,頁318。

7　黃侃講,黃焯記:〈黃先生語錄〉,張暉編:《量守廬學記續編——黃侃的生平和學術》(北京市:生活・讀書・新知三聯書店,2006年),頁6。

二　依據古訓

　　「古訓不可改也，經師不可廢也」，「古訓」在王鳴盛《尚書》學體系中其重要程度應該僅次於鄭氏家法。鄭氏家法是王鳴盛治學的宗旨、主線，而「古訓」則是完成其學術體系最重要的材料和方法。王鳴盛所用的「古訓」，因時代不同而稍有狹廣兩義之分，狹義則特指秦漢經師之故訓，廣義則可包括魏晉時人之說，這在前文已有說明。本節則嘗試從兩方面進行總結：一是在輯佚成就上的古訓，一是在疏證方法上的古訓。

（一）同輯鄭、馬、王注

　　同時代輯佚鄭注者尚有其人，但同輯馬、王注者較少見。或與惠棟之傳授有關，與江聲、余蕭客一樣，王鳴盛輯三家注，但與江、余兩人不同的是，王鳴盛輯馬、王之佚注，只為彌補鄭注之殘缺而已。

　　古國順〈清代尚書著述考〉之「輯佚書目」錄馬融注輯本有馬國翰《玉函山房輯佚書》四卷本與王謨《漢魏遺書鈔》一卷本兩種，王肅注輯本則有馬國翰《玉函山房輯佚書》二卷本與王仁俊《玉函山房輯佚書續編》一卷本兩種。[8]馬融注尚有孫星衍《岱南閣叢書》補集本，此乃馬、鄭合集本。

　　據粗略統計，王鳴盛《尚書後案》共輯錄鄭玄注五四七條、馬融注二八八條、王肅注二八〇條。余蕭客輯鄭注約四三七條。江聲《尚書集注音疏》共輯錄鄭玄注約四七一條、馬融注約一五二條、王肅注約二十五條。孫星衍《尚書今古文注疏》輯錄鄭玄注約五六〇條、馬

8　古國順：《清代尚書著述考（下）》，《女師專學報》第11卷（1979年6月），頁58。王
　　仁俊雖標為一卷，但只有六條，且四條已見於馬國翰輯本。詳見王仁俊輯：《玉函
　　山房輯佚書續編三種》（上海市：上海古籍出版社，1989年），頁26-27。

融注約二七〇條，未輯王肅注。大致可知，王鳴盛與江聲同時，但輯佚成果明顯較其豐富與完備，即使與後來孫星衍相比，在數量上仍然相差不大，這其中還有因個人對佚文分合不同而造成的異見因素。

馬融、鄭玄、王肅皆亡佚不全，馬融注單獨輯本雖不甚多，但其漢代經師地位尚高，學者多引以為據。王肅「善賈、馬之學，而不好鄭氏」，清人多以為偽古文、偽孔傳與其關係甚大，至丁晏乃認為是王肅偽造，遂成一時定論，故其人其學在清代頗為學者鄙夷。迮鶴壽批評王鳴盛云：「先生謂今本《尚書》及偽孔傳出皇甫謐手，其實皆王肅所造以難鄭者也，而《後案》兼引王注，似失檢點。」（卷1，頁32）足見一斑。而王肅偽造之說，陳澧已有懷疑，經劉師培、吳承仕、劉咸炘、陳夢家、李振興、蔣善國、劉起釪諸學者考證，已被否定。[9]王鳴盛確實也懷疑過王肅，但他認為在鄭注殘缺的情況下，王注有補足備考之用。

（二）廣集書證

不論在輯佚中的「廣蒐博取」，還是在疏證中的「徵引群書」，王鳴盛於引用古書古注方面下過極大功夫，其材料之豐富，為後學者如周用錫、孫星衍、焦循等屢屢採用。[10]這也體現出王鳴盛治學「備下學之攷稽」的特色。豐富的書證固然可以提供可靠的證據，但一味使用單一的方法，也容易帶來偏頗的負面效果。特別是王鳴盛亦尊信許慎《說文解字》，通常將經學史中的問題變為文字層面上的正誤兩分，這是將書證一法使用極致所產生的必然問題。

9　可參考虞萬里：〈以丁晏《尚書餘論》為中心看王肅偽造《古文尚書傳》說──從肯定到否定後之思考〉，《中國文哲研究集刊》第37期（2010年9月），頁131-152。

10　極端例子為王玉樹，其《經史雜記》八卷，成於道光十年（1830），全書共計236條，基本為抄襲他人之作，其中抄襲《尚書後案》86條，為最多。詳見司馬朝軍、王朋飛：〈《經史雜記》真偽考〉，《史林》第6期（2017年），頁110-122。

　　如上文所論〈堯典〉:「光被四表。」《詩・周頌・噫嘻》疏引鄭曰:「言堯德光耀及四海之外,至于天地。所謂大人與天地合其德,與日月齊其明。」王鳴盛引《漢書・蕭望之傳》作「光」,與之合,遂以作「光」為是。由戴震、汪中、邵晉涵、段玉裁,直至王引之的考證可知,「光」、「橫」在典籍中均有大量書證,王鳴盛以鄭注為宗,所以材料取捨也有傾向性。

　　又如〈堯典〉:「平章百姓。」王鳴盛引《說文》:「采:辨別也。象獸指爪分別也。凡采之屬皆从采。讀若辨。乎,古文采。」又引弈字注:「采,古文辨字。」而《後漢書・劉愷傳》李賢注引鄭玄云:「辨,別也。」(卷39,頁1307)王鳴盛因此認為鄭本必作采,並云:「唐宋以來宰輔銜名皆誤用平章,而世無識采字者矣。」(卷1,頁5)實際《後漢書・劉愷傳》作「辯」,李賢注引鄭注亦作「辯」,王鳴盛為照應《說文》而有所改動。《史記・五帝本紀》作「便」,《索隱》云:「《古文尚書》作『平』,此文蓋讀『平』為浦耕反。平既訓便,因作『便章』。其今文作『辯章』。古『平』字亦作『便』,音婢緣反。便則訓辯,遂為辯章。鄒誕生本亦同也。」(卷1,頁16)則今文作「便」,通作「辨」、「辯」,古文異體作「采」,鄭玄乃用今文。

　　又如〈洪範〉:「敬用五事。」王鳴盛引《漢書》之〈五行志〉、〈藝文志〉及〈孔光傳〉皆作「羞」,而《詩・小雅・小旻》鄭箋作「敬」,遂認為「羞」乃「敬」字之誤。引《說文》苟部:「苟,自急敕也。从羊省,从包省。从口,口猶慎言也。从羊,羊與義、善、美同意。」又:「𦫦,古文羊不省。」因此認為:「敬字从攴,而其左从苟,類羞,遂誤為羞,以形相似也。《晉書》作庶,又因羞而誤也。」(卷12,頁139)而段玉裁認為作「羞」乃今文,劉起釪則認為二字皆從羊,可通。[11]

11　《尚書校釋譯論》,頁1149注5。

　　此類因過信書證，而不分今古文、不識音近義通的例子尚多。這
也是其治學方法缺陷而造成的不足。

三　兼及辨偽

　　辨偽《古文尚書》、孔安國《傳》，並不是王鳴盛《尚書後案》的
主要目的與內容。因《尚書》辨偽乃清代學術史中一件大事，所以前
人論及王鳴盛之《尚書》學時，多就此點為說，如施建雄已從諸多方
面總結其成就，在此亦無需贅言。

　　雖然辨偽不是王鳴盛《尚書後案》的主要內容，但其學承繼閻若
璩、惠棟而來，所以仍非常在意。所附《尚書後辨》便是其多年的
總結。

（一）考辨作偽之跡

　　《尚書後辨》不分卷，其內容可分為兩類，一是辨各序、傳、志
等，一是辨二十六篇偽古文及偽孔傳。

　　關於第一類，依次考辨十九種材料，主要涉及《古文尚書》之篇
目、體制、史實、流傳等。如在〈辨孔安國序〉中考辨孔安國「竝無
兩次上獻事，亦竝無作傳事」云云，[12]〈辨孔穎達序〉述偽孔之流
傳，[13]〈又辨卷首疏〉、〈漢書藝文志〉則辨偽古文與真古文篇卷不
合。[14]諸如此類，皆能切中要害。

　　第二類仿《後案》之例，引偽古文、偽孔傳及孔疏，逐條梳理，

12　《尚書後辨》，頁307-308。

13　《尚書後辨》，頁308。

14　《尚書後辨》，頁309-310、312-313。案：《續修四庫全書》影印本頁309下與310
　　上，將第10頁與第11頁互置而誤，本文則據其頁碼，不再改動。

只是將「案曰」變為「辨曰」。以考辨作偽跡象為主旨，分析偽《古文尚書》所據原始典籍出處，有時則辨偽孔傳之非。如〈大禹謨〉：「禹曰：於！帝念哉！德惟善政，政在養民。水、火、金、木、土、穀惟修，正德、利用、厚生惟和。九功惟敘，九敘惟歌。戒之用休，董之用威，勸之以九歌，俾勿壞。」王鳴盛辨曰：

> 「政在養民」，本文六年《左傳》邾文公曰「命在養民」。又文
> 七年《傳》，晉郤缺言于趙宣子，引《夏書》「戒之用休，董之
> 用威，勸之以《九歌》，勿使壞。」《書》詞止此。下云「九功
> 之德皆可歌也，謂之《九歌》。六府、三事，謂之九功。水、
> 火、金、木、土、穀，謂之六府；正德、利用、厚生，謂之三
> 事」，此郤缺釋《書》之言，非經文也。偽作《古文尚書》
> 者，乃取其文，盡入禹口中，可乎？（《尚書後辨》，頁318）

分析原原本本，各得其所。王鳴盛本即擅長書證，此類考辨可謂得心應手，無所滯礙。

這兩類考辨與溯源，都是其考辨偽古文之成就，也為今日整理偽《古文尚書》提供方便。

另外，前文在「引清人之說」部分已提及，與《後案》不同的是，《後辨》中大量直接稱名引用顧炎武、朱彝尊、胡渭、惠棟諸家之說，而宋、元、明儒之說，如吳澄、郝敬、王充耘、梅鷟等，也有直接稱引。這種前後不同的引用體例，或可說明，《後案》中暗引他人之說並非是王鳴盛故意抄襲，而是仿《尚書正義》之疏證體例，隱去他人之名，而又避免留人以口實，故又於《後辨》中原原本本說明，這或是王氏獨特的著作方式。

（二）推測作偽者

　　王鳴盛在〈尚書後案自序〉中說晉時五十八篇《古文尚書》及孔傳，「蓋出皇甫謐手」。在《蛾術編》中又有多次表達此意，但他在《尚書後案》實際論述之中，似乎在皇甫謐與王肅之間游移不定。

　　〈多方〉：「周公曰：王若曰：猷告爾四國多方，惟爾殷侯尹民，我惟大降爾命，爾罔不知。」王鳴盛云：「王注云云，其意以〈多方〉作在歸政後，則偽傳謂再叛、再征，與王肅合。偽傳疑即肅撰，或皇甫謐依放肅注為之，故其合如此。」（卷23，頁226）

　　〈立政〉：「周公若曰：拜手稽首，告嗣天子王矣。用咸戒于王曰：王左右常伯、常任、準人、綴衣、虎賁。周公曰：嗚呼！休茲，知恤鮮哉。」王鳴盛云：「王肅說是，傳非也。傳多出王肅，偶或立異，欲以掩其跡也。」（卷24，頁231）

　　《尚書後辨・又辨卷首疏》云：「但偽《書》非王肅作，即皇甫謐作，大約不外二人手。」（頁311）

　　《尚書後辨・三國志王朗傳》云：「王注之存於今者，按之皆與馬融及偽孔合，偽孔之出於肅，乃情事之所有。」（頁316）此言為後世學者多方引用，如丁晏《尚書餘論》、姚振宗《隋書經籍志考證》，乃至馬國翰王肅注輯本之序言等。

　　《尚書後辨・辨陸德明釋文》云：「王肅注全本，德明時尚在，彼實親見之，故云『解大與古文相類』。即今日予輩從群書采得之王注，亦皆與偽孔傳相表裏，然則不知是王肅偽造二十五篇，合三十三篇為之傳，而又別自注二十九篇，以掩其跡耶？抑皇甫謐竊取王注以造偽孔傳，又于《世紀》自引之，以實其言耶？二者必居一于此矣。」（頁311）此段文字則較為明確地表達了王鳴盛的想法，大約在作《尚書後案》時，王鳴盛於此二人尚難斷定，至《蛾術編》時則多

以皇甫謐為代表。

王鳴盛輯錄王肅注，與偽孔傳比較異同，觀其因襲之跡，也是其中一大原因。他說：「蓋偽孔好與鄭違異，鄭苟與馬同，傳必別為解。鄭苟與馬異，傳必違鄭而從馬，未有舍馬從鄭者。」（卷24，頁232）王肅好以馬注違鄭義，王鳴盛或據此而懷疑偽孔與王肅之關係。不過他在「三年之喪」月數王肅與鄭不合而與偽孔相合的問題上，認為「王肅妄造異說，悖理害教，此偽古文《尚書》及偽孔傳，正王肅之徒所為」。（《尚書後辨‧太甲中》，頁334）此或懷疑出自王肅後學之手，則較王肅、皇甫謐之說為近是。

以上三節「獨尊鄭學」、「依據古訓」、「兼及辨偽」是王鳴盛《尚書》學的主要特色，至於其他如分辨今古文，乃至文字訓詁、校勘目錄等，更突出其具體的治學之法，可由前文輯佚、疏證兩章推而旁求。

第二節　清代學術史上的王鳴盛

在清代學術史研究中，王鳴盛多以史學研究著稱，而與錢大昕、趙翼齊名。至於他在經學領域的研究，蓋因近代學術轉變，而較少為學者關注。在「乾嘉學派」中，王鳴盛也一直被視為惠棟「吳派」後學，其墨守漢人家法更勝於惠氏。

其實王鳴盛的成名之作是《尚書後案》，自稱云「予《尚書》儒也」，他為清人所認知的身分也多是「尚書學家」、「鄭氏學者」。《十七史商榷》及其史學成就於後世大放異彩，則與近代新史學興起、經學式微有莫大關係。而在治學理念與方法上，王鳴盛確實受到惠棟的不小影響，又將惠氏墨守漢人家法的理念，落實到獨尊鄭玄一家之學。這也是其屢遭後人批評的地方。以鄭玄之是非為是非，甚至所輯鄭玄注亦未必為真，確實大大有違現代對清人「實事求是」、「科學精

神」的認知。但古人未必不「心知其意」，王鳴盛亦未必不知「修學好古，實事求是」，今日研究或當曲盡其情，以見其所以然。

以下試從「清代輯佚學」、「清代鄭氏學」、「清代《尚書》學」三個領域為全書作出總結。

一　清代輯佚學領域的王鳴盛

梁啟超雖然認同清儒輯佚成就，云「吾輩尤有一事當感謝清儒者，曰輯佚」，但他又在總結其成績後下此結論：

> 總而論之，清儒所做輯佚事業甚勤苦，其成績可供後此專家研究資料者亦不少，然畢竟一鈔書匠之能事耳。末流以此相矜尚，治經者先成的三禮鄭注不讀，而專講些什麼《尚書》、《論語》鄭注；……若此之徒，真可謂本末倒置，大惑不解。[15]

「畢竟一鈔書匠之能事耳」，應是對輯佚的典型誤解。[16]從前文分析可見，輯佚並不是簡單的「鈔書」，而是一項綜合性極強的專業學術工作。相比較梁氏的總結，清人的自我反省，更值得關注。

章學誠《文史通義‧博約》篇對「學」有獨到的見解，他分析「學」與「功力」之不同，認為王應麟諸書為纂輯而非著述，為「求知之功力」而非「成家之學術」，並批評當時學者宗仰伯厚，而終身

---

15 梁啟超著，朱維錚導讀：《清代學術概論》，頁61。梁啟超著，夏曉虹、陸胤校：《中國近三百年學術史（新校本）》，頁323。

16 梁氏之後，近百年文獻學理論取得長足進展，此說至今已不足深辯。如孫欽善言：「輯佚實際上是繁複而嚴謹的學術考證工作，對從業者在學識和態度上有極嚴格的要求，而人們往往因為學識欠缺或態度大意，在輯佚上造成種種疏失。」見氏著：《中國古文獻學》，頁239-240。

無得於學，正在誤功力以為學，云：「指功力以謂學，是猶指秫黍以謂酒也。」他認為真正的「學術」當是「功力必兼性情」，且以孔子「好古敏以求之者也」為標準。對時人癡迷伯厚之學，極為鄙夷，云：「今之俗儒……充其僻見，且似夫子刪修，不如王伯厚之善搜遺逸焉。蓋逐於時趨，而誤以攣績補苴謂足盡天地之能事也。」[17]章氏所論乃「過猶不及」之事，對王應麟之學及清儒學問評價有失公正，但卻深中輯佚之流弊。

比較而言，焦循將當時經學家分為五派：一曰通核，二曰據守，三曰校讎，四曰摭拾，五曰叢綴，並各言其利弊。「摭拾」即為輯佚，云：「摭拾者，其書已亡，間存他籍，採而聚之，如斷圭碎璧，補苴成卷，雖不獲全，可以窺半；是學也，功力至繁，取資甚便，不知鑒別，以為贗真，亦其弊矣。」[18]此說則較為中肯。又在〈禹貢鄭注釋自序〉中痛斥「近之學者……不辨其是非真偽，務以一句之獲、一字之綴為工」是「削足以適屨，鑯頭以便冠」。

輯佚既是一種治學方法，也是一門學術。清人僅僅視之為方法，而較少研究其學理，故其評價多停留在感性層面。既然視之為方法，其結果之優劣，全在乎輯佚者自身的修養與學問。由此反觀章、焦、梁三人對「俗儒」、「末流」的批評，也就不難理解了。

王鳴盛在輯佚學上的成就集中體現在《尚書》馬融、鄭玄、王肅三家注上，將這三家注從《尚書後案》中抽離出來，完全可以作為獨立的輯本。但前人在論述清代輯佚學史時，多忽略了王鳴盛在這方面的努力。當然王鳴盛在具體問題上，仍然存在各種不足之處，比如真偽不辨、體例不嚴之類。不過從其所處的學術時代來看，王鳴盛完全

---

17 〔清〕章學誠著，葉瑛校注：《文史通義校注》（北京市：中華書局，1985年），頁161-162。

18 〔清〕焦循：〈辨學〉，《雕菰集》，卷8，《焦循詩文集》，頁139。

是在清代輯佚學的開創時期，他仍在探索輯佚、編纂的方法。比如他將輯佚與疏證同時處理，不可避免體例上的衝突，而孫星衍先後撰成《古文尚書馬鄭注》與《尚書今古文注疏》，則將此二事分別開來，各有專攻，相得益彰，應是對王鳴盛《尚書後案》體例上的進步。乾嘉之時，輯佚之學大盛，纂集《尚書》注、鄭氏注等專門輯佚之書層出不窮，與王鳴盛倡導之力也不無關係。

王鳴盛與後世如孔廣林、袁鈞、黃奭、馬國翰諸輯佚家不同，他並不以輯佚為業，或者說，輯佚並非其學術最終目標。王鳴盛輯存鄭玄注，乃以闡揚、發揮鄭氏之學為要旨。若輯而不論、存而不辨，則無由知孔傳之偽，無由見鄭氏之真。且其輯馬、王注，與鄭氏比較異同，相互發明，以見鄭玄之不同於王肅、王肅之因襲於馬融，而偽孔則又因襲於馬融、王肅。

二　清代鄭氏學領域的王鳴盛

王鳴盛自言「予于鄭氏一家之學，可謂盡心焉耳矣。」在乾嘉之時，王鳴盛確以《尚書》鄭氏學知名於當世。

杭世駿曾為《尚書後案》作〈序〉，云：

> 光祿卿王君西莊，當世之能為鄭學者也。戚然憂之，鑽研群籍，爬羅剔抉。凡一言一字之出於鄭者，悉甄而錄之，勒成數萬言。使世知有鄭氏之注，并使世知有鄭氏之學而未已也。[19]

此〈序〉未與書同刊，約作於乾隆三十七年（1772），[20]則可見其書未

---

19 〔清〕杭世駿：《道古堂文集》，卷4，頁228-229。
20 陳鴻森：〈王鳴盛年譜〉（上），頁748。

刊行於世，王鳴盛已獲此「當世之能為鄭學者」的評價。

錢塘〈寄王西莊先生書〉云：

> 後世談《尚書》，不宗鄭氏則已；宗鄭氏，則先生闢古文之
> 偽，闡康成之微，援據博而別擇精，遠出孔仲達《正義》之
> 上。千載而下，非先生是歸而誰歸與！[21]

錢塘此書作於《尚書後案》刊行後不久，評價甚高，認為遠出孔穎達
《尚書正義》之上。雖為過譽，但其云「闢古文之偽，闡康成之微」
則是明其精義所在。

錢大昕〈西沚先生墓志銘〉云：

> 所撰《尚書後案》，專宗鄭康成，鄭注亡逸者，采馬、王補
> 之。《孔傳》雖偽，其訓詁猶有傳授，非盡鄉壁虛造，間亦取
> 焉。經營二十餘年，自謂存古之功，與惠氏《周易述》相埒。

錢大昕於王鳴盛作書之要旨、心意皆有闡明，可稱為身後定論。

後世如趙翼〈王西莊光祿輓詩〉云「歲在龍蛇讖可驚，儒林果失
鄭康成」，又云「遍搜漢末遺文碎（原注：公最精鄭學），不闢虞初小
說工。」[22]陳澧云：「澧謂昔之道學家，罕有知漢儒見及義理之學者，
更罕有知程朱即漢儒意趣者。近時經學家推尊康成，其識得康成深處

---

21 〔清〕錢塘：《溉亭述古錄》（清道光儀徵阮氏刻《文選樓叢書》本），卷1，頁17
上；〔清〕王昶：《湖海文傳》，卷40，頁737-739。案：陳鴻森將此序繫於乾隆四十
五年庚子（1780），《尚書後案》即於是年刊行。見氏著：〈王鳴盛年譜〉（下），頁
128。但《溉亭述古錄》卷一偶誤為卷二。

22 〔清〕趙翼著，李學穎、曹光甫點校：《甌北集》，卷39，頁960。

如王西莊者，亦不多也。」[23]諸如此類，足見一斑。

清人對於王氏鄭學的認可，是其學術地位的直接反映。但從另一方面看，王氏獨尊鄭氏，墨守一家，認為「求古即所以求是，舍古無是者也」，也遭到後人的反覆批評。

但王鳴盛認為他所追求的不僅僅是「為己」之學，而亦是「為人」之學，其云「鈔緝薈萃，備下學之攷稽」，即是為「後人」之學。王鳴盛從此角度定位其學術面向，故以「存古」為期許。而其於〈十七史商榷自序〉云：

> 夫以予任其勞而使後人受其逸，予居其難而使後人樂其易，不亦善乎？以予之識暗才懦，碌碌無可自見，猥以校訂之役，穿穴故紙堆中，實事求是，庶幾啟導後人，則予懷其亦可以稍自慰矣。

「啟導後人」之意則甚為鮮明矣。前人多津津樂道其史學成就，但卻不曾以此意理解為何王鳴盛於鄭學拳拳服膺、「墨守」鄭氏家法而終生無悔。

三　清代《尚書》學領域的王鳴盛

按照學術脈絡，清代《尚書》學史大致可分為三個階段：第一是清初的辨偽學，即考辨偽古文與偽孔傳；第二是清中葉的東漢古文學，以整理、研究鄭玄《尚書》著作為核心；第三是清後期的西漢今

---

23 〔清〕陳澧：《東塾讀書記》，卷15，頁826。

文學，即以伏生《大傳》為中心。[24]王鳴盛處於第二階段的鄭氏學，但與前、後兩個時期緊密相連。上承辨偽之業，下啟今文研究之序幕，又開鄭學之盛，實為清代《尚書》學的轉折點。

首先，王鳴盛早年曾作《尚書從朔》十卷，並未刊行，李果序其《曲臺叢稿》云「疾梅賾古文之偽，作《尚書從朔》攻之」。[25]可見王氏辨偽古文甚早，終成《尚書後辨》附於《尚書後案》後；而於《後案》之中，其考辨詳說，亦不遺餘力，應是閻、惠諸大師以來，辨偽古文成就的總結式提升。柴德賡云：「《尚書》一案，到了西莊作《尚書後案》，議論逐漸統一。」[26]正是此意。

其次，對於鄭氏學而言，王鳴盛力證馬、鄭為真古文，輯存舊注，嚴明家法，使得鄭學佚說，燦然大備，學者景而從之。王氏在此方面的影響甚至超過惠棟、江聲等人，後世習《尚書》者，多舉王、江並稱，而王書流傳仍較江書為廣。王鳴盛於《十七史商榷・尚書古文篇數》中引閻若璩、江聲之說，並云：

> 江說恐誤，仍以閻說為是。凡學之謬陋者，不但不可采，亦不必辨，何也？不足辨，故不屑辨也。江之學甚精，予多從之，而間或辨之者，足辨也，重其學也。江著述未流布，予為辨之，使後人觀之，則經益明，故不可不存其辨。（卷22，頁157）

其言不免自負，但江聲《集注音疏》以篆書印行，於流傳多有限制。

---

24 今案：此分段僅是大致風氣而言，並非嚴格學術嬗遞。考辨偽古文從清初到清末，乃至今日仍綿延不絕。而鄭氏學在道、咸以下，也從未輕淡過，並非為今文學取代那樣簡單。

25 陳鴻森將之繫於乾隆十二年丁卯（1747）王氏二十六歲時，見氏著：〈王鳴盛年譜〉（上），頁696。

26 柴德賡：〈王西莊與錢竹汀〉，《史學叢考》，頁260。

孫星衍作〈江聲傳〉也提到江氏不用行楷，「其書終以時俗不便識讀，不甚行于時」。[27]

最後，至於後來之今文學，論者多以王鳴盛為「吳派」漢學，墨守東漢古文說，而忽略其本身的複雜性。其實王鳴盛雖受惠棟影響頗深，但於惠棟並無師承關係，王鳴盛皆以友稱惠棟，如「吾友惠徵士棟」、「亡友惠定宇」，與戴震、段玉裁等無別，其中透露出，王氏自己心中意欲與惠派有一區分。惠派所宗在東漢古文學，非專宗鄭學。王鳴盛專尊鄭氏，而康成本有源出伏生者，且注《大傳》，二學時或相通，王氏引其說乃是鄭學題中之義，並非如江聲、孫星衍諸家，皆摒棄不用。這為今文經學的興起，留有一定餘地。

皮錫瑞曾批評王氏《後案》「主鄭氏一家之學，是為專門之書，專主鄭，故不甚采今文，且間駮伏生（如解司徒、司馬、司空之類），亦未盡善。」[28]其云「間駮伏生」，言有曲折，可見皮氏同樣認為王鳴盛並非全不用伏生義。只是鹿門為今文學，專宗伏生《大傳》，而西莊則主鄭氏家法，既然各有宗主，學事專門，便生異見，各尊所聞即是。而就王鳴盛所處時代而言，《尚書》學第一要義亦並非為伏氏學（今文經學），反而伏生《大傳》地位並不高，《四庫全書總目》將之列為《書》類附錄，視之為緯書，其地位可見一斑。[29]艾爾曼認為：「《尚書後案》的意義在於充分利用西漢史料，這是江聲的疏忽之處。它是清代漢學從東漢經學向西漢經學轉變的重要標誌，幾乎與常州及其他地區的今文經學同時出現。」[30]此說有識。可見，王

27　〔清〕孫星衍：《平津館文稿》，卷下，頁37上。

28　〔清〕皮錫瑞：《經學通論》，頁103。

29　其云：「案《尚書大傳》，於經文之外，摭拾遺文，推衍旁義，蓋即古之緯書。諸史著錄於《尚書》家，究與訓詁諸書，不從其類。今亦從《易緯》之例，附諸經解之末。」詳見《四庫全書總目》，卷12，頁105。

30　〔美〕艾爾曼著，趙剛譯：《從理學到樸學》，頁144。

氏《後案》是清代《尚書》學由東漢古文學向西漢今文學轉變的一股潛流，這自然也是王鳴盛沒有預料到的。

《尚書後案》於清代學林中知名甚高，極受學者重視，至有專就此書為論者。海鹽吳東發（1747-1803）嘗從錢大昕游，「多所商搉，少詹引為畏友焉」；少歲工詩文，後乃潛心經學，尤邃於《尚書》，著有《尚書後案質疑》。[31]巴郡王劼（1808-1893）著《尚書後案駁正》，分上下兩卷，專與王鳴盛立異，其自序斥《後案》「譬入魔趣，不辨昏曉」，[32]江瀚評曰「是誠善罵矣」。[33]此書上卷舉二十六則以駁王鳴盛，下卷駁顧炎武、閻若璩、惠棟等疑古文為偽之說。江瀚云：

> 其駁《後案》固有當處，然必以東晉《古文尚書》為真古文，且謂朱子未嘗不信古文。今考《朱子語類》，言：某嘗疑孔安國書是假書，〈序〉是魏、晉間人作。又言：東晉後出古文皆文從字順，伏生何以能記其難而易者反忘之？豈此等語亦可為信古文之據邪？

欲以不實之據而證古文之真，可見其功力與識斷尚不足以與王鳴盛相儔匹。[34]

---

31 詳見〔清〕梁同書：〈吳侃叔小傳〉，載氏著：《頻羅庵遺集》，《續修四庫全書》集部第1445冊影清嘉慶廿二年（1817）陸貞一刻本，卷9〈文四〉，頁511-512。案：吳東發《尚書後案質疑》，此條為陳致教授告知，謹此致謝。然考核諸目錄書，未見著錄者，此書存佚情況尚不得而知。

32 〔清〕王劼：《尚書後案駁正》，《四庫未收書輯刊》第6輯第2冊影清咸豐十一年（1857）刻本（北京市：北京出版社，2000年），頁80。

33 江瀚：〈尚書後案駁正二卷〉，中國科學院圖書館整理：《續修四庫全書總目提要·經部》上冊（北京市：中華書局，1993年），頁233-234。

34 有關王劼《駁正》之評價，尚可參考古國順：《清代尚書學》（臺北市：文史哲出版社，1981年），頁107-109；蔣秋華：〈晚清四川學者的《尚書》研究〉，《儒藏論壇》第二輯（成都市：四川大學出版社，2007年），頁70-72。

　　吳、王辯駁之作，或可從反面說明王鳴盛《尚書後案》於清代當時學界影響之廣泛。而周中孚評價是書云：

> 蓋自趙松雪、吳草廬分今文古文以後，至此始有定本。由是江
> 艮庭、段茂堂、宋半塘、暨孫淵如師諸家，接踵而起，先之
> 者，西沚是書也，厥功偉已。[35]

大致可見清代學者對王鳴盛《尚書後案》在經學史上的定位。

---

[35] 〔清〕周中孚：《鄭堂讀書記》，卷9〈經部五之下〉，頁110。案：周氏認為江在王後，稍有可議。有關江、王先後問題，前文言之已詳：論草稿，王先於江；論成書，江先於王；論刊刻，王先於江。

附錄
《尚書後案》兩種整理本點校舉誤

　　迄今為止，《尚書後案》整理本共有三部，第一部是由顧寶田、劉連朋點校，收錄於《儒藏》精華編第十八冊，北京大學出版社二〇〇九年八月出版，繁體豎排；第二部是由張其昀、單殿元、蕭旭、王強、陳文和點校，收錄於陳文和主編《嘉定王鳴盛全集》第一至三冊，北京中華書局，二〇一〇年八月出版，繁體豎排；第三部還是由顧寶田、劉連朋點校，收錄於「清代經學著作叢刊」之中，北京大學出版社，二〇一二年六月出版，繁體橫排。顧、劉兩種點校本，後者略有修飾，但差別不大，所以本文將此兩部視為一種，並以最新修訂本為準。以下分別簡稱儒藏本、全集本與北大本。

　　全集本出版雖比儒藏本晚一年，但似乎點校者並未見到儒藏本，在其凡例中也並無說明。而北大本之〈點校說明〉也直接因襲儒藏本，至於是否參考全集本作修訂，也無其他說明。

　　本文整理訛誤，校勘底本為清乾隆庚子（1780）禮堂刻本（《續修四庫全書》經部第45冊影印），參校本為《皇清經解》本。其中全集本以卷一〈堯典〉為主，顧劉本則就所見略作箋識。所採版本皆是以上所列，僅注明頁碼，必要時再做具體說明。

一 中華書局《全集》本[*]

中華書局以「王鳴盛全集」為題整體出版，茲事體大，而據初步校讀所知，此本《尚書後案》問題較多，今雖暫以卷一〈堯典〉為主，但又為免瑣碎，有待商榷之處不能盡列，姑且選取問題嚴重者直接改正，間作說明。以頁碼先後為序，若同頁或同條之中有多處問題，則以序號分別。此本為繁體豎排版，人名、地名、書篇名等專有名詞皆於左側加豎直線或豎曲線等專名號，今引用則改為通行版，標點符號需特別強調之處則以下劃直線或曲線表示。

一、〈尚書後案自序〉，頁2：聊取馬、王傳疏益之，……馬、王傳疏
　　與鄭異者……
　　案：「馬」為馬融注，「王」為王肅注，「傳」為偽孔傳，「疏」為
孔穎達疏，當作：馬、王、傳、疏。

二、〈尚書後案采取馬鄭王注書目〉：
　　①禹貢集解傅　　寅周書王會解補注王應麟（頁7）
　　②尚書大傳伏勝采太誓　　尚書大傳注鄭康成采太誓（頁7）
　　③綱目集覽王幼學　　廣川書跋董道（頁9、10）
　　案：①《禹貢集解》作者為傅寅，當作：禹貢集解傅寅。②
「采」當作「采」，形誤。本《書目》內凡作「采」字者皆是「采」
之誤。③當作「王幼學」、「董逌」。

---

[*]　本部分以〈《嘉定王鳴盛全集》本《尚書後案》點校舉誤〉為題刊於《東方哲學》
　　第十四輯（2020年）。收入時略作改動。

三、頁1[1]：①小注：【案曰】《說文》「勛」。古文「勳」。②【案曰】《說文》卷六下云：「稽，从禾。」「禾，木曲頭，止不能上也。」

案：①當作：《說文》：「勛，古文勳。」②「禾」為「禾」之誤。

四、頁2：【案曰】①《說文》卷八下〈欠部〉：「欽，欠皃。欠，張口气悟也。」……②劉康公曰：「……以定命也。……故鄭、馬以敬事及威儀為欽也。」……③注引鄭《考靈耀》注云「道德純備謂之塞，寬容覆載謂之晏。

案：①引《說文》當作：「欽，欠皃」，「欠，張口气悟也。」②「劉康公曰」，出《左傳·成公十三年》，當至「以定命也」止。③引鄭《考靈耀》注，只有上引號，而無下引號。

五、頁3小注：【案曰】作「格」當晉人改也。

案：「當」為「者」之誤。

六、頁5：【案曰】《正義》云「此古《尚書》說，①鄭取用之《異義》。今《戴禮》、《尚書》歐陽說云，九族乃異姓有親屬者。②父族四、五屬之內為一族，……明九族不得但施于同姓。玄之聞也，婦人歸宗。③女子雖適人家，猶繫姓，明不與父兄為異族。其子則然。④昏禮請期辭曰「惟是三族之不虞」。……⑤異姓其服皆緦。麻緦，麻之服不廢嫁女、娶妻，是為異姓不在族中明矣」，是鄭以古說長，宜從之事也。

案：此段標點甚為混亂。引《毛詩正義》止於「是為異姓不在族

1　此為正文頁碼，下同。

中明矣」，之內引號皆當用單引號。其他問題依次為：①當作「鄭取用之。《異義》：今《戴禮》……」。以下是許慎《五經異義》及鄭玄《駁五經異義》之文，《異義》止於「明九族不得但施于同姓」，「玄之聞也」之後為《駁異義》，止於「是為異姓不在族中明矣」。②當作「父族四：五屬之內為一族」。③「家」為「字」之誤，當作「女子雖適人，字猶繫姓」。④當作「《昏禮》請期辭曰：『惟是三族之不虞。』」⑤當作「異姓其服皆緦麻。緦麻之服不廢嫁女娶妻」。

七、頁5：【案曰】《說文》：①「釆，辨別也。象獸指爪分別也。讀若辨。蒲莧切。古文作 𥝋 。」②「 平 ， 𠌅 从八。語平舒也。……」

案：①「釆」，王鳴盛用小篆體，當作「𥝋」。②「 𠌅 」乃「从亏」之誤，整理者將二字連寫，誤以為一古文。

八、頁6：【疏曰】經傳百姓或指天下百姓，此下句乃有黎民，故知百姓即百官。

案：孔疏原文為：

「既」、「已」義同，故訓「既」為已，經傳之言。「百姓」或指天下百姓，此下句乃有「黎民」，故知「百姓」即百官也。[2]

「經傳」二字，王鳴盛引用時已有不妥，此處當出校勘記。[3]

九、頁7：①小注：【案曰】《說文》：「昦，胡老反。春為昦天，元氣昦昦。從日、𠦒，𠦒亦聲。」又：「𠦒，古老切。放也。從大而八分也。」②【鄭曰】堯育重、犁之後羲氏、和氏之子賢者，使

2　《尚書正義》，卷2，頁20。

3　北大本（頁4）亦未校改。

掌舊職天地之官。亦紀于近，命以民事。其時官名蓋曰稷、司徒。③【傳曰】昊天言元氣廣大，星，四方中星。辰，日月所會。歷，象其分節。敬記天時，以授人也。

案：①「又：夰」，兩刻本皆無，整理者擅增而未作說明。②鄭注當作：堯育重、犂之後，羲氏、和氏之子，賢者使掌舊職。天地之官，亦紀于近，命以民事，其時官名蓋曰稷、司徒。③孔傳當作：昊天，言元氣廣大；星，四方中星；辰，日月所會；曆象，其分節。敬記天時，以授人也。

十、頁9：①【案曰】皋陶為作士，華為共工。②小注：仍為共工與虞……則禹已為后稷矣。

案：①「華」為「垂」之誤。②「虞」與「后稷」此處皆是官名，不當加人名號。

十一、頁10：然則日月所會，即二十八宿，舉其人目所見。以星言之，論其日月所會；以辰言之，其實一物。

案：當作：然則日月所會，即二十八宿。舉其人目所見，以星言之；論其日月所會，以辰言之，其實一物。

十二、頁12：【案曰】韋昭注「《禮》：天子以春分朝日。①祖，習也。識，知也。地德，所以廣生。②夕月，以秋分載天文也。司天文，……」

案：①「祖，習也。識，知也。地德，所以廣生。」此乃虞翻注。[4]②當作：夕月以秋分。載，天文也。司天文，……

4　徐元誥撰，王樹民、沈長雲點校：《國語集解》，頁194。

十三、頁13：【疏曰】……東方龍。西方虎，南首北尾。南方鳥。北
　　方龜，西首東尾。……夏言星火，獨指房心、虛昴，惟舉一宿，
　　文不同者，互相通也。春分之昏**觀**，鳥星畢見，以正仲春之氣
　　節，計仲春日在奎婁而入于酉地，則初昏之時，**井鬼在午柳，星**
　　張在巳軫，翼在辰，是朱雀七宿，皆得見也。

　　案：當作：東方龍，西方虎，南首北尾。南方鳥，北方龜，西首
　東尾。……夏言星火，獨指房、心。虛、昴，惟舉一宿。文不同者，
　互相通也。春分之昏，觀、鳥星畢見，以正仲春之氣節。計仲春日在
　奎、婁，而入于酉地。則初昏之時，井、鬼在午，柳、星、張在巳，
　軫、翼在辰，是朱雀七宿皆得見也。

十四、頁15：【疏曰】《左傳》言火中、火見。《詩》稱「七月流火」，
　　皆指房心為火，故曰「火，蒼龍之中星」，特舉一星，與鳥不
　　類，故云「舉中則七星見可知」，計仲夏日在東井而入于酉地，
　　則初昏之時，**角亢在午氐，房心在巳尾，箕在辰**，是南方七宿，
　　皆得見也。

　　案：當作：《左傳》言「火中」、「火見」，《詩》稱「七月流火」，
　皆指房、心為火，故曰「火，蒼龍之中星」。特舉一星，與鳥不類，
　故云「舉中則七星見可知」。計仲夏日在東井，而入于酉地。則初昏
　之時，角、亢在午，氐、房、心在巳，尾、箕在辰，是南方七宿皆得
　見也。

十五、頁17：【案曰】①邜从田為留，采地之名。……②《莊子》「聚
　　僂僂」，即柳也，此「聚」之義也。《爾雅》「日所入為大蒙邜，
　　東方主開邜，西方主閉」，閉則蒙也。

案：①「𠁥」、「釆」為「𠁥」、「釆」之誤，「畱」當作「罶」，本段皆同。②「東方主開𠁥」，「𠁥」為「𠁥」之誤。當作：《莊子》「聚僂」，僂即柳也，此「聚」之義也。《爾雅》「日所入為大蒙」，𠁥，東方主開；𠁥，西方主閉，閉則蒙也。

十六、頁18：【傳曰】因事之宜秋，西方萬物成，平序其政，助成物。
　　案：當作：因事之宜。秋，西方。萬物成，平序其政，助成物。

十七、頁18：【疏曰】北方七宿，虛為中，故虛為玄武之中星。計仲秋日，在角亢而入于酉地，初昏之時，斗牛在午女，虛危在巳室，壁在辰，舉虛中星言之，亦言七星，皆以秋分之日昏時竝見。
　　案：當作：北方七宿虛為中，故虛為玄武之中星。計仲秋日在角、亢，而入于酉地。初昏之時，斗、牛在午，女、虛、危在巳，室、壁在辰。舉虛中星言之，亦言七星皆以秋分之日昏時竝見。

十八、頁19：【傳曰】易謂歲改易，于北方平均，在察其政，以順天常。
　　案：當作：易，謂歲改易于北方。平，均。在察其政，以順天常。

十九、頁19小注：【案曰】昴，音柳。一音留。徐邈于《詩・召南・小星》音茆，陸德明又音卯，皆以昴與茆誤合而為一，非也。
　　案：「昴」當作「㫛」，「柳」當作「栁」，「留」當作「罶」，「卯」當作「𠁥」，「茆」當作「㫛」。王鳴盛尤為重視字形差異，而全集本於字形幾無分別，其誤如此例者甚多。

二十、頁21：《夏小正》「四月初昏，南門正，南門雨。大星橫亢下壽

星次也。」……《夏小正》曰：「五月初昏，大火中，大火、南
鶉火必淪西。」

案：①「雨」為「兩」之誤。②當作：《夏小正》「四月：初昏南
門正」，南門兩大星，橫亢下，壽星次也。……《夏小正》曰：「五
月：初昏大火中。」大火南，鶉火必淪西。

二十一、頁24：【案曰】〈釋丘〉云「隩，隈厓內為隩」。

案：《爾雅·釋丘》原文為：「隩、隈：厓內為隩，外為隈。」[5]
故宜作：隩、隈，厓內為隩。

二十二、頁25：胡士行 尚書詳解一卷

案：「胡士行」下亦加書名號，誤。

二十三、頁26-27：【案曰】故日與天會而多五日九百四十分日之二百
三十五，為氣盈月與日會而少五日九百四十分日之五百九十二，
為朔虛合氣盈，朔虛一歲餘十一日弱，未滿三歲已成一月，則置
閏焉。……而十九年為章，二十七章為會，凡五百一十三年三會為統，
凡一千五百三十九年三統為元，則積四千六百一十七年日月皆無餘分，而
又得十一月甲子朔夜半冬至而又為曆元矣。

案：①正文當作：故日與天會而多五日九百四十分日之二百三十
五，為氣盈；月與日會而少五日九百四十分日之五百九十二，為朔
虛。合氣盈、朔虛，一歲餘十一日弱，未滿三歲已成一月，則置閏
焉。②小注當作：而十九年為章，二十七章為會，凡五百一十三年；三會為
統，凡一千五百三十九年；三統為元，則積四千六百一十七年，日月皆無餘
分，而又得十一月甲子朔夜半冬至，而又為曆元矣。

---

5 《爾雅注疏》，卷7，頁116。

二十四、頁28：【傳曰】歎共工能方方聚見其功，靜謀滔漫也。……
　　　而心傲狠，若漫天不可用。

　　案：當作：歎共工能方方聚見其功。靜，謀；滔，漫也。……而
　心傲狠，若漫天。〔言〕不可用。[6]

二十五、頁30：【案曰】鄭又云「羲 和子死」云云者，鄭注《大傳》
　　　亦云「羲 和為六卿，主春夏秋冬，并掌方嶽。是為四嶽，出則
　　　為伯，其後稍死鵃吺，共工求代，乃分置八伯。

　　案：①此段引鄭注《大傳》無下引號，當止於「乃分置八伯」。
　②「其後稍死鵃吺，共工求代」，當作「其後稍死，鵃吺、共工求
　代」，鵃吺即驩兜。

二十六、頁31：【傳曰】又，治也。

　　案：「又」為「乂」之誤。

二十七、頁32：【案曰】《說文》卷二上〈口部〉無「嗚」字，卷四上
　　　〈烏部〉：「孝鳥也，取其助气，故以為烏呼。」俗作嗚，非是。
　　　重文𪂀，古文烏；又重文𪁗，古文烏省。唐元度《九經字樣·
　　　劜部》云「𪁗，本是烏，烏字象形，隸變作於，本非從劜，作
　　　於者訛」是也。

　　案：①引《說文》烏字，當止於「古文烏省」。②「唐元度」當為
　「唐玄度」，「元」乃避諱字。全集本於「元」字避諱多直接改為本字，
　但「唐元度」卻多處未改。③「烏字象形」乃是「鳥字象形」之誤。

6　王鳴盛引脫「言」字。

二十八、頁34：①岳曰：「嚚子。父頑，母嚚，象傲。克諧以孝烝
　　　烝，乂不格奸。」②【傳曰】俞，然也。然其所舉言，我亦聞
　　　之。其德行如何？

　　案：①經文當作「克諧以孝，烝烝乂，不格奸」。王鳴盛只引孔
傳，未加案語，故句讀亦當從之。②傳文當作：然其所舉，言我亦聞
之，其德行如何？

二十九、頁36：①小注：【案曰】《水經》本有四十卷，亡其五，後
　　　人妄分以足四十之數，非原篇。②【疏曰】皇甫謐云「堯以二女
　　　妻舜，封之于虞。今河東太陽山西虞地是也。……為舜居媯水故
　　　也」。

　　案：「【案曰】」之前有「○」號，且書籍之間皆有「○」號相
隔，整理者則一概刪去。①「篇」為「第」之誤。②皇甫謐所云，止
於「今河東太陽山西虞地是也」，後乃疏文。

三十、頁37：【案曰】穆天子傳云「祭父賓喪」，……史記蘇秦傳
　　　「必長賓之秦」，作儐是也。

　　案：①「祭父賓喪」，王鳴盛原誤作「祭公」，整理者逕改之而無
說明。②「史記」、「蘇秦傳」，書名號中間當斷開，不可合為一書。
全集本於書名、篇名之分別較為隨意，類似之小誤多見。③「秦」為
「義」之誤。此句當作：史記 蘇秦傳「必長賓之」，義作儐是也。

三十一、頁38：【案曰】顏之推《家訓》卷下〈書證篇〉云「栢人城
　　　東北有一孤山，……是漢桓帝時栢人縣民為縣令徐整所立，銘
　　　云：山有韹務。方知此韹務山也。」……眾多并告，若疾風大
　　　雨。

案：①「〈書證篇〉」宜作「〈書證〉篇」。全集本於此篇名號亦較隨意。②「所立」，王鳴盛原脫漏，整理者擅增而未作說明。[7]③「山有罐務」，王鳴盛原作「土有罐務山」。據王利器考證，可知二者為異文。[8]全集本逕改之而無說明，殊為不妥。④「并告」為「竝吉」之誤。

三十二、頁41：【傳曰】機，衡正天文之器，可運轉者。……【案曰】鄭云「璿機、玉衡，渾天儀也」者，言天體者三家：一周體，亦曰歷天。二宣夜，三渾天。

　　案：①當作：「機、衡，正天文之器，可運轉者。」②「周體」為「周髀」之誤，「歷天」為「蓋天」之誤。③「言天體者三家：一周髀，二宣夜，三渾天」，出自蔡邕《天文志》（〈舜典〉「班瑞於羣后」孔疏引）。④「周髀」、「蓋天」、「宣夜」、「渾天」皆當加書名號，後亦如此。

三十三、頁42：蔡邕以為考驗天象，多所違失。故史官不用渾天者，以為地在其中……

　　案：當作：蔡邕以為「考驗天象，多所違失，故史官不用」。渾天者，以為地在其中……

三十四、頁42：王蕃《渾天說》云：「天之形，狀似鳥卵，天包地外，猶卵之裹黃，圓如彈丸，故曰渾天。」言其形體渾渾然也。……其南、北極持其兩端，其天與日月星宿斜而迴轉，此必

7　北大本（頁22）有校勘記。

8　詳見王利器《顏氏家訓集解（增補本）》，頁500注12。

古有其法，遭秦而滅，至漢武帝時落下閎始經營之<u>鮮于</u>，妄人又
量度之。至宣帝時司農中丞耿壽昌始鑄銅而為之象，後漢張衡作
《靈憲》以說其狀，蔡邕、鄭康成、陸績、王蕃、姜岌、張衡、
晉人葛洪皆論渾天之義……

案：①王蕃《渾天說》當止於「其天與日月星宿斜而廻轉」；②
「鮮于妄人」乃一人名，當作「至漢武帝時，落下閎始經營之，<u>鮮于
妄人</u>又量度之」，事見《法言・重黎》、《漢書・律曆志》；③小注「晉
人」，乃注「張衡」（非「葛洪」），蓋與前文「後漢張衡」相區別。[9]

三十五、頁43：自唐宋以來，……①**上刻十二辰，八千四隅，在地之
位**，以準地面而定四方。側立黑雙環，②**背刻去極，度數以中分
天脊**，直跨地平，使其半出地上，半入地下，而結于其子午，以
為天經。斜倚赤單環，③**背刻赤道，度數以平分天腹**，橫繞天
經，亦使半出地上，半入地下，而結于其卯酉，以為天緯。④**三
環表裏相結，不動其天經之環，則南北二極皆為圓軸，虛中而內
向，以挈三辰、四游之環**。以其上下四方于是可考，故曰六合。
次其內曰三辰儀，側立黑雙環，⑤**亦刻去極，度數外貫天經之
軸**，……⑥**而半入其內以為春分後之日，軌半由其外，以為秋分
後之日**。軌又為白單環，以承其交，使不傾墊，……其環之內，
則兩面當中各施直距，⑦**外指兩軸而當其要中之內，面又為小
竅**，以受玉衡，要中之小軸，使衡既得隨環東西運轉，又可隨處
南北低昂，以待占候者之仰窺焉。

案：此段文字本出自朱熹《朱文公文集》卷六十五《尚書》，蔡沈
採之入《書集傳》，王鳴盛所引當是蔡《傳》。而朱子六合、三辰、四

游之說，出自李淳風，李氏說見《舊唐書》本傳。此頁標點非常混亂，就其大者而言，依次當為：①上刻十二辰、八干、四隅；②背刻去極度數，以中分天脊；③背刻赤道度數，以平分天腹；④三環表裏相結不動，其天經之環；⑤亦刻去極度數，外貫天經之軸；⑥而半入其內，以為春分後之日軌；半由其外，以為秋分後之日軌。又為白單環；⑦外指兩軸而當其要，中之內面又為小竅，以受玉衡要中之小軸。

三十六、頁44：聖人為璿璣以象之，玉衡以窺之，察日之南北，節氣早晚。可辨察日之出入，晝夜永短。可分察月之周天，與會日晦朔弦望期候。可定至五星之會日沖日而有合伏望，近日遠日而有順逆遲留⋯⋯

　　案：當作：聖人為璿璣以象之，玉衡以窺之，察日之南北，節氣早晚可辨；察日之出入，晝夜永短可分；察月之周天與會日，晦朔弦望期候可定。至五星之會日、沖日而有合伏退望，近日、遠日而有順逆遲留⋯⋯

三十七、頁44：【傳曰】肆，遂也。類謂攝位。事類遂以攝告天及五帝。

　　案：當作：肆，遂也。類謂攝位事類。遂以攝告天及五帝。

三十八、頁45：其祭之地，則〈月令〉疏引今文《尚書》夏侯說云：「類祭天奈何？天位在南方，就南郊祭之是也。」

　　案：「是」為「之事」之誤。今〈月令〉疏不見此語。《五經異義》曰：「今《尚書》夏侯、歐陽說：類，祭天名也。以事類祭之奈

何？天位在南方，就南郊祭之是也。」[10]王鳴盛或將「祭之奈何」誤作「祭天奈何」，整理者又改王氏原文而未作說明。[11]

三十九、頁46：考〈祭法〉所說禘郊祖宗，鄭以為皆祭以配食禘，謂祭昊天于圜丘，則此類祭于圜丘，必當依禘祭為之，五帝靈威仰等不及也。

　　案：當作：考〈祭法〉所說禘、郊、祖、宗，鄭以為「皆祭以配食，禘謂祭昊天于圜丘」，則此類祭于圜丘，必當依禘祭為之，五帝、靈威仰等不及也。

四十、頁47-48：袁準《正論》曰：「……」難者曰：「……」曰：「……先儒云『凡潔祀曰禋，……以達其誠故也』。準此論最得鄭意也。」

　　案：①袁準《正論》出自《毛詩・生民》疏，當止於「以達其誠故也」。②「先儒云」只「凡潔祀曰禋」一句。③「準此論最得鄭意也」，乃王鳴盛之評語。

四十一、頁48：司馬紹統駁云……

　　案：司馬紹統即司馬彪，紹統為其表字，整理者誤以「司馬紹」為人名。

四十二、頁49：【鄭曰】遍以尊卑次秩祭之，群神若丘陵墳衍之屬。

　　【傳曰】群神謂丘陵墳衍，古之聖賢皆祭之。

　　案：①「遍」當作「徧」，遍、徧，辨、辯，全集本多不分。②

---

10 〔宋〕李昉等撰：《太平御覽》，卷527，頁2392。
11 北大本（頁26）亦未盡善。

鄭注當作：「徧以尊卑次秩祭之。群神，若丘陵墳衍之屬。」③孔傳
當作：「群神謂丘陵墳衍、古之聖賢，皆祭之。」關於句讀，王鳴盛
已有解釋：「群神是地屬，故鄭專指丘陵等，《傳》兼古聖賢，非
也。」意即孔傳「群神」兼丘陵墳衍與古聖賢。整理者並未注意。

四十三、頁49-50：【傳曰】輯，斂。既，盡。觀，見。班，還。
　　　后，君也。舜斂公侯伯子男之瑞圭璧，盡以正月中乃日日，見四
　　　岳及九州牧，監還五瑞于諸侯，與之正始。
　　　　案：當作：輯，斂；既，盡；觀，見；班，還；后，君也。舜斂
公、侯、伯、子、男之瑞圭璧，盡以正月中，乃日日見四岳及九州牧
監，還五瑞于諸侯，與之正始。

四十四、頁50-51：【傳曰】岱宗，泰山為四岳所宗。燔柴祭天，告
　　　至東岳諸侯，境內名山大川如其秩次，望，祭之。
　　　　案：當作：岱宗，泰山，為四岳所宗。燔柴，祭天告至。東岳諸
侯境內名山大川，如其秩次望祭之。

四十五、頁53：【疏曰】量者，龠、合、升、斗、斛，所以量多少
　　　也。……權者，銖、兩、斤、鈞、石也，所以稱物知輕重也。本
　　　起于黃鐘之重，……
　　　　案：「量者」為「量謂」之誤，「石也」衍「也」字，「之重」為
「之龠」之誤。

四十六、頁59：〈王制〉云「天子五年一巡守」，鄭彼注云「五年
　　　者，虞夏之制也，周則十二歲一巡守，五年專是虞制」。鄭所傳
　　　《尚書》虞夏同科，故連言夏周十二歲，則鄭據〈大行人〉「其

夏殷」，彼疏依鄭志，當六年一巡守也。

案：①「鄭彼注」為《禮記·王制》注，而「五年專是虞制」非鄭注。②「其夏殷」非〈大行人〉之文。③「鄭志」當加書名號，出自《鄭志》。[12]④標點當作：鄭彼注云「五年者，虞夏之制也，周則十二歲一巡守」，五年專是虞制。鄭所傳《尚書》虞夏同科，故連言夏。周十二歲，則鄭據〈大行人〉。其夏、殷，彼疏依《鄭志》，當六年一巡守也。

四十七、頁62：【案曰】……次第分析言之，**甚明也。若然，受終以後，歷敘新政而不及正**。敘禹治水但言「濬川」者，別有〈禹貢〉，避重出也。

案：當作：……次第分析，言之甚明也。若然受終以後，歷敘新政，而不及正敘禹治水，但言「濬川」者，別有〈禹貢〉，避重出也。

四十八、頁66：【案曰】鄭云「終身以為殘賊」者，**鄭以賊為掩義，隱賊寇。賊，姦軌之賊也**。孔訓殺，如「鉏麑賊趙盾」之賊，非也。

案：「掩義隱賊」出《左傳·文公十八年》，「寇賊姦軌」出〈堯典〉。標識部分當作：鄭以賊為「掩義隱賊」、「寇賊奸軌」之賊也。

四十九、頁68：【案曰】疏云「〈禹貢〉無崇山，不知其處，蓋在衡

---

12 北大本（頁34）亦未加書名號。《禮記·王制》疏云：「《鄭志》：『孫皓問云：諸侯五年再相朝，不知所合典禮？鄭答云：古者據時而道前代之言。唐虞之禮，五載一巡守。夏殷之時，天子蓋六年一巡守。諸侯間而朝天子，其不朝者朝罷朝，五年再朝。似如此制，禮典不可得而詳。』如《鄭志》之言，則夏殷天子六年一巡守。」詳見《禮記正義》，卷11，頁225。

嶺之南，則其地亦不可的知也。」杜佑云「在澧州澧陽，本漢零陽地。今為澧州永定縣」，恐臆說也。

案：①「衡嶺」為一地名，整理者僅在「衡」上加地名號，誤。②「則其地亦不可的知也」、「今為澧州永定縣」皆是王鳴盛之語，非引文。全集本將王氏語誤為引文、將注文誤為經文、將彼書文誤為此書文者，比比皆是。

五十、頁70-71：【傳曰】堯凡壽一百一十七歲。【案曰】《孟子》引此，趙岐注：「言舜攝行事，時未為天子也。又舜相堯二十有八載，非人之所能為也，天也。」趙岐注二十八年之久，非人為也，天與之也。

案：①「凡壽」為「死壽」之誤。②「舜相堯二十有八載，非人之所能為也，天也」，乃《孟子・萬章下》文。③「趙岐注」一句當有冒號、引號。故標點當作：《孟子》引此，趙岐注：「言舜攝行事，時未為天子也。」又「舜相堯二十有八載，非人之所能為也，天也」，趙岐注：「二十八年之久，非人為也，天與之也。」

五十一、頁75：【案曰】鄭注云：「《周禮》天子六卿，與太宰司徒同職者，謂之司徒公。與宗伯司馬同職者，謂之司馬公。與司寇司空同職者，謂之司空公。」一公兼二卿，舉下以為稱，是三公兼六卿也。周官太師、太傅、太保，茲惟三公。是三公兼師、保、傅也。周公為師，召公為保。陝以東周公主之，陝以西召公主之。分天下為左右，曰二伯，是三公兼四岳也。說見周禮地官序官、禮記文王世子、大戴禮保傅。書序「周官時洪水雖平，然功緒猶有未竟，司空非禹莫任，故使以百揆兼領之，殆即三公兼六卿者」，此說非也。

案：①「一公兼二卿，舉下以為稱」，亦是鄭注之文，僅「是三公兼六卿也」一句乃王鳴盛評語。②「周官」為《尚書》篇名，「太師、太傅、太保，茲惟三公」，乃《尚書·周官》文。當作：〈周官〉「太師、太傅、太保，茲惟三公」，是三公兼師、保、傅也。③〈書序〉並無「周官時洪水雖平……」文，乃王鳴盛之案語。書名號亦多不嚴謹。此句當作：說見周禮 地官 序官、禮記 文王世子、大戴禮 保傅、書序。周官時洪水雖平，然功緒猶有未竟，司空非禹莫任，故使以百揆兼領之，殆即三公兼六卿者，此說非也。

五十二、頁76：【案曰】又云「初，堯天官為稷」云云者，說已見前傳。云「稽首，首至地」者，……

　　案：標識部分當作：……說已見前。傳云……

五十三、頁77：【案曰】但《說文》卷十四上〈且部〉云：「薦也。從儿，足有二橫，一，其下地也。」「俎」從半肉在且上，是且、俎同物……

　　案：①「儿」為「几」之誤。②「俎，從半肉在且上。」亦為《說文》。標點當作：但《說文》卷十四上〈且部〉云：「薦也。從几。足有二橫。一，其下地也」，「俎，從半肉在且上」。是且、俎同物……

五十四、頁80：【疏曰】其次鑽律。

　　案：「律」為「筰」之誤。

五十五、頁81：【案曰】《文王世子》「公族有死罪，則磬于甸人……」

案：王鳴盛誤作「磬」，整理者逕改之而無說明。[13]

五十六、頁82：【案曰】疏云「四裔最遠，〈調人職〉云『父之讎，辟諸海外』，即與四裔為一也。次九州之外，①即〈王制〉云『入學不率教者，屏之遠方，西方曰棘，東方曰寄』，②注云『棘，寄于邊遠』，與此九州之外同也。次千里之外，即〈調人職〉云『兄弟之讎，辟諸千里之外』也。③〈立政〉云中國之外不同者，言中國，據罪人所居之國定千里，據其遠近，其實一也。」

　　案：①「入學不率教者」乃孔疏隱括之語，非〈王制〉正文。②〈王制〉注本作：「棘當為僰。僰之言偪，使之偪寄于夷戎。」[14]《尚書》孔疏引作：「偪寄于夷狄也。」則王鳴盛意引之，句讀仍當作：「棘寄于邊遠」。③「中國之外」乃〈立政〉孔傳之語，今本孔疏已脫「傳」字。此句當作：〈立政〉〔傳〕云『中國之外』。不同者，言『中國』，據罪人所居之國；定『千里』，據其遠近，其實一也。[15]

五十七、頁89：【案曰】百官軌儀。
　　案：王鳴盛誤作「執儀」，整理者逕改之而無說明。[16]

五十八、頁91：【案曰】注云：「次敘諸吏之職事，諸吏之職事，三者之來，則辨理之。……」

---

13 北大本（頁46）作「磬」，未有校改。

14 《禮記正義》，卷13，頁256。

15 北大本（頁47）亦誤作：「言中國，據罪人所居之國定千里。據其遠近，其實一也。」

16 北大本（頁51）有校勘記。

案:「三者」，王鳴盛誤作「二者」，整理者逕改之而無說明。[17]

五十九、頁93：說文八部云：「川，別也。」孝經說曰：「上下有別。」

　　案:①《孝經說》為一緯書名。②《孝經說》文屬《說文》八字所引。即標點當作：說文　八部云：「川，別也。孝經說曰：『上下有別。』」

六十、頁94：【疏曰】三年之喪，二十五月而畢，其一年即在三十在位之數，惟有二年。是舜年六十二為天子五十年，是舜壽百一十二歲也。

　　案:當作：惟有二年，是舜年六十二。為天子五十年，是舜壽百一十二歲也。

　　本文所舉《嘉定王鳴盛全集》本《尚書後案》點校錯誤以第一卷〈堯典〉為主，共計六十則（包含正文前之〈自序〉及〈書目〉兩則），其中有一則包含多條者，共約一一二條，若不重複計算，可歸結為五個層面：一、一般句讀四十三條，二、字詞訛誤二十二條，三、專有名詞十六條，四、引文起訖二十三條，五、引文核校八條。[18]

　　分析而言，第一、一般句讀，此問題最為嚴重，甚至經文、鄭注、孔傳、孔疏這類已有多種整理成果的部分，錯誤仍然非常密集；第二、字詞訛誤，脫、衍、錯、訛繁多，甚至出現簡繁不一的低級錯

17　北大本（頁52）仍作「二者」，未有校改。

18　一條之中仍然會有不同錯誤，比如第五十一則第③條就比較複雜，存在引文起訖誤、書篇名誤、句讀誤等諸多問題，為免混亂，只歸入一類。所以以上分類統計數字僅為說明問題，並非確指。

誤，[19]而且整理者也明顯沒有注意到王鳴盛特別強調的字形差異；第三，專有名詞，比如書篇名、地名、人名、官名一類，可議之處甚多，低級錯誤也頗多；第四，引文起訖，整部書在辨別引文方面，非常混亂，誤此為彼之例幾乎處處皆是；第五、引文核校，整理者在此層面未下太多功夫，既沒有如北大本那樣做出校勘記，在已核對的部分也仍然存在錯誤。

二　顧劉點校本[*]

顧、劉兩本，後者略有修飾，如前本（儒藏本）誤作「以天為少壯」（頁212），後本（北大本）改正為「以夭為少壯」（頁135）；也有前本不誤，後本改誤者，如前本：

> 鄭云「壚，疏也」者，《釋名》云：「土黑曰盧，盧然解散。」是疏也。馬云「地青」，未詳也。（頁239）

後本作：

> 鄭云「壚，疏也」者，《釋名》云「土黑曰盧，盧然解散」是。疏也，馬云「地青」，未詳也。（頁153）

「疏也」應該是指鄭注，則前本較優。然而前本流傳不廣，後本單

---

19 比如第三十九頁「正月上日」鄭注出處有「羅蘋路史後紀注十二卷」，則「紀」為「紀」之誤。

* 本部分以〈顧、劉本《尚書後案》點校舉誤〉為題刊於《書目季刊》第50卷第3期（臺北市：臺灣學生書局，2016年12月）。收入時略作改動。

行，影響漸盛，故本文討論以後本為主。為簡明計，略分六類以說明之，其中有一處文本多種錯誤者，僅歸入一類解釋。

（一）一般句讀

一、頁22

【案曰】《史記・蘇秦傳》「必長賓之義作儐」，是也。

案：當作：《史記・蘇秦傳》「必長賓之」，義作儐是也。

二、頁25

【案曰】①後漢張衡作《靈憲》以說其狀，蔡邕、鄭康成、陸績、王蕃、姜岌、張衡、晉人葛洪皆論渾天之義。……②平置黑單環上，刻十二辰，八干四隅在地之位，以準地面而定四方。……③三環表裏相結，不動其天經之環，則南北二極皆為圓軸，虛中而內向，……④又為白單環，以承其交，使不傾。墊下設機輪，以水激之，使其日夜隨天東西運轉，以象天行。……⑤其環之內則兩面當中，各施直距外指兩軸，而當其要中之內面又為小窾，以受玉衡。要中之小軸，使衡既得隨環東西運轉，又可隨處南北低昂，以待占候者之仰窺焉。

案：此段解說渾天黃道儀之結構，本出自《朱文公文集》卷六十五，蔡沈《書集傳》襲之，但稍有出入，王鳴盛所引當是蔡《傳》。①小注「晉人」，乃注「張衡」非「葛洪」，蓋與前文「後漢張衡」相區別。以下分別當作：

②平置黑單環，上刻十二辰、八干、四隅在地之位，……

③三環表裏相結不動，其天經之環，……

④又為白單環，以承其交，使不傾墊。下設機輪，……

⑤其環之內，則兩面當中各施直距，外指兩軸，而當其要中之內

面又為小竅，以受玉衡要中之小軸，……

三、頁26

故《王制》疏云：《異義》：「……」其祭之地，則《月令》疏引今文《尚書》夏侯說云：「類，祭天奈何？天位在南方，就南郊祭之之事也。」

案：①「其祭之地」之前皆屬於「《王制》疏云」，故上引號當在「《異義》」之前，否則會被誤以為後文出自《異義》。②今〈月令〉疏不見此語。《五經異義》曰：「今《尚書》夏侯、歐陽說：類，祭天名也。以事類祭之奈何？天位在南方，就南郊祭之是也。」[20]王鳴盛或將「祭之奈何」誤作「祭天奈何」。故標點當作：則《月令》疏引今文《尚書》夏侯說云「類祭天奈何？天位在南方，就南郊祭之」之事也。

四、頁39

鄭《禹貢》注引《地記》書曰：「三危之山在鳥鼠之西南，當岷山。」則在積石之西南。

案：當作：鄭《禹貢》注引《地記書》曰：「三危之山在鳥鼠之西，南當岷山，則在積石之西南。」「三危既宅，三苗丕敘」條引「鄭曰」（頁170）與此同，但標點不誤。

五、頁47

【案曰】疏云「四裔最遠，……《立政》云『中國之外』，不同者，言中國，據罪人所居之國定千里。據其遠近，其實一也。」

---

20 〔宋〕李昉等撰：《太平御覽》，卷527，頁2392。

案：「中國之外」乃〈立政〉孔傳之語，孔疏已脫「傳」字。此句當作：

《立政》云『中國之外』。不同者，言『中國』，據罪人所居之國；定『千里』，據其遠近，其實一也。

六、頁131

【又案曰】導江傳又云有北，有中、南可知。

案：當作：「導江」傳又云「有北、有中，南可知」。

七、頁132

小注①杜注：「宣城廣德縣西南有桐水，**出白石山西北**，入丹陽湖。」

小注②《墨子》：禹治天下，**南為江漢**，淮汝東流，注之五湖。

案：引語當作：①宣城廣德縣西南有桐水，出白石山，西北入丹陽湖。②禹治天下，南為江、漢、淮、汝，東流，注之五湖。

八、頁143

【案曰】雲地勢最下方，始土見夢，則地勢差高，非特土見人有耕治之者矣。雲、夢本二地，故分言之。

案：當作：「雲地勢最下，方始土見；夢則地勢差高，非特土見，人有耕治之者矣。」整理者不察「雲、夢本二地，故分言之」之意。

九、頁143

【又案曰】《漢志》：「南郡華容縣，雲夢澤在南，荊州藪。編縣有雲夢宮。」「江夏西陵縣有雲夢宮。」華容見上編，今荊門州。西陵，今蘄州。黃岡、麻城皆江北。

案：①「雲夢宮」乃「雲夢官」之誤，整理者未校。②小注「編」即編縣，當作：華容見上。編，今荊門州。

十、頁154

【案曰】**要三黑水，是一古時黑水見于紀載者。**《漢志》益州郡滇池縣有黑水祠，《續漢志》同。

案：當作：要三黑水是一，古時黑水見于紀載者，……

十一、頁163

【案曰】（酈道元）①**其說據馬融、王肅，注云：「②治西傾山，惟因桓水是來。言無他道也。」**……③「**……阻漾、枝津，南歷岡穴，迤邐而接漢，沿此入漾，所謂浮潛而逾沔矣」。**

案：此段出自《水經注》。①當作：其說據馬融、王肅注，云……；②「治西」為「西治」之倒，王鳴盛誤；③王鳴盛用朱謀㙔本訛作「阻」，誤，[21]當作「沮、漾枝津」，即沮、漾兩水之支流。

十二、頁190

許慎、呂忱等並以為「丘一成」，**孔安國以為再成非也。**

案：為免歧義，當作：孔安國以為「再成」，非也。

十三、頁195

則古之逆河，當北起天津、靜海、滄州、鹽山、海豐及霑化北界，**而止至其入海，則禹河與漢河同也。**

---

21 詳見〔清〕楊守敬、熊會貞：《水經注疏》，卷36，頁2942；陳橋驛：《水經注校證》，卷36，頁823。

案：當作：則古之逆河，⋯⋯及釁化北界而止。至其入海，則禹
河與漢河同也。

十四、頁226

東漸于海，西被于流沙，朔南暨聲教，訖于四海。

【案曰】《史記集解》引鄭注在「暨」下，則鄭以「聲教」屬下
讀。

案：當作：「東漸于海，西被于流沙，朔、南暨，聲教訖于四
海。」王鳴盛言之甚明，整理者失察。

十五、頁298

江氏永曰：「⋯⋯他若士華免以戈殺國佐，長魚矯以戈殺駒伯，
用援用胡皆可。云『殺子都，拔戟逐潁考叔，靈輒倒戟禦公
徒』⋯⋯」

案：此段引自江永《周禮疑義舉要》，標點當作：

他若『士華免以戈殺國佐，長魚矯以戈殺駒伯』，用援用胡皆可
云殺。『子都拔戟逐潁考叔，靈輒倒戟禦公徒』⋯⋯

「皆可云殺」，原作「皆可殺之」。[22]

十六、頁306小注

【案曰】《史記集解》徐廣曰，斁一作釋。此字本誤作釋，又傳
寫之誤。

案：王鳴盛認為「斁本當作殬」，故當作：此字本誤，作「釋」
又傳寫之誤。

---

22 〔清〕江永：《周禮疑義舉要》，《四庫全書》第101冊景印文淵閣本，卷6，頁774-
775。

（二）字詞訛誤

一、頁149

澗東流，穀東北流，折而會于新安縣東南谷**新關**，二水為一，自下通稱，故《書》有澗水無穀水也。

案：「新關」乃「關南」之誤。

二、頁149小注

竊意此三隄皆在王城**南北**，當時堰穀水，……。

案：禮堂本作「西北」，《皇清經解》本作「南北」，然而此段王鳴盛乃暗引胡渭《禹貢錐指》，胡氏作「西北」，[23]可知「南北」誤。

三、頁210經文

道沇水，東流為濟，入于河，溢為滎。

案：「道」為「導」之誤。

四、頁309小注

【案曰】《說文》苟部：「苟，自急敕也。从羊省，从包省，从口。口，猶慎言也。从羊，羊與義、善、美同意。」又：「𦬇古文羊不省。」敬字从攴，而其左从苟，類羞，遂誤為羞，以形相似也。

案：三「苟」字（古厚切）皆「苟」（己力切）字之誤。苟在《說文》艸部，小篆作 𦬼；苟在苟部，小篆作 𓏼。

---

23 〔清〕胡渭撰，鄒逸麟整理：《禹貢錐指》，卷8，頁249。

（三）專有名詞

一、頁34

其夏、殷，彼疏依鄭志，當六年一巡守也。

案：「鄭志」當加書名號，本條出自《鄭志》卷中。

二、頁94

【又案曰】以今輿地約之，⋯⋯平、定、忻、代、保、德、解、絳、吉、隰、遼、沁等州。

案：「平定」、「保德」為一州之名。

三、頁96

劉昭注《補續漢志序》⋯⋯

案：當作：劉昭《注補續漢志序》。

四、頁128

【案曰】杜佑《通典》云：「⋯⋯然《禹貢》物產、貢賦、職方、山藪、川浸，皆不及五嶺外。⋯⋯」

案：「職方」為《周禮・職方氏》，故當作：「《禹貢》物產貢賦、《職方》山藪川浸，皆不及五嶺外。」[24]

五、頁158小注

【案曰】然《廣元舊志》云⋯⋯①經龍洞口至朝天驛，北穿穴而出入嘉陵江。與諸說不同。⋯⋯②即舊《志》所謂經龍洞口至驛北穿

---

24 〔唐〕杜佑著，王文錦等點校：《通典》，卷172，頁4486。

穴而出，郭氏所謂「入大穴，通峒山下，西南潛出」者也。

　　案：當作：①經龍洞口至朝天驛北，穿穴而出，入嘉陵江。②即《舊志》所謂「經龍洞口至驛北穿穴而出」。《舊志》即指《廣元舊志》。

六、頁158

　　歷昭化、劍州、蒼溪、閬中南部，並屬保寧府。

　　案：「南部」亦是地名，故當與「閬中」斷開。

七、頁179

　　【案曰】太華，詳《堯典》「梁州」。

　　案：「梁州」屬〈禹貢〉，此處標點不恰，當作：太華，詳《堯典》、「梁州」。

八、頁205

　　鄭云江分三，孔是也。傳以江入震澤，……無異夢囈。

　　案：當作：鄭云「江分三孔」，是也。疑整理者將「孔」視為孔安國，但王鳴盛明言孔傳「無異夢囈」，與「孔是也」自相矛盾。

九、頁698校記：

　　《尚書》上，閻若璩《古文尚書疏證》有「古文」二字。

　　案：閻若璩之書當作《尚書古文疏證》。

（四）引文起訖

一、頁32-33

　　【案曰】後漢陳寵云：「三微成著，以通三統。」故正義云，如

鄭意推之：……《說卦》云「帝出乎震」，則伏羲也。建寅之月，又木之始，其三正當從伏羲以下。又《春秋緯元命包》、《樂緯稽耀嘉》云：夏以十三月為正，息卦受泰，物之始，其色尚黑，以寅為朔。殷以十二月為正，息卦受臨，物之牙，其色尚白，以雞鳴為朔。周以十一月為正，息卦受復，其色尚赤，以夜半為朔。

　　案：「故正義云」之後皆出自《禮記正義‧檀弓上》，但自「又春秋緯元命包」以下與上文並不相連。其中較大點校之誤為：①「其三正當從伏羲以下」，《正義》原作：「其三正當從伏羲，以下文質再而復者，文質法天地，文法天，質法地。」故「以下」二字乃王鳴盛讀斷，與下文不銜接。②「又春秋緯元命包」一段夾雜緯文與注文，整理者混為一談，據《正義》原文當作：

　　「夏以十三月為正，息卦受泰。」（注云）「物之始，其色尚黑，以寅為朔。」「殷以十二月為正，息卦受臨。」（注云）「物之牙，其色尚白，以雞鳴為朔。」「周以十一月為正，息卦受復，其色尚赤，以夜半為朔。」[25]

　　「物之始，其色尚黑，以寅為朔」、「物之牙，其色尚白，以雞鳴為朔」兩句為注文。③「後漢」、「正義」皆當加書名號。

二、頁126

　　【案曰】《漢志》山陽郡湖陵縣，「《禹貢》『浮于淮、泗，通于河』，水在南。」

　　案：《漢志》原作「浮于泗、淮」，整理者未校。「導菏澤，被孟豬」王氏又引此條：

　　《漢志》胡陵下云「《禹貢》『浮于淮、泗，達于菏』」，水在

---

25 參見〔清〕阮元校刻：《禮記正義》，卷6，頁114。

南，此言達于荷之菏，在胡陵南也。（頁152）

　　「水之南」三字亦是《漢志》文。[26]

三、頁131

　　【案曰】又云「岷江居其中，則為中江。故《書》稱東為中江」者，明岷江至彭蠡與南北合，始得稱中也者。鄭解導江中江之義，以證此節三江實一江也。

　　案：「者，明岷江至彭蠡與南北合，始得稱中也」，皆是鄭注文。

四、頁136

　　【案曰】《衛風‧木瓜》釋文云：「瑤，美玉也。」《說文》云「美石」，則今本作「玉之美者」，乃傳寫之誤。陸德明所見《說文》，……。

　　案：引《釋文》當作：「瑤，美玉也。《說文》云美石。」王鳴盛已云「陸德明所見《說文》」，整理者不察。

五、頁141

　　【案曰】《寰宇記》云：「畎江五阜洲在黃梅縣南一百十里，是尋陽九江遺迹，唐宋猶存也。」

　　案：引《寰宇記》僅「畎江五阜洲在黃梅縣南一百十里」一句。[27]

六、頁149小注

　　韋昭注云：「鬬者，兩水格，有似于鬬。」洛在王城之南，穀在

---

26 王鳴盛認為《漢志》「河當作荷」，故引文作「達于荷」。

27 〔宋〕樂史撰，王文楚等點校：《太平寰宇記》，卷127，頁2509。

王城之北，東入于瀍。至靈王時，穀水盛，**出于王城之西而南流**，合于洛水，毀王城西南。雍之者，雍防穀水，使北出也。

案：此段皆是韋昭注，句讀亦有不恰，當作：

韋昭注云：「鬭者，兩水格，有似于鬭。洛在王城之南，穀在王城之北，東入于瀍。至靈王時，穀水盛，出于王城之西，而南流合于洛水，毀王城西南」，雍之者，「雍防穀水，使北出也」。

七、頁154

【又案曰】賈公彥曰：雍、豫皆兼梁地，江漢發源梁州。而《職方》為荊州川，則荊亦兼梁地。

案：此句王鳴盛間引自胡渭《禹貢錐指》，胡氏原作：

唯賈公彥云雍、豫皆兼梁地，而林少穎又云江、漢發源梁州，而《職方》為荊州川，則荊亦兼梁地，此言尤為精核。[28]

則此句標點之誤顯然。

八、頁168

(《水經·渭水》)「又東，豐水從南來注之，渭水與豐水會于短陰山內。水會無他高山異巒，惟原阜石激而已。」

案：「又東，豐水從南來注之」為《水經·渭水》之文，後三句為酈道元注引《地說》文。[29]

九、頁331小注

【案曰】東吳顧氏曰：《周禮·肆師》：「治其禮儀，以佐宗

---

28 詳見《禹貢錐指》，卷9，頁268。
29 詳見《水經注疏》，卷19，頁1561-1562。

伯。」注：「故書儀為義。」鄭司農云：「義讀為儀。」古者書儀但為義。

　　案：「注」之後皆為鄭注，當作：「故書儀為義。鄭司農云：『義讀為儀。』古者書儀但為義。」

十、頁386

　　周伯琦《六書正譌》云：「霸，俗作必駕切，以為霸王字。而月霸乃用魄字，非本義。**王霸字本作伯，月魄字作霸，其義始正。**」霏音膊，雨濡革也，从雨从革。

　　案：①「霏音膊，雨濡革也，从雨从革」，亦是《六書正譌》之文，「濡」原作「需」。②「霸王字」乃「王霸字」之倒，王鳴盛誤。③「王霸字本作伯，月魄字作霸」，原作「王霸只當借用伯字，而月魄當用霸字」。[30]

十一、頁446

　　伏生《大傳》：「《書》曰『乃汝其悉自學功』，悉，盡也。學，效也。」《傳》曰：當其效功也，于「……」。……而效天下諸侯之功也。
　　案：此段皆是伏生《大傳》之文。

（五）引文核校

　　王鳴盛《尚書後案》所引典籍多與原本有出入，或為訛誤。北大本〈點校說明〉云：「書中引文儘量核對原書。古人引書並不追求一

---

30 詳見〔元〕周伯琦：《六書正譌》，《四庫全書》第228冊景印文淵閣本，卷5，頁176；又見古香閣藏版（明崇禎七年〔1634〕），卷5，頁27下至28上。此本亦作「雨需革也」。考王鳴盛此處所引字句與惠棟《尚書古義》同，詳見〔清〕惠棟：《九經古義》，卷4，頁393。

字不差，對大意相合之差異則不改，影響文意者出校。」其意甚好。
如〈禹貢〉「雷夏既澤，灉、沮會同」，王鳴盛案曰「通□□□□云
盧水在濟陽郡盧縣」，校記：「□□□□□，此五字原漫漶不清。據
《禹貢錐指》，疑當作『典不從鄭說』。」（頁109）王鳴盛〈禹貢〉卷
多據胡渭《禹貢錐指》，此處校補無疑非常準確。又〈禹貢〉「沿于
江、海，達于淮、泗」，王鳴盛又案曰：「而此道非禹迹乃明，禹所以
必沿江、海達淮、泗之故，亦益明。」（頁139）此為本條之末尾，禮
堂原刻本止於第一句，後兩句乃據《皇清經解》本補。

　　北大本之校勘確實遠比全集本為優，如據阮元《校勘記》校改之
例甚多，乃至用楊守敬、熊會貞本《注疏》（頁113）及陳橋驛本《校
證》（頁208）校《水經注》。雖然如此，但疏忽失校之處仍不少見。

一、頁4

　　【疏曰】經、傳「百姓」或指天下百姓，此下句乃有黎民，故知
百姓即百官。

　　案：《尚書正義》原文為：

　　「既」、「已」義同，故訓「既」為已，經傳之言。「百姓」或指
天下百姓，此下句乃有「黎民」，故知「百姓」即百官也。

　　王鳴盛誤衍「經傳」二字。

二、頁5

　　【案曰】《楚語》觀射父又云：「其後三苗復九黎之惡，堯復育
重、黎之後，不忘舊者，使復典之，以至夏商。」

　　案：「九黎之惡」，《國語》原作「九黎之德」，〈呂刑〉鄭注乃作
「九黎之惡」。[31]

---

31 徐元誥撰，王樹民、沈長雲點校：《國語集解》，頁515-516。

三、頁9

【疏曰】七宿房在其中，但房、心連體，火統其名。

案：《尚書疏》原作「心統其名」。

四、頁22

【鄭曰】賓讀為儐，謂舜為上儐，以迎諸侯。

案：「儐」，《尚書疏》原作「擯」。

五、頁42

【鄭曰】鄭云「載，行也」者，《說文》：「載，乘也。从車戋聲。」引《易》「大車以載」，是有行義。

案：《說文》未有引《易》。《說文解字注》云：「《韻會》此下有『易曰大車以載』六字。」[32]知是《韻會》所引，王鳴盛誤植。

六、頁44

《詩》十九之三卷《周頌‧思文》疏

案：當作「十九之二」，王鳴盛誤。又如，「滎波既豬」王鳴盛輯鄭注出處之一為《毛詩》「七之三卷《檜譜》疏」（頁151），乃「七之二」之誤。

七、頁46

【案曰】《文王世子》：「公族有死罪，則磬于甸人，……」

案：「磬」，《禮記》原作「罄」。

---

32 〔清〕段玉裁：《說文解字注》，14篇上，頁727。

八、頁52

【案曰】《天官・宰夫之職》：「敘羣吏之治，以待諸臣之復，萬民之逆。」注云：「次敘諸吏之職事。**二者之來則使辨理之。……**」

案：《周禮》原文作「敘群吏之治，以待賓客之令，諸臣之復，萬民之逆」，王鳴盛脫「賓客之令」四字，且誤「三者」為「二者」。

九、頁61

【案曰】《周禮・樂師》「詔來瞽皋舞」注云：「來，勅也。勅爾瞽，率爾眾工。」

案：此《周禮注》乃鄭司農引「或曰」，非康成注。只稱「注云」易混，整理者當作說明。

十、頁68

【鄭曰】宗彝，虎蜼也，謂宗廟之鬱鬯尊也。

案：「尊」，《尚書疏》引鄭玄注作「樽」。

十一、頁73

【案曰】《玉藻》云……注云：「……書之于笏，為失忘反。」

案：阮元校記：「為失忘也：惠棟按宋本作『也』，宋監本同，岳本同，嘉靖本同，衞氏《集說》同，《考文》引古本、足利本同。閩、監、毛本『也』誤『反』。」[33] 王鳴盛引作「反」，誤。

十二、頁78

【案曰】《列子・說符》篇云：「禹唯荒土功，子產弗字。」

---

33 〔清〕阮元校刻：《禮記正義》，卷29《校勘記》，頁555。呂友仁整理本（卷39，頁1189）亦作「也」，但無校勘記。

案：此句出自〈楊朱〉篇。

十三、頁95

【案曰】《水經注》云：「河水南過河東北屈縣故城，西十里有風山，上有穴如輪。」「山南四十里，河西孟門山。龍門未闢，河出孟門之上。……」

案：王鳴盛誤。當作：

「河水南過河東北屈縣故城西，西四十里有風山，上有穴如輪。」「山西四十里，河南孟門山。龍門未闢，河出孟門之上。……」[34]

十四、頁98

《史記‧蘇秦傳》「衡人皆欲割諸侯地與秦」，……

案：「與」，《史記》原作「以予」。

十五、頁99

則云：「《地理志》云：絳水發原屯留，下亂章津，是乃與章俱得通稱。……」

案：「章」，《漢書‧地理志》原作「漳」。

十六、頁102

惟因《水經》卷十一《滱水》篇云：「滱水東過中山上曲陽縣北，恒水從西來，注之。」

案：王鳴盛引「滱水東」後脫「南」字。[35]

---

34 詳見《水經注疏》，卷4，頁279-280；《水經注校證》，卷4，頁102。
35 詳見《水經注疏》，卷11，頁1051；《水經注校證》，卷11，頁285。

十七、頁111

　　【案曰】《月令》「朱綠之，玄黃之」，故云玄玄黃也。

　　案：此句本出自《禮記‧祭義》。

十八、頁131

　　考周應合《景定建康志》云：「……五堰者，銀林堰在溧水縣東南一百里，長二十里。……」

　　案：「二十里」當為「一十二里」之誤。[36]

十九、頁140

　　【案曰】《釋名》云荊州者，「荊，警也。南蠻數為冠逆，嘗警備故也。」是也。

　　案：「嘗」，《釋名》原作「常」。

二十、頁153

　　《左傳》僖十八年，楚子玉夢河神賜以孟諸之麋。

　　案：此事本在《左傳》僖公二十八年。

二十一、頁157

　　【案曰】常璩《華陽國志》曰李冰壅江作堋，穿郫江、檢江雙過郡下。

　　案：當作：

　　常璩《華陽國志》曰：「李冰壅江作堋，穿郫江、檢江，〔別支

---

36 詳見〔宋〕周應合：《景定建康志》，《宋元方志叢刊》第2冊（北京市：中華書局，1990年），卷16，頁1554。王鳴盛引文與胡渭《禹貢錐指》同誤，或受其影響。詳見《禹貢錐指》，卷6，頁172。

流〕雙過郡下。」

　　王鳴盛脫「別支流」三字。

二十二、頁293小注

　　【案曰】疏云：「《牧誓》及《書序》皆作牧，《禮記》及此作
坶，古字耳。」……

　　案：「坶」，《毛詩疏》原作「堳」。[37]

（六）校記錯誤

一、頁4

　　【案曰】《說文》：「昊，胡老反。春為昊天，元氣昊昊。從日、
丌，丌亦聲，古老切。」「放也，從大而八分也。」

　　校記：「古」，《說文解字》作「胡」。

　　案：若從整理者所校作「胡老切」，則與上文「胡老反」重複，
誤。其實，「古老切」乃指「丌」字，當屬下讀。王鳴盛引《說文》
常數條連接，此處當作：

　　　《說文》：「昊，胡老反。春為昊天，元氣昊昊。從日、丌，丌亦
聲。」「古老切。放也。從大而八分也。」

二、頁14

　　【案曰】《釋邱》云：「隩，隈。厓內為隩。」

　　校記：「邱」，避孔子諱，《爾雅》作「丘」。

　　案：禮堂本作「丄」，《皇清經解》本才改為「邱」。而此字避諱

乃習知之事，《爾雅・釋丘》亦為常見典籍，實無必要出校勘記。又如「伊、洛、瀍、澗既入于河」條，孔疏引《漢志》伊水出弘農盧氏縣東熊耳山，校記云：

> 「弘」，原作「宏」，避清高宗諱，下文逕改，不再出校。（頁147）

整理者知避「弘」字諱卻不知避「曆」字諱。全書「星曆」、「律曆」、「曆書」、「曆元」一類詞彙，皆是避清高宗諱，整理者卻不知校改。[38]

三、頁36

【案曰】馬本《大傳》，彼文云：「唐虞象刑，而民不敢犯。苗民用刑，而民興犯漸。唐虞之象刑，上刑赭衣不純，中刑雜屨，下刑墨幪，以居州里，而民恥之，**而反于禮**。」

校記：「興犯漸」，文淵閣《四庫全書》本《尚書大傳》作「漸興犯」。當是。

案：整理者若知文淵閣本《尚書大傳》僅輯「唐虞之象刑，上刑赭衣不純，中刑雜屨，下刑墨幪」，便知其不善。陳壽祺、皮錫瑞皆作「興相漸」，王闓運作「興犯漸」，注云：「犯漸，一作相漸。」[39]至於「而反于禮」，陳壽祺考證云：「吳中本以此四字綴上條『而民恥之』下，非也。」

---

38 「歷」、「曆」禮堂本皆作「歷」。

39 〔清〕陳壽祺輯校：《尚書大傳》，卷1〈唐傳〉，頁8上至9上；〔清〕皮錫瑞：《尚書大傳疏證》，《師伏堂叢書》（清光緒二十二年〔1896〕），卷1，頁15下至16上；〔清〕王闓運：《尚書大傳補注》，《續修四庫全書》經部第55冊影1923年《王湘綺先生全集》本，頁804。

四、頁130

　　【案曰】高誘仲秋注云：「時候之雁，……」

　　校記：「時候」，《淮南子》作「候時」。

　　案：當為《淮南子注》。

五、頁188

　　鄭說非是。西河當無山以擬之。

　　校記：「擬」，《水經注》作「礙」，當是。

　　案：楊守敬、熊會貞本，及陳橋驛本皆作「擬」，楊、熊並云：「朱是作自，擬作礙。趙據《禹貢錐指》改，戴改同。」[40]據版本及意義而言，皆當作「擬」為是，所校非。

六、頁196

　　【案曰】《志》又云漢中郡沔陽縣，應劭曰：「沔水出至武昌，東南入江。」

　　校記：「至」，《漢書・地理志》注無此字。

　　案：所校雖是，然而「武昌」亦誤，當為「武都」。[41]《漢志》明言：「武都：東漢水受氐道水，一名沔，過江夏，謂之夏水，入江。」[42]

七、頁332小注

　　【案曰】自中山王《文木賦》「載重雪而捎勁風，將等于二儀」，……

40　詳見《水經注疏》，卷4，頁359；《水經注校證》，卷4，頁117。

41　〔漢〕班固：《漢書》，卷28上，頁1597。

42　〔漢〕班固：《漢書》，卷28下，頁1609。

校記：「于」下，《文選》有「歲」字，當據補。

案：「歲」字當在「于」字之上，即「將等歲于二儀」。

以上六類共列舉六十九條（未計算一條中含有多類者）。其中，北大本在字詞校勘上，訛誤較少（4條）；專有名詞方面，因未為地名、人名施加符號，故錯誤機率也大減（9條）；但在一般句讀（16條）與處理引文方面（11條），未盡善之處頗多。雖然以引文未核校不免責之過甚，然以《後案》所引文獻數量而言，所校可謂百不及一（22條），乃至已出校記者仍有錯誤（7條），則難稱合格。

三　小結

以上臚列平日讀書所得，考證或亦有疏忽處，不過大致可見兩種整理本《尚書後案》的粗略情況。比較而言，中華書局《嘉定王鳴盛全集》本確非精善，而北大本點校質量雖優於全集本，但也頗多紕漏。[43]

造成點校訛誤，其原因是多方面的：第一，《尚書》歷史問題甚多，而且《尚書後案》本身篇幅巨大（白文接近五十七萬字），王鳴盛明引、暗引、意引材料極為複雜，離析引用材料、明確起訖、精確核校，對整理者而言，無疑是一件非常艱巨而繁複的工作；第二，相比于儒藏本和北大本，全集本於專有名詞也施加標點，在點校整理古籍方面，這是非常專業、嚴謹的做法，不過也大大提高了致誤率；第

---

43 現在已有學者注意到點校問題，如洪博昇比較全集本與北大本，便認為全集本「實未善，不可用」。詳見氏著〈江聲、王鳴盛之輯佚思維及其輯《尚書》鄭《注》之若干重要問題〉，頁186腳注4。

三，整理者自身的疏忽，導致許多簡單錯誤的出現，[44]比如對已有的古籍整理成果借鑒不足（比如《尚書正義》等基本典籍）、對王鳴盛的治學特色瞭解不深（比如王氏對句讀、字形之分辨）等。

　　然而，「點校」古籍，有「點」有「校」，殊為不易。雖然兩種（三部）整理本存在各種問題，但對於王鳴盛著作之傳播、研究之深化，依然具有極大的推動作用；對於之後《尚書後案》，乃至王鳴盛其他著作的整理，也極具積極意義。

---

44 全集本〈前言〉部分介紹《尚書後案》版本時，稱「王氏問禮堂自刊本」，且於「問禮堂」三字施加專名號（《前言》第2、4頁）。不過，不論是原刻本，還是《續修四庫全書》影印本，扉頁皆標明為「禮堂藏版」，蓋王鳴盛一字禮堂也。

主要參考文獻

一　古籍

〔漢〕毛亨傳　〔漢〕鄭玄箋　〔唐〕孔穎達正義　〔清〕阮元校刻
　　《毛詩正義》　臺北市　藝文印書館　1960年　影清嘉慶二
　　十年（1815）南昌府學刊本

〔漢〕董仲舒著　蘇輿義證　鍾哲點校　《春秋繁露義證》　北京市
　　中華書局　1992年

舊題〔漢〕孔安國傳　〔唐〕孔穎達正義　〔清〕阮元校刻　《尚書
　　正義》　臺北市　藝文印書館　1960年　影清嘉慶二十年
　　（1815）南昌府學刊本
　　黃懷信整理本　上海市　上海古籍出版社　2007年

〔漢〕司馬遷　《史記》　《續四部叢刊》影武英殿本

〔漢〕司馬遷著　〔南朝宋〕裴駰集解　〔唐〕司馬貞索隱　〔唐〕
　　張守節正義　《史記》　北京市　中華書局　1959年

〔漢〕劉向撰　向宗魯校證　《說苑校證》　北京市　中華書局
　　1987年

〔漢〕班固著　〔唐〕顏師古注　《漢書》　北京市　中華書局
　　1962年

〔漢〕趙岐章句　舊題〔宋〕孫奭疏　〔清〕阮元校刻　《孟子注疏》
　　臺北市　藝文印書館　1960年　影清嘉慶二十年（1815）南
　　昌府學刊本

〔漢〕鄭玄注　〔唐〕孔穎達正義　〔清〕阮元校刻　《禮記正義》
　　　臺北市　藝文印書館　1960年　影清嘉慶二十年（1815）南
　　　昌府學刊本
　　　呂友仁整理本　上海市　上海古籍出版社　2008年
〔漢〕鄭玄注　〔唐〕賈公彥疏　〔清〕阮元校刻　《儀禮注疏》
　　　臺北市　藝文印書館　1960年　影清嘉慶二十年（1815）南
　　　昌府學刊本
〔漢〕鄭玄注　〔唐〕賈公彥疏　〔清〕阮元校刻　《周禮注疏》
　　　臺北市　藝文印書館　1960年　影清嘉慶二十年（1815）南
　　　昌府學刊本
〔漢〕何休解詁　〔唐〕徐彥疏　〔清〕阮元校刻　《春秋公羊注
　　　疏》　臺北市　藝文印書館　1960年　影清嘉慶二十年
　　　（1815）南昌府學刊本
〔三國〕徐幹撰　孫啟治解詁　《中論解詁》　北京市　中華書局
　　　2014年
〔魏〕何晏集解　〔梁〕皇侃義疏　《論語義疏》　清《知不足齋叢
　　　書》本　第七集
〔魏〕何晏集解　〔宋〕邢昺疏　〔清〕阮元校刻　《論語注疏》
　　　臺北市　藝文印書館　1960年　影清嘉慶二十年（1815）南
　　　昌府學刊本
〔晉〕杜預集解　〔唐〕孔穎達正義　〔清〕阮元校刻　《春秋左傳
　　　正義》　臺北市　藝文印書館　1960年　影清嘉慶二十年
　　　（1815）南昌府學刊本
〔晉〕陳壽著　〔南朝宋〕裴松之注　《三國志》　北京市　中華書
　　　局　1959年
〔晉〕郭璞注　〔宋〕邢昺疏　〔清〕阮元校刻　《爾雅注疏》　臺

北市　藝文印書館　1960年　影清嘉慶二十年（1815）南昌府學刊本

〔晉〕陶潛　《箋注陶淵明集》　《四部叢刊》景元翻宋本

〔南朝宋〕范曄著　〔唐〕李賢注　《後漢書》　北京市　中華書局　1965年

〔北魏〕酈道元注　〔清〕楊守敬、熊會貞疏　段熙仲點校　陳橋驛復校　《水經注疏》　南京市　江蘇古籍出版社　1989年

〔北魏〕酈道元著　陳橋驛校證　《水經注校證》　北京市　中華書局　2007年

〔唐〕陸德明　《經典釋文》　上海市　上海古籍出版社　1985年　影宋刻宋元遞修本

〔唐〕歐陽詢撰　汪紹楹校　《藝文類聚》　上海市　上海古籍出版社　1982年

〔唐〕姚思廉　《梁書》　北京市　中華書局　1973年

〔唐〕虞世南編撰　〔清〕孔廣陶校注　《北堂書鈔》　清光緒十四年（1888）孔氏三十三萬卷堂刻本

〔唐〕魏徵等　《隋書》　北京市　中華書局　1973年

〔唐〕李延壽　《北史》　北京市　中華書局　1974年

〔唐〕房玄齡等　《晉書》　北京市　中華書局　1974年

〔唐〕李百藥　《北齊書》　北京市　中華書局　1972年

〔唐〕徐堅等　《初學記》　北京市　中華書局　1962年

〔唐〕劉知幾著　〔清〕浦起龍釋　《史通通釋》　上海市　上海古籍出版社　1978年

〔唐〕杜佑著　王文錦等點校　《通典》　北京市　中華書局　1988年

〔後晉〕劉昫等　《舊唐書》　北京市　中華書局　1975年

〔宋〕王溥　《唐會要》　北京市　中華書局　1955年　據武英殿聚珍版排印

〔宋〕李昉等編　《文苑英華》　北京市　中華書局　1956年　影宋、明刻本

〔宋〕李昉等撰　《太平御覽》　北京市　中華書局　1960年1版　1995年5刷

〔宋〕樂史撰　王文楚等點校　《太平寰宇記》　北京市　中華書局　2007年

〔宋〕歐陽脩、宋祁　《新唐書》　北京市　中華書局　1975年

〔宋〕羅泌　《路史》　《四庫全書》第383冊　景印文淵閣本　臺北市　臺灣商務印書館　1983年

〔宋〕吳仁傑　《兩漢刊誤補遺》　清《知不足齋叢書》本

〔宋〕黃度　《尚書說》　《四庫全書》第57冊　景印文淵閣本

〔宋〕陳藻　《樂軒集》　《四庫全書》第1152冊　景印文淵閣本

〔宋〕岳珂　《相臺書塾刊正九經三傳沿革例》　清《知不足齋叢書》本

〔宋〕王應麟　《小學紺珠》　《四庫全書》第948冊　景印文淵閣本

〔宋〕周應合　《景定建康志》　《宋元方志叢刊》第2冊　北京市　中華書局　1990年

〔元〕周伯琦　《六書正譌》　《四庫全書》第228冊　景印文淵閣本　明崇禎七年（1634）古香閣藏版

〔清〕顧炎武　《音學五書》　北京市　中華書局　1982年　影清光緒十一年（1885）四明觀稼樓仿刻本

〔清〕顧炎武　《肇域志》　《續修四庫全書》史部第592冊　影上海圖書館藏清抄本　上海市　上海古籍出版社　1995年

〔清〕顧炎武　《譎觚十事》　《四庫全書存目叢書》史部第248冊　影私藏清吳江潘氏遂初堂刻亭林遺書本　濟南市　齊魯書社　1996年

〔清〕王夫之　《尚書稗疏》　《船山全書》第2冊　長沙市　嶽麓
　　　書社　1988年

〔清〕毛奇齡　《尚書廣聽錄》　《四庫全書》第66冊　景印文淵閣本

〔清〕毛奇齡撰　〔清〕毛遠宗補　《經問補》　《四庫全書》第
　　　191冊　景印文淵閣本

〔清〕胡渭　《洪範正論》　《四庫全書》第68冊　景印文淵閣本

〔清〕胡渭撰　鄒逸麟點校　《禹貢錐指》　上海市　上海古籍出版
　　　社　2006年

〔清〕閻若璩　《四書釋地續》　《四庫全書》第210冊　景印文淵
　　　閣本

〔清〕閻若璩　《潛邱札記》　《四庫全書》第859冊　景印文淵閣本

〔清〕閻若璩撰　黃懷信、呂翊欣校點　《尚書古文疏證》　上海市
　　　上海古籍出版社　2010年

〔清〕惠士奇　《禮說》　《四庫全書》第101冊　景印文淵閣本

〔清〕惠士奇　《惠氏春秋說》　《四庫全書》第178冊　景印文淵
　　　閣本

〔清〕江永　《周禮疑義舉要》　《四庫全書》第101冊　景印文淵
　　　閣本

〔清〕江永　《鄉黨圖考》　《四庫全書》第210冊　景印文淵閣本

〔清〕沈彤　《周官祿田考》　《四庫全書》第101冊　景印文淵閣本

〔清〕沈廷芳　《十三經注疏正字》　《四庫全書》第192冊　景印
　　　文淵閣本

〔清〕杭世駿　《道古堂文集》　《續修四庫全書》集部第1426冊
　　　影清乾隆四十一年（1776）刻光緒十四年（1888）汪曾唯增
　　　修本

〔清〕惠棟　《九經古義》　《四庫全書》第191冊　景印文淵閣本

〔清〕惠棟　《後漢書補注》　《續修四庫全書》史部第270冊　影
　　　　清嘉慶九年（1804）馮集梧德裕堂刻本

〔清〕惠棟　《松崖文鈔》　《續修四庫全書》集部第1427冊　影清光
　　　　續劉氏刻聚學軒叢書本

〔清〕江聲　《尚書集注音疏》　《續修四庫全書》經部第44冊　影
　　　　清乾隆五十八年（1793）近市居刻本

〔清〕王鳴盛　《尚書後案》　《續修四庫全書》經部第45冊　影清
　　　　乾隆庚子（1780）禮堂藏版
　　　　《皇清經解》本
　　　　顧寶田、劉連朋點校本　《儒藏》精華編第18冊　北京市
　　　　北京大學出版社　2009年
　　　　顧寶田、劉連朋點校本　北京市　北京大學出版社　2012年

〔清〕王鳴盛　《蛾術編》　《續修四庫全書》子部第1150-1151冊
　　　　影清道光二十一年（1841）世楷堂本
　　　　顧美華標校本　上海市　上海書店　2012年

〔清〕王鳴盛　《西莊始存稿》　《續修四庫全書》集部第1434冊
　　　　影清乾隆三十年（1765）刻本

〔清〕王鳴盛　《西沚居士集》　《清代詩文集彙編》第350冊　影
　　　　清道光三年（1823）自怡山房刊本　上海市　上海古籍出版
　　　　社　2010年

〔清〕王鳴盛著　黃曙輝點校　《十七史商榷》　上海市　上海書店
　　　　2005年

〔清〕王鳴盛著　陳文和等點校　《嘉定王鳴盛全集》　北京市　中
　　　　華書局　2010年

〔清〕梁同書　《頻羅庵遺集》　《續修四庫全書》集部第1445冊
　　　　影清嘉慶廿二年（1817）陸貞一刻本

〔清〕戴震　《考工記圖》　清乾隆二十年（1755）紀氏閱微草堂本

〔清〕戴震　《戴氏文集》　《戴氏遺書》之二十三　清乾隆四十三年（1778）微波榭本

〔清〕戴震　《戴東原集》　清乾隆五十七年（1792）經韻樓本

〔清〕戴震　《戴氏文集》　《皇清經解》本

〔清〕戴震著　趙玉新點校　《戴震文集》　北京市　中華書局　1980年

〔清〕戴震撰　湯志鈞校點　《戴震集》　上海市　上海古籍出版社　1980年

〔清〕戴震　《尚書義考》　《戴震全書》第1冊　合肥市　黃山書社　1995年

〔清〕戴震　《水地記》　《戴震全書》第4冊　合肥市　黃山書社　1995年

〔清〕戴震　《手校水經注批語》　《戴震全書》第6冊　合肥市　黃山書社　1995年

〔清〕戴震著　《戴震全集》第5冊　北京市　清華大學出版社　1997年

〔清〕王昶　《湖海文傳》　清道光十七年（1837）經訓堂本

〔清〕王昶　《春融堂集》　《續修四庫全書》集部第1438冊　影清嘉慶十二年（1807）塾南書舍刻本

〔清〕戴祖啟　《尚書協異》　《續修四庫全書》經部第45冊　影清嘉慶元年（1796）田畿刻本

〔清〕趙翼著　李學穎、曹光甫點校　《甌北集》　上海市　上海古籍出版社　1997年

〔清〕錢大昕　《廿二史考異》　清乾隆四十五年（1780）序刊本　方詩銘、周殿傑校點本　上海市　上海古籍出版社　2004年

〔清〕錢大昕撰　呂友仁點校　《潛研堂集》　上海市　上海古籍出版社　1989年

〔清〕錢大昕　《潛研堂金石文跋尾》　南京市　江蘇古籍出版社　1997年

〔清〕錢大昕著　楊勇軍整理　《十駕齋養新錄》　上海市　上海書店　2011年

〔清〕余蕭客　《古經解鉤沉》　《四庫全書》經部第194冊　景印文淵閣本

〔清〕李調元證訛　《鄭氏古文尚書》　古風主編　《經學輯佚文獻彙編》第7冊　影清乾隆李調元寫刻本《函海》　北京市　國家圖書館出版社　2010年

〔清〕段玉裁　《古文尚書撰異》　《續修四庫全書》經部第46冊　影清乾隆道光間段氏刻《經韻樓叢書》本

〔清〕段玉裁　《周禮漢讀考》　《續修四庫全書》經部第80冊　影清嘉慶刻本

〔清〕段玉裁　《說文解字注》　上海市　上海古籍出版社　1981年　影段氏經韻樓原刻本

〔清〕錢塘　《溉亭述古錄》　清道光儀徵阮氏刻《文選樓叢書》本

〔清〕章學誠著　葉瑛校注　《文史通義校注》　北京市　中華書局　1985年

〔清〕章學誠著　王重民通解　《校讎通義通解》　上海市　上海古籍出版社　1987年

〔清〕邵晉涵　《爾雅正義》　《續修四庫全書》經部第187冊　影清乾隆五十三年（1788）邵氏面水層軒刻本

〔清〕永瑢等　《四庫全書總目》　北京市　中華書局　1965年　影浙江杭州本

〔清〕王念孫　《讀書雜志》　南京市　江蘇古籍出版社　1985年
　　影王氏家刻本

〔清〕汪中著　王清信、葉純芳點校　《汪中集》　臺北市　中研院
　　文哲所籌備處　2000年

〔清〕孔廣林輯　《尚書注》　《通德遺書所見錄》　清光緒十六年
　　（1890）山東書局刻本
　　　古風主編　《經學輯佚文獻彙編》第7冊影印本　北京市
　　國家圖書館出版社　2010年

〔清〕孔廣林輯　〔清〕張海鵬校梓　《尚書鄭注》　《學津討原》
　　清嘉慶十年（1805）虞山張氏照曠閣刊本
　　　古風主編　《經學輯佚文獻彙編》第7冊影印本　北京市
　　國家圖書館出版社　2010年

〔清〕洪亮吉撰　李解民點校　《春秋左傳詁》　北京市　中華書局
　　1987年

〔清〕李斗撰　汪北平、涂雨公點校　《揚州畫舫錄》　北京市　中
　　華書局　1960年

〔清〕袁鈞輯　《尚書注》　《鄭氏佚書》　清光緒十四年（1888）
　　浙江書局本
　　　古風主編　《經學輯佚文獻彙編》第7冊影印本　北京市
　　國家圖書館出版社　2010年

〔清〕孫星衍補集　《古文尚書馬鄭注》　清乾隆嘉慶間孫氏《岱南
　　閣叢書》本
　　　古風主編　《經學輯佚文獻彙編》第8冊影印本　北京市
　　國家圖書館出版社　2010年

〔清〕孫星衍　《平津館文稿》　1924年上海博古齋景印清乾嘉間蘭
　　陵孫氏刊本

〔清〕孫星衍　盛冬鈴、陳抗點校　《今文尚書考證》　北京市　中華書局　1989年

〔清〕孫星衍撰　駢宇騫點校　《問字堂集》《岱南閣集》　北京市　中華書局　1996年

〔清〕江藩著　鍾哲整理　《國朝漢學師承記》　北京市　中華書局　1983年

〔清〕江藩著　漆永祥箋釋　《漢學師承記箋釋》　上海市　上海古籍出版社　2006年

〔清〕嚴可均校輯　《全上古三代秦漢三國六朝文》　北京市　中華書局　1985年

〔清〕焦循遺稿　吳承仕整理　《撰孟子正義日課記》　《華國月刊》第10期（1924年）　頁98-111

〔清〕焦循　《尚書補疏（手稿)》　《雕菰樓經學叢書》　《清代稿本百種彙刊》第21冊　臺北市　文海出版社　1974年

〔清〕焦循著　沈文倬點校　《孟子正義》　北京市　中華書局　1987年

〔清〕焦循　《里堂道聽錄》　《北京圖書館古籍珍本叢刊》子部雜家類第69冊　影國立北平圖書館藏稿本　北京市　書目文獻出版社　1988年

〔清〕焦循　《尚書補疏》　《續修四庫全書》經部第48冊　影清道光六年（1826）半九書塾刻《焦氏叢書》本

〔清〕焦循　《禹貢鄭注釋》　《續修四庫全書》經部第55冊　影清道光八年（1826）半九書塾刻《焦氏叢書》本

〔清〕焦循　《里堂家訓》　《續修四庫全書》子部第951冊　影上海圖書館藏稿本

〔清〕焦循著　劉建臻點校　《焦循詩文集》　揚州市　廣陵書社　2009年

〔清〕王玉樹　《經史雜記》　《續修四庫全書》子部第1156冊　影
　　　清道光十年（1830）芳椶堂刻本

〔清〕吳修　《昭代名人尺牘》　周駿富輯　《清代傳記叢刊》學林
　　　類第31冊　臺北市　明文書局　1985年

〔清〕王引之　《王文簡公文集》　1925年羅氏高郵王氏遺書本

〔清〕王引之　《經傳釋詞》　《續修四庫全書》經部第195冊　影
　　　清嘉慶二十四年（1819）刻本

〔清〕王引之　《經義述聞》　南京市　江蘇古籍出版社　2000年
　　　影清道光七年（1827）王氏京師刻本

〔清〕周中孚　《鄭堂讀書記》　《續修四庫全書》史部第924冊
　　　影1921年刻《吳興叢書》本

〔清〕陳壽祺輯校　《尚書大傳》　《四部叢刊初編》　上海涵芬樓
　　　藏《左海文集》本

〔清〕汪喜孫　《容甫先生年譜》　《江都王氏叢書》第1冊　上海
　　　市　中國書店　1925年

〔清〕焦廷琥　《先府君事略》　清嘉慶道光年間江都焦氏雕菰樓
　　　《焦氏叢書》本

〔清〕焦廷琥　《尚書伸孔篇》　《叢書集成續編》第268冊　影南陵
　　　徐氏《積學齋叢書》本　臺北市　新文豐出版公司　1989年

〔清〕丁晏　《禹貢錐指正誤》　《皇清經解續編》

〔清〕王劼　《尚書後案駁正》　《四庫未收書輯刊》第6輯第2冊　影
　　　清咸豐十一年（1857）刻本　北京市　北京出版社　2000年

〔清〕陳立撰　吳則虞點校　《白虎通疏證》　北京市　中華書局
　　　1994年

〔清〕陳喬樅　《今文尚書經說考》　《續修四庫全書》經部第49冊
　　　影清同治年間《左海續集》本

〔清〕黃奭輯　《尚書古文注》　古風主編　《經學輯佚文獻彙編》
　　　　第7冊　影1934年朱長圻補刻本《黃氏逸書考・通德堂經
　　　　解》　北京市　國家圖書館出版社　2010年
〔清〕陳澧　《東塾讀書記》　《續修四庫全書》子部第1160冊　影
　　　　清光緒刻本
〔清〕李桓輯　《國朝耆獻類徵初編》　臺北市　明文書局　1985年
〔清〕王闓運　《尚書大傳補注》　《續修四庫全書》經部第55冊
　　　　影1923年《王湘綺先生全集》本
〔清〕陳康祺　《郎潛紀聞》　北京市　中華書局　1984年
〔清〕王先謙著　《後漢書集解》　北京市　中華書局　1984年　影
　　　　1915年虛受堂刊本
〔清〕王先謙撰　何晉點校　《尚書孔傳參正》　北京市　中華書局
　　　　2011年
〔清〕皮錫瑞　《尚書大傳疏證》　《師伏堂叢書》　清光緒二十二
　　　　年（1896）
〔清〕皮錫瑞　《經學通論》　北京市　中華書局　1954年
〔清〕皮錫瑞著　周予同注釋　《經學歷史》　北京市　中華書局
　　　　1959年
〔清〕皮錫瑞著　盛冬鈴、陳抗點校　《今文尚書考證》　北京市
　　　　中華書局　1989年

二　今著

（一）專著

曹書杰　《中國古籍輯佚學論稿》　長春市　東北師範大學出版社
　　　　1998年

曹元弼　《古文尚書鄭氏注箋釋》　《續修四庫全書》經部第53-54
　　　　冊　影復旦大學圖書館藏稿本

岑溢成　《詩補傳與戴震解經方法》　臺北市　文津出版社　1992年

曾棗莊、劉琳主編　《全宋文》第26冊　上海市　上海辭書出版社
　　　　2006年

柴德賡　《史學叢考》　北京市　中華書局　1982年

陳品卿　《尚書鄭氏學》　臺北市　嘉新水泥公司文化基金會　1977年

陳寅恪　《金明館叢稿二編》　北京市　生活·讀書·新知三聯書店
　　　　2001年

程元敏　《尚書學史》　臺北市　五南圖書出版公司　2008年

董洪利主編　《古典文獻學基礎》　北京市　北京大學出版社　2008年

杜勇　《《尚書》周初八誥研究》　北京市　中國社會科學出版社
　　　　1998年

傅增湘　《藏園圖書經眼錄》　北京市　中華書局　1983年

古國順　《清代尚書學》　臺北市　文史哲出版社　1981年

顧頡剛、劉起釪　《尚書校釋譯論》　北京市　中華書局　2005年

郭偉川編　《周公攝政稱王與周初史事論集》　北京市　北京圖書館
　　　　出版社　1998年

郭在貽　《訓詁學》　長沙市　湖南人民出版社　1984年

何澤恆　《焦循研究》　臺北市　大安出版社　1990年

胡留元、馮卓慧　《夏商西周法制史》　北京市　商務印書館　2006年

金景芳、呂紹剛　《《尚書·虞夏書》新解》　瀋陽市　遼寧古籍出
　　　　版社　1995年

賴貴三　《焦循年譜新編》　臺北市　里仁書局　1994年

賴貴三編著　《昭代經師手簡箋釋》　臺北市　里仁書局　1999年

賴貴三　《焦循手批《十三經註疏》研究》　臺北市　里仁書局
　　　　2000年

賴貴三　《臺海兩岸焦循文獻考察與學術研究》　臺北市　文津出版
　　　社　2008年

李學勤主編　《清華大學藏戰國竹簡（壹）》　上海市　中西書局
　　　2010年

梁啟超著　朱維錚導讀　《清代學術概論》　上海市　上海古籍出版
　　　社　1998年

梁啟超著　夏曉虹、陸胤校　《中國近三百年學術史（新校本）》
　　　北京市　商務印書館　2011年

劉建臻　《焦循著述新證》　北京市　社會科學出版社　2005年

劉建臻　《焦循學術論略》　北京市　社會科學出版社　2012年

劉玲　《王鳴盛及其《十七史商榷》》　徐州市　中國礦業大學出版
　　　社　2008年

劉盼遂　《段玉裁先生年譜》　1936年鉛印本

劉起釪　《尚書學史》　北京市　中華書局　1989年

劉起釪　《尚書研究要論》　濟南市　齊魯書社　2007年

劉咸炘　《劉咸炘論目錄學》　上海市　上海科學技術文獻出版社
　　　2008年

呂廟軍　《周公研究》　北京市　人民出版社　2012年

馬承源主編　《上海博物館藏戰國楚竹書》（二）　上海市　上海古
　　　籍出版社　2002年

牛平漢主編　《清代政區沿革綜表》　北京市　中國地圖出版社
　　　1990年

丘為君　《戴震學的形成：知識論述在近代中國的誕生》　臺北市
　　　聯經出版事業公司　2004年

屈萬里　《尚書釋義》　臺北市　中國文化學院　1980年

施建雄　《王鳴盛學術研究》　北京市　中國社會科學出版社　2009年

司馬朝軍　《續修四庫全書雜家類提要》　北京市　商務印書館　2013年

孫欽善　《中國古文獻學史》　北京市　中華書局　1994年

孫欽善　《中國古文獻學》　北京市　北京大學出版社　2006年

萬獻初　《《經典釋文》音切類目研究》　北京市　商務印書館　2004年

王國維　《觀堂集林》　北京市　中華書局　1959年

王利器　《鄭康成年譜》　濟南市　齊魯書社　1983年

王利器　《顏氏家訓集解（增補本）》　北京市　中華書局　1996年

王仁俊輯　《玉函山房輯佚書續編三種》　上海市　上海古籍出版社　1989年

王彥坤撰　《古籍異文研究》　臺北市　萬卷樓圖書公司　1996年

王重民、楊殿珣等編　《清代文集篇目分類索引》　北京市　中華書局　1965年

徐元誥撰　王樹民、沈長雲點校　《國語集解》　北京市　中華書局　2002年

楊朝明　《周公事跡研究》　鄭州市　中州古籍出版社　2002年

楊筠如著　黃懷信標校　《尚書覈詁》　西安市　陝西人民出版社　2005年

虞萬里　《榆枋齋學術論集》　南京市　江蘇古籍出版社　2001年

張惠貞　《王鳴盛《十七史商榷》研究》　潘美月、杜潔祥主編　《古典文化研究輯刊》初編第22-23冊　臺北市　花木蘭文化事業公司　2005年

章太炎著　徐復注　《訄書詳注》　上海市　上海古籍出版社　2000年

張暉編　《量守廬學記續編——黃侃的生平和學術》　北京市　生活‧讀書‧新知三聯書店　2006年

張舜徽　《清人文集別錄》　北京市　中華書局　1963年

張舜徽　《鄭學叢著》　濟南市　齊魯書社　1984年

張舜徽　《中國文獻學》　武漢市　華中師範大學出版社　2004年

張舜徽　《清代揚州學記》《顧亭林學記》　武漢市　華中師範大學
　　　　出版社　2005年

張玉春　《史記版本研究》　北京市　商務印書館　2001年

中國科學院圖書館整理　《續修四庫全書總目提要‧經部》　北京市
　　　　中華書局　1993年

周秉鈞　《尚書注譯》　長沙市　嶽麓書社　2001年

周大璞主編　《訓詁學初稿》　武漢市　武漢大學出版社　2007年
　　　　第3版

周生傑　《太平御覽研究》　成都市　巴蜀書社　2008年

〔美〕艾爾曼著　趙剛譯　《從理學到樸學》　南京市　江蘇人民出
　　　　版社　1995年

〔日〕近藤光男　《清朝考證學の研究》　東京都　研文出版　1987年

（二）單篇論文

曹美秀　〈漢、宋學者的聖人觀——以蔡沈與王鳴盛對《尚書‧堯
　　　　典》的詮釋為例〉　《臺大文史哲學報》第82期　2015年5
　　　　月　頁1-41

陳鴻森　〈《段玉裁年譜》訂補〉　《中研院歷史語言研究所集刊》
　　　　第60本第3分　1989年9月　頁611-612

陳鴻森　〈王鳴盛西莊遺文輯存〉　《大陸雜誌》99卷第5期（1999
　　　　年）　頁35-40　99卷第6期（1999年）　頁31-48　100卷第
　　　　1期（2000年）　頁10-18

陳鴻森　〈錢大昕、王鳴盛、阮元三家遺文續輯〉　《經學研究論
　　　　叢》第11輯　臺北市　臺灣學生書局　2003年　頁285-315

陳鴻森　〈考據的虛與實〉　《經學研究集刊》第2期　2006年10月　頁125-139

陳鴻森　〈錢大昕、王鳴盛、阮元三家遺文拾補〉　《中國文哲研究通訊》17卷第4期　2007年12月　頁155-185

陳鴻森　〈王鳴盛西莊遺文續補〉　《書目季刊》43卷第4期（2010年3月）　頁17-46

陳鴻森　〈王鳴盛年譜〉　《中研院歷史語言研究所集刊》第82本第4分　2011年12月　頁679-754　第83本第1分　2012年3月　頁121-184

陳鴻森　〈余蕭客編年事輯〉　《中國經學》第10輯　桂林市　廣西師範大學出版社　2012年　頁65-95

陳鴻森　〈王鳴盛西莊遺文輯存賸稿〉　《古籍整理研究學刊》第1期（2014年1月）　頁1-13

陳鴻森、潘妍艷　〈王鳴盛西莊遺文拾遺〉　《書目季刊》45卷第1期　2011年6月　頁101-126

陳居淵　〈論焦循的《尚書》學研究〉　《貴州師範大學學報（社會科學版）》第3期　2006年　頁8-13

陳民鎮、胡凱集釋　陳民鎮按語　〈清華簡《金縢》集釋〉　復旦大學出土文獻與古文字研究中心網站　2011年9月20日　http://www.gwz.fudan.edu.cn/SrcShow.asp?Src_ID=1658

陳威睿　〈論江聲、王鳴盛、孫星衍三家輯校〈太誓〉的共識、要點及其細部差異〉　《當代儒學研究》第21期　2016年12月　頁123-166

陳垣　〈書《十七史商榷》第一條後〉　《陳垣史源學雜文》　北京市　人民出版社　1980年　頁58-62

鄧長風　〈《函海》的版本及其編者李調元──美國國會圖書館讀書

札記之五〉　《明清戲曲家考略》　上海市　上海古籍出版
社　1994年　頁264-410

古國順　〈清代尚書著述考〉　《女師專學報》第10卷　1978年6月
頁1-93　第11卷　1979年6月　頁1-95

洪博昇　〈江聲、王鳴盛之輯佚思維及其輯《尚書》鄭《注》之若干
重要問題〉　《臺大中文學報》第45期　2014年6月　頁
181-232

洪博昇　〈王鳴盛《尚書》學思維之轉變——以《西莊始存稿・洪範
後案》與《尚書後案・洪範》為觀察中心〉　《古籍整理研
究學刊》第2期　2018年3月　頁75-78

蔣秋華　〈焦廷琥《尚書伸孔篇》初探〉　載鍾彩鈞主編　《傳承與
創新——中研院文哲所十周年紀念論文集》　臺北市　中研
院中國文哲研究所籌備處　1999年　頁623-652

蔣秋華　〈《尚書》研究〉　載林慶彰主編　《五十年來的經學研究
（1950-2000）》　臺北市　臺灣學生書局　2003年　頁83-
86

蔣秋華　〈求古？求是？——王鳴盛的治經方法〉　載鍾彩鈞、楊晉
龍主編　《明清文學與思想中之主體意識與社會——學術思
想篇》　臺北市　中研院中國文哲所　2004年　頁371-397

蔣秋華　〈晚清四川學者的《尚書》研究〉　《儒藏論壇》第2輯
成都市　四川大學出版社　2007年　頁60-90

來新夏　〈王鳴盛學術述評〉　《三學集》　北京市　中華書局
2002年　頁229-235

馬楠　〈鄭玄注《禹貢》所引地理志系《東觀漢記》之地理志考〉
《中國典籍與文化》第4期　2019年　頁4-7

錢宗武　〈《尚書補疏》疏證〉　《漢語論叢》　香港　二十一世紀
中國國際網絡出版公司　2002年　頁18-49

沈文倬　〈曹元弼《古文尚書鄭氏注箋釋》〉　《文獻》第3期　1980年　頁226-229

司馬朝軍、王朋飛　〈《經史雜記》真偽考〉　《史林》第6期　2017年　頁110-122

王利　〈戴震〈與王內翰鳳喈書〉真偽考〉　香港中文大學中文系編《明清研究論叢》第2輯　上海市　上海古籍出版社　2015年　頁329-348

王利　〈顧、劉本《尚書後案》點校舉誤〉　《書目季刊》50卷3期　臺北市　臺灣學生書局　2016年12月　頁47-63

王利　〈王鳴盛《尚書後案》引清人說舉例〉　《中國文哲研究通訊》27卷4期　2017年　頁133-157

王利　〈《周禮疏》引《尚書注》非皆鄭玄注考——兼論清人輯佚之誤〉　《經學文獻研究集刊》第23輯　2020年　頁135-153

王利　〈《嘉定王鳴盛全集》本《尚書後案》點校舉誤〉　《東方哲學》2020年第14輯

王叔岷　〈尚書斠證〉　《中研院歷史語言研究所集刊》第36本上冊　1965年　頁123-146

王樹民　〈王鳴盛的經史之學〉　《河北師範大學學報》（哲學社會科學版）　第3期　1998年　頁57-63

王欣夫　〈吳縣曹先生行狀〉　《蘇州史志資料選輯1999年刊》　蘇州市　蘇州史志資料選輯編輯部　1999年　頁64-68

蕭旭　〈清華竹簡《金縢》校補〉　復旦大學出土文獻與古文字研究中心網站　2011年1月8日　http://www.gwz.fudan.edu.cn/SrcShow.asp?Src_ID=1365

閻耀棕　〈漢學興起下的王鳴盛〈洪範〉學研究〉　《興大人文學報》第59期　2017年9月　頁95-122

楊應芹　〈戴氏手校《水經注》〉　載周紹泉、趙華富主編　《'98國

際徽學學術討論會論文集》　合肥市　安徽大學出版社
　　　　2000年　頁476-477

虞萬里　〈以丁晏《尚書餘論》為中心看王肅偽造《古文尚書傳》
　　　　說——從肯定到否定後之思考〉　《中國文哲研究集刊》第
　　　　37期　2010年9月　頁131-152

張惠貞　〈王鳴盛經學思想探析〉　《成大宗教與文化學報》第12期
　　　　2009年6月　頁1-10

趙曉東、錢宗武　〈《禹貢鄭注釋》芻議〉　《求索》第8期　2013年
　　　　頁56-59

鄭吉雄　〈評丘為君《戴震學的形成》〉　《臺灣東亞文明研究學
　　　　刊》第2卷第1期　2005年6月　頁200

〔日〕井上亘　〈「疑古」與「信古」——基於戴震〈與王內翰鳳喈
　　　　書〉〉　載《《古史辨》第一冊出版八十周年國際學術檢討會
　　　　論文集》　濟南市　山東大學文史哲研究院　2006年　頁
　　　　240-246

（三）學位論文

陳惠美　《清代輯佚學》　臺北市　中國文化大學中國文學系博士論
　　　　文　2004年

陳韋在　《焦循《尚書》學研究》　臺北市　臺灣師範大學國文研究
　　　　所碩士論文　2003年

陳怡如　《王鳴盛及其文字學說之研究》　桃園市　中央大學碩士論
　　　　文　2004年

洪博昇　《江聲與王鳴盛《尚書》學之比較研究》　臺北市　世新大
　　　　學博士論文　2015年

黃順益　《惠棟、戴震與乾嘉學術研究》　高雄市　中山大學中國文
　　　　學系博士論文　1999年

林文華　《戴震經學之研究》　臺北市　政治大學中文系博士論文
2005年

馬振君　《孫星衍年譜新編》　哈爾濱市　黑龍江大學博士論文
2015年

尚秀蘭　《王鳴盛《尚書後案》訓詁研究》　揚州市　揚州大學碩士
論文　2016年

後記

一

　　對王鳴盛的關注，大約始於2009年秋季，修讀于亭老師「清代小學研究」課程。于老師博學多識，教學有方，演說極富感染力，我於課下、課後經常向其請益。在一份閱讀材料——王引之《經義述聞·光被四表》——中，發現王引之節用了戴震給王鳴盛的書信，隨後便將注意力轉移到王鳴盛與戴震討論背後所蘊含的學術理路之差異。大約在翌年2月底寫成〈清代學者關於「光被四表」一語考釋的演進——自戴震至王引之〉，5月底寫成〈試論王鳴盛對戴震的挑戰——由戴、王「光被四表」之爭看清代中期學術精神之轉變〉。這兩篇論文便是我之後十年學習研究的起點。

　　2010年暑假，著手撰寫「王鳴盛及其經學研究」計劃，在搜集資料過程中，貿然聯繫了兩位老師——漆永祥先生和陳鴻森先生。沒想到得到兩位老師熱情積極的回覆。漆老師贈以《東吳三惠詩文集》，並以「吳學」研究相勗勉。陳老師於是年11月下旬來武大講學，贈以尚未問世的《王鳴盛年譜》稿。兩位老師的鼓勵，對於還是大學生的我來說，無疑像是打了兩針「雞血」，此後便下定決心研究王鳴盛。

　　在這裡要特別感謝我的碩士論文指導老師張錦少教授。張老師一直究心於清代學術，近十年則專攻高郵二王研究及清代三家《詩》學。而我整個大學基本都在「閉門造車」，對清代學術史、《尚書》學史瞭解並不深，當時就一門心思在王鳴盛身上。張老師從一開始就很尊重

我的選擇，並且給予極大的支持和鼓勵。特別是為了讓我適應新的學習環境而又不打擊我的自信心，張老師並沒有直接指示該怎麼做，而是讓我自己去搜集材料、撰寫綜述。這是一個自我認識與反思的過程，同時也基本確定了研究框架。不過，因為沒有受到論文寫作訓練，這篇自然受到了老師的委婉批評，也從此深刻感受到學術研究該有的嚴謹與專業。而現在又蒙老師不棄，繁忙中不辭辛勞，惠賜序文，獎掖有嘉，於學生而言，是鼓勵，亦是鞭策、期望，自當銘記於心！

2012年上半年，為了參加研討會，重寫了王鳴盛與戴震、新寫了王鳴盛與焦循這兩部分，通過王鳴盛與兩人之對比，開始對「經學」與「經學史」之異同有了深刻體會。因此想進入「經學」領域一探究竟，此後便開始關注王鳴盛本身做了什麼，於是先後撰寫「輯佚」與「疏證」兩部分。記得張老師會時不時問我，研究所得在哪，自己的特長在哪。現在重新審視，大約集中在經解分析與學術史問題考辨上。因此，本書也分成了這兩大相連的領域。

碩士論文答辯於2013年7月24日舉行，除張老師外，還有何志華、潘銘基兩位老師，以及校外委員陳致教授。當時中大中文系的畢業答辯不設旁聽席，要獨自面對答辯委員，因此當時自己相當緊張。陳教授提供了豐富的書面意見，有些文獻與細節是本書沒有關注到的。潘老師尤為細緻，做了詳審的批注，本書第五章特別關注王鳴盛暗引清人的問題，也是受到潘老師的積極鼓勵。何老師則不僅在細節上有所賜正，而且對本書結構也提出諸多建設性指導。諸位老師的意見和建議，大都體現在後續修訂中，且於腳注中標識，在此一併致謝！

本想碩論乃試水之作，學業告一段落，自然便不再理會。直到2016年8月初，車行健老師千里赴港參加我的博論答辯，并推薦納入其出版計劃。我深知博論的研究才剛展開，結構上都難稱完善，但又不想辜負車老師一番心意，便斗膽將王鳴盛的研究介紹給車老師，車

老師欣然接納。但我對自己塵封太久的研究并沒有太多信心，在機場送別前，又特別請教未來修改計劃，車老師詳細闡述了他的理解和建議。雖然現今的版本沒能實現當日的願望，但還是十分感謝車老師多年不斷的提攜與幫助。

此後的修訂一直斷斷續續，從2018年7月進入中山大學博雅學院以後，重新制定了研究計劃。2019年7月25-28日，蒙張老師邀請，回母校參加「清代乾嘉學術與科學思想國際研討會」，期間也與老師談及書稿之修訂與出版，得到老師的支持與鼓勵。8月中旬便開始集中精神，當時預計10月底便可完成，不過僅持續一個多月又被雜事打斷。就這樣來到2020年春節，突如其來的「新冠」病毒徹底顛覆了正常的世界，在經過2月的焦慮彷徨後，3月初開始專心修訂書稿，不料又突然身體不適，經過大半個月的各種檢測和調養之後，才安穩下來，到6月底方才完成修訂并交稿。

從車老師推薦到現今已超過四年，之所以依然沒被「踢出」系列，要特別感謝總編張晏瑞先生的包容。張先生對於我個人的規劃和安排給予極大的自由，令我十分感動而又羞愧。諸位編輯老師則非常專業且負責，特別是楊家瑜小姐和蘇軘小姐，先後為本書繁雜的校對付出寶貴心血，尤為感激。

於今浮想在武漢、香港的十載讀書歲月，又回溯過往的一年時光，歲歲年年，豈二三言能道盡哉！

二

在我求學生涯中，要特別感謝三位老師。

一位是駱瑞鶴教授。駱老師在我大學時教授「荀子」及「訓詁學」，又指導撰寫本科論文，並指點目錄編制之法，奠定我此後的治

學方向。爾後雖然相隔玄遠，但對我很多瑣碎的疑問都是每求必應，不僅審閱碩論全稿，而且在我制定修訂計劃時也多有教正。駱老師講學沉鬱有度、章法整嚴，為人謙澹沖和、寧靜致遠，對我的學術研究與人生態度影響極為深遠。不過我個人急於求成，每每師心自用，有負老師教誨。

一位是何志華教授。王鳴盛號稱專治「鄭氏一家之學」，然而「鄭學」究竟為何，這是何老師在碩士入學面試時問到的，後來跟隨何老師讀博，「鄭學」也成為我一直追索的核心問題。何老師才思敏銳，觀察入微，經常能從大局著眼，準確指正我思考未及之處，而且為人幽默，帶有香港學人特別的風雅，對於我時不時插科打諢式的調笑也處之淡然，不以為忤。我的粵語理解能力，一半歸功於周星馳，一半當歸功於何老師。而在我畢業彷徨之際，也是何老師安排在中國文化研究所劉殿爵中國古籍研究中心落腳，使我可以優遊不迫地讀了一年書，真是珍貴而美好的回憶。

一位是馮勝利教授。馮老師融貫傳統學術與西方理論，中西相濟而游刃有餘。對於一直沉醉在文獻中的我來說，初初面對馮老師，便感受到極大的思維衝擊。馮老師思想深邃，治學純正，而且元氣淋漓，令人欲罷不能，經常用簡單而明確的例子說明深刻的道理，比如「挖土豆」、「水與H_2O」，頗有直指本心之意。不過本科時對語言學即無深研，以至馮老師教誨多年，卻一直不得其門而入。幸好不至太過愚鈍，在乾嘉學術領域，理解漸趨深入。也緣於此，現今對許多問題的看法，已有不少轉變，但綜合各方考慮，並未體現在本書修訂中。

此外，感謝就讀武漢大學國學班期間，哲學院郭齊勇、丁四新、秦平諸位老師，歷史學陳偉、何德章、楊華、董恩林、磊長順諸位老師，文學院程水金、王兆鵬諸位老師，古籍所萬獻初、羅積勇、熊桂芬諸位老師，日語系朱蒲清老師，以及唐淑英老師和李彬老師。

感謝香港中文大學中文系陳平原、沈培、張健、樊善標四位課程指導老師，以及何文匯、陳雄根、黃耀堃、鄧思穎、華瑋、嚴志雄、陳煒舜、梁德華諸位老師。

感謝在研討會遇到的各位師長，大陸彭林、錢宗武、虞萬里、劉建臻、王華寶、徐道彬、陳良中、劉偉、蘇芃等諸位老師，臺灣楊晉龍、蔣秋華、張寶三、蔡根祥、沈寶春、蔡長林等諸位老師。

感謝中山大學黃仕忠老師的多番指導。感謝合作導師王承教老師的諸多幫助。感謝博雅學院各位師長、同仁、友朋之提攜與扶持。

三

黃侃云：「常人治學有二病，一曰急，二曰懶，所以無成。」又急又懶，所以本書存在諸多不足。研究結構上，第一、《尚書》學層面，缺少對王鳴盛辨偽之專門研究；第二、王鳴盛治學層面，缺少對其由經入史之理念差異的分析；第三、清學史層面，只從「皖派」、「揚州學派」中選取戴震、焦循作為個案，缺少更為系統的考察。研究方法上，則現象描述多於實質分析，特別是在「輯佚」與「疏證」部分，採用條辨式逐條說解，可讀性較差，且分類多而解析少。在材料引用方面，雖然覆校多次，但也難免訛誤。這些不足與失誤，本人難辭其咎，也希望在未來的擴展研究中得以彌補。

不過僅從我個人而言，對比碩論，此番修訂還是有所進步的。具體細節方面：第一章「緒論」，重寫「研究綜述」，刪改「研究內容」；第二章「王鳴盛之生平、學術與時代」，刪改「王鳴盛生平與學術」，增補「《尚書後案》與清代《尚書》學」；刪去原第三章「《尚書》鄭氏學史述要」，新第三章「王鳴盛輯佚鄭玄注研究」，增補第一節「鄭玄《尚書注》之流傳、散亡與輯佚」，以及第四節「小結」；第

四章「王鳴盛疏解鄭玄注研究」，章節架構有所調整，具體細節增補刪改較多，增補第五節「小結」；第五章「王鳴盛引清人之說考辨」，為新增改寫；第六章「王鳴盛學術交往管窺」，結構未變，具體細節有所修改；原第七章「王鳴盛《尚書》學之特色」，併入今第七章「結語」，其他未作大改。附錄部分，原「王鳴盛研究著作分類索引（1912~2011）」，因2011年之後材料未作全面搜集，所以刪去；「《尚書後案》兩種整理本點校舉誤」，經過多次修訂，稍成系統。

在論述說理方面，或許是從瑣粹的文獻中抽離出來，自我感覺更加清晰流暢，集中體現在：第一章第三節、第二章第二節、第三章第四節、第四章第五節，以及第七章「結語」。加上「摘要」，本書基本無他勝義。

章學誠評王伯厚之學云：「學與功力，實相似而不同。學不可以驟幾，人當致攻乎功力則可耳。指功力以謂學，是猶指秋黍以謂酒也。」陳寅恪論清代經學云：「以謹願之人，而治經學，則但能依據文句各別解釋，而不能綜合貫通，成一有系統之論述。以誇誕之人，而治經學，則不甘以片段之論述為滿足。……譬諸圖畫鬼物，苟形態略具，則能事已畢，其真狀之果肖似與否，畫者與觀者兩皆不知也。……其謹願者，既止於解釋文句，而不能討論問題。其誇誕者，又流於奇詭悠謬，而不可究詰。」深以此為戒。

在決定出版的這幾年，時常會有「一於學界無所裨益，二於自己易悔少作」的念頭浮現。久陷其中不得解脫，便尋寬慰：此書僅是個人求學歷程之一標記，雖然粗糙，但也是自得。當然，心安之餘，也從「良工不示人以樸」，變成「差不多先生」了。然而終究，「士之讀書治學，蓋將以脫心志於俗諦之桎梏」。

最後要感謝多年來相攜同行的好友，更要感謝默默支持我的父母親人。

　　「海上生明月，天涯共此時。」謹以此書獻給我的父母、恩師與摯友！

　　　　　　　　　　　　2020年9月16日於廣州中山大學

漢學研究叢書·文史新視界叢刊 0402012

王鳴盛《尚書後案》研究

作　　者　王　利
責任編輯　蘇　輗
特約校稿　林秋芬

發 行 人　林慶彰
總 經 理　梁錦興
總 編 輯　張晏瑞
編 輯 所　萬卷樓圖書股份有限公司
　　　　　臺北市羅斯福路二段 41 號 6 樓之 3
　　　　　電話 (02)23216565
　　　　　傳真 (02)23218698

發　　行　萬卷樓圖書股份有限公司
　　　　　臺北市羅斯福路二段 41 號 6 樓之 3
　　　　　電話 (02)23216565
　　　　　傳真 (02)23218698
　　　　　電郵 SERVICE@WANJUAN.COM.TW
香港經銷　香港聯合書刊物流有限公司
　　　　　電話 (852)21502100
　　　　　傳真 (852)23560735

ISBN 978-986-478-374-8

2020 年月 10 初版
定價：新臺幣 580 元

如何購買本書：
1. 劃撥購書，請透過以下郵政劃撥帳號：
　　帳號：15624015
　　戶名：萬卷樓圖書股份有限公司
2. 轉帳購書，請透過以下帳戶
　　合作金庫銀行　古亭分行
　　戶名：萬卷樓圖書股份有限公司
　　帳號：0877717092596
3. 網路購書，請透過萬卷樓網站
　　網址　WWW.WANJUAN.COM.TW
大量購書，請直接聯繫我們，將有專人為您
服務。客服：(02)23216565 分機 610

如有缺頁、破損或裝訂錯誤，請寄回更換
版權所有·翻印必究
Copyright©2020 by WanJuanLou Books CO., Ltd.
All Rights Reserved　　　　Printed in Taiwan

國家圖書館出版品預行編目資料

王鳴盛<<尚書後案>>研究 / 王利著. -- 初版.
-- 臺北市：萬卷樓, 2020.10
　面；　　公分. -- (漢學研究叢書；0402012)
ISBN 978-986-478-374-8(平裝)

1.書經　2.研究考訂

621.117　　　　　　　　　　109012593